习酒口述史

（第一卷）

贵州茅台酒厂（集团）习酒有限责任公司　编著

王小梅　李隆虎——撰

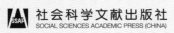

社会科学文献出版社

SOCIAL SCIENCES ACADEMIC PRESS (CHINA)

1976 年，习水酒厂全貌

1980 年，习水酒厂全貌

1991 年，习水酒厂大坡片区

2019 年，习酒厂全貌

序一 | 融合了人神天地的玉液

顾　久

　　在西方哲学家海德格尔的心目中，任何"物"——看似冷冰冰的、与我们无关的事物，其实，当你用心用情去体会它，就都是人、神、天、地四者交相融合的东西，是值得亲近、亲爱、尊重、欣赏的对象。他说到酒："酒由葡萄的果实酿成。果实由大地的滋养与天空的阳光所玉成。……在酒之赠品中，总是栖留着天空与大地。……倾注之赠品乃是终有一死的人的饮料。它解人之渴，提神解乏，活跃交游。但壶之赠品时而也用于敬神献祭。如若倾注是为了祭神，那它就不是止渴的东西了。它满足盛大庆典的欢庆。"（海德格尔《物》）这话像诗，动人却不太好懂，有人就帮他进一步解释："在水中则滞留着泉，在泉中保留着石以及地的沉睡和天空的雨露；在酒中，居留着地的滋养元素和太阳。酒可以解人之渴，可以激励友情，酒还可以倾于地上以祭神，可以在对崇高者的节日庆典上助兴。"因此，酒就"集合了地与天、神与人。这就是'物'：它保存着地和天、神的和人的四重性……它使'世界'成为四者的合一体"。（张世英《哲学导论》）

　　习酒此"物"，同样会聚了人、神、天、地；因此，习酒的口述史，是习酒人讲述着人、神、天、地交融合一的故事、情感和信念。

　　习酒之人——从本书看，大多数是在这片天地之间，生于斯、长于斯、爱于斯也终老于斯，用祖祖辈辈的情感、惯性和坚韧来维系着习酒的人："在1995、1996年时，条件是很艰苦的。生产不景气，大家的工资很少很

i

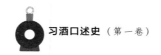

少。身边有很多员工在屋头背起米、背起面，把铺盖背起来，以厂为家，真的是倒贴的。因为每个月拿不到工资，每个月工资很少，就一百多块钱，就发百分之四十，就几十块钱！几十块钱能够干啥子嘛？连基本的生活费都保证不了……我当时就感觉到，这些职工真的是很了不起！"（杨翠兰《有一种不舍》）"我对习酒充满了感情，习酒将成为我魂牵梦绕的地方！可能在梦中，梦见的事情都是在习酒的这些地方（发生的）。（在）习酒工作和生活的情景，肯定是终生难忘的。"（陈应荣《习酒，令我魂牵梦绕》）"我是老习酒人……我的血管里头流的是习酒。"（吕良科《"老习酒人"的不解缘》）"哪怕今天我没有为习酒服务，但是在我的血液里面，依然流淌着习酒。"（吕良维《习酒大道我的路》）此类话语，至情溢出，让人感动。

另外，"人"这个概念，又被海德格尔唤作"终有一死者"：不是其他动物不会死，是它们不明白自己会死；只有人，清清楚楚地意识到自己每年每天每时每秒都在走向死亡，但依然昂首挺胸，充满对往事的回忆，对理想的憧憬而奋斗着、生活着……因为"向死而生"，所以充满人的自觉、情怀、理想与尊严。习酒创业者不少已经老去以至故去，人们在口述中常常追忆着、纪念着。其中，那个向自己的太阳穴决绝地开了一枪的陈星国老总，几乎让所有的老习酒人不能忘怀，唏嘘不已。有一次，他看到当地的农村妇女背酒糟喂猪，有所触动，并暗下决心："我总有一天要让她们都穿金戴银！"就冲这一点，我便体会到星国老总眼界与心胸的宏大与过人之处，但是，天地间哪有如此多的金银来供人穿戴？此方穿戴了，彼方就不会缺短吗？人只有穿金戴银才会幸福吗……星国老总最终走向西楚霸王"天之亡我"的英雄末路，是否也有未能兼顾天地神人，而一任自己的凌云壮志而狂飙突进的做法呢？

习酒之天地——这里"天地"指"大自然"：习酒人一丝不苟地用当地优质糯高粱、小麦等，遵循祖辈传承的投料、蒸煮、发酵、取酒、贮存、勾兑等传统工艺，取清流、沐空气、和赤泥，与其间大自然赋予的复杂神奇的菌群组交相融合，形成了独特的美味。赤水河谷间的庞大的菌群组在无形中交融互动着，比如"空气中常见的可培养的细菌主要有 12 种，数量范围 1 立方米有 160～1580 个；土壤中常见的可培养细菌主要有 12 种，赤水河原水中常见的可培养细菌主要有 9 种"，而弥漫在空气中的就有地衣芽孢杆菌、凝结芽孢杆菌、枯草芽孢杆菌、苏云金芽孢杆菌、球形芽孢杆菌等。"正是由于这些微生物之间存在着互生、共生、寄生、拮抗等关系，在习酒生产过程中逐渐形成了一个靠自然给予、异常复杂并与环境相适应的微生物区系。"（杨开梅等《浓香型习酒酿造环境中细菌多样性的研究》）而研究者检测到，酱香习酒中有大约 72 种香气化合物。其中有挥发性有机酸、酯类、醇类，呋喃类、吡嗪类化合物，还有芳香族类、酚类、醛酮类以及硫化物等，形成了自身独特的香型。他们还辨识出"香气强度较大的物质是己酸乙酯、丁酸乙酯、1—丙醇、3—甲基丁醇、乙酸、3—甲基丁酸、糠醛、四甲基吡嗪和二甲基三硫"等（王晓欣等《应用 GC－O 和 GC－MS 分析酱香型习酒中挥发性香气成分》）。总之，因为人与大自然的相融相通，才形成了融会着天地人功德的习酒。钟方达老总最清楚："白酒有很多技艺，它本身就是跟天、地、人有关系。天，你看这个气候；地，和这个地理、土壤产的高粱、水质、人都有关系；还有人，'人'就是各种结合起来的那种技艺。"（钟方达《做一个"酒中君子"》）

习酒之神——这里的"神"指"精神"，是习酒人心底永远敬畏、崇奉的那些东西。习酒一直在致力于"君子之品"的君品文化，以此内凝人心、外树形象，初心不改，持久不变，为社会和青年学子做了许许多多的好事。我注意到，文化所及，不仅习酒人，就连第二代习酒的销售商也能清晰地感受到"习酒公司对人，有一个叫'敬商爱人，无情不商'（的说法），这个文化我觉得非常好，包括对经销商和对经销商的下一代有感染力"（潘宸《习酒是我人生最大的一个单！》）。

"习酒·我的大学"也好，"敬商爱人"也好，"君子之品"也好，其后，都必须有对人、神、天、地的敬畏感来支撑。比如，对习酒长期关怀并有指导之功的季克良先生，当面对上级片面要求提高产量时，他说："我也在坚持，我不管这么多，受批评也好，怎么也好，我就做我的。我感到，我

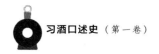
现在也是对的，对不对？最早的茅台华家，因为要给母亲喝好酒，所以他们才投资，对不对？我做茅台酒，我肯定自己要喝呀，对不对？我要给亲人喝呀，我还要给天地喝呀，我能马虎吗？"（季克良《习酒是茅台的嫡传了》）自己要喝，母亲要喝，亲人们要喝，天地要喝，这就是对人、神、天、地的敬畏。

而钟方达先生如是说："我们中国人，最能够代表中华文化、最能够代表中国人特点和最高境界的，我认为就是我们讲的'君子'。现在我们就在追求做一个'酒中君子'"，"我们讲'君品文化'，君子的内涵，最能够体现君子的有两句话，一句话是'天行健，君子以自强不息'……另外一句话，叫'地势坤，君子以厚德载物'。"（钟方达《做一个"酒中君子"》）君子效法天道，所以自强不息，尊崇大地，所以厚德载物。这，就是人、神、天、地交相融合的境界。

海德格尔向往着这种人、神、天、地的境界："拯救大地、接受天空、期待诸神和护送终有一死者。"（海德格尔《筑·居·思》）在此境界中，他陶醉地吟哦："充满劳绩，然而人，诗意地栖居在大地之上。"（海德格尔《人，诗意地栖居》）

愿习酒和习酒人充满劳绩，永远诗意地栖居于大地之上。

是为序。

序二 | 让历史照亮未来

钟方达

    1985 年，刚刚 20 岁的我从习水师范一毕业，就被招进酒厂子校当老师，我自己也没想到这一来就是 35 年。如果不出意外，我或许将在这里退休。

    可以说，我将人生最宝贵的年华都留在了这里。曾有无数人问过我同一个问题："在山旮旯里待了一辈子，后不后悔？"尤其是在习酒陷入低谷的那些年，我被问得甚是频繁。

    其实，在一些无人的静夜，我也偶尔会思及这个问题，但最后我反问了自己一个问题：我为什么要后悔？

    是的，我为什么要后悔？

    虽然，作为习酒这条大船上的一员，我的人生随着它一路跌宕起伏，经历了很多在关心我的人看来很是艰难和尴尬的事儿，但是说真的，可能很多人都不信，我从未想过离开，一直都是如此的"心如止水"、如此的平和淡定。虽然我的前半生基本上和习酒绑定了，也未曾做出多少"轰轰烈烈"的业绩，但是我却无愧于平淡之中的碌碌——从小不懂酿酒，便去学技术；从没搞过销售，便去卖酒……哪里需要去哪里，这就是我的职业生涯。但我觉得很充实，所以从不曾后悔！

    然而时间从不为谁停留，忙忙碌碌中，我们这一代人也将如之前几代习酒人那样，在将毕生奉献给了酒厂后，终将只在历史长河中留下一个个逐渐远去的背影和一张张模糊不清的面孔。

V

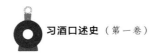

　　我时常想起那些曾经鲜活的面孔，他们的故事是那么精彩，精彩到足以照亮赤水河边的黑夜。虽然每一个人的故事都不同，但那都不是偶然发生的，他们的事迹反映的是一个时代的必然；他们的故事只是大时代背景下的一个个分子运动，所有分子运动轨迹集束在一起就构成了一部习酒奋斗史。其中有艰难困苦、有慷慨激昂、有沉寂落寞、有奋发图强……所有的酸甜苦辣经过时间杂糅升华，才成就了今日习酒丰富立体的历史面相，成就了习酒坚韧不拔、厚德载物的人文品格。

　　这些发生在我身边的活生生的故事，仿佛发生在昨天。如果不将之记录在案，这些故事将被淹没在历史的深处，无迹可寻，那将多么让人痛心！如果不把他们的故事"留住"，不把他们鲜活的面孔"留住"，我们未来的习酒人将不知道，在这僻静的山坳里、河滩边发生了怎样激动人心的故事，这些故事的主角们拥有着怎样激情燃烧的岁月……

　　他们的故事促使我经常拷问自己：除了物质财富，我们要给后人留下什么才最有价值和意义？

　　今天，当习酒穿越了一波又一波惊涛骇浪，重新立于发展高峰，我们才得以腾出精力去思考：习酒的根与魂到底是什么？是什么支撑着一代又一代习酒人不离不弃？我觉得这是一个重要的议题，只有回答好了这个问题，才能让历史之光照亮未来。

　　所以，才有了这本《习酒口述史》。

　　通过这些平凡人的讲述，我们将复原那些已经斑驳的、久远的历史样貌，从那些平凡而又动人的故事中去找寻，是什么样的力量让习酒横刀立马走过了那些艰难的历程，慢慢由弱变强，再经历跌宕起伏，重新跻身中国白酒前十强。

　　我认为，把这些亲历者的故事以及他们所书写的历史梳理出来，就是为习酒寻根。他们就是习酒的根，无论今后习酒长成怎样的参天大树，也不能忘记那些曾经开荒掘井的人，因为没有他们就没有习酒的今天！

　　而他们身上体现出来的那些艰苦朴素、乐于奉献、爱厂如家、敬商爱人的高贵品质，在经历历史长河一次次洗礼后，如从赤土里提炼出来的金子，最终一点点凝练成了今天习酒的魂——"君品文化"。

一个没有历史的企业是没有未来的，同样一个没有文化的品牌也是没有未来的。只有把我们的根和魂留住，把我们的文化构建丰富，才能为习酒未来发展汲取更多力量，推动企业往百亿、两百亿、五百亿目标坚定前行。

然，还应当看到，《习酒口述史》的意义和价值还不仅于此。

虽然中国白酒是一个拥有数百年（也有千年之说的）古老的行业，但是从事这个行业的普通人，鲜有以个体口述史的形式记录于史册的。我猜测，一方面是因为酒文化这个分支一直未能登入中国传统文化的大雅之堂，另一方面是因为过去匠人与商贾身份低微。这恰好给历史留下了一处空白，而我们的习酒口述史便起了这样一个头，去填补历史空白。

每一段历史都将深埋于黄沙，我们选择铭记历史，是因为里面的智慧之光常常暗含真理。

《习酒口述史》项目团队

顾　　问	顾　久				
策　　划	吕良典	罗　梅			
主　　持	王小梅	李隆虎			
成　　员	王永松	穆　羽	薛应翠	简俊沙	钟　聂
	卿　阳	孟山禄	杨雁玲	杨　波	白文浩
	高　旋	罗奇波	赵朝亮	吴　蔚	葛春培
	田如萍	邓　颖	刘春燕	伍安乐	潘丹丽
	赵园园	彭春菊	陈芳芸		

编者说明

1. 不同口述者在讲述同一件事时可能会存在出入，或者在回忆某些事情或问题时，可能有所偏差或混乱，这是口述史的特点。本书编者在整理时，尽量保留口述时的原貌，但根据出版规范对部分内容略作调整。

2. 本书编者以括注的形式补充口述者部分表义未尽之内容，或对相关人物、事件、概念作一简要说明，但尽量控制括注数量，以保证行文顺畅。

3. 书中的照片，除由采编小组拍摄外，其余均由贵州茅台酒厂（集团）习酒有限责任公司提供并授权使用。

《习酒口述史》（第一卷）采集信息表

姓名	性别	年龄（岁）	采集人	采集时间	采集地点	录音时长	资料整理	文本整理	录音剪辑	视频拍摄剪辑	图片拍摄	参访人
李克良	男	80	王小梅 罗梅	2019年10月10日	遵义市仁怀县城酒店	2小时24分29秒	葛春培	王小梅	赵朝亮	高旋 杨波	吴蔚	吴蔚、高旋、罗奇波、葛春培
钟方达	男	54	王小梅	2019年9月27日	遵义市习水县贵州茅台酒厂（集团）习酒有限责任公司办公楼	2小时51分38秒	葛春培	王小梅	赵朝亮	高旋 杨波	白文浩	高旋、白文浩、罗奇波、杨雁玲
陈应荣	男	54	王小梅	2019年9月26日	遵义市习水县贵州茅台酒厂（集团）习酒有限责任公司办公楼	2小时56分32秒	葛春培	王小梅	赵朝亮	高旋 杨波	白文浩	高旋、白文浩、罗奇波、杨雁玲、葛春培
曾凡君	男	53	王小梅	2019年9月26日	遵义市习水县贵州茅台酒厂（集团）习酒有限责任公司办公楼	1小时33分42秒	葛春培	王小梅	赵朝亮	高旋 杨波	白文浩	高旋、白文浩、罗奇波、杨雁玲、葛春培
陈宗强	男	44	王小梅	2020年5月11日	遵义市仁怀市茅台镇茅台酒厂办公楼	2小时27分11秒	葛春培	王小梅 李隆虎	赵朝亮	葛春培 杨波	白文浩	白文浩、罗奇波、葛春培
廖相培	男	71	李隆虎	2019年8月9日	遵义市习水县廖相培住宅	1小时25分48秒	葛春培	李隆虎	赵朝亮	杨波	白文浩	白文浩、杨波、罗奇波、田如萍
余林安	男	83	李隆虎	2019年8月10日	习水县回龙镇向阳村向阳坪余林安老宅	48分10秒	田如萍	李隆虎	赵朝亮	杨波	白文浩	白文浩、杨波、罗奇波、田如萍
罗准吉	男	82	李隆虎	2019年8月10日	习水县习酒镇黄金坪村岩底下罗家老宅	2小时10分35秒	田如萍	李隆虎	赵朝亮	杨波	白文浩	白文浩、杨波、罗雁玲、田如萍
张开刚	男	70	李隆虎	2019年10月31日	贵阳市云岩区盐务街省政协大院张开刚宅	2小时19分14秒	葛春培	李隆虎	赵朝亮	杨波	白文浩	白文浩、杨波、罗梅、葛春培

姓名	性别	年龄（岁）	采集人	采集时间	采集地点	录音时长	资料整理	文本整理	录音剪辑	视频拍摄、剪辑	图片拍摄	参访人
吕良科	男	62	王小梅	2019年8月9日	遵义市红花岗区吕良科公司办公室	1小时30分42秒	葛春培	王小梅	赵朝亮	葛春培、杨波	吴蔚	吴蔚、葛春培
易顺章	男	71	李隆虎	2019年11月14日	遵义市习水县贵州茅台酒厂（集团）习酒有限责任公司文化部	2小时12分	葛春培	李隆虎	赵朝亮	田如萍、杨波	白文浩	白文浩、罗奇波、田如萍
徐强	男	58	李隆虎	2020年5月22日	仁怀市茅台集团办公室	1小时04分21秒	葛春培	王小梅、李隆虎	赵朝亮	葛春培、杨波	白文浩	白文浩、罗梅、罗奇波、葛春培
胡波	男	48	王小梅	2020年4月26日	贵阳市观山湖区波酒业办公室	2小时11分43秒	葛春培	王小梅、李隆虎	赵朝亮	葛春培、杨波	白文浩	白文浩、罗梅、罗奇波、葛春培
吕良典	男	54	李隆虎	2020年5月22～23日	遵义市习水县贵州茅台酒厂（集团）习酒有限责任公司文化部	4小时56分59秒	葛春培	王小梅、李隆虎	赵朝亮	葛春培、杨波	白文浩	白文浩、罗梅、罗奇波、葛春培
胡建锋 陈甜	男/女	35/31	李隆虎	2019年11月13日	遵义市习水县贵州茅台酒厂（集团）习酒有限责任公司文化部	1小时35分43秒	葛春培	王小梅、李隆虎	赵朝亮	田如萍、杨波	白文浩	白文浩、罗奇波、田如萍
杨翠兰	女	48	王小梅	2019年8月9日	遵义市习水县贵州茅台酒厂（集团）习酒有限责任公司包装车间一班	1小时58分13秒	葛春培	王小梅	赵朝亮	葛春培、杨波	吴蔚	吴蔚、杨雁玲、葛春培
王建宏	男	40	王小梅	2019年10月17日	贵州省青少年发展基金会会议室	1小时32分18秒	葛春培	王小梅	赵朝亮	高旋、杨波	吴蔚	吴蔚、高旋、葛春培

姓名	性别	年龄（岁）	采集人	采集时间	采集地点	录音时长	资料整理	文本整理	录音剪辑	视频拍摄、剪辑	图片拍摄	参访人
赵鸿飞曾德军	男	33/51	李隆虎	2019年8月9日	习水县桃林镇永胜村村委	54分14秒	葛春培	李隆虎	赵朝亮	杨波	白文浩	白文浩、杨波、罗奇波、田如泮
侯世安	男	74	王小梅	2019年9月17日	河南省郑州市侯世安宅	2小时44分49秒	葛春培	王小梅	赵朝亮	葛春培、杨波	白文浩	白文浩、罗奇波、葛春培
吕良维	男	53	王小梅罗梅	2019年10月9日	贵阳市箭道街乡堤雅茶楼	2小时13分7秒	葛春培	王小梅	赵朝亮	高旋、杨波	吴蔚	吴蔚、高璇、葛春培
孔磊	男	42	王小梅	2019年9月17日	河南省郑州市孔磊公司办公室	1小时23分59秒	葛春培	王小梅	赵朝亮	葛春培、杨波	白文浩	白文浩、罗奇波、葛春培
潘宸	男	29	王小梅	2019年9月10日	贵阳市观山湖区国际会议中心	1小时16分37秒	葛春培	王小梅	赵朝亮	高旋、杨波	吴蔚	吴蔚、高璇、葛春培
高文娟	女	51	王小梅	2019年9月26日	遵义市潘州区酒店	42分10秒	葛春培	李隆虎	赵朝亮	高旋、杨波	白文浩	白文浩、高璇、罗奇波、葛春培

注：年龄一栏均为采集时口述者的年龄。

|目　录

导　读｜习酒口述史：小叙事中的"大历史"

王小梅　李隆虎

"习酒口述史"看似为一个与文化不太沾边的项目。项目主办方指定的采访对象与酒行业的粘连性，让它在大众的基本判断面前难免带有"商业"性符号。而在我们看来，在习酒发展史中一直存在着一种独立的文化脉络，习酒所代表的贵州酒行业所坚守的工匠精神和自身不断建构的中国传统酒企的文化属性，已经足以说明这个口述历史项目并未偏离口述史的"文化属性"和文化解释本身。

事实上，口述历史所观照的个体生命史在大历史中留下的痕迹，并未对人们从事哪种行业进行区分和界定，而是关注个体生命所讲述的事件和事物呈现的在一个历史阶段的标本性意义。从这两个维度来看，习酒口述史都具备了条件。所以，我们一开始就将习酒口述史项目定位为贵州茅台酒厂（集团）习酒有限责任公司（以下简称习酒公司）创议的一个具有企业社会责任属性的企业文化建设项目。

在习酒口述史项目的策划与实施过程中，负责主持项目的习酒公司文化部，认真地采纳了各方的合理建议。其中，我们的同事，《贵州日报·美酒视界》专刊主编、高级记者罗梅，因为工作关系而长期参与习酒的采访报道过程。在此期间，她对习酒企业文化和发展历程有了较为深度的认识，并认识到习酒发展历史在中国白酒行业的发展史中具有标志性意义。因此，她就项目的策划与实施提出了很好的建设性意见。可以说，《习酒口述史》一书从采集资料到完稿，是集体智慧的结晶。

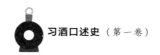

一

　　梳理习酒大事记，我们不难发现，习酒从 20 世纪 50 年代开始创业到六七十年代，一直处于初期的工坊阶段，这一时期主要依靠几个习酒老人手工酿造打基础和研发产品。1952 年，为发展酿酒工业，仁怀县工业局有关人员从茅台镇沿赤水河顺流而下考察，到回龙区郎庙乡黄金坪时，发现当地水质很好、气候适宜，是酿酒的理想之地，遂初步选定在此兴办酒厂。这大概是习酒建立最早的缘起，也由此开启习酒的大历史。1957 年，仁怀县工业局委派茅台酒厂副厂长邹定谦到回龙区郎庙乡黄金坪，购买黄金坪村罗清云家白酒作坊及罗纯德、罗发奎两家民房，招募工人兴建酒厂，命名为"仁怀县郎庙酒厂"。酒厂开办之初有工人 50 多人，采用茅台酒生产工艺，产品名为"贵州回沙郎酒"（散装），年产量约 100 吨，主销当地市场。遗憾的是，到了 1959 年 9 月，酒厂因粮食紧张，酿酒缺乏原料而停产。1962年，回龙区供销社派曾前德、蔡世昌、肖明清三人在郎庙乡黄金坪利用"仁怀县郎庙酒厂"的空房再度办起酒厂，生产小曲白酒，厂名仍为"郎庙酒厂"，也称"黄金坪酒厂"。最初，酒厂由曾前德负责，年产量不足 20吨。1965 年，原仁怀县回龙、桑木、永安三个区 18 个公社划归习水县管辖，"仁怀县郎庙酒厂"随之改为"习水县郎庙酒厂"。1967 年，由曾前德主持研制的浓香型大曲酒大获成功。此时，"习水县郎庙酒厂"交县商业局、县糖酒公司主管，因郎庙乡已改为"红卫"公社，该厂随之改为"习水县红卫酒厂"（地方国营），产品则被命名为"红卫大曲"。

　　习酒经历了 20 世纪 80 年代到 90 年代初期的辉煌时期。在那个年代，习水大曲真是家喻户晓，不管是城市还是农村，喝酒的人家里面喝的酒多数是习酒、习水大曲。农村拜年或是走亲戚送礼，包里也常常带两瓶习水大曲。此后，贵州白酒行业虽然经历了大起大落的发展历程，但习酒在整个白酒行业内可以说是一个独特的样本。它不仅是贵州省白酒产业发展史的独立样本，其发展历程更是兼具白酒行业发展共性和文化个性共存的一个典型案例。如果将其放在中国白酒产业的发展历程中可以发现，它与大多数白酒企业的发展历程有着重叠和契合，同时也具有共性。同时，与众多白酒行业应对市场时会减弱自身"传统文化"属性的现状相比，习酒在应对市场的不断变化时，不断增强传统与现代的融合与发展能力，不断在用传统文化系统为现代酒业赋能，在市场经济大潮中，智慧守艺，不驻足于"过去的记忆"，而是积极与时俱进，与现代技术、工艺和市场融合共生。因此，对于习酒口述史的采集，我们一开始就定位为"从习酒人的口述历史中了解习酒发展史的全貌，并从习酒的历史发展脉络映射中国白酒行业发展的整体格局"。

2019 年 6～7 月，经过与项目主办方快速而高效的沟通，我们最终确认的访谈对象为 25 人。他们是：季克良、钟方达、陈应荣、曾凡君、陈宗强、廖相培、余林安、罗淮吉、张开刚、吕良科、易顺章、徐强、胡波、吕良典、胡建锋、陈甜、杨翠兰、王建宏、赵鸿飞、曾德军、侯世安、吕良维、孔磊、潘宸、高文娟（访谈对象的简介均附在每一个受访者的口述文本前）。这些访谈对象，包括了习酒公司的现任高层领导、退休工人、在任中层管理人员以及习酒发展的参与者和见证者、经销商等五个层面。从受访者的遴选来看，人员结构比较多元，基本能够代表习酒 68 年来各个发展时期的参与者和见证者。从访谈结构来看，习酒口述史采集不仅看重习酒的发展史，更着重通过个体生命史和故事的讲述缀合习酒发展史。我们对访谈提纲的设置分为个人生命经历、习酒工作经历和习酒文化分享三大板块，其间，根据访谈者的经历在大问题下设置小问题，针对有特殊经历的受访者则顺其话锋就势询问更细化的问题。访谈过程中，根据访谈对象的即兴讲述，采集者按照"顺藤摸瓜"的方式深入追问，探寻更深入细节的生命故事。除此之外，项目设置还十分重视习酒口述史中的文化性塑造。采集者会询问每一个受访者对习酒的感情、习酒工匠精神和习酒企业文化的看法和思考，注重习酒整体性的文化系统的梳理。

经过两次开会沟通，我们基本厘清习酒口述史的定位、价值和采集方法等。2019 年 8 月 10 日，团队一行人到习酒厂，进行第一次习酒口述历史采集。由于受访者工作忙碌，时间安排上受限，只能沟通到哪个受访者可以接

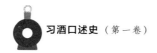

受采访，我们就根据其时间迅速赶到采访地点进行访谈工作。第一次口述史采集地点就在访谈者工作的包装车间办公室，此后的口述史采集多在访谈者工作办公室和家里完成。对于口述史的采集地点，我们会选择受访者熟悉的生活空间和工作空间，这样有利于受访者放松心态慢慢搜寻和整理记忆，使口述史的采集内容更加丰富多彩。另外，在受访者生活和工作空间进行访谈的方式，可以让受访者在搜寻记忆的同时，起身去寻找各种能和其讲述的故事对应的照片和"物证"，让记忆更加鲜活起来，同时激发其更多的讲述欲，也方便了我们采集更多的历史图片资料。在采集过程中，我们均一一记录并撰写田野笔记，对每个受访者的核心内容和思想进行勾勒，精要其有别于其他受访者的经历、行动和独立思考。

二

对习酒公司党委书记、董事长、法定代表人钟方达的访谈在他的办公室进行，访谈时间近三个小时。整个访谈过程看似是不经意的聊天，但实际上双方均已做好了充分准备。受访者讲述的内容线索清晰，讲述过程如行云流水。近三个小时的受访时间中，他相对系统而完整地分享了习酒各个时期的历史实践以及自己在其中的角色、判断及认知。

对钟方达的采访，让我们有了几点重要的认知。一是习酒酿酒工艺是习酒人"道法自然，天人合一"的产物。它回应了"天生万物"的中国传统文化精髓；习酒的酿造工艺和茅台是一脉相承，习酒从始至终都有向茅台学习酿造工艺的传统。二是反思习酒在困难时期的技改投入，确实是增加了企业的困难，但不投入技改也没有出路。钟方达认为，就企业的营销而言，市场是第一位的。他从技术岗位到在困难时期出去卖酒即改为营销工作，尊崇市场先导的原则，努力精进做事，提着一个包懵懂地在陌生地调研走访，进行市场推广。在此期间，他胆大心细、勇往直前，为习酒开辟了一个前所未有的新市场即扬州市场。从早期到现在，在他的倡导和推动下，习酒的"体验文化"持续成为习酒通过走向消费者认可而迈向市场的一个重要法宝。三是习酒"君品文化"的提出具有里程碑意义。这个概念的提出让习酒产品、品牌和习酒文化精神站在了与时俱进的高度，通过持续推进这一理念的提升，为习酒创造了大有可为的发展前景，具有不可估量的价值。君子之品，其中的一品就是谦逊，钟方达的讲述过程充分表达了谦谦君子的品格。四是习酒的工匠精神不仅体现在普通的酿酒技工身上，习酒的高层领导也一直持有在生产一线研习酿酒工艺的传统，这保证了习酒品质的恒定不变。习酒人具备的厚道、质朴的品德，也在习酒产品上鲜明地体现出来。五是他认为："从茅台这些年头来看，茅台是以不变应万变，五粮液是以万变应不变。两个走的路不一样，两个采取的方式不一样，但是实质的内涵是一样的。"这个认知非常睿智地说到了问题的本质。他在口述访谈中说道：

> 整个赤水河流域的文化、整个赤水河流域的（酿酒）工艺的形成，都是（遵循）自然的结果。这叫顺天，顺天法地啊！
>
> 我们讲"君品文化"，最能够体现君子内涵的有两句话，一句话是"天行健，君子以自强不息"。比如习酒，在这个山沟里面，从无到有、从小到大。没有这样一种精神，它不可能做到今天。所以一直以来，我们都是在自强不息。其他比我们条件好得多的企业很多都倒下去了，为什么我们发展得越来越好？就是因为我们有这种精神，将来我们还要靠这种精神来把习酒做得更大、更强。
>
> 但是体现君子内涵的还有另外一句话，叫"地势坤，君子以厚德载物"。要发展大，还得要增厚自己的德行，能够承载万物，才能做得更久、更好。"自强不息"（这种精神）在我们这点已经很典型。"厚德载物"这个精神品质，对习酒这个企业，我们讲做酒的人要厚道，我们要把品质做好，不要跟风，不要浮躁，要扎扎实实地做。酒里面用的原料精挑细选，坚持传统工艺固态发酵，要用"工匠精神"来精耕细作，做到精益求精，把技术发挥到极致，（这样才能）把产品做得越来越好。这些都体现了"君品文化"，也体现了一种工匠精神，其实它们的内在都是相通的。

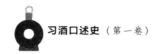

对习酒公司原董事、党委委员、纪委书记陈应荣的访谈，也在他的办公室进行。陈应荣是当地人，小时候求学条件艰苦，历程坎坷。他认为因为一些客观因素的限制，自己的学习基础没有打好，便主动要求家人让他重读了初中，最终考上了师范，然后分配到习酒子弟学校教书。调到习酒公司后，他主要在行政和管理岗位兢兢业业做事，经历和见证了习酒的辉煌期、困难期，直到兼并。他的访谈给人印象最深的就是，每一个阶段的习酒历史都是重要的历史，需要慢慢地一一讲述。他讲述的个人生命史和习酒历史非常完整，并认为茅台兼并习酒为习酒的发展带来了春天。他说，在一天位，就要认认真真工作，为企业做贡献，不能打任何马虎眼。他说：

因为大的困难我都走过、经历过，这点小的困难算不了什么。它也是锤炼了我们习酒人自强不息的精神和不怕困难的意志。

如果能够实现80个亿，来年如果大的宏观政策、宏观环境没得特别大的变化，正常来说，2020年我们上100亿就没问题，就能实现进入百亿级企业这个习酒人多年以来梦寐以求的目标。

我对习酒充满了感情，习酒已成为我魂牵梦绕的地方！可能在梦中，我梦见的事情都是在习酒的这些地方（发生的）。在习酒工作和生活的情景，对我来说，肯定是终生难忘的。

习酒公司党委委员、副总经理曾凡君是第二代习酒人，他对习酒老人、其父曾前德的爱和崇拜，溢于言表。因为他的父亲一辈子和习酒相连，他的生命也和习酒发生关联并走进了习酒，与之相伴终生。近两个小时的访谈过程中，几乎没有一个提问，他的讲述一气呵成，畅快淋漓。他系统地回忆了父亲和习酒建立初期的历史。作为一个怀念先辈的有心人，他在前几年编著了一部习酒和父亲的书，这本书虽未公开出版，但却从地理生态、历史传说故事、习酒酿造工艺、父亲亲历的习酒发展史、领导和同事眼中的父亲等多维视角回忆了父亲的一生。这本关于父亲的回忆集子，更是关于习酒和一个人的生命历程的梳理。曾凡君对习酒酒质的要求就像是一个生命的誓言，在我们结束访谈时，他突然举起一张写着字的信笺给我们看，上面写着一段话："我期望未来的习酒：在习酒的基酒储存房中，无一坛次品酒和混合酒，全部都是好酒，让勾兑师们更加得心应手，让不懂勾兑的同志任意组合出来的酒都是好酒。"他在访谈中说：

> 我1982年进习水酒厂，当时厂里的员工人数有200多人，酱香型习酒的试制工作正处于攻坚阶段，习水大曲的产量才900吨。到今天，我已有38年的工龄，到退休时将有44年工龄。我在习酒生产技术岗位工作多年，专心致力于习酒工艺技术进步，大胆创新了实用实效的技术成果，并在习酒的生产中得到广泛应用，成为习酒生产中的先进生产力。一些技术在习酒的生产发展中发挥了决定性作用，为企业创造了显著的经济效益。再隔一些年，有的技术都还有生命力，还会在生产上有价值，用得上，并继续产生效益。
>
> 习酒，要有传承的好作风，老的这一批人要给新的一代留点什么，传承点什么。我2018年编写了《回忆父亲曾前德》这本书，是想把习酒早期的一些历史告诉大家。

我们到茅台镇采访贵州茅台酱香酒营销有限公司党委委员、董事、副总经理陈宗强时，他刚从习酒公司调任酱香酒公司工作半年多。访谈在陈宗强办公室进行，其间，接连不断地有工作人员和拜访者来找他办事，我们的访谈在日常现实工作情境和对习酒工作经历回忆的双重空间里不断切换。整个访谈过程中，我们一直担心他没有全情投入地回到习酒的记忆里，把自己最长情的叙事表述出来，但我们也知道，在现实的日常忙碌情境里，有专门的访谈时间已是一种奢侈的诉求。在他应对忙碌日常工作的情景下，我们的切入提问，也还是把他带入了习酒口述史的情境里。

原贵州习酒总公司的董事长、总经理陈星国是陈宗强的伯父，受其伯父的影响，他从小就对习酒有认知、有期待。就像每一个在习酒那片峡谷中的村镇读书出来的许多年轻人一样，陈宗强从小就在心中装着一个进入习酒的

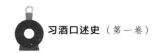

梦想。他在贵阳读书时，便因为伯父的推荐在习酒贵阳办事处实习，为自己赚取生活费。因感恩习酒提供的机会，他学成毕业后，毅然加入了习酒公司。经历了从兴盛到20世纪90年代的衰退时期后，他深刻认识到企业最大的责任就是把企业干好，把员工管好，再去承担相应的社会责任。他认为，在管理方面，茅台给习酒公司输送了人才，输送了管理经验，也输送了品牌。在波峰波谷起伏不定的市场经济环境条件下，他总结了自己走过的历程后，深刻认识到管理好一个企业的重要性，便推行以加强企业文化建设的方式管理好企业，这是他在思考也在践行的工作和管理方式。在企业管理方面，陈宗强不仅运用现代企业的专业技能管理方式，而且很注重企业文化建设。为此，他办过杂志，像一个酒企的"文学青年"一样写诗歌以表达自己对企业的热爱、对生活的热爱，他还鼓励同事一起写作，写工作中的心得、随想，写诗性的世界，写对生活的憧憬，这些文学性的表达都被刊载在习酒公司的内部杂志上，并作为业务考核成为公司企业文化的一部分。

访谈中，陈宗强提出一个重要观点：茅台兼并习酒公司，是一个全面多赢的结果；同时也是白酒行业里一个非常成功的企业兼并典范。他认为，抗疫之后，很多小企业有可能要走上被兼并的道路，而茅台兼并习酒的成功案例，可能会给予企业兼并方面一些启示。对他的这个观点，我们深感认同并当即提出，是否可以把茅台兼并习酒这20年历史做一次专门的调研，出一个深度的调研报告。他在访谈中说：

习酒的这一套系统，在加入茅台集团以后发生了根本性变化。客观地说，习酒这二十多年的发展，既得益于茅台这个强大平台的支持，也得益于习酒在原来奠定的基础上的一些完善。前期，因为有茅台的支持、茅台的管理监控，所以习酒才得以走出困境。

茅台给习酒公司输送了人才，输送了管理经验，也输送了品牌（这其中也包括"茅台液"）。那时我在跑市场，只要跟经销商谈到茅台集团习酒公司，虽然他们的热情度也不是很高，但至少比以前好得多了。这也是习酒加入茅台以后享受到的"特殊待遇"了。

实际上，我们回过头看的话，从整个战略的角度来说，茅台兼并习酒，是一个全面多赢的结果，是白酒行业里一个非常成功的并购典范。经历过这次新冠肺炎疫情以后，我认为白酒行业也会发生一些深层次的变化。小企业活下去的可能性越来越低，而且面临的挑战越来越大，生存的空间越来越狭窄。包括一些小的烟酒店，也是同样的道理。所以，整个行业又可能会触及另一轮破产、兼并、重组、收购。这个时候再来分析一下茅台兼并习酒的成功案例，我觉得可能会有一些启示。

现任习酒公司企业文化部部长吕良典，是习酒口述史的重要发起人和策划者，也是我们此次口述历史访谈的最后一人。对吕良典的访谈是分两次完成的，因此也是所有访谈中耗时最长的。2020 年 5 月 22 日下午，他第一次接受我们的访谈，结束后他表示意犹未尽，希望第二天早上再给我们讲讲。因此，第二天一早，做了精心准备的吕良典又给我们详细梳理了习酒公司加入茅台集团以来的一些重大举措。他的访谈记录超过 5 万字，这也是 26 人中采集资料最多的。在访谈中，吕良典给我们最深的印象，便是他本人是文人气质与商人精神的完美结合。

身怀抱负，想要一展拳脚的吕良典于 1988 年进入习酒酒厂子弟学校任教。他最初的理想不是"从商"，而是要向他的标杆裴声鸾先生看齐，成为习水县最好的语文老师，他为此做出过不少的努力。然而，随着企业的发展壮大，酒厂子校作为人才高地，不少老师先后进入公司管理层。在这样一种形势下，吕良典最终离开教师岗位，进入公司宣教处工作。当然，对于吕良典而言，最大的转折点应该是 1994 年出任习酒公司西安分公司副经理。

按他的讲法，作为一个"秀才"，他最初对销售工作是不屑一顾的。而且，家人也很反对他远赴西安。然而，半年之后，他对这个工作产生了浓厚的兴趣，乐此不疲了。此后，吕良典的工作便和销售紧密联系在一起。当然，他的工作也一直没有离开文化。在习酒公司企业文化建设的众多举措中，许多作为企业营销的重大举措如编订企业员工手册、开展"红色之旅·

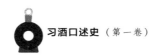

探秘酱香"、"习酒杯·美食贵州"金牌黔菜大赛等，都留下了他的印迹。

吕良典于20世纪80年代进入习酒公司，见证了企业曾经的辉煌，随即又经历了公司的低谷，而后又伴随着企业踏上融入茅台的振兴之路。在他身上，我们看到了习酒人历经苦难却又自强不息、勇于创新的精神。事实上，即便是在最困难的时期，我们依然可以看到习酒人奋斗的身影。在习酒的发展过程中，加入茅台可以说是一个重大转折点。在吕良典看来，在这个过程中，企业文化的融合对习酒公司后来的振兴至关重要。他说：

在兼并后，有一个重要的课题，就是两种文化如何融合。两个企业的文化不同，一开始（肯定）会有矛盾、会有冲突，如何融合在一起还是很考人的。但是，我觉得兼并过后，当时的领导班子在这个问题上解决得非常好。

茅台文化和习酒文化本身没有产生冲突。我觉得是因为它们以前共同的基因要多一些，所以没有冲突，或者说很快就融合了。因为习酒人很善于创新，而且学东西非常快，就把茅台（文化）的一些优点，比如精细算账这些作风引入了，把以前算账比较粗糙甚至不爱算成本这些坏的习惯改掉了。

另外，我觉得另一种改变是自信，就是对于品牌、企业文化的自信。以前习酒人的自信心还是受影响的……茅台兼并过后，习酒人的这种自信心有了很大的提升……茅台兼并过后唤起了这种自信。兼并以后，有茅台强大的品牌背书，也解决了曾经的那些包袱，就把习酒人的那些积极的基因唤醒了、那种活力激发了，带领企业不断地走出困境，再创辉煌，走出了一条从复兴到振兴的路。

中国贵州茅台酒厂（集团）有限责任公司原董事、贵州茅台酒股份有限公司原董事、贵州省酒业高级技术顾问、中国贵州茅台酒厂（集团）有限责任公司名誉董事长、技术总顾问季克良，是习酒公司安排在访谈名单里的优先受访者。习酒公司认为季老是茅台兼并习酒的重要见证者，希望他能谈一谈和习酒的历史往来以及兼并过程。由于季老并不常居贵州，我们只有等待他回来时再约定采访。对他的采访经历了两次，跨时两个月。第一次是在2019年9月贵阳举行的第九届中国（贵州）国际酒类博览会期间，因事先沟通信息不畅，季老说不知道习酒对这个访谈的安排，能谈到什么程度自己也不清楚。由于季老没有接到习酒的正式通知，相当于拒绝了采访，这对于从各地赶来的访谈小组来说是一个坏消息。口述史访谈时间有限，而大家在路上的时间也浪费了。第一次采访实际上只是和他打了一个照面，未有实质性的采访，事后，我们约定10月长假后到仁怀再进行采访。

2019年10月，国庆长假后的第一天，我们如约到仁怀采访季老。访谈由我们访谈组和罗梅一起完成。季老根据我们之前提供的访谈提纲，认真做了准备，他回忆了自己和习酒产生的所有互动关系，并做了一个完整的梳理。从早上九点谈到中午十二点，季老几乎没有停顿，其间不断地讲述，不断地思考。从季老的讲述中，我们认知了几个方面的情况。一是季老在习酒工坊进行早期产品研发时就到过习酒厂，这期间高度关心习酒的工艺和成长，常到习酒去指导酿酒工艺，是习酒近70年发展历程的重要见证者。二是茅台和习酒向来亲如一家，往来历史源远流长。茅台开放接纳习酒工作人员到厂里学习技艺、品酒、勾酒等，助推了习酒工艺提升，在八九十年代一直共同成长和进步。那时，茅台和习酒在企业规模、基础条件、设备和技术人员等方面的差距不是太大，习酒相对来说反而发展得要快一些，产量还一度超过了茅台。三是20世纪90年代，已处于发展困境中的习酒因产品出现质量问题导致了市场萎缩，这使得习酒深刻认识到，质量问题是企业的生命线，万万不能马虎。同时，还要严格把握好速度与质量的关系。四是酱香习酒用的是茅台的工艺，是从茅台习得和传承的，同出一宗。所以，习酒得的是茅台的真传，传承的是茅台的酱香，也是"嫡传"。从这个共同的工艺系统和往来历史来看，茅台兼并习酒是顺应"天时地利人和"的安排。他说：

> 我们的技术干部和习酒厂的关系越来越紧密，跑得更加勤了，交流得更加多了。那个时候没有封锁的那种感觉，互相封锁、互相保密的那

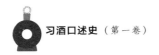

种感觉，一点都没有。我觉得交流得很开心的。我也去过几次，帮他们品啊，帮他们勾啊，提建议啊。

我讲的主要一个就是，我们在技术上没有保密，没有封锁，像一家人一样的，两家在互相帮助。

那个时候，习酒确实发展很快，好像酱香酒已经超过了我们的产量。1991年，我们茅台酒的产量才2000吨，1994年的时候也才3000多吨，到了1996年，大概有4000多吨。我估计在这个过程当中，他们已经有5000多吨了，和我们（差不多），我们1998年的时候，好像也就是5000多吨。

作为企业，没有把握住，（一些贵州酒）就开始在外面收酒勾兑到自己的酒里头来，质量保证不了……这一点我认为值得我们汲取教训。

因为我们还有茅台自己的事情——我们（很）清楚的，很明白的，只有把茅台这个旗帜举好，才能够带动（兼并）这件事。茅台如果也像其他贵州酒企业出现困难的话，这就不好了。所以，我们死死把茅台的发展抓在手里，通过这个抓手来促进（兼并）这件事。我认为这个是一个很成功的经验。不能小看！不能小看的！茅台这棵大树不倒，什么问题都好说，也有能力去把兼并做好。我感到我们那个时候这一点很明白，只有这样才能够促进这件事。

我感到质量问题不能马虎，尤其是茅台酒的质量问题，更不能马虎。

实事求是地讲，我对习酒没有像茅台这样的要求。但是我提醒他们，我说："你现在是嫡传了，不是习酒的酱香了，是茅台集团的酱香了，是嫡传了。"当然，我也没有要求他做到茅台这个样子，但是一定要重视自己的质量，自己保持这个水平，不能出安全事故。出了安全事故，出了什么事，那就不得了了！

原习酒公司副厂长、酿造高级工程师廖相培是习酒早期辉煌历史的创造者与见证者之一，他也是最早接受我们访谈的习酒人之一。2019年8月9日一早，访谈组一行便前往习水县城廖相培家，访谈便在廖老家的阳台上进行。由于廖老日程紧密，整个访谈进行的时间不长。然而，在近一个半小时的时间内，廖老为我们清晰梳理了其个人经历与习酒早期历史的交织以及他自己的一些思考。

1969年，时值"文化大革命"，廖相培从仁怀三中毕业后，因家庭成分过高，没能继续读书，转而进入习酒厂当临时工。当时，习酒厂总共的人数仅有27人，产量也只有100多吨，且都是浓香型酒。进厂后，他曾参与习酒先驱曾前德领导的酱香型习酒试制工作。1981年，他担任生产股长，负责生产包装，此时酒厂规模不大，只有一两百人；紧接着，习酒公司开始扩建两个"两千五百吨"，企业亦随之在1983～1990年进入第一个发展的黄金期。1984年，廖相培任生产副厂长。作为这一时期的六人领导班子成员，负责生产的廖相培见证了习酒在20世纪80年代的辉煌。廖相培主管生产期间，重视技术，狠抓质量，公司产品多次获得省优、部优、国优荣誉。按他的说法，他们通过向茅台学习，改进了酱香型习酒的工艺，从而提高了习酒的产量与质量。就在这七八年时间内，习酒厂赢得了30多块牌子，酒厂职工人数发展到3000多人。廖相培本人也于1990年被评为酿造高级工程师。然而，到了20世纪90年代，"百里酒城"的计划因国家金融政策的大调整陷入困境，也将习酒厂拉入"举步维艰"的境地。他因一些原因于1992年辞去了所任领导职务，离开了习酒厂。

从对廖相培的访谈中不难看出，作为习酒厂早期核心成员，他见证了习酒厂早期的辉煌与曲折。他说：

> 现在没得好多人了解这个历史了！现在知道这个历史的，可能也不多了。
>
> 无论如何要以质量求生存，这个是关键。不管人们怎么不懂酒，但是好喝不好喝、对身体有害没有害，这个是关键，这个是良心，这个是基础。如果不保证消费者的安全，我认为这是不道德的，光唯利是图这是不对的。

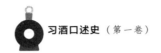

对 1998 年调贵州珍酒厂任经营厂长的老习酒人吕良科的采访在遵义市"喜将军"酒办公场地进行。老人之前并不太知道接受采访的目的，以为就是一个普通的采访。当听说是一个深度采访的口述史后，他迅速思考并组织语言，他想讲述的似乎有很多，却又无法一时道来。吕良科及其家人都从事着和习酒相关的经营活动，对习酒都有着很深的感情。调离习酒厂到珍酒厂工作后，他依然对习酒满怀热爱和激情。后又带领家人创立习酒品牌酒"喜将军"，并对"喜将军"酒产品本身进行了系统的文化想象和文化塑造，做得风生水起，非常成功。他对习酒领导和同事的回忆与讲述充满深情，让我们认知到，他对习酒的文化认同和精神依恋，就像钟方达总结的"离开习酒后，习酒都成为他们曾经的家，成为他们的第二故乡"一样。他说：

> "苦在酒厂，乐在酒厂"……
>
> 我们的山沟沟里一定要飞出金凤凰，一定要把我们的习酒畅销全国，走向世界！
>
> 别人看我的简介，介绍我是"习酒老人"，我说"我是老习酒人"……跟习酒的感情很深。所以，我的家庭也好，我的朋友圈子也好，都有习酒这个缘。习酒培养了我们，我们对习酒也做过一些贡献。哪怕我今天退休了，我都希望我们的企业越来越好。

对习酒公司原副总经理胡波的采访在贵阳观山湖区一处小区进行。在他自称为"小而美"的"波波酱酒"体验点，胡波将自己从茅台到习酒，再从习酒辞职，创建酱酒企业的故事娓娓道来。从写信给茅台领导拦路求职，到主动请缨从茅台到习酒，乃至后来的创业，胡波的个人成长发展史充满了剑走偏锋、挑战自我的色彩。进入茅台十年，胡波将茅台文化视作一种生活方式，将产品从功能的东西上升到精神层面的东西来认识。他认为，在茅台提出"喝出健康来"的时期，已经奠定了未来作为中国最好的酱香酒的一种精神诉求。在茅台事业稳定发展，常坐在办公室而又拿着不菲的年薪，这让胡波感觉"无用武之地"，有些闲不住了，随即和赴任习酒公司董事长的张德芹到了习酒。放弃一个发展前景很好的企业，从担任茅台酒销售公司市场部经理的岗位，到茅台旗下的子公司习酒去开拓新的发展道路——当胡波提出这个要求时，茅台的领导和同事们还以为他是在开玩笑，都不太相信。而就在习酒销售渐入佳境时，胡波又做出了一个决定：离开习酒。胡波在访谈中强调，现在对酱香酒的文化宣传还不够。在做"波波酱酒"的企业实践中，他似乎在身体力行，探索酱香酒实体、酱香酒文化的传播。他在访谈中谈道：

> 把"窖藏·1988"这一项产品作为一个类似"飞天茅台"的产品来打造。其实，很多企业最怕的是每一个时期栽一棵小树，最后是漫山遍野的杂草和小树，经不起风浪。但是，习酒的战略清晰了——我们需要围着一棵树，哪怕这棵树从育苗开始，一代一代的人围着这个树子浇水、施肥，最后就会长成参天大树。参天大树，树子越大，根扎得越深，就越能够经得起风浪的洗礼。所以说，在这个时期，习酒把它的未来战略清晰了，就是清晰到一句话：将来不管怎么变化，任何一届领导者怎么变化，习酒不会也不敢去把这个"窖藏·1988"放在旁边，重新去打造一个产品。这个风险太大了，没办法去做。一年卖50个亿，如果做得好的话，完全可以做100亿、200亿。茅台酒一个单品卖2000块钱一瓶的话，它一年可以卖七八百个亿。但是从中国消费结构来讲的话，越往下边，市场会越大。那"窖藏·1988"完全是习酒将来的希望所在，就算它的价格是茅台的一半，茅台卖800个亿，它完全可以卖400个亿。在价值相等的情况下，茅台要卖850亿，"窖藏·1988"也可以卖850亿。这就是未来习酒的希望所在。尤其是这一个阶段，习酒的战略思路清楚，未来的一代一代人会围绕"窖藏·1988"这个产品浇水、施肥，产品的品质会越来越厚重，品牌的文化内涵会越来越好。习酒未来会一直这样走下去，而且会越来越好。

对茅台集团习酒有限公司原副总经理徐强的访谈是在习水县一个小餐馆

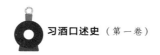

的党员活动室进行的。按徐强的说法，他并没想到访谈会如此"正式"，因此没有做太多的准备。正是这看似漫不经心的闲聊，却为我们讲述了习酒加入茅台那一段令人"刻骨铭心"的历史。

作为生在茅台、长在茅台的茅台人，徐强 1985 年进入茅台集团工作，一干就是 12 年。可能他自己都没想到，自己的人生会在 1997 年出现一个重大的转折——参与茅台与习酒的兼并工作。1997 年 9 月 9 日，徐强作为茅台集团的代表之一，随兼并工作组进驻习酒公司。用他的话总结，那一年可以说是既冷清又燥热。冷清的是当时整个习酒公司的氛围，看到的都是催债的人，没有做生意的人；企业停产，厂区内职工各自走路、静默无语，只听得到鸟叫声而听不到人的声音，属实为一片萧条的景象。燥热的不只是天气，还有不知未来去向的人心。被推到兼并工作的最前线，具体负责酒厂员工裁减任务的徐强正好处在鼎沸的中心。

为了减轻负担，让企业能够重新起步，需将习酒公司原有的 4000 余职工缩减到 1500 人，这个艰巨的任务落到了徐强身上。办公楼门口站岗的保安藏在楼内，要求解决困难的夫妇俩、被拦截的方便面、习水县围困、数次跳窗脱身……足以说明当时矛盾之集中。而从茅台镇到习酒公司的八条路他至今记忆犹新，可见他当年工作条件之艰苦。

然而，最令我们印象深刻的，是徐强反复提到的大多数习酒老员工拖家带口默默离开时的心酸。实际上，正因为有当初数千习酒人的默默奉献与牺牲，才有后来企业的新生和今日的腾飞。回顾这一段历史，徐强说：

> 茅台兼并习酒，新习酒成立了，我们从生产经营停止的状态，慢慢一步一个脚印地走，每年都有增长。……从 1997 年到 2010 年，13 年的时间，基本上年年增长，2010 年已经增长到 15 个亿了。

对原习水酒厂职工子弟学校第一任校长、公司办公室主任、党委副书记张开刚的访谈，在他和夫人租住的贵阳市云岩区盐务街省政协大院的屋子进行。访谈的时间非常凑巧，当天正好是张开刚 70 岁的生日，当晚他们一家准备为他庆生。尽管如此，张先生还是耐心接受了我们的访谈。他的夫人告诉我们，他的字号是慕白，因为他仰慕大诗人李白。访谈结束时，他还一再邀请我们参加他的生日宴。

张开刚出生于新中国成立初期，物质贫乏，留给他的童年记忆是没完没了的饥饿、无休无止的贫困。初中毕业后，张开刚考取遵义师范专科学校，成为家乡第一个中专生。1968 年毕业后，他回到大队办的永兴学校，开始了自己的教师生涯。1977 年，张开刚被提拔为回龙中学校长。

20 世纪 80 年代，正值习水酒厂的黄金期。随着员工的增多，员工子女的教育问题日益凸显，职工子弟学校随之提上议程。恰巧习水酒厂的两位主要领导与张开刚均有私交，经多方活动，张开刚于 1984 年调入习水酒厂，在担任办公室主任的同时，兼任习水酒厂子校校长，负责学校的筹办工作。当年招生，第二年新学校正式竣工开学，开启了习水酒厂子校的辉煌历史。在近二十年的历史中，子弟学校不仅解决了酒厂职工和周边村民孩子的读书问题，还为习水酒厂输送了一大批管理人才，被誉为习水酒厂的"黄埔军校"。1991 年，时任习水酒厂党委副书记的张开刚踏上贵州省第一学府贵州大学的讲台，率先打响了省内制酒企业人才引进的第一枪，开启了企业人才引进与培养的新篇章。回忆往事，他认为在贵州大学讲台上的宣讲经历至今仍是他的荣耀时刻。

2004 年，按国家要求，习酒子校要交地方管理，张开刚随之离开了习酒公司。

被誉为"习酒厂第一个文化人"的张开刚不仅是一个文化人，还是一个开创习酒公司子弟学校辉煌历史的教育家，更是企业人才培养与引进的奠基人。他说：

> 实际上，现在的习酒公司有很多中高层干部都是先调到子校，再从子校调到企业，包括现在的董事长钟方达、副总经理陈应荣，都是我选出来的，从子校这个途径逐步走上管理岗位。所以，在我们企业内部说，子校就是习酒公司的"黄埔军校"、人才的摇篮、培养干部的基

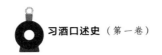

地……高峰时期，企业的中层干部有将近五十个人从子校调出去，包括我在内的六七个企业高管都是从子校出去的。前前后后，以教师的名义调进企业去的大概有两百人。

我是一个从农村出来的孩子，上大学这个梦，我都从来没有敢做。但是出于引进人才的需要，我站到了贵州的最高学府，贵州大学大礼堂的讲台上去了，贵大的校长和校领导都坐下听我讲。这件事我想起来有几分得意、几分自豪。并且，我作为一名中专生，站在大学的讲台上，不辱企业的使命，比较顺利地完成了企业引进人才的任务。我觉得这是我印象最深、做得比较好、比较完美的一次。而且，它确实给企业的发展带来了好处。

原习水酒厂车间班长、生产技术科科长，全国劳动模范易顺章，是我们最早准备访谈的对象之一，却是较晚接受访谈的老习酒人。在前期的沟通中，老人先后以各种理由拒绝了我们访谈的要求。这无形中给了我们一个他"不易接触"的第一印象。2019 年 11 月 14 日，我们终于在习酒公司企业文化部的小院里见到了老人。出人意料的是，两个多小时的访谈非常顺利，我们相谈甚欢。通过交流我们才了解到，老人此前之所以多次拒绝访谈，是出于某些思想认识的原因。然而，在访谈中，我们体会更多的是老人对习酒的深厚情感，以及他身上具有的全国劳动模范所代表的工匠精神。

1966 年，就读于农业中学的易顺章不顾家人反对，应征入伍。先后在云南、河北、西藏多地作为汽车兵服役，见证了"援越抗美"，支援了西藏建设。1973 年 12 月，易顺章退伍后返回家中务农。婚后因岳父的原因进入习酒厂工作。从一线"小工"到转正，从生产车间班长、生产技术科科长到厂长助理，易顺章实现了从一线工人到干部的身份转换。更为难得的是，之前对酿酒一无所知的他，依靠自身的努力，成为一名名副其实的酿酒工程师。

1981～1983 年，易顺章管理的车间连续三年获评"优质高产车间"：出酒率第一名，质量第一名，成本是最低的。在此期间，依靠严格的现场管理，他创造了习酒公司乃至全国白酒行业出酒率巅峰——每百斤红粮出酒44～45斤。1988年，因其在出酒率方面的重大贡献，他以一名普通劳动者的身份荣获“全国劳动模范”称号，前往首都北京受奖，并在天安门观礼建国40周年国庆阅兵。其先进事迹获《人民日报（海外版）》和《贵州日报》等媒体报道。

时至今日，易顺章依旧是习酒公司历史上唯一的“全国劳模”。可以说，易顺章是习酒公司“匠人精神”的代表。他说：

> 工匠精神，实际上就是精心做事，就把该贡献的热和光发挥出来。不管做哪一行，做一个手术也好，一个成果也好，都是工匠。作为大国的，是大国工匠；我们作为企业的，是企业的工匠。把工作做好了，工匠精神就出来了。

原习酒厂元老，习酒总公司销售公司副经理、办公室副主任罗淮吉，可以说是所有受访者中最随性的一个。2019年8月10日，我们在习酒镇黄金坪村岩底下罗家老宅的院子中和他聊了两个多小时。访谈过程极为欢快，老人也很放松，口中也逐渐带了农村人的口头禅。聊到欢处，老人一度把双腿蜷到了藤椅上。整个访谈中，令我们印象深刻的有两件事，一是老人重复好几遍的“我什么都干过”，二是从其讲述中透出的老习酒人艰苦奋斗精神及正直不阿的人格。

出生于旧社会的罗淮吉念过私塾，也接受过新式学校的教育。他于1958年在回龙区粮所工作，又在1962年因“粮食难关”下放回家。为了养家糊口，罗淮吉代过课，漂过木头。

1968年，公社书记给了罗淮吉一个机会，让他在水运队与习酒厂之间选择。罗淮吉选择了习酒厂，从此开始了他的习酒人生。进厂时，整个习酒厂只有7个人，大家不分你我，统统到一线烤酒。由于人少，按罗淮吉自己的说法，他什么都干过，出纳、采购、供销、基建……一样不落。另外，靠着仅有的小学文凭，罗淮吉和厂长曾前德扛起了“外联”的重任。1967年，浓香

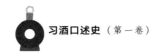

型"习水大曲"试制成功后，也是罗淮吉从河对面的郎酒厂借了两包瓶子，装上酒后先后送往县里、地区和省里。按罗淮吉的说法，结果是"一鸣惊人"！可以说，"习水大曲"正是在罗淮吉一辈人的手里打响名号的。

再往后，罗淮吉的岗位几经调整，当过供销股长、办公室主任、厂长助理，还担任过劳动服务公司副经理。当然，销售一直是罗淮吉从事的最核心的工作。从他提供的老照片中我们得知，他不仅把习酒卖到了全国各地，还将习酒带向了世界。然而，最令人称奇的是，罗淮吉是一个滴酒不沾的人。

不无遗憾的是，习酒厂当时的七大元老如今只剩下罗淮吉一人。也正因如此，这份记录才显得如此珍贵。他说：

> 我说我啥子都干过呢！我当过出纳，搞过采购，代过统计，管过基建，后来又负责销售。
>
> 当时，我跟曾前德负责出去跑。当时刚包装酒的时候，数量一大点过后，我就出门去搞采购，到泸州、到遵义，去采购纸箱、瓶子。那个时候，（人员）数量少，你回来了过后，没事你就要到车间去（干活），实际不分你我。
>
> 我希望我们的习酒人，特别是习酒人的领导者和管理者，要不忘习酒初心，同时也要牢记习酒历史。走稳每一步，稍放慢一些，因为我们是消费型企业，稳步前进，这是为成千上万的习酒人着想……不管有什么样的风吹草动，都要不慌不忙，这就需要做好准备，打有准备的仗。

原仁怀县郎酒厂（习酒公司前身）会计、习酒公司原工会主席余林安，可以说是所有访谈对象中最安静、最内敛的一个。我们在2010年8月10日下午到达回龙镇向阳村时，退休在家的余林安正被一群儿女包围着，其乐融融。他的几个子女都在习酒公司上班。在午后的阳光中，老人在老宅的院子中接受了我们的访谈。

1936年出生的余林安接受过新旧两个时代的教育。1958年，余林安调到仁怀县郎酒厂（习酒厂的前身），做会计工作。但恰逢"三年困难时期"，粮食取消供应，到 1960 年酒厂就停产了，余林安便被调离。

1982 年，习酒厂建立党委会，余林安随肖登坤（原习酒厂党委书记）调入酒厂。进厂后，余林安先后任供应股股长、供销科科长、基建科科长、福利科科长、组织部部长、政工处主任。1995 年，任习酒股份公司工会主席。在习酒厂十余年间，余林安搞过采购、做过基建、办过食堂，也从事过政工工作。1998 年 3 月，在习酒公司加入茅台后，62 岁的余林安退休了。

相比其他酒厂元老，余林安在习酒公司工作时间不算太长。他虽在一线搞过采购，但不懂酿酒。尽管如此，余林安却是习酒厂"前生今世"少有的见证者。仁怀县郎庙酒厂的起起落落，习水酒厂曾经的兴盛、低谷与新生，都穿插在余林安的生命轨迹之中。在整个访谈过程中，余林安老人始终保持着放松的微笑，他的回答低调而简短。正如他对自己的评价：

> 我在酒厂工作 15 年，在这个阶段，我觉得陈星国这个人有远见、有胆量……我觉得，他这个人对酒厂的发展还是有远见、有胆量。他算的那些工程，现在来看，确实还是实现了。
>
> 我在酒厂这些年获了不少奖，不过那只是在当时的那个环境之下（获得的）。我在粮食部门也获过奖。在厂里，我获的奖主要是先进工作者的多，县级多一点，此外就是厂里面的，是干实际工作为主。
>
> 我的文化水平太低了，哪个时代都跟不上。有一点好的就是，干实际工作，跑得、累得。

习酒公司在职优秀职工胡建锋、陈甜在 2018 年结为夫妇，成就了一段因酒结缘的佳话。2019 年 11 月 14 日上午，夫妻俩在公司企业文化部的小院里接受了我们的访谈。由于胡建锋是山西人，整个访谈过程主要用普通话进行。按照预先的计划，此次访谈的重点对象是"贵州省五一劳动奖章"获得者陈甜。然而，陈甜将此重任交给了更善表达的丈夫胡建锋。从访谈的结果来看，这未尝不是一次"意外之旅"。访谈过程中，与丈夫胡建锋的思路清晰、谈吐儒雅随和相比，陈甜的叙事风格是果敢直接、言简

意赅。

1988 年出生的陈甜是典型的"习酒二代"，她母亲原在习酒厂包装车间工作。大专毕业后，陈甜进入习酒公司工作，2008 年 9 月至 2011 年 5 月在习酒公司包装车间工作。2011 年，习酒公司内部竞聘，陈甜依靠自学，考入习酒公司质量检验部尝评班，开始从事白酒品评工作。2015 年，她参加第二届贵州省白酒行业职工职业技能大赛，荣获第一名，并获得"贵州省五一劳动奖章"称号和"贵州省技术能手"称号。2015 年，她参加中国技能大赛第三届全国白酒品酒职业技能竞赛决赛，获得优秀选手称号，同时被聘为国家评委。陈甜现为习酒公司 9 位国家级品酒师之一。1984 年出生的胡建锋是山西人，是贵州工业大学生物工程专业硕士。他于 2011 年进入习酒公司工作，先后在习酒公司制酒车间、技术中心工作，现在负责的是制酒八车间管理工作。在技术中心工作期间，胡建锋牵头建立习酒公司的"塑化剂"检测方法，帮助习酒公司安全度过 2012 年白酒行业的"塑化剂"风波。2015 年，他成功考取中国食品工业协会组织的白酒国家级评委。

> 胡建锋说：销售我不懂，其他的我不懂，我现在要钻研的就是怎样把习酒的质量做好。在习酒人身上都有这样一种精神，都要追求习酒的品质。那这种思想在心里头的话，这就需要不断地提高自己，不管是吃苦耐劳也好，还是去不断地提升自己的专业水平也好。
>
> 陈甜说：我觉得就应该学老一代的吃苦耐劳，还有对习酒不离不弃的精神，不管是她发展壮大也好，还是她遇到困难的时候，我们都应该对她不离不弃。

贵州茅台酒厂（集团）习酒有限责任公司纪委副书记、驻桃林镇永胜村第一书记赵鸿飞是诸多访谈对象中颇为特殊的一位。他可以说是身兼两职，既是习酒职工，又是驻村干部。2010 年 8 月 9 日上午，在结束对廖相培的访谈后，我们驱车前往习酒公司的对口帮扶村寨——桃林镇永胜村，一行人耗费两个多小时后，到达了目的地。永胜村在高山之上，上山途中，我们看到的成片的已进入成熟期的高粱地，正是习酒公司的重点帮扶项目——有机红粮种植基地。我们在永胜村村委会见到了赵鸿飞书记，村委会的领导热情接待了我们。饭后，桃林镇的一位领导安排永胜村党支部书记曾德军和赵鸿飞书记一起接受了我们的访谈。其中，曾德军主要给我们介绍永胜村的村情村貌和近年来脱贫攻坚工作的开展情况，赵鸿飞则重点介绍了他的驻村经历。

赵鸿飞 1968 年出生于仁怀县。1992 年，他从贵州工学院轻工技术食品工程专业毕业。同年，因为专业对口，他通过人才引进计划进入习酒公司。进厂后，赵鸿飞长期在生产一线从事生产酿造的管理工作。直至 2014 年，他转岗调到公司纪委监察室。

2015 年，赵鸿飞被公司党委派到当时的醒民镇红岗村担任驻村党组织的第一书记。2016 年，省委、市委调整挂帮单位，赵鸿飞又被派往桃林镇永胜村，担任驻村第一书记。从 2016 年 4 月 20 日至今，他一直未离开。在驻村期间，赵鸿飞进行实地走访，主动了解村民的实际困难，并在习酒公司的支持下，为当地村民修路、安装路灯、改善村小教育条件、解决当地养猪户冬季饲料问题，还重点发展了有机红粮种植和猕猴桃示范基地，切实带动当地老百姓脱贫致富。他所做的一件件实事，深得当地百姓的认可与称赞。

常年驻村，家庭无法照管，也难免遇到一些困难，但在赵鸿飞看来，他首先是一名党员，也是县里的一个干部。虽然驻村较为辛苦，但也是党员干部的一个责任，是公司、组织上对他的信任。既然被安排到这里来，受组织委托，他代表的是公司承担的社会责任，就必须把公司的帮扶工作推进好。

> 赵鸿飞说：我首先是一名党员，也是县里的一个干部，理应承担这份工作。作为企业，要承担社会责任，也需要有人把这份工作做好，把这份责任担起来……也是公司、组织上对我的信任。
>
> 在我看来，企业的社会责任，也就是社会担当。企业效益好了，就要反哺人民群众，帮助群众早日致富，这也是一种社会责任、一种担当。

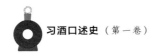

曾德军说：一桩桩的实事，都落地生根。按我们群众的愿望和公司的要求，全部都完成了，所以老百姓对习酒公司的帮扶都很感谢，确实给我们永胜村的脱贫攻坚带来了比较大的改变。

习酒包装车间一班班长杨翠兰老家在湖南，高中时来到黔西县投奔姑妈。高考落选后，她先是在当地一个工厂打工，后又随大学毕业后被分配到习酒厂的未婚夫迁到习酒，进厂当了工人。杨翠兰算是诸多访谈对象中的命运坎坷者，在丈夫在香港出差意外身亡后，她自己客居他乡无依无靠。习酒困难时期，因为没有家人作为后备支持，她常走十几公里的路，在物价相对低的地方购买蔬菜和食物回来。因习酒公司在困难时期发不起工资，她用完所有的积蓄，在感觉无力维系生计的情况下，也起过离开的念头。但是她丈夫是厂里重要的知识分子，其生前对习酒不离不弃的坚持精神感染了她。最后，她决定留下来为习酒奉献一生。她在讲述中尤其凸显了坚守者的信念，表达了一种复杂的情感。杨翠兰在工作上兢兢业业，富有敬业精神。她虽然只读过高中，却善用管理技术，把包装车间管理得有理有条，获得过包括国家级的很多荣誉。在谈及她的遗憾时，我们都为之动容、落泪。她遗憾于丈夫带她来习酒厂后却扔下孤苦伶仃的她先走了；她遗憾因自己忙于工作，没有管好儿子，让他没有一个好工作和好未来；她遗憾自己当年因心高气傲没有填好大学志愿，所以未能踏进大学的门槛。最后，今日事业上的成功弥补了她的遗憾，因此，她还是欣喜的。在这个充满创业激情的时代，她的勤奋和敬业得以释放。她说：

我想走的话，也是有一种不舍。我有时候会感觉到老公的鼓励和精神，还有那种话语啊！就感觉到他经常性地在给你说一些话语，（一些关于我）要留在习酒的话。我要走的话，真的还是舍不得。

我当时就感觉到，这些职工真的很了不起！屋头背那么多年、倒贴那么多年，能够坚持下来守着这个习酒公司。他们也不是说出去就找不到事干。

当时能留下来的，有很多都是本地人，也有很多是外地人。他们对习酒的这种热爱中有一种不舍。

贵州省青少年发展基金会财务部部长王建宏作为"习酒·我的大学"合作项目的参与者和见证者，系统梳理和总结了这个项目承担的企业社会责任和对社会的贡献。他说：

> "习酒·我的大学"做这么多年，从一开始尝试，做到现在，不仅是在贵州，在全国都是具有一定影响力的，是真正的公益品牌项目。第一年做只是尝试而已，但是做到一定年份后，有时候在基层去调研考察，一问到"习酒·我的大学"这个项目，大家都知道是团省委的一个助学品牌。

河南万客来实业有限公司、郑州鸿盛商贸有限公司董事长、习酒原河南总代理侯世安温文尔雅，喜欢养兰草，在提供给我们访谈的空间里，四面都放满了他种的兰草，上面正开着黄的、白的兰花。他说，兰草喜通风，根要保持干燥干净，浇水要透，到该换泥土时要换泥，只要遵循这些兰花的生长要求就能养好兰草。把贵州酒引进河南，侯世安是当之无愧的第一人。他的离奇故事和他养的兰草一样，在慢慢讲述间，那些有哲理有思考的经历，都被他化为一件件寻常小事。贵州酒八九十年代在河南市场的认知、培育和市场拓展，都凝聚了他的智慧和心血。20 世纪 80 年代，他自己从郑州开几天几夜的车到贵州寻酒，住在原云岩饭店，并给五十家酒厂发电报邀约来谈合作，卖酒给他。那次来应约的酒厂都成了他后来的合作伙伴，习酒就是其中的一个厂。20 世纪 80 年代，有一次为了赶去接同伴，在没有高速路且路况很差的情况下，他用两天时间驱车 1000 多公里从贵阳赶到郑州，其间没有停歇一分钟，饿了渴了就咬几口橘子以充饥。这体现了他作为曾经的军人的坚忍不拔的品格。他做酒都是批发，讲求薄利多销，让利给客户。在把贵州酒推到河南市场的过程中，为了抵制采用食用酒精来勾兑的低劣酒，他还写

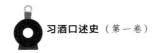

了"讨伐书"发表在当地媒体上，直书贵州酒是粮食酿出来的美酒，告诉河南的乡亲不可受骗，不可辜负好酒。这成为一个重要的具有影响力的事件。他认为，人们只要喝过三次酱香酒，就不会再喝其他类型的白酒了。他也惋惜于贵州酒进入市场后，在包装多样化方面走晚了一步。他认为，产品不仅要好，还要应对市场做各种类型的包装，这样才能占领市场。侯世安对陈星国自绝事件的回忆和讲述相对比较完整，认为他是中国酒业的"奇才"，并指出，陈星国在20世纪80年代提出要在赤水河建设"百里酒城"的规划，直到今天都还是很前沿的思考。总之，富有文人气质的侯世安更像一个超然于世的长者，做酒、做市场就像是一种"无为而治"的行为，在看不见硝烟的战场里，他似乎站在那里看几眼就知道如何应付，在市场里也总是有绝招制胜。他坚持在河南市场经营贵州酒，为今天开发贵州酱香酒在河南的市场潜力写下了不可估量的一笔。他说：

> 把贵州酒引进到河南了，对我最大的支持就是河南的市场上，老百姓认它！一看"贵州"两字，他就喝，他就要。
>
> 我跟习酒的感情是谁也替代不了的，也是用金钱买不来的。
>
> 我期待习酒厂、习酒人能更敬业，对我们的民族品牌增强责任心，把质量视为自己的生命，这才能保证习水人的光彩，生存之"道"也会越走越宽广……我坚信，有习酒人的努力，民族品牌——习酒，一定能覆盖全国，走向世界。习酒人，必胜！

对习酒贵阳地区经销商吕良维的访谈在贵阳一个咖啡馆进行，他开始或许并不愿意或者本不打算告诉我们一些实质的内容。访谈开始时，他完全处于一种"防备"状态，后来聊着聊着便打开了话匣子。我们发现他是一个对习酒充满关注，并对市场有着高度理性认知的人。从与他的对话中，我们受到很大的启发，深深感叹这个经销商哪里是一个商人，分明是一个富有哲理的企业思想家。

对他的采访，有几点让我们记忆深刻。一是几十年如一日全心关注习酒的发展，认为习酒在行"大道"，赞同习酒文化体系。而且在与习酒十多年的合作过程中，当对习酒的感知越来越深之后，他便慢慢地作为习酒里的一个"小我"存在，逐渐融入并践行"君品文化"。二是在他看来，只要是没成营销体系的东西，就是在做买卖和小生意。他讲到的营销体系，其实最核心的就是建构企业文化和品牌文化。三是他认为，总有些人无论在哪里都会走在时代最前沿，会比别人快一步。有些人就是不一样，他们在引领时代。比如在很早之前，原习酒董事长陈星国和当时的习酒人就已经在做"事件营销"，只是当时还没形成明确的概念。这在他看来，确实是具有前瞻性的一个行动。酒这个行业消费场景的营造，是近几年才被提得比较火热的一个话题。陈星国是一个只具有初中文化程度的人，又和习酒待在这么一个交通封闭的山里面，可是他为什么会有这样开阔的视野和战略高度？四是 2010年以前，川酒和黔酒在整个市场体系里，是一个天上一个地下。2010 年，是一个分界线，也是一个分水岭。这一时期，全球的信息交流形成的双向互动越来越多，市场趋于一种更公平的竞争机制，产品越好后发力就越强，这一点从贵州酒就看到。五是谈到创新，在我们的印象中，工匠精神的传统似乎应该是一个传承，但他觉得也是创新，这开拓了我们的思维。六是"习酒·我的大学"不是一个企业去捐点钱这样单纯的行为，它已经发展成为一个人们身边的网络体系都共同参与进来的一个系统性工程。他说：

> 我觉得"大道"是由很多"小道"组成的，我就是其中的一个元素。所以，哪怕今天我没有在习酒，但是在我的血液里面，依然流淌着习酒。这种关系是"血浓于水"的。我在习酒的所有经历，包括文化影响、工作经历，对我的感染，留下的，留在记忆里的，今天已经都是"图腾"。
>
> 习酒今天走上的"大道"，不正是由千万个商家在市场上所走的"小道"组成的吗？也许我这样的表达不恰当，但是我认为是这样，因为习酒要有庞大的一些商业资源点，甚至要有庞大的消费群体。

习酒河南地区经销商孔磊生于 1977 年，代表了习酒在全国最大的经销

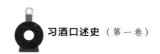

商群体。他的公司涉足多类产业（包括房地产业务），经销习酒是他公司的主要业务之一。孔磊所代表的是一个用现代企业管理制度管理白酒营销的公司。他很清楚，这种具有正规制度管理的团队不是松散的，只有成为黏附性和凝聚力很强的团队，才能抱团前进，才具有源源不断的动力往前走。所以，他坚持不懈地进行员工培训，努力建立现代化管理体系下具有持续营销动力的团队。孔磊虽然没有受过系统的科班教育，却对市场有一种超乎常人的敏锐触觉，与时俱进推进市场营销。他的办公室摆满了用贵州少数民族符号元素制作的酒包装，他认为就算不能投入市场，也是一次有益的尝试。他说，习酒的销售额要达到 10 个亿，这是他们的目标。越大的企业抗风险的能力越大，但对于酒类产品销售公司来说，越大的企业反而风险会越大，所以加强管理系统的管控，成为酒品营销后方的一项重要工作。孔磊对习酒人和习酒精神高度认可，认为习酒品质好，这决定了它的市场前景。他说：

> 很困难的时候，赔钱的时候，我没有想过放弃。一方面我对习酒这个产品的酒质很认可；另一方面，我对习酒人的务实精神和诚心很认同。因此，我没有想过放弃。
>
> 我们始终对习酒的酒质有信心，对习酒人有信心。所以我们不计成本地在投入，就是要把习酒在郑州做成一个事！……"郑州一定要做贵州以外的第一个样板市场"。样板市场就是重点市场，这样习酒品牌就能在全国打开局面，从一个区域品牌变成一个全国品牌。

习酒六盘水地区经销商潘宸是此次受访者中最年轻的一位，在经销商中，他也算是"习酒二代"了。从湖南大学毕业实习去了酒企工作"取经"，受到母亲召唤回到家乡。他似乎早就知道会跟随母亲的脚步，接下了母亲习酒经销商的班。回到六盘水，他并没有一开始就以"老板"身份自居，而是自己开着车到乡镇去送货，去一线当销售员。他回忆起了小时候与习酒相关的一些场景：婚宴上用习酒时，小小的潘宸爬到桌子下去找瓶盖，一个一个地翻看是否中奖，这是他对习酒最早的记忆。在他的讲述中，那个时代的场景顿然复活了，这让我们意识到他童年时期就已和习酒结下了不解之缘。他深深认同我们的想法，并认为习酒就是他人生最大的一个单。在单纯卖习酒之外，他也跟随时代，正在建立场景体验式多种营销模式。他说：

> 他们的酿酒工艺一直是坚持传统酿酒工艺。说守艺精神，我觉得习酒公司一直都做得非常好。
>
> 我最大的一个单子，现在最大的一个单子，就是习酒了。
>
> 因为习酒独特的文化……我的母亲也放心让我进入这个行业，继续经营这个品牌，这也算是另外一种认可。还有很多经销商都在把习酒传承给下一代继续经营，习酒的发展会越来越好！

习酒包装供货商高文娟在无锡包装工厂楼上树立了一个大大的"习酒"字样，表达了她对习酒的感情。高文娟是最早到习酒公司去谈业务合作的外地企业家之一。在习酒交通困难的时代，她自己拖着行李箱走了几天几夜才到了习酒。二郎滩的神话故事深深吸引了她，习酒人的精神品格感染了她，所以她在习酒困难时期也依然愿意积压资金继续为习酒提供经销服务，从未表示过要离开习酒，一直都不离不弃。在包装行业竞争非常大的这个时代，她凭着自己的真诚、执着和真实的感情投入的优势立足于市场不败之地，还常来贵州洽谈酒包装业务。她说：

> 我们公司领导还跟我开玩笑："那到时候，你就嫁到贵州去了！"我的小儿子就是 2000 年生的，到现在为止，他每年的暑假都会跟我去贵州，他对贵州也有特别深的感情。我想这可能也是在我的生命当中的一种缘分吧！作为一个女性来讲，我因为事业来到贵州，然后在这里又孕育了一个新的生命。

三

2019 年 8 月至 2020 年 5 月，习酒口述史项目组在习酒公司、习水县、贵阳市、遵义市、郑州市等地采访企业领导、员工、茅台集团领导、销售代表、企业合作商、新闻工作者、贵州省青少年发展基金会负责人，以及习酒公司驻村干部等，共计 26 人。其中，访谈小组先后去习酒公司进行了 16 次采集，在贵阳市、遵义市和郑州市进行 14 天的采集。共采集录音、视频资料 44 小时 06 分钟，图片资料 875 张，整理文字资料 428847 字。

在大历史中看个体的生活史，在个体生命史中观察习酒大历史，习酒口述史记录了习酒数十载创业史，同时，每一个受访者的口述历史都勾勒了个体生命史下己身在习酒发展中的作用和意义。通过这批口述资料的采集、整理，我们认为，习酒口述史以个人的视角出发，充分尊重参与者与见证者的表述，从"小叙事"的角度系统整理了习酒近 70 年发展进程的"大历史"。

总体来看，从 26 位受访对象的讲述中，我们看到了每个个体小时候受教育的历程、以厂为家的生命状态，以及随着酒厂发展波动的喜怒哀乐。在每个人的习酒工作经历中，通过回忆，我们相对系统地整理了习酒所在区域的地理环境、神话故事和传说、交通状况、小工作坊情况、习酒 20 世纪 70 年代建厂和研发产品、20 世纪 80 年代"习水大曲"热销现象、20 世纪 90 年代推广活动和困难时期、茅台兼并习酒过程以及近几年的发展情况。

20 世纪 80 年代，习酒处于产品研发和产品推广时期，在市场上得到了广泛认可，成为消费者最喜欢的产品之一，并在国内外获得了诸多评优奖项。有感于产品单一化的限制，曾前德等人决定试制酱香型白酒。试制工作开始于 1976 年，而 1977 年已有少量出产，但因缺乏原料，试制工作被迫中断。1977 年，习水县红卫酒厂由贵州省糖酒公司接管，正式命名为"贵州省习水酒厂"，产品"红卫大曲"也随着改名为"习水大曲"。是年，取消公社建制，"红卫"公社恢复为郎庙乡。直到 1981 年，省科委正式受理习酒厂的试制申请。1983 年，习酒厂的酱香型酒通过省级专家鉴定。次年，酱香型习酒正式问世。1985年，习水大曲荣获商业部"金爵奖"。同年，酱香型习酒、浓香型习水大曲双双被选定为国家名优酒，参加亚洲及太平洋地区国际贸易博览会。同年，习水大曲获"群众喜爱的贵州产品"酒类第一名。1986年，在贵州省第四届名优酒评比会上，习水酒厂生产的酱香型习酒、浓香型习水大曲双双荣获金樽奖。1988年，国家劳动部在贵阳举办的白酒评比会上，习水酒厂生产的"二郎滩"酒荣获优秀产品奖，习水酒厂生产的习字牌习酒（大曲酱香型52°）被评为国家优质名酒，酱香型习酒、浓香型习水大曲双双荣获国家商业部第三届评酒会"金爵奖"。1989年，习水酒厂生产的酱香型习酒、浓香型习水大曲分别获得在香港举办的首届中华文化名酒博览会金奖和银奖。此年，酱香型习酒赶上第五届，也是最后一届全国评酒会，并获评国家优质酒。20世纪80年代，习酒这一系列的评奖评优，让习酒跻身国内白酒企业的前列，也代表了习酒这一时期的辉煌。

20世纪90年代初期，习酒在市场上处于优势地位，积极推进技改、营销活动。1990年，在贵州省质量工作会议上，习水酒厂获1989年贵州省质量奖；1992年，在美国洛杉矶国际酒类展评会上，酱香型习酒获"金鹰金奖"，浓香型高、低度习水大曲分别获"拉斯维加金奖"和"帆船金奖"。1992年，在北京举行的中国名优酒评选活动中，习酒、习水大曲被评为"全国消费者信得过的名优酒"，荣获奖牌；习水酒厂获贵州省总工会颁发的"五一劳动奖状"；1991年度中国500家最大工业企业评比揭晓，习水酒厂名列第432位，居全国白酒行业第11位；在哈尔滨举办的全国科技成果展评会上，高度习酒、习水大曲获金奖，低度习酒、习水大曲获银奖。1993年，贵州习酒总公司生产的习酒荣获首届国际名酒香港博览会特别金奖（是该届博览会获特别金奖的12个产品之一）；高度习水大曲、低度习酒分别获金奖；阿福乐虫草酒获保健酒金奖；习酒、低度习水大曲获包装金奖。习酒总公司产品、包装共获6项金奖，是参加本届博览会的105个厂家中获金奖最多的企业。1993年，习酒荣获布鲁塞尔世界金奖，该奖项是由总部设在比利时布鲁塞尔的世界优质产品评选协会主持评选的，是国际上最具权威的受法律保护的两大产品质量奖项之一。中国优质白酒精品推荐委员会在

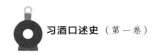

北京人民大会堂举行首届中国白酒精品颁奖仪式，习酒系列产品荣获"中国驰名白酒精品"称号，习水大曲系列产品荣获"中国优质白酒精品"称号。至此，习酒总公司产品已获得 4 个"国优"名牌。

20 世纪 90 年代初期，习酒处于快速发展时期，进入了大活动策划为主的"活动营销"时期。1991 年，西藏和平解放 40 周年庆祝活动在拉萨举行。习水酒厂特制习酒、习水大曲献给西藏自治区人民政府。1992 年，贵州习酒总公司"西北—中原万里行"参展团一行 34 人，在总经理助理、参展团副团长沈必方率领下，分乘 6 辆汽车，从习酒总公司出发，开始了为期 52 天的展销和大型系列公关宣传活动，参加"首届乌鲁木齐边贸洽谈会""兰州首届丝绸之路节""第四届西安古文化节暨国际经济技术交流会""92 年郑州全国糖酒秋交会"等活动。贵州习酒总公司在新疆人民大会堂宴会厅举行新闻发布会。新疆维吾尔自治区领导、参加乌洽会的外国贵宾、100 多家中外厂商企业代表、乌市各界人士及中外记者、新闻界人士等近 400 人应邀到会。

但与此同时，危机正悄然走近。市场扩展快速，产品供不应求，习酒在产品生产环节出现"激进"情况，导致"货架期沉淀"事件，加之国家宏观政策影响，使得习酒进入前所未有的困难时期。20 世纪 90 年代，在全国范围内的白酒"大跃进"中，习酒也开启了自己的宏伟蓝图——"百里酒城"计划。然而，从 20 世纪 80 年代便开始流行的"速度论"的负面效应日益显现。1992 年中国经济出现一次新的"大跃进"，并在 1993 年达到顶峰，出现改革开放以来最严重的经济过热问题，一个具体的体现就是通货膨胀率居高不下。面对日益严峻的通胀形势，国务院总理朱镕基提出要在宏观层面采取治理措施，其中一个重要措施就是通过"紧缩银根"治理地方放贷乱象。朱镕基兼任央行行长，并"约法三章"：一是清理违章拆借；二是不得竞相提高利率、不得收取贷款回扣；三是银行不得向自办实体注资，自办实体和银行脱钩。正是在此背景下，习酒和全国其他冒进的白酒企业一样，发展势头迅速跌入低谷。

由于银行突然断贷，"百里酒城"已开工的工程被迫停工，加上销售市场的不景气，企业财政随之陷入窘境。由于没有足够的资金购买生产原料，企业生产大幅缩水，停工停产，企业也无力支付员工工资。一时间，企业陷入一片萧条。在最困难的 1996 年，少量依旧上班的员工也只能领到能够勉强度日的生活费。然而，还是有不少人心怀希望，一直坚守，终于等到云开雾散时。

1997 年，贵州省人民政府召开省长办公会，研究决定由贵州茅台酒厂（集团）对贵州习酒总公司实施兼并工作。为此，省政府召开了由副省长莫时仁主持，省计委、省经贸委、省体改委、省轻工厅、省财政厅、省国资局、人行贵州省分行等部门负责人参加的专题会议，省轻工厅、遵义地区行署组成的联合调查组在会上做了关于开展兼并工作的汇报。会议决定：成立兼并工作领导小组，由茅台集团董事长季克良担任组长，省轻工厅某副厅长、遵义市政府秘书长杨昌蒲、贵州习酒总公司党委副书记黄远高任副组长，于 9 月 9 日进驻习酒总公司开展工作。1998 年 8 月 31 日，茅台酒厂兼并习酒的签字仪式在贵阳云岩宾馆举行，标志着习酒正式加入茅台。同年10 月 26 日，中国贵州茅台酒厂（集团）习酒有限责任公司正式挂牌开始运作。

茅台兼并习酒一年后，习酒公司各项主要经济技术指标大幅度增长，实现销售收入 1.2 亿元，实现税金 2167.7 万元，实现利润 500.44 万元，扭转了企业连续 6 年亏损的局面。2002 年，习酒公司生产经营各项经济技术指标连续稳定增长，当年实现产量 5754 吨，产值 1.57 亿元，销售收入 1.55亿元，税金 3756 万元，利润 860 万元。时至 2007 年，习酒的各项主要经济指标持续实现快速增长，创造了自身发展史上的最高水平：产酒 7808 吨，产值 4.389 亿元，销售收入 3.43 亿元，税金 8600 万元，利润 2899.5 万元。截至 2019 年底，习酒公司拥有在编员工 6000 多人，实现销售收入 80 多亿元。在企业发展壮大的同时，习酒通过积极开展"习酒·我的大学"，参与地方政府建设"四在农家"，捐资抗震救灾等社会公益活动，大大地彰显了习酒"大品牌要有大担当"的企业精神风貌。

习酒昔日的大起大落，走进茅台后的"由蛹化蝶"，浓缩的不仅是贵州

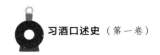

白酒行业的历史，更是揭示了中国白酒产业的命运。20世纪90年代初期，在贵州红红火火的"八大酒"——茅台酒、董酒、平坝窖酒、安酒、习水大曲、金沙窖酒、鸭溪窖酒和湄窖，除了茅台酒、习酒，都先后在市场经济竞争中败北。而习酒之所以能够坚守下来，并创造了有希望的明天，主要得益于习酒人始终不渝地弘扬"自强不息"的精神，恪守"纯粮固态发酵"工艺以确保习酒高品质恒定发展。其实，茅台和习酒一水相连、一脉相承，从20世纪80年代开始习酒人就常到茅台取经学习，茅台兼并习酒是"天时地利人和"的最好安排。幸运的是，习酒没有走把自己变卖给外省大公司的道路。在并入茅台集团以后，习酒依然没有让自己的品牌淹没在茅台这个大集团下，或者说习酒保持了自身特立独行的品格，并未完全靠着大树图阴凉，而是巧妙运用茅台这个大品牌来复兴自己。习酒在复兴的过程中尽量彰显自己的品牌——它从来都是习酒。习酒提出的"君子之品"站在了传统文化的肩膀上，具有超出常人的高度，恰与其传统工艺的佳酿文化属性相得益彰，这也必将带着习酒走向辉煌的明天。"君子之品"不能只停留在产品和品牌描述本身，它的故事还可以讲得更好，这需要从习酒的文化、历史等各个方面去多元多结构塑造，这样才能更完整。

四

在我们的访谈中，几乎所有的受访者都提到了习酒发展史中的重要事件——不管是"兼并"也好，"加入"也好，赞成与否，习酒公司成了茅台集团旗下的子公司。关于这一事件的评价，令我们印象最为深刻的是陈宗强提到的"世纪白酒大勾兑"。当然，这一事件反映的不只是一个企业兼并另一个企业的过程。在不同受访者的讲述中，我们可以看到宏观社会环境对企业决策产生的巨大影响，还可以看到习酒人为走出困境所做的种种努力，更可以体会到无数普通的习酒人在这场"世纪白酒大勾兑"中的心酸与无助。

20世纪80年代以后，经济"速度论"盛行。受此影响，白酒行业也开始了自己的"大跃进"。在贵州省内，安酒、贵州醇等品牌红极一时。与此同时，习酒也开始了自己的市场扩张。一方面，为了及时了解市场信息，扩大市场占有率，习酒公司在全国设立了十大分公司。另一方面，为了扩充产能，习酒公司先是短期内在市场上收购大量白酒，接着是启动"百里酒城"项目，以期从根本上解决产能不足的问题。正是这些举措，为习酒后来的困境埋下了隐患。

在经济快速发展的同时，"速度论"的负面效应也随即显现。由于银行突然断贷，已开工的"百里酒城"工程被迫叫停。另外，设立分公司造成的"分权"效应和管理漏洞，导致企业资金短缺。再加上前期盲目扩充产能造成的"货架期沉淀"事件，极大影响了习酒的销售市场。企业随之陷入困境。

面对内焦外困的局面，习酒人主动创新求变，采取了一系列的措施，力挽颓势。

在机构方面：一是实施企业股份制改革，成立新的股份制公司，把拖欠的员工工资折成股份入股，新公司轻装上阵，独立运行；二是撤销销售分公司，改设销售片区或省级市场；三是重点是回收权力，一切重大决策权收归公司。

在营销方面：提出"市场决策在市场"，一方面，公司高层领导直接进驻市场，分管各大销售片区，充实营销队伍力量；另一方面，创新市场决策机制，设立高效便捷的"营销例会"制度，缩短决策流程，提高决策速度，以及时应对市场变化。

在产品开发上：顺应市场需求，明确战略定位，调整产品结构，重点推出浓香型"五星习酒"；同时，提出"打贵州牌，走市场路"的市场战略。

这些举措在一定程度上缓解了习酒在恢复元气期间遇到的困难，有的甚至惠及今日。

在贵州省政府决定由茅台集团来兼并习酒公司之前，原习酒总公司与深圳三九集团关于"兼并"事宜的谈判已进入实质性阶段。按照双方初步的协议，习酒公司将以"资产托管"的形式并入三九集团。这意味着习酒公司在享受三九集团的一些优惠政策的同时，还能保持相对独立的经营权。然

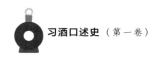

而，由于涉及国有资产隶属的问题，贵州省政府最终否决了这一议案，决定改由本省企业——茅台集团实施兼并事宜。

从不同受访者的回忆不难看出，不管是习酒一方，还是茅台一方，最开始在兼并一事上都是有迟疑，甚至是抵触的。最终，是什么因素促成了这场"世纪白酒大勾兑"？抑或如吕良典所反思的：为什么是茅台？为什么是习酒？

就兼并方而言，茅台集团无疑是当时贵州省内唯一具备兼并习酒实力的同类企业。实际上，茅台兼并习酒，对彼此而言也是一个优势互补的大好机遇。因为，两者之间无论是从地域环境、自然资源、企业规模能力上看，还是从产品结构优势、市场占有率以及人力资源来说，兼并的结果是能够实现和谐共赢的。

种种因素的叠加，才最终促成这一重大事件。然而，兼并初期并非皆大欢喜。对不少习酒人而言，这一过程是痛苦的，而最难以消化的就是"大裁员"。为了让新企业能够轻装上阵，茅台兼并习酒后，只能在原有的 4000 余职工中接收 1500 人。关于没有茅台，习酒能否自己走出困境甚至走得更好的问题，不同的受访者可能看法不一，但是兼并给习酒带来的影响及变化，所有人都给出了肯定的回答。

无疑，从习酒加入茅台之后的企业经济实现快速增长，到近年来的高速发展，茅台强大的平台支持与品牌背书发挥了重要的作用。

五

具有深厚发展潜能的习酒，今天能够成为国内的酒业中具有影响力的品牌，习酒这个被市场和人民广泛接纳为"二茅台"的白酒产品，已经不仅仅是一瓶酒和一个酒行业本身，它的口述历史梳理能为我们提供洞见，不但与全球经济发展过程相关，而且与中国白酒行业的时代发展和变迁有关，还与已经不再被视为"落后"之地的贵州一直以来主打的主要产业相关。从小酒坊缘起发展到陷入生存危机，职工离开与回归、茅台兼并，到近 20 年在茅台集团的带领下，重新赢得发展生机，进而成为这个时代中国白酒行业的前十和贵州白酒行业的标杆性企业，期间，每个习酒人都经历或参与了习酒艰苦奋斗的历程。每一个个体生命史背后，表达的是个体与集体、地方与酒厂的关系。习酒作为一个产品，建立的不仅仅是产业工人和产供销的关系，更是一部值得书写的地方性文化叙事。

"上游是茅台，下游望泸州，船过二郎滩，又该喝习酒！"这首民谣不仅反映了习水和赤水河的地理关系，也体现出习酒的历史是非常悠久的。习酒人对自己的历史很自信，习酒的文化根源与茅台并足而立。不同行业都有其文化属性，对它的价值判断、文化定位和市场策略是否了解与认知，是判断一个企业是否具有生命力、是否具有无限发展前景的重要依据。如果是卖产品本身，可能会发生某一天产品被卖断的现象，因为没有精神支柱。每一个行业，其背后的团队本身必须要成为一个精神共同体。因此，做品牌最后还是要做文化。任何一个大品牌都由文化力在支撑，很多百年品牌的历史故事是有脉络、有根可寻的。习酒人建构的企业文化会让习酒走得很远，而且会一直走下去。

我们从口述历史访谈内容中发现，习酒的一个很值得关注的现象，无论坚守下来的人，或者离开者，没有一个人说习酒的不好。坚守的人充满动力地在为习酒建设添砖加瓦，而离开的人都成了习酒的传播者和推广者。受访者中的每一个人都表达了对习酒的爱、对习酒的信任。习酒人和习酒这个企业的高度粘连性，不仅是物质和经济条件决定的，还有一种爱厂敬业的文化认同和精神依赖。这源于习酒从起创之初起一直传承至今的工匠精神和共同建构的企业文化。此时，造物和精神融为一体，无论留下，还是离开，在他们心中，习酒都是故乡。因其对习酒有一种精神性的眷念，他们把习酒当成生命中的重要场所，习酒是他们回得去的故乡，是生命中不可或缺的精神家园。在我们看来，习酒人对习酒的文化认同、文化自觉，更有"原乡"似的生命回归和对精神家园的想象。

习酒人和企业相依为命，同呼吸共命运、不离不弃的精神，让我们看到20世纪80年代那个时期的个人与集体、个人与个人之间的美好关系和美好

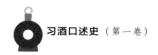

记忆。我们认为，习酒人的文化认同是一种巨大的能量，无论世界如何变幻，对习酒的认同都将"赋能"习酒。"君子之品"不仅仅是为了卖一瓶酒的广告语和宣传词，而是深入习酒人骨髓的文化身份基因的深度记忆。每一个烙上习酒文化印记的人都在为习酒赋能，形成了习酒生命世界的正能量循环体，为习酒在当前经济形势下依然茁壮生长创造了无条件的精神性支持。这种天人合一的境界，形成了物、人与精神的同频共振，从而将带领习酒日渐突破任何不可预测的不确定性，寻找到自我发展的天地。正如钟方达传达的智慧性发现，整个习酒的出生与成长就是"顺天法地"的结果，道法自然，大合而成，胜于任何刻意的开始。

季克良｜习酒是茅台的嫡传了

　　我们的技术干部和习酒厂的关系越来越紧密，（1973 年我认识了曾前德同志，后来又认识肖明清和陈星国同志，慢慢地交往多了），跑得更加勤了，交流得更加多了。那个时候没有封锁的那种感觉，互相封锁、互相保密的那种，一点都没有。我觉得交流得很开心。我也去过几次，帮他们品啊，帮他们勾啊，提建议啊。我讲的主要一个就是，我们在技术上没有保密，没有封锁，像一家人一样的，两家在互相帮助。

中国贵州茅台酒厂（集团）有限责任公司原董事，贵州茅台酒股份有限公司原董事，贵州省酒业高级技术顾问，中国贵州茅台酒厂（集团）有限责任公司名誉董事长、技术总顾问季克良

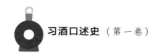

那个时候，习酒确实发展很快，好像酱香酒已经超过了我们的产量。1991年，我们茅台酒的产量才2000吨，1994年的时候才3000多吨，到了1996年，大概有4000多吨。我估计在这个过程当中，他们已经有5000多吨了，和我们（差不多），我们1998年的时候，好像也就是5000多吨。

那个时候，我们（贵州有些酒）没把握住发展的速度和质量的关系。（一些贵州酒）就开始在外面收酒勾兑到自己的酒里头来，质量保证不了。这一点我认为值得我们汲取教训。

因为我们还有茅台自己的事情——我们很清楚的、很明白的，只有把茅台这个旗帜举好，才能够带动（兼并）这件事。茅台如果也像其他贵州酒企业出现困难的话，这就不好了。所以，我们死死把茅台的发展抓在手里，通过这个抓手来促进（兼并）这件事。我认为这个是一个很成功的经验。不能小看，不能小看的！茅台这棵大树不倒，什么问题都好说，也有能力去把兼并做好。我感到我们那个时候这一点很明白，只有这样才能够促进这件事。

我感到质量问题不能马虎，尤其是茅台酒的质量问题，更不能马虎。

实事求是地讲，我对习酒没有像茅台这样的要求。但是我提醒他们，我说："你现在是嫡传了，不是习酒的酱香了，是茅台集团的酱香了，是嫡传了。"当然，我也没有要求他做到茅台这个样子，但是一定要重视自己的质量，自己保持这个水平，不能出安全事故。出了安全事故，出了什么事，那就不得了了！

人物小传

季克良　1939年4月出生在江苏南通。1959年，考入无锡轻工业学院，学习食品发酵专业。

1964年，刚刚毕业的季克良被轻工业部选拔、分配到远在贵州的茅台酒厂工作。经过近一个星期的颠簸，季克良第一次踏进了茅台酒厂的大门，这一干就是 47 年，小季成为老季，又成为今天的季老爷子。

季克良来到茅台酒厂的时候，正值酒厂的低谷时期，当年产量只有 220 吨，亏损则高达 84 万元，人员只有 300 多人。1981 年，季克良被任命为副厂长；1983 年，成为茅台酒厂的厂长。1985 年，他认为自己并不适合做行政工作，主动辞去厂长职务，成为茅台酒厂历史上第一位总工程师。

1990 年，获得贵州省有突出贡献的优秀专家称号。1991 年，获得国务院政府特殊津贴。同年，再度出任厂长，同时兼任厂党委副书记、总工程师。

1992 年，被评为国家级有特殊贡献的中青年专家，获全国五一劳动奖章。1994 年，获评全国食品工业优秀企业家。1995 年，获评全国劳动模范、首批中国经营管理大师、中国商界十大风云人物。

1997 年，当选党的十五大代表，后又陆续当选党的十六大、十八大代表，十一届全国人大代表，全国总工会代表大会特邀代表，贵州省第九次、十一次党代会代表，贵州省第九届、十届、十一届人大代表，政协贵州省第七届委员会常委。

1998 年，受金融危机剧烈冲击，加上山西朔州假酒案爆发，整个中国酒业遭遇了前所未有的冲击和挑战，连一向是"皇帝女儿不愁嫁"的茅台也出现了滞销。当年 5 月，季克良临危受命，担任茅台集团党委书记、董事长、（法人代表）、总工程师。后兼任贵州茅台酒股份有限公司董事长。

2001 年 8 月 27 日，贵州茅台挂牌上交所，并在之后成为中国 A 股市场为数不多的"百元股"之一。这一年，茅台酒厂的产量达到 6000 吨。

2003 年，茅台产量突破 1 万吨，实现了一代伟人毛泽东、周恩来的夙愿。在庆祝大会上，季克良感慨万千地说："这是我一生中最幸福的时刻。"

2011 年 10 月，季克良担任中国贵州茅台酒厂（集团）有限责任公司董事，贵州茅台酒股份有限公司董事，贵州省酒业高级技术顾问，中国贵州茅

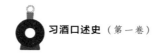

台酒厂（集团）有限责任公司名誉董事长、技术总顾问。

2015 年 8 月，正式退休。

2017 年 11 月，担任贵州岩博酒业有限公司总顾问。

我是 1964 年到茅台酒厂的。那个时候，还没听过习水酒厂。实际上是到了 1973 年，我记得我正在准备去汾酒厂开会。那个时候，我的大学（那时叫无锡轻工业学院，现在叫江南大学）的两个老师（来茅台）。（我在校时）主持工作的副院长朱宝镛，是教授，也是我的老师，和另外一个比我高两届的叫顾国贤的老师，来茅台酒厂。在这个事情之后，有一次我正在准备去汾酒厂参加技术协作会时，在酒库碰到了一个人，就是那个时候还叫红卫酒厂时（的副厂长曾前德）。

我们两个交流的时候，他讲了，他是红卫酒厂的。我一听，"哦！还有这么一个酒厂"。他还讲在研究微生物。微生物！一般酒厂的人好像很少谈论这些事。我发觉他还蛮好的。就从那个时候开始，我知道有这么一个酒厂。后来，他说他也到汾酒厂去，而且还和哪些专家（认识）。他讲了一些我还不太清楚的事。我就对这个人印象很深。对于习水酒厂，印象也蛮深的。所以，我认为我确确实实在 1973 年就知道有这么一个习水酒厂了。

这个习水酒厂所在的那个地方原来就是仁怀县的一个地方，所以这个关系又好像近了一些。习水酒厂的员工、茅台酒厂的员工和仁怀县的人民之间，有很多错综复杂的渊源。

我记得大概是 1978 年，不晓得有什么事，第一次去的习水酒厂。我跟我们一个副厂长王绍彬一起去的。我记得，那个时候的习水酒厂条件也很差的，茅台比他们稍微还好一点。（从茅台到习酒厂）原来要四五个小时。是搭车去的。找了一个拉煤的还是拉什么东西的车子去的。在那边吃饭，也不像现在有什么宾馆、招待所啊，那个时候曾厂长陪我们在他们的食堂吃的，也是家常菜。（具体吃什么）记不得了，我记得好像有羊肉啊什么东西的。晚上住在他们集体的职工宿舍。

后来，我记得我们又去过，认识了一个姓肖的厂长（肖登坤）。刚才讲的那个曾前德在不在，我记不得了，反正我对肖厂长的印象很深刻。那个时候，陈星国好像还没有当厂长。但那次见到他没有，我也忘了。

因为郎酒厂就在对面，所以后来说去看看郎酒厂，结果就去了郎酒厂。去郎酒厂，不像现在这么容易，车一下子开过去了，就好了。那个时候，要在赤水河里坐摆渡。要从习水酒厂走到（河）底底（底下），然后又从底底爬上去。另外一个，好像那个地方（赤水河水）还是比较急的，所以也有点怕的。两边联络的时候，还要先跑（让）人过去，先联系好了，然后才能过去。交通非常不方便，联络也非常不方便。

但是，那次参观郎酒厂给了我们一个很好的信息，就是郎酒厂那个时候用的酒坛子，是泸州旁边的一个叫隆昌的地方的。因为我们那时的酒坛子，漏酒比较厉害。那个时候好像都到 1980 年了，还是漏得很厉害。而他们的坛子很少漏酒，损耗在百分之二点几、三点几，我们要损耗五点几、九点几。那一次我们记住了这件事情，所以后来我们用的坛子就选隆昌的坛子了。在这之前，原来我们用的是贵州自身的坛子，是二合（仁怀县二合镇）这些地方的坛子。后来"大跃进"之后，这种坛子生产得就很少了。所以后来 1972 年前后慢慢生产发展的时候，我们选购了一部分江苏宜兴的坛子。宜兴坛子虽然大，但是漏渗还是很厉害。所以后来换坛子的时候，我们选了四川泸州旁边隆昌那一带的坛子，一直用到现在。所以，那次去看习水酒厂，附带看到郎酒厂他们这个（坛子）。这样认识了之后，和习酒厂有这么一个（渊源）。

实际上，那个时候和他们没有多少生产、技术交流这些，纯粹好像（是领导）在这个北三区有点亲戚。那次领导要求我，我就跟着去了。他们和我们老一辈的人比较熟悉，和我一点都不熟悉。

（第一次到习酒厂）那个时候我感到落后，真的显得好落后。生产厂房也很少——我也记不太清楚了，就是现在生产老的浓香型酒的那个地方，房子都很简陋，生产设施也很简陋，反正都是手工操作的。在我印象当中，和茅台差不多的，甚至更差一些。（至于具体有几个厂房）记不住，反正没有

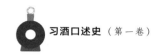

多少。（当时我们）喝了习酒，是浓香型，所以对它的印象比较深，（因为那个时候）我们很少喝浓香嘛。

那个时候（习酒厂房）很小，和茅台（一车间的厂房）的建筑都差不多的。用小小的瓦，叫什么火燎板，都是这些木板板的房子。它还不完全是砖木结构，可能有一部分是砖木结构的。更没有什么混凝土结构的。（厂房）也很小，像一个作坊，还不如茅台——因为我来的时候茅台至少有的都是砖木结构的，（当时的二、三车间）还是相对来说比较好。而习酒厂像搭了个偏偏（简陋的小屋）一样，像现在农村那些小酒厂一样的。

再后来，他们的酒销得比较好了。我们也慢慢、慢慢大了一点了。实际上，从1984年全国评酒会那时开始，我就和他们接触得多了。那个时候，我当了厂长了。在这以前，我就认识了陈星国。好像陈星国当了厂长还是副厂长。从那个时候开始，我们交往得比较多了。

1984年，省里有个统一的规划，意思是让我们争取在全国评酒当中评得好一些。1984年第四届评酒会的时候，省里很重视，省经贸委也很关心这个评酒会。原来1979年的第三届评酒会是轻工业部组织的，1984年开始由中国食品工业协会组织。食品协会那时是由国家经贸委领导。我们省的经贸委那时专门有一个质量处，负责这些事情。那时要评酒，省经贸委的同志希望我们能够帮助习酒厂送好酒样。所以，我们的技术干部和习酒厂的关系越来越紧密，跑得更加勤了，交流得更加多了。那个时候没有封锁的那种感觉，互相封锁、互相保密的那种感觉，一点都没有。我觉得交流得很开心的。我也去过几次，帮他们品啊，帮他们勾啊，提建议啊。我们这里去得最多的是我们原来的许老厂长，还有我们后来的汪华副厂长。我也经常和他们去。那时，认识接触得比较多的就是曾前德、肖书记，还有陈星国厂长。

我们还是对它的酱香（提建议较多，对浓香我们也不熟）。我真正地去，就譬如说，帮他们（品尝）勾兑呀，提提意见啊。真正说他们有什么提高了，希望他们来讲，现在要想起来，我真的想不起。

1984年，他们评的什么，评到没评到，我现在记不住了，可以查一查。

但是我要想讲的是什么意思呢？就是我们从那个时候，实际上从 80 年代初开始，（关系就比较紧密）。这有几个原因。一个原因就是在 70 年代，外地的厂长比较多——外地来茅台酒厂当领导的比较多，而 1978 年之后是仁怀（的同志）当领导了。所以，这个渊源关系更紧密了，来往得就越来越多了。而且，我讲的主要一个就是，我们在技术上没有保密，没有封锁，像一家人一样的，两家在互相帮助。帮助到底起了点什么作用，我（说不清楚），他们也不一定说得清楚，我更没有注意这个事。我想表述的是，从那个时候开始，我们走得很勤。再加上交通也方便一些了，虽然路还是得这么走，从这里到仁怀，然后又到三合，又往那边走，要经过马桑（位于仁怀县美酒河镇），还经过哪些地方（我记不清了）。现在这条路，从茅台到二合到合马（仁怀县合马镇）这条路还没有通。要从中枢到大坝到三合，是这么走过去的。那条路要走四五个小时，但是我们跑得很勤的，他们也经常来。他们要到贵阳去，也要经过这条路，所以他们也经常往来。

2015 年 5 月 25 日，贵州省酒业高级技术顾问，集团公司名誉董事长、技术顾问季克良和贵州茅台酒股份有限公司副总经理万波、总经理助理蔡琼慧到习酒公司调研

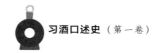

但是到了后来，1985 年以后，大概 1987 年、1988 年（1989 年）之后，他们发展得比较快，我们反而比较慢。那个时候，他们为什么发展得快呢？我感到有这样几个原因。一个，我们受了一些旧的框框的影响，他们的手就放得比较开——他们先进入市场经济，（主动进入市场），我们还是计划经济。我认为这是一个很重要的原因。第二个，和他们的领导分不开。我们，尤其是我这样的人，感到自己受传统观念的影响比较大，就是计划经济这个观念的影响很大。而那个时候陈星国厂长年轻，他很容易接受新鲜的事物。所以，1982 年（他当厂长）以后，我感到他的思路很活。特别是小平同志1992 年南方谈话以后，我认为他想得很多，想把习酒搞上去，搞大，搞快，符合当时小平同志的要求。这对他们政策上可能也（比较适合），因为他们是商业系统的——他们那时是商业系统领导，我们是工业系统领导。相对来讲，这两个体制不同的地方，我们轻工的国有体制有个什么特点呢？就是技术力量比较强，而他们的商业意识、市场意识比我们强。

从 80 年代开始，就是陈星国同志当领导之后，我认为他敢作敢为，一心要把这个企业办好，要办大，而且敢为人先。我后来看看，他刚去习酒时，企业很穷很穷，后来规划得非常好，发展得也很快。我估计 90 年代的时候，就是 1990 年的时候，可能酱香习酒的产量和我们差不多。我们 1990年的时候，酱香酒的产量才 2000 吨，但他们那个时候发展得也很快。后来到了 1991 年、1992 年，小平同志南方谈话以后，他当时提出来一个很大的规划，酱香酒是要搞万吨的！而且酱香酒要搞"百里酒城"，做酱香加浓香。是他提出来搞"百里酒城"的。

那个时候，习酒确实发展很快，好像酱香酒已经超过了我们的产量。1991年，我们茅台酒的产量才 2000 吨，1994 年的时候也才 3000 多吨，到了 1996 年，大概有 4000 多吨。我估计在这个过程当中，他们已经有 5000 多吨了，和我们（差不多），我们 1998 年的时候，好像也就是 5000 多吨。（1998 年习酒的酱香酒产能是 5000 吨，浓香酒的产能是 8000 吨）应该说他们比我们快。所以，1991年、1992 年的时候，他（陈星国）提出了很宏伟的发展规划和目标。

他当时提出来这个规划，我认为他还是认真思考过，是符合小平同志提出来的要求的，也得到了遵义地委、行署和省委、省政府的支持。但是，这里头也有一个毛病，就是那个时候领导也讲，包括小平同志也讲，反正要快一点发展，发展是硬道理！那我们贵州，也鼓励发展，所以那个时候也提出来，有几家是要达到万吨的。那时候，习酒、安酒这两个酒厂发展是很快的。当时安酒很火呀！安酒第一个走入市场经济，在贵阳促销也很厉害的！总书记和总理都去看的。但是，在这个发展过程当中，到后来看来，好像是（1993年或）1995年开始，他们都遇到了困难——发展快的人遇到了困难，当时表现出来的就是，先是销售得很好，后来销售突然不行了。

我认为，作为企业来讲，没把握住一个什么东西呢？就是发展的速度和质量的关系。确实在90年代初的时候，就是1989年那次评酒，省委、省经贸委做了大量的工作，促进企业抓质量，参加评比。我们省内都得到了很多荣誉，尤其是在1989年第五届评酒会上。那个时候，我们有两个名酒，还评到了五六个优质酒，其中包括酱香型的习酒和珍酒。浓香型酒也得到了两个优质酒：安酒和湄窖。1989年以前，各行各业都在评酒，我们贵州一共有49个国家名优酒和省部级的名酒、优质酒。所以，那个时候有一句话就是叫"云南的烟，四川的酒，贵州是又有烟又有酒"。但是，从1989年以后，慢慢地出现了一些问题。我觉得从那个时候开始，实际上可以看出我们自身发展当中的一些问题了，但是，那个时候我们没有很好地进行冷静分析。在那个时候，小平同志又要求发展，发展是硬道理，但他这个讲话是针对全国提出来的。实际上1989年、1990年的时候，我们贵州的酒已经发展得很好了，所以才有"四川的酒，云南的烟，我们贵州是又有酒又有烟"。实际上我们这两个发展得是不错的。在这个基础上，小平同志这个讲话之后，我们酒行业的、烟行业的，都很受鼓舞，想在这个基础上发展得更快。所以，各个企业都加快发展了。在这个基础上，又加快发展。但是1995年以后我们贵州酒出现一片萧条。

这里面有三种情况。一个是茅台，它还是能够按照自己的目标一步一步地推向前。我们1978年是1000吨，然后慢慢到1200吨。在1200吨的时候，我们提出来要搞到2000吨，增加这800吨的规划，我们花了六七年的

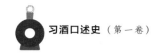

时间。然后 1991 年实现了以后，在这个基础上，在 2000 吨的基础上，我们又提出来再发展 2000 吨。所以，茅台在这一段时间虽然慢，但是是稳步向前的。还有一个就是贵州醇，是一款黔西南的酒。那个时候，在全省酒企都不太景气的时候，贵州醇很凶。贵州醇很火，尤其是在广州（广东）很火，搞得很好。但是，其他酒厂就慢慢不行了。习酒，包括安酒等，1993 年之后都不行了。

我认为有外部的原因，有内部的原因。内部的原因，当时我看到的是什么呢？确确实实 1989 年以后，有一段时间我们的酒销得都很好，贵州的酒都销得很好。那有的确实是产品质量好，有的是促销手段很厉害。我们 1989 年全国评酒的时候，都得了这么多奖，确实表明我们贵州的酒是好的。所以市场上，反映出来的就是我们这个酒厂的酒销得很好。我实事求是地讲，那个时候我们茅台酒买不到！我们的员工，如果子女要结婚的话，都要叫我写条子，到鸭溪酒厂去买点鸭溪窖酒，写条子到董酒厂买几箱董酒。也写条子到习酒。都是白条子。去鸭溪方便，我们到遵义，都要经过鸭溪的，所以鸭溪的条子，我写得稍微多一点。我们买不到——我们的酒都是烟酒糖公司买的，我们买不到！所以我认为，作为企业，没有把握住，（一些贵州酒）就开始在外面收酒勾兑到自己的酒里头来，质量保证不了。我认为这是一个很重要的原因。作为企业，包括安酒卖得很好，对吧？促销的方面，安酒是很厉害的。这一点我认为值得我们汲取教训。我记得，那个时候它在贵阳百货公司、大十字的百货公司做（有奖）促销，还有一辆桑塔纳车放到大十字那个地方，得到奖的，就可以把这辆桑塔纳车开走——那个时候桑塔纳是第一流的呀！我们国产的，还没有什么好车嘛！促销活动很有诱惑力，诱惑大家都去买。大家希望中奖嘛！但是再冷静下来想一想，买这么多酒回去，如果没得到奖（怎么办），他们慢慢地喝嘛！所以，我们认为好销了，就盲目地发展生产。实际上，他们没喝掉，还在家里头。所以，后来卖不动了。所以，这些促销的方法，我们真的要深思的。

第二个方面，质量上，确确实实，我认为那个时候没有人考虑消费者的利益，就收一些地方上的酒（来勾兑）。因为地方上都有一些（小酒厂），董酒香型的发展了，旁边也有董酒香型的酒厂跟着；有酱香酒好的，也有小酒厂跟着；我们也把它收过来，放到那里。我认为，作为企业，促销的问题要很认真地研究，不能造成误判。我感到，那个时候，确实我们贵州的酒好——我们贵州是立体气候，可以生产各种香型的酒，所以我们各种香型都销得很好。我们销得很好，是因为质量好、价格便宜。但是在供不应求的时候，我们特别要注意质量问题，不能收购小酒厂的，好的，你也可以（收购），但是不保证质量的会给自己带来麻烦。90 年代那一次，我们贵州的酒造成这样一个局面，我认为作为企业应该吸取的第二个教训，就是要把控好质量。

第三个方面，我感到在发展的过程当中，确确实实应该考虑到量力而行。我们那个时候发展得很快。发展得很快，就经常把打酱油的钱去买醋，买醋的钱去打酱油去了，造成资金链的断裂——把生产用的钱，生产上的流动资金，去搞基本建设。而那个时候，中央发觉了这个问题，就控制贷款的规模了。这样，一下子资金链断裂，流动资金不够了。我们有好多企业，那时就显得很困难了。那困难了之后，就要乱投医啊！那就借高利贷呀！或者是别的什么。反正造成了一些间接困难。所以，我认为当时我们这些企业，有这些方面造成的（困难），并不完全是企业的问题。我认为政府在行业管理当中确实也要吸取一些教训，在发展当中也吸取一些教训。其中一个问题，我感到企业税负太重。酒企的税负太重，也是当时我们企业出现困难一个很重要的原因。我们贵州的酒企是四川酒企税负的一倍，我们交两块税，他们只需要交一块税。我认为这个确确实实也是一个外部的原因。

所以，习酒在 90 年代，大概是 1993 年以后，出现了困难。我认为，企业内部的原因应该是主因，外部的原因是会影响到主因的。哲学上有一句话怎么讲？外因是要通过内因才能起作用的。所以我认为内因是主要的，外因是要通过内因才能起到作用的。讲内因的话，我感到包括习酒厂在内都存在这些问题，所以遇到了一些困难。到了好像是 1995 年、1996 年，就开始谈了，习酒总公司希望外部去兼并它，省内是希望茅台去兼并它。仅这两个观点，大家都思考了很长时间。

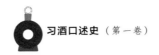

当政府找到我们的时候，我们当时是邹开良领导，他当时是书记，我那个时候是厂长。我记得我们两个沟通了很长时间，不断地在沟通，不断地在商量。到了最后，我们基本上认识是统一的。也不是说我们两个之间有分歧，而是说我们两个都会听到社会上的一些议论，包括我们内部的一种议论，肯定就是两个观点。有的可能就是主张兼并，有的不同意，肯定会有两种不同的意见。因为前面也有希望我们在发展的过程当中去兼并一些企业。比如说，过去有人也希望我们兼并湄窖、怀酒，我们都没有（采纳）。没有的原因呢？就怕影响质量，怕我们自己的能力管控不住。还有一个方面，就是怕社会议论。因此，在习水酒厂之前，政府也曾经要求我们兼并一些企业，加快发展。那么到了这个时候，遇到了习水酒厂这么大的一个规模，这么大的一个体量，而且也是一个国有企业，在外有很大的名声。所以，习酒公司的领导也好，政府也好，员工也好，省里头的领导也好，都希望能够把它搞起来。甚至，我记得那个时候，政府用了两个字，叫"抢救"。你们查一查省委、省政府的一些讲话、一些文件，我记得用的是"抢救"两个字，这不是"振兴"的问题。就在这种时候，我们翻来覆去地考虑："怎么弄啊？"我实事求是地讲，这个肯定不是我们两个的问题，我们两个不存在这个问题，就是要考虑到外部、内部（因素），要考虑到员工。

为什么前面没有兼并？一方面就考虑到我们的管控能力，另外那个时候兼并的也不多，没有经验，况且对方规模也不小。所以，领导也找我们谈过，我们都没有（回应）。员工也希望赶快把它搞起来，企业也希望把它赶快搞起来，政府也希望搞起来。虽然我们关系很好，但总归是两个企业又是同行，里头也有一些复杂的关系。所以，在这种情况之下，是兼并呢还是不兼并呢？确确实实存在很多问题。作为政府来讲，作为企业来讲，作为单位来讲，大家都希望这么大规模的（企业）能够被救起来，这对经济发展是有好处的。但是我们又看到这么多负债，这么大的一个体量。我能不能救起来，那也是我们要考虑的问题啊，是吧？所以，确确实实很纠结。后来翻来覆去地考虑，一方面它大——它有基础，它有酱香酒。另一方面，我们是国有企业，政府的话对我们来说分量是很重的。第三个方面，我们也考虑到这个亲情关系——很多员工是属于仁怀的人，当时确实考虑到这方面的因素。还有一个方面，就是符合小平同志的讲话精神。这对我们来说是一个考验！后来，用邹书记和我的话说，就是"是一杯苦酒也要喝下去！"所以，这个真的考虑了很长时间。

压力大，很大。搞好了，大家高兴；搞不好，就是我们的事了。所以，我认为那个时候应该说"正能量"战胜了消极的一些东西。当然，实事求是地讲，我们也清楚，习酒公司的有些员工还是希望外面的大集团（三九集团）来兼并，（这样）可能他们感到更高兴一点。我们去接，本来也有不方便的地方。但是，到最后，我们还是听政府的话。确确实实在兼并过程当中，为了很快地（完成），不能久拖不决。久拖不决，万一出现变化，会害了整个企业。所以一旦确定之后，很快就派出我们去托管的人员。那个时候轻工厅派了一个副厅长，具体来操作这些事情。一旦定下来之后，我感到动作还是很快的。马上以茅台的名义去参加"秋交会"，这个"秋交会"一下子把士气提起来了！还没说兼并，茅台就托管了，去管事了。那次交易会，原来没有多少人（买习酒）的，后来订的合同就是6000多万。一下子就6000多万！那个时候6000多万还是不小的一个数字。一方面把牌子就打出去了，另一方面工作班子处理了一些复杂的债务关系。（兼并）工作组的同志做了大量的工作，我们不可能陷到这里头去，因为我们还有茅台自己的事情——我们（很）清楚的，很明白的，只有把茅台这个旗帜举好，才能够带动（兼并）这件事。茅台如果也像其他贵州酒企业出现困难的话，这就不好了。所以，我们死死把茅台的发展抓在手里，通过这个抓手来促进（兼并）这件事。我认为这个是一个很成功的经验。不能小看！不能小看的！茅台这棵大树不倒，什么问题都好说，也有能力去把兼并做好。我感到我们那个时候这一点很明白。只有这样才能够促进这件事。

所以，很快把茅台的旗号打出去，得到了市场上的认可，然后工作班子去处理了一些债务。那该和债主们谈的，该和政府谈的，由工作班子提出来，希望政府支持兼并的工作。我感到各级政府对这件事情也好，对茅台也好，还是很关心、很支持的，我们也得到了一些政策上的照顾。我认为兼并

1998年8月31日，中国贵州茅台酒厂（集团）有限责任公司兼并贵州习酒总公司签字仪式在贵阳云岩宾馆举行，季克良（一排左起第二）出席并签字

的成功，一方面是习酒公司的员工很顾全大局。两个企业原来是竞争的关系，变成一个我们去兼并的这个关系，也有很多复杂的思想问题。但是从我的体会来讲，我感到要感谢习酒公司的员工顾全大局，和茅台的员工一起来把这个企业搞好。在这样的情况下，习酒员工就来积极配合。没有他们的配合那是不行的！所以，我认为兼并也好，联合也好，重组也好，很重要的一个问题是员工的配合，两个单位的文化融合很重要。所以，刚才我两次提到亲情关系，也很重要。文化容易融通，容易兼并成功。像兼并董酒、兴义窖，真的是很复杂的事情。我们这个（兼并）成功，我认为要感谢习酒的员工顾全大局，积极支持政府、企业走这一条路。我认为习酒的员工功不可没。

当然，人员遣散过程中也出现了一些问题。这是我讲的第二个问题，也是该感谢各级政府。各级政府也非常实事求是，根据企业兼并当中存在的问题，根据国家的政策，一共签了几十个文件，能够支持的，能够帮助的，都帮助我们把政策制定下来，并落实政策。那有的员工确实是回去了，那回去的也有政策。一个是要符合当时国家出台的一些政策，再根据我们的能力来办。叫他回去，就回去了，那不可能的！那就分别制定了一些政策。我印象最深的一些政策，比如说，那个时候欠了债，有一个股份公司搞投资，他们开那个董事会、股东大会，在债务上做了处理。还譬如说，我感到最好的、印象最深的，就是兼并了之后，我们增加的利润。比如说1997年我们的利润是多少，然后1998年利润是多少，这个增加的部分的百分之多少，要返还给习酒，用于习酒公司还账。因为习酒公司最后算下来欠的钱，不能欠着人家，包括欠政府很多钱，我们拿这个钱去还债。

所以，政府也出台了很多（措施），既符合当时的政策，又能够照顾我们在兼并当中的具体困难。所以，有今天这么一个局面，我认为与政府的支持是分不开的。当然，和后来习酒公司的领导班子（也分不开），包括张德芹和现在的钟方达董事长等。我认为这三届班子还是能以大局为重，是非常努力的，才有今天这个局面。他们也是很苦的。这三届班子，我认为工作是很努力的，还是有思路的，而且做出了成绩。当然，还有其他方方面面的一些工作。我认为习水县委、县政府一直很关心这个公司，包括时任的和后来好多任县委书记、县长，始终如一地给我们支持。有什么困难了，去找他们，他们总是能够帮助解决。所以，我也很感动！那个时候，我也没少去。特别是梁明德书记（贵州省委原副书记，省人大原副主任），始终很关心这件事。到了2001年、2002年的时候，他问我说："应该算成功了吧？"我说："你说了算呀！我是当事人啊。"他说："应该算成功了！"我也很高兴。但是把事情办到今天这个样子，各级领导、各级政府，包括两边的员工，我认为对大家都是很值得高兴的一件好事。

现在，我讲兼并的一些方方面面的问题。我感到当时有一个最棘手的问题——怎么配班子。兼并习酒，当时一个指导思想就是，既然兼并了，就是要把它搞好的！这个搞不好，那就是我和邹书记的事情了。所以，一旦宣布是茅台去托管，一方面我们作为主要领导，精力应该放在茅台身上，同时要兼顾到习酒这边。初期，我们主要还是要利用好政府给我们的政策，因为那个时候这种情况还是蛮多的。政府也出台了一些政策，中央也出了一些政策。我们希望，在兼并过程当中，有我们的工作班子。当时，我是兼并小组

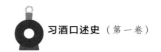

的组长，但是我确实没有时间。我说我当组长可以，但具体工作我不可能深入下去的，我一定要把茅台这个地方弄好！因为那个时候，茅台也是正在扩建 2000 吨产能。所以，建立了一个兼并的工作班子。我们派了一些人去，轻工厅也派了一些人去，和省政府、遵义市、遵义地区对接，出台了很多政策性的文件，关键是把政策用好。后来考虑的第二个问题，按照那时的一些相关规定，我们要派出法人代表、董事长，这也是出资人应该做的事。那派什么人才有利于这个企业的发展？邹书记，他是管干部的，管灵魂的，是领导一切的。他有经验，很有能力，想得很快，想得也很多。当时想了几个方案，这个……确确实实我现在不想说名字。因为，到底怎么弄这个事情（还不清楚）。但是 1995 年、1996 年，我们曾经有一个想法，茅台的人去，找不到合适的人选，怕不被通过。如果我们不派，茅台不派主要领导去，想办法协调一个（地方上的）领导去当习酒公司的代表，先把他调到茅台酒厂，然后再派到习酒厂去。我们希望这个人，一方面有在习酒公司工作的能力，另一方面了解、熟悉习酒公司的情况。我们认为派这样一个人去，既有利于习酒的发展，又有利于茅台的发展。曾经考虑这样一个我们认为比较好的方案。但是因为有些原因，不太好协调，所以后来没有走这条路。但一拖，我们邹书记因为年龄大了，到了退休的时间了，就退下来了。

因为 1998 年邹书记突然宣布退下来了，我当书记、董事长了。这个时候需要确定（习酒公司领导）人选了。这个事情对我来说，是一个很大的问题，是个难题。我必须考虑得多一些，尤其是在人的问题上要考虑得多一些。但是，实际情况就是，虽然陈星国同志完全有能力当习酒公司一把手，甚至有的领导也希望陈星国同志能够当一把手，但是毕竟他不是投资者，我们是投资者。我们必须派一把手去。我和领导交换了意见。我说，在兼并这些方面，有规定出资人要当一把手（企业法人代表）、董事长。省里领导也理解中央在这个政策上的规定，也理解茅台的这个做法。所以，当确认省里、遵义市的领导都同意茅台派出书记、董事长的时候，我们有一个指导思想，就是按照政策，我们派两个重要的干部，一个是财务负责人，一个就是董事长。

实际上真要叫我派董事长的时候，我也很难。选谁呀？陈星国同志，我们明确地告诉他了，我们要用，要当二把手，当总经理。我始终认为陈星国同志真的很年轻。他年轻有为，责任心也很强。他把习酒从供销社的一个小酒厂、小酒坊变成了那个时候已经有万吨产量的企业了，当时的产量比茅台还大！而且那个地方交通不如茅台，地质条件不如茅台，企业的环境也不如茅台。在这样一个环境下，能够发展到那个样子，我认为他有责任心，有能力，也有胆量。所以，我们明确他是总经理。我也了解陈星国同志的性格，他是有魄力的、很强势的，也很雷厉风行的。所以我必须考虑一个能够跟这样性格的人一起共事的人。想来想去，当时我就派了刘某。我认为他，一方面，相对我来说，要年轻一点。另一方面，我认为他既有刚的一面，又有柔的一面。第三个方面，派他去，级别是相等的。我们负责去兼并，和我们原来的负责人是平级的。第四个方面，他有工作能力，也有协调能力，在多个岗位上工作过。还有一个方面，派他去，有利于茅台的发展，也有利于习酒的发展，两个能共同发展。那个时候，他们条件也很艰苦，尤其是在托管的时候，生活是比较艰苦的！相对来说，比茅台要更艰苦，他们不能回家住，一个礼拜能回家一次就算不错了。当然，有事可以回去。从现在来看，他们为习酒的发展、为茅台的壮大做出了贡献！

当时，我找刘某谈话的时候——我确定是我找的，只有我能找呀，他没说什么，在我面前没有不同的意见。但后来，我知道他对我有些想法。后来我和他讲："你想想，你选谁去恰当？"我说："我必须兼顾两条，一条是茅台要发展，第二条是要能和习酒公司特别是要能和陈星国共事。如果你也选，找谁啊？茅台的生产和销售，这两个要管住的，不能有丝毫的问题！只有茅台健康地发展，才能够做好兼并习酒的工作。茅台一有问题，习酒也搞不好。必须把茅台的发展考虑得很周到。茅台发展了，习酒的问题迎刃而解；茅台有问题，马上影响到习酒。"这是我的认识、我的观点。另外，陈星国这么强势，我再派一个强势的人，马上在那边他们就要干起来。那不行！不允许出现这个情况！即使陈星国很强势的时候，有困难的时候，我们会出面的。那个时候，陈星国同志会考虑了，我们出面了怎么办？因此，一定要考虑这两个问题，一方面一定要保证茅台健康发展，另一方面又能和陈

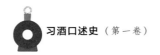

星国同志（合作），充分调动陈星国的积极性。

这件事后，我又和他谈了一次话。我晓得他有想法，为什么派他去？他是有想法的。他去了之后，后来我晓得他有想法了，我又找他个别谈。那个时候我们是同事，是同级了。我和他讲："一方面，我确实考虑到你和陈星国同志的关系，我认为要以柔克刚，就看你的水平。我认为你去恰当。另一方面，我一定要保茅台。我是对你的信任，如果我不信任，你也没有今天，你怎么会来当总经理？"我说："我考虑了很久的，判定派谁去习酒之前，我是真的一个一个掰手指来考虑的。"到了最后，他认识到这一点。实际上，好像是从1996年开始，我考虑了很长时间。

陈星国后来突然出现那个情况，当时我们一点都不知道。我记得，那一年都定好了第二天就开会。那头一天下午就开兼并预备会，第二天再正式开会。当时，我从遵义市委、市政府出来，从老的那个行署出来，在丁字口往西走那个地方，有一个很好的宾馆，是市政府的宾馆。我们在那里边开会。我记得，我是下午四五点钟到会场的，省轻工厅的一个杨厅长也到了，陈星国也到了。陈星国原来也是住香山宾馆的，到了五点多的时候，他来看我了，他说："季总啊，今天晚上我和我们小学同学有个聚会……我明天再来陪你吃晚饭，今天我就不陪你了。"我说："好，没事，你去吧，明天见！"这样，那天晚上，他就没来。遵义地区的领导陪我们吃饭（我也记不住是哪些领导），吃完饭了，我和省轻工厅的领导去看珍酒厂的一个领导杨仁勉（贵州省茅台酒厂原副总工程师），我们去看他回来就休息了。第二天7点过一点，我们起来准备吃了早餐就去开会。遵义地委的一个副秘书长告诉我出事了（这个副秘书长是谁，我也记不住了）。他告诉我，陈星国同志昨天晚上出事了。唉！我一听，当时真是很惊讶的，很惊讶的！我说："这样，第一，我们马上吃饭，吃了饭，我们去看陈星国同志，不再开会，不再开会！我们回去。第二，我和遵义地委的同志讲一下，希望赶快明确兼并的一些事。"我还说："在这种特殊情况下，能不能明确要书记出来组织工作？"沟通完，我们就回茅台了。当然，茅台还是关注着讯息。后来，遵义地委和省里头怎么沟通，我就也没问过，也没必要问。

当时，我感到，我们所有的人，包括工作组，都希望能够把习酒搞好，希望充分调动公司员工的积极性。后来，我们就派了一个财务负责人徐江怀。徐江怀在 1984 年就被派去轻工管理学院读大专，和我们那时的副总会计师、总会计师一起在那个学校读书。这个财务负责人去了以后，他的工作是很认真的，而且他在财务工作岗位上经验也比较多。就派这个人去了，其他的都没有派人。而工作组还是干工作组的一些事情，把遗留的一些问题，还有需要弄的一些文件都弄好。根据工作需要，还派了一个搞酱香酒生产的人。我认为，习酒他们的酱香酒和我们的酱香酒还是有距离的。所以，习酒要发展酱香酒了，我们派了一个懂酱香酒生产的同志。还有一个方面，那个时候，因为兼并了，酱香酒部分是由贵州茅台酒股份（有限）公司卖还是由集团公司卖？要管好库！我们认为，我们管库的经验还是比较好的，所以又派了一个管酒库的同志去。好像其他方面我们都没有派人。我们派的人，就是一个酱香酒酒库车间主任，还有一个公司负责酱香酒生产的车间主任。后来，搞酱香酒的这个人当了习酒公司的副总。酒库车间的这个主任，一直在酒库，现在也退休回茅台来了。没有多派人去，目的很清楚，就是不要造成摩擦，充分相信习酒公司的员工会把这个企业搞好。所以，后来习酒公司十几年，从几千万做到了十个亿，是很不错的。

2010 年，上级基本上明确，我要退休了。刘某也回来了，回到茅台酒厂。那个时候，省委明确要在我们负责人里找一个总经理来接替原总经理的工作，后来就推荐了他。他 2010 年回来，一直到 2015 年退下来。1998 年他到习酒当总经理、董事长，到 2010 年这段时间，习酒是做了十一二个亿，是吧？后来张德芹同志又在这个基础上，做到了三十个亿。现在好像五六十个亿了！

我前两天悄悄地和钟方达董事长交谈时，他问了一下我对习酒的看法，我说："现在你们是嫡传了！现在的酱香酒工艺，过去是习酒，而你也是茅台集团的，又生产酱香酒。你们一定要超过对面的，但大家不要喊口号，要埋头苦干！"钟方达董事长他们有信心的，很有信心！回想当年那个时候，我也讲过："浓香，你要超过郎酒！你要想办法，要赶上五粮液啊！泸州老

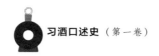

窖啊！但这个难度大。但是酱香，你无论如何要赶超郎酒。"看来有希望！看来有希望！我祝愿，习酒做得越来越好。

陈星国走的时候，我感到很惋惜。从性格来讲，我和他不一样。但是，我很佩服他。我看到一个高中毕业生，这么年轻，那个时候，他好像差我十几岁。但他做得比我们大。应该说，那个时候，习酒规模比我们大得多。他也能够调动方方面面的积极性，而且规划得也很好。实际上，我看他的规划，我就感到这个人很有责任心，很泼辣，很能干，很能干！当然他也有缺点——年轻气盛。但是，这个是相对他的优点来讲的。相对工作来讲，我认为他应该说是很成功的，很成功的！我感到，对一个人的评价应该实事求是。为什么我讲到习酒过去出现困难？他有他的问题。我认为，外部环境也很重要。我实事求是地讲，有的时候，领导只管讲，"说你要到多少，要到多少！"我是不太认同的。所以领导也批评我，领导也会说我："老季这个人，人品还可以，就是像个小脚女人，迈不开步子。"小脚女人啊！迈不开步子啊！那个时候，听说有的领导也想把陈星国同志调到我们这里来，接我的班，当厂长。我现在也不敢相信，陈星国来当厂长了，茅台会是个什么样子？不好说了，这个东西。

所以，我坚持的是什么？企业的经营、企业的发展，最好是听企业的，企业最了解自己，我们讲人也是一样的。人呀，两口子几十年吃一锅饭，但是有的寿命长，有的寿命短，只有自己才清楚。外面的人说这样说那样，不行的！特别是像现在我看到网上，一天到晚怎么养生，怎么弄，怎么怎么的。你再说，两口子几十年在一起吃饭，但是寿命肯定有长有短，自己能够根据自己的情况照顾好自己，可能就长寿一点，对吧？这个企业也一样的。

制定规划要紧，这个规划是定方向。我认为应该定方向，但不能具体定多少。所以，我们好的就是茅台发展当中，梁书记叫我兼并这个茅河窖，我没同意，叫我兼并那个怀酒，我也没同意。兼并习酒，我后来同意了。那个时候，他就说我。当要我兼并茅河窖的时候，听到"今天要签字吧"的消息，我都说："我感到不行！我不敢！我不能！"那真的是我说的，我管不了！我说，我管不到他们！

贵州茅台酒厂（集团）习酒有限责任公司内竖立着
"习水魂"纪念碑，纪念习酒荣获国际金奖

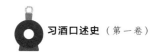

我讲过的，我坚决不跟风！你们能干的，你们去干吧！所以，那个时候陈星国同志也讲过一些话——那不能和他计较了——他也感到茅台不如它（习酒）啊！

"工匠精神"，这是一直秉承的传统。我感到，我们国家只不过什么时候把它又提出来了，提得更响亮了一点。但是，我认为，我们国家实际上一直提倡的都是"工匠精神"，一直在要求把质量搞好，尤其是老一代的革命家。他们有过很多话，比如"质量第一"，还有"质量工作是中心工作"。只是1998 年、1999 年这段时间，国务院提出了要"以效益为中心"。我认为，那个时候这一句话不是很科学。我是受了茅台酒 1963 年质量问题影响的，实际上应该说是很深刻很深刻的影响。为什么呢？我知道的，就是因为 1963 年茅台酒参加评酒，发现质量不好，所以派了"四清"工作队来，派了科学研究工作小组来，调整了茅台酒厂的领导班子。这件大事，对我震动很大。我感到质量问题不能马虎，尤其是茅台酒的质量问题，更不能马虎。我才真正地体会到。这不是编的，这是我发自内心的认识。我体会到了，我在讲的这几句话的严肃性。质量是产品的生命，质量是品牌的生命；对很典型的企业，也是领导人的生命。安酒、董酒，都是质量这个问题。海尔为什么要砸锅，砸洗衣机，砸冰箱啊？对不对？六十岁那年，我在一次会上说，我们坚持以质量为中心，取得了一定成绩。一个领导批评我："你怎么话都不会讲？"

我说："我怎么不会讲？我没讲话嘛。"

他说："你为什么说，要以质量为中心啊？"

我说："我是根据茅台酒厂来讲的，这是我在茅台主张的。"

他说："中央、国务院提出来要以效益为中心。"

我说："我没对全国讲，我在我们厂里讲的。"

他说："你和中央要保持一致呀！"

我说："我接受批评，但是我坚决不改。我下次不说了。"

他们没有这体会啊！我有体会啊！在茅台酒厂这个范围内，我一定要用质量来保证！对这句话，我是体会很深刻的。所以我才和我的爱人讲："我们慎言，不能发言，没有发言权。不了解情况，也不能瞎说。瞎说了，出了问题，你受不了的。"所以，我也在坚持，我不管这么多，受批评也好，怎么也好，我就做我的。我感到，我现在也是对的，对不对？最早的茅台华家，因为要给母亲喝好酒，所以他们才投资，对不对？我做茅台酒，我肯定自己要喝呀，对不对？我要给亲人喝呀，我还要给天地喝呀，我能马虎吗？瞎扯！反正我感到把质量搞坏了，我是要骂娘的！不能这样弄嘛，对不对？

实事求是地讲，我对习酒没有像茅台这样的要求。但是我提醒他们，我说："你现在是嫡传了，不是习酒的酱香了，是茅台集团的酱香了，是嫡传了。"当然，我也没有要求他做到茅台这个样子，但是一定要重视自己的质量，自己保持这个水平，不能出安全事故。出了安全事故，出了什么事，那就不得了了！所以，对他们只要求，第一个方面是，质量上要超过河对面的。第二个方面是，不能出质量安全事故！但现在，习酒还没有超过对面的郎酒。我认为可以超过，而且现在市场上流通的酒，它（习酒）是超过的，但规模还没超过他们。质量，现在我说了还不算，不是我自己说的，要消费者说才行。我说的，我自己说，不是自吹嘛，而且不全面。

我希望习酒的人应该像我，要做到这样要求自己。我现在没有发言权，也不能随便去批评他们。我退休以后（应是之前）去了一次（习酒），可能是2013年、2014年。我那次是去郎酒，还带了我们公司几个人。我是主动的，我已经快退休了嘛。我征求茅台管生产的同志的（意见），我说："怎么样？我能不能带两个人到郎酒厂去看看？"我带了我们制曲的人去看，后来就没有到习酒去。结果张德芹知道我跑到对面去了，他就打电话给我。他当时在往贵阳走的路上，他说："就是来一个下午。"那我说："好，我来。"我去了，看了一下。我就说："你这样，就看制酒、制曲，你给我看。"后来张德芹同志就带我看制曲。那个下午，工人已经下班了。我就去看了制曲的成品。成品区里有人工的和机械的曲。然后，我还看了制酒。张德芹同志又拿了用机器踩曲的和人工踩曲的曲子给我看。看到之后，我脑子里得到一个结论，机器踩曲这个曲子做的酒不如人工的。我得出了这么一个结论。我也叫张德芹同志尝，他没尝。他说："我尝不出。"那我说："好，不要尝。"后来我就走了。这次我去的这个时间，我现在可以确切地讲，反正就是

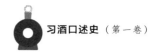

2015 年以前。我已经不当董事长了，但我还没退休。

我回来，第一件事情就是去找刘某。因为他很希望能够在机器制曲方面杀出一条路来，而且在茅台公司搞。我和他讲：第一，我今天在习酒公司比较了人工制曲和机器制曲，我感到人工的香；第二，张德芹同志拿了两个酒给我尝，人工制曲和机器制曲做的酒。他没告诉我，只叫我说哪个好。我就说，这个好！结果我说的是人工制曲的。我说："我希望你在茅台不要推广这个东西，搞实验可以，推广不行。"因为他那个时候是茅台集团总经理，管生产，所以我和他讲。

最近在贵阳不是搞了一次"君品习酒"活动吗？那个酒，我也和他们讲，我说："习酒最好不搞机器制曲。如果要搞，至少好的大曲、顶尖的大曲酱香（要先）搞成功。"要酿好酒，现在也不能说曲是最重要的，怕说"最重要"，其他的就忽视了。但是我们应该晓得这个曲子的分量，对吧？空杯留香，基本上是曲子的香味。曲子，确实不是光是曲子，是做糖化发酵要的，更重要的是原料。所以，他们应该明白，这个曲子的重要性。

本书采编小组于 2019 年 10 月 10 日采访季克良

钟方达 | 做一个"酒中君子"

　　整个赤水河流域的文化、（酿酒）工艺的形成，都是自然（发展）的结果。这叫顺天，顺天法地啊！

　　我们讲"君品文化"，最能够体现君子内涵的有两句话，一句话是"天行健，君子以自强不息"。比如习酒，在这个山沟里面，从无到有，从小到大。没有这样一种精神，它不可能做到今天，所以一直以来，我们都是在自强不息。其他比我们条件好得多的很多企业都倒下去了，为什么我们发展得越来越好？这是因为我们有这种精神，将来我们还要靠

中国贵州茅台酒厂（集团）有限责任公司总经理助理，贵州茅台酒厂（集团）习酒有限责任公司党委书记、董事长、法定代表人钟方达

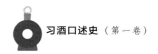

这种精神来把习酒做得更大、更强。

但是体现君子内涵的还有另外一句话，叫"地势坤，君子以厚德载物"。企业要发展得强大，还得要增厚自己的德行，能够承载万物，才能做得更久、更好。"自强不息"（这种精神）在我们这儿已经很典型。"厚德载物"这个精神品质，我们讲习酒这个企业，做酒的人要厚道，要把品质做好，不要跟风，不要浮躁，要扎扎实实地做。酒里面用的原料要精挑细选，坚持传统工艺纯粮固态发酵，要用"工匠精神"来精耕细作，做到精益求精，把技术发挥到极致，（这样才能）把产品做得越来越好。这些都体现了"君品文化"，也体现了一种工匠精神。其实它们的内在都是相通的。

人物小传

钟方达 汉族，中共党员，1965 年 10 月出生，贵州省习水县人。1985年 9 月参加工作，工商管理学硕士，工程技术应用研究员。现任中国贵州茅台酒厂（集团）有限责任公司总经理助理，贵州茅台酒厂（集团）习酒有限责任公司党委书记、董事长、法定代表人，兼任技术中心主任、贵州习酒销售有限责任公司执行董事。

1985 年 9 月至 1987 年 9 月，在习水酒厂职工子弟学校任教师；1987年 10 月至 1991 年 9 月，任习水酒厂生技科副科长、科长；1991 年 10 月至1994 年 7 月，任习水酒厂厂长助理兼总调度长；1994 年 8 月至 1998 年 9月，任习酒股份有限责任公司副总经理；1998 年 10 月至 2012 年 3 月，任贵州茅台酒厂（集团）习酒有限责任公司董事、党委委员、副总经理、常务副总经理等职务；2012 年 3 月至 2018 年 8 月，任中国贵州茅台酒厂（集团）有限责任公司总经理助理，习酒公司董事、党委副书记、总经理。

2018 年 8 月，任中国贵州茅台酒厂（集团）有限责任公司总经理助理，贵州茅台酒厂（集团）习酒有限责任公司党委书记、董事长、法定代表人，兼任技术中心主任、贵州习酒销售有限责任公司执行董事。

我老家这儿，临江河的上游，从这走路有十多公里。我从小在这点长大。我老家离这里有十多公里，但是我在这里有亲戚，我的母亲、我外公就在上面的大湾村。我外婆的后家（娘家）是四川人，就住在现在郎酒厂的黄金坝一带，现在变成郎酒的厂区了。我小时候基本上是到大湾村过春节。每半年时间，都会到大湾耍十多天。这十多天里面，一般都会耍起下来到舅公那点，再到黄金坝去耍一两天。当时，我很喜欢走这边来。这边咋个好？这边这个经济啊，比我们上面发达点。我们上面都是纯粹的农村，比较偏僻一点。这下边当时有航运，有一个码头，经济就比较发达一点。

当时二郎滩的经济还是可以的，有一条街经济可以，街不是很宽。从船上一下来，就跟到青石板路走，蜿蜒的青石板路跟到爬起上去，两边的房子就是四合院，比较传统的沟沟上挑檐的房子。当时商业也可以，上边喝茶的、打牌的、卖东西的、喝酒的人都很多。这条街现在还没拆，只是有点破败。

（其实这一带自古就是一条重要的驿道，不只是河流、码头……）因为这个河当时是属黔北，还包括云南的一个部分，从这条接近四川的河运进来的物品主要是盐巴，还有一些其他的日用品，有布匹啊、洋油啊之类的东西。然后又从这里把山货运过去，把山里面的木头运下去。

我父亲是一个供销社的主任，我母亲是农民。业务员啊，保管员啊，我父亲什么都干。

当时我喜欢来这个地方，除了经济要发达一点，还有是觉得新奇。我对这个地方有一种新奇感。来吃东西啊，也要丰富一点。我老家呢，平常就是吃蔬菜，吃点饭。饭，有时候还不一定全得米饭吃，还要夹点杂粮，过年的时候最多吃点腊肉。走到这个地方呢，有时候还可以，桌子上的菜都要多一点。所以小的时候，我还是喜欢跑的。这个地方还有甘蔗，有时候还可以吃两根甘蔗。还有可能是我当时想坐船。赤水河是我们周围挨到的最大的一条河，在其他地方的小河沟儿都不用坐船。在赤水河边，如果当时没有人在那里等，得多坐两趟，安逸得很！人多的时候，小工不准坐，船老大不准坐。冬天来的时候，这个地方的气候比较暖和，比我们上面要高五六度。有时候

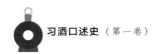

过春节，在我们上面还比较寒冷，路面比较稀的时候，下边就比较干，比较晴朗，春节的时候，很多花已经开了。我还是很喜欢下来耍。

我小的时候在老家的农村读了个小学，在回龙中学读的初中，后面就读习水师范。

因为我家里面隔这个地方有点远，（祖上）跟习酒关系不是很大。我家头，我父亲，我钟家那边，对酿酒方面，在历史传承上，好像没有传统。我们钟家的传统是耕读传家。他们都是种地、读书嘛。

但是，我外公这边的酒文化就比较浓厚了。我外公在很小的时候就开始烤酒了。当时他们十多岁这一批人，可能有一个烤酒的文化吧！我外公，他是喜欢在这点（习酒厂所在地）烤，喜欢在这周围赶下场。解放前，他跑到贵阳去干了几年，去打工。所以他很小的时候，应该是十几岁的时候，就开始烤酒，就开始做曲药来卖。自己做那种小曲啊，然后又拿回来烤酒。所以他喝酒很厉害，从十几岁开始喝酒，一直喝到老。他90多岁才去世，酒量大得很，他这一辈子喝了很多酒。反正八十几岁的时候，他一天要喝一斤多。去世的时候是9月份，6月份的时候，一个月他都要喝25斤酒。他天天喝，每天喝很多次。

我夫人的爷爷，就是我后家的爷爷，也是挨到的，也在上面一点。他也是小时候，年轻的时候烤酒，就是按以前烤酒的传统，不像现在有那么大的一个厂房，就是一个小作坊，有时候甚至作坊都没有的。要烤酒的时候，临近春节了，把平常做的曲药做起。秋天的高粱收割后，刚收过来就把它加进去发酵，放在瓮里面发酵，然后就烤出来卖。卖了以后，可能这一年就这几个月烤酒，因为那时喝酒主要是集中在春节，主要是这段时间喝。还有粮食当时不好保存，不是全年都有粮食。所以为什么形成了酱香型，形成了这种传统文化？就是端午制曲、重阳下沙呢？因为正好端午的时候小麦出来，小麦出来就把小麦制成曲子。重阳正好高粱出来，就把曲药加在高粱里面开始发酵，所以这个工艺其实是一种地域文化，自然形成的一种工艺。遵从自然的规律，跟到走，它就慢慢地来了。自然是这样的。在这个基础上，很多人总结出了一个合理的工艺。所以那时，很多地方烤酒，不是全年都烤。因为粮食保存不好，时间长了要出虫，特别是天气热的地方，有点粮食就把它发酵了。现在习酒也是遵从这个规律来做的，工艺都是一样的啊！茅台也都是一样啊！（这些小酒坊）在农村都很少了，一旦传统产业集约化，小的作坊就失去竞争力了。小作坊是完全取决于酒师的水平，它也没什么检测，再加上国家要求要有营业执照、生产许可证，慢慢就没了。但是，现在我相信如果他们要烤，也很简单。

（习酒厂还有像爷爷这种老艺人），只是越来越少，越来越少。这种老艺人的水平已经和现在的工艺水平不能比了。他们平常种地，有粮食了，口耳相传后，就学到了技术，然后把曲药做起，再整点粮食，把它放在里面。工艺他们也没有认真总结，就完全靠经验相传。话又说回来，我们今天的工艺也是在这上面继承的。我小时候，我爱人的爷爷，就是我后家的爷爷，他年龄跟我外公差不多，他们本身有点亲戚关系。他就一直在烤酒，所以后来，他也是习酒公司的工人，但是他干的时间不长，时间很短，可能是在50年代短暂干了一段时间。后头这个厂停了以后，他就没干了。

（可能习酒厂现在的发展，还得益于原来有这种传统的工坊，还有一批人，这一批人都会做……）整个赤水河流域的文化、整个赤水河流域的（酿酒）工艺的形成，都是（遵循）自然的结果。这叫顺天，顺天法地啊！

这里的酿酒工艺很久远，当时它可能还是一种度数很低的一种发酵酒，是一种水果发酵酒，肯定不是今天的这种酒。根据考证，今天中国的蒸馏酒，大家比较赞同，也是比较多的一种说法，是元朝以后才有的。当然，这还有很多争论。前两天我看到有一篇文章，说海昏侯墓里面出土一个蒸馏器。但始终我都是有怀疑的，因为东汉（应为西汉）时，在汉朝时喜欢炼丹，那么这件出土文物甚至有可能不一定是拿来蒸酒的蒸馏器，有可能是用于炼其他东西。蒸酒要那么大个蒸馏器啊！出一斤酒，就有很多酒糟。蒸馏器小了，不行啊！我们去看海昏侯墓，这个蒸馏器究竟有多大？所以这个东西有争议。现在多数学者、专家认为元朝才有蒸馏酒。

赤水河流域的开发始于明朝，这有很多传说。（其中一个故事是明朝时），当地有一户袁家，祖先叫袁世盟，袁世盟墓在习水县的程寨（习水县

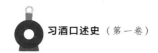

程寨镇）。他们说这个人是袁氏的祖先。袁世盟是元朝的，在元代就过来的。他们剿灭当地的土著后，就留在这个地方，但真正大规模移民过来是在明朝。赤水河下游一带，历史上基本上是属于中央政府管辖。赤水河的上游，当时还是土司管控，贵州当时著名的土司奢香夫人，明朝后期的主要地盘就在上游的茅台、古蔺、叙永一带。以前这一带主要是土著，汉族大规模迁进来是明朝以后的事。所以，中国的蒸馏酒和这一带的蒸馏酒，真正开始传播可能还是元朝。元朝以后，先从西域传来，现在一般学者认为（蒸馏酒）就是从西域、阿拉伯那一带传过来的（通过丝绸之路过来的），传过来有一个过程。所以，现在很多酒厂宣传自己的历史有几千年啊！酒可能有了几千年，但是蒸馏酒这种技艺肯定没得几千年。蒸馏酒的前期是必须要发酵，所以全部算起来已经几千年也说得过去。因为蒸馏酒的前一段是必须要发酵的，要发酵过才能蒸馏。就蒸馏酒来讲，我们认为比较准确一点的提法还是元代才有的。

钟方达董事长品鉴习酒

（习酒厂对这一带的传统工艺和历史文化做过一些调研，所以）我肯定有很多依据，有很多东西（可以去证明）。有些研究也没有用科学的态度去研究，加上留下的文化记载比较少，而那些工序也比较复杂，所以，我认为蒸馏酒的技艺是从明代随移民进来的。刚开始传进来时，也是些小作坊，又结合当地特点进行（融合）发展，全国很多地方酒的配方、制作工艺都有很大差别。而在赤水河为什么就形成了独特的工艺？这和这个地方有关系。这种工艺结合了蒸馏酒技术和传统发酵技术在一起。

为什么我们要讲端午制曲？因为端午节收小麦。收割后，就是端午节。小麦收到了，天气又热，存起要蛀（生虫），所以就要制成曲子，这是制曲环节。熟了以后，正好端午节储存后，放过几个月，大概4个月到6个月，正好是重阳来了。这时，高粱也出来了，就刚好把高粱摘下来，蒸熟冷却以后，把曲药加进去，然后发酵。为什么下沙我们是分两次投粮的？那也是这个地方的特殊性造成的。这河边的高粱比山顶上的高粱早一个月。河边的高粱收了后，又没有大仓库，就把它蒸熟，下沙在里面。好，隔了一个月，山上的高粱熟了，农民又背起来卖，（酒坊）干脆又把它蒸熟了加进去。所以，两次投粮就是地域文化形成的。如果这个地方是平原，高粱能同时出来，可能就没有这个工艺。所以，我们讲叫"端午制曲、重阳下沙，'一二九八七'工艺"——就是一年投一回粮，分两轮投粮，"九八七"就是蒸煮九次、发酵八次、取酒七次。一年一个生产周期，形成了这种"一二九八七"工艺。

（还有个说法叫做）"三高一长"，或者叫"三高两长"。三高：高温制曲——制曲的温度很高；高温流酒——流酒的温度也很高；高温发酵。两长：酒要长期储存，曲药储存时间也长。比其他曲药稍微长一点，这和工艺有关系，和地势特点有关。赤水河这个地方那么热，不高温也不行啊，必须得高啊！发酵的时候气温高达40度，自然地堆进去就必须要高温，所以它能够温度高！流酒温度也高。当时的冷却效果不好，就天地锅，天地锅的时候要挑水，不停地弄水进去。蒸酒的时候，天气气温最高了，水温也高，流酒的温度也很高，所以，它都跟地势有关系。

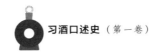

我们讲酒文化，白酒有很多技艺，它本身就是跟天、地、人有关系。天，你看这个气候；地，和这个地理、土壤产的高粱、水质、人都有关系；还有人，"人"就是各种结合起来的那种技艺。当然，现在通过很多年，通过几百年对工艺的不断完善与总结，再通过我们这些人和一代一代工匠不断的提炼，现在顺应它，叫"顺天法地"，是结合特点总结出来的和环境、原料以及与当地非常相适应的一套工艺。最终，就形成了这种最独特的酒文化和独特的一种酒的风味。这种风味就造就了今天的茅台、今天的习酒。它们都是一样的，做法都差不多。有时间慢慢研究赤水河酒文化，我觉得很有意思。现在我也只是一种感觉，也没有去深入地研究过。等我退休了，再坐起来慢慢研究。

（顺天法地，就是天地人的关系，其实是中国传统文化的精髓），习酒的制酒工艺去年申报成省级非物质文化遗产项目，还要申报成国家级。我们还要搞"中华老字号"。我们要把老作坊打造成工业遗址，申请成工业作坊，并申报成文物、文保单位。现在，我们在申报国家工业遗产。

现在习酒用的工艺也是传统技艺，我们现在的工艺就是传统的这一套"一二九八七""三高两长"。以前的传统工艺都是传统，都是历史形成下来的，我们都没有脱离这套工艺，只是在这中间，我们可能在用一些机械化代替。运输等这些环节肯定要用机械化，不能人扛啊！冷却系统方面，现在用冷却器，可减轻劳动强度。但是，它的传统工艺是没变的。所以，习酒用的就是传统的这套东西，它还是一样的，就是保持开放式的发酵。"一二九八七""三高两长"，用的原料配比还是一样的，都是传统工艺，但是还要用先进技术来提升改造传统工艺。我们现在用很多先进的检测设备来检测，它可以检测一些东西，但它检测不到另外的东西。它可以检测酒好不好喝、香不香，有些仪器检测不了。酒里面有些指标的含量，比如甲醇的含量是多少，人是尝不出来的，必须要用设备（检测）。所以，我们用先进的设备来提升和武装传统工艺。

我们谈到习酒目前的工艺和现状时，现在有人说，是不是以前老作坊的酒更好啊？这是不对的。老作坊的酒不好。老作坊，可能偶尔会有好的酒出

钟方达董事长背后的习酒厂址，从小作坊变成了如今的规模

习酒经典产品"窖藏·1988"大幅宣传海报

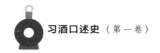

来，偶尔搞锅好的出来，但它不稳定，（质量的）波动要大得多。所以，小作坊的酒不一定很好。现在，我们把它规范化、标准化了。经常有人这样跟我说："哎呀，说现在酒是不好，又整到一批以前的习水大曲，香得很！"我说："不能这样说，以前的习水大曲香，是因为那个时候的物质条件匮乏，一年都喝不到两次酒，觉得很香。现在每天喝得都不想喝了，咋个香啊？"酒还有个环境，如果在周围都没得酒，拿出来的时候就香点。如果周围大家都在喝，它的香就不是很明显了。现在的酒，我们也在喝，我如果要喝80年代的酒，我们也是有的。我们经常拿来做对照。那个时候的酒，要真的说起来，除了拿来对照，除了酒要陈点以外，没啥优点。陈点，正常的，多放几十年，肯定陈。现在酒的质量，肯定比以前好，因为都是新酒出来，现在的酒肯定比较好。我们有些同志喜欢搞老酒，收藏老酒。前段时间，有人请我喝酒时，开了一瓶90年代初期的习酒。我给他讲："这个酒其实并不好喝，因为当时的酒工艺要差一点，当时的酒口感要粗糙一点。"现在喝，无非是喝个稀奇。要喝现在的"窖藏·1988"，肯定比它好。

习酒是1952年建厂，1957年才开始生产的。一想到欧洲出来那些大牌，茅台、习酒不就是从贵州小工坊里做出来的大牌酒吗？其实你们对酒行业不清楚，欧洲找不到习酒这么大的厂，欧洲都是小作坊，茅台酒和习酒也是从最纯粹的古老的小工坊走出来的。外国跟中国不一样，像爱玛士的产品多数是在中国生产的。他们只是出设计、出图纸，出来过后就在全世界各地加工。我们都要自己做，特别是酒行业。

我开始进入习酒是1985年，进来就在子弟学校教书。在子弟学校教书时，年龄也不大，我从学校毕业出来，20岁开始教书，也没教好。一个好的老师需要很多锻炼。以前是因为缺乏老师，所以学校一出来，最多实习一两个月，就开始教书，就开始当班主任。这其实是不恰当的。从学校出来先当辅导员、助教，先跟老师干起，出来才能成为一个正式的老师。当然，农村的学校还做不到啊，城头的学校一般都是这样。

习酒公司在80年代中期开始发展，当时有几百员工，现在的员工是6000多人。当时这个地方的交通很不方便，到县城只有一条蜿蜒的山路。

来了以后，就都只能住在这个地方，吃住都在这儿。职工有娃娃，有娃娃就要读书，但娃娃在这没地方读书，公司考虑应该设一个子弟学校。学校是1984年开始修的，就在赤水河边上搭一个石棉瓦的棚棚，有几间教室上课，设一、二、三年级，然后就招老师。

当时校长就是以前我上的那所初中的校长，是我读初中时回龙中学的张校长（张开刚，1977年为回龙中学校长）。（学校修好），就开始招老师，当时（1985年）我从（习水）师范正好毕业，反正当时毕业都要教书，所以也招了我。这点给的工资要高点，我分到其他地方的话，就只有四十几块钱一个月，在这个地方工资有五十几块，所以我就跑这点来教书了。当初来教书，也在赤水河边上的老学校。没得上两个月，新的校舍就修出来了。新的学校修出来了，从小学到初中的（班级课程都开设了）。从小学到初中的（校舍）全部都修出来以后，还（开设了）高中（的课程）。这个学校在2004年交给地方了，交给地方就是社会办学了，我们公司没办了。校舍是前年拆掉，现在变成车间，在烤酒了。

我教了一年多的书。当时，我上的课程是初中语文，还当班主任。当时我的课上得多，一个星期要上20多节课。除了教语文以外，还兼了小学六年级到初中的历史、地理课，都是我包教。那时的年轻娃娃不是很想教书，后头，公司陈星国老总说："你干脆来搞技术！"我说："技术我不懂！我学的中文，我不懂啊！"他说："不懂，学嘛。"后头，正好有一个培训机会，我就去培训了。1986年，在华南理工大学学的分析化学，培训将近一年时间吧。培训一年回来过后，我就搞技术去了，就没教书了。

1987年，调来就到技术科了。在技术科，开始时就当技术员。技术员，就是写工艺规程。我们技术科的人也不多，就一两个人员，除了写工艺规程之外，平常就去车间检查。因为酒厂小，就是一两栋厂房，有一个化验室。因为我学的分析化验，又去搞化验。

我的经历其实比较简单，从1986年开始，基本是在搞技术。基本上，我是一个技术干部，其实一直都在搞技术，一直就在生产上。开始的时候，我就在技术科，那时叫生技二科，还有一个一科负责浓香型白酒的生产。二

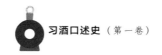

科就负责酱香型白酒的生产。我就在负责酱香型习酒的生技二科。先当技术员，过后当副科长，后来当科长，后头就给总工程师吕相芬当助手。

我们公司在 50 年代开始生产酱香型白酒。当时水井那边的老产区有一个姓罗的人家，有一个小作坊在烤酒，但是规模小。在他之前的殷家，时间也很长了。新中国成立以后，百废待兴，酒很紧张、很紧缺，所以要组织烤酒来满足人民群众的生活需求，但当时一般没想到新建厂，就是收原来的老厂进行"公私合营"，茅台就是这样建起来的。

这个地方是个水码头，是航运的码头，二郎滩这个地方是一个著名的码头。当时，仁怀县就决定在这个地方设一个酒厂。1956 年 9 月，仁怀县工业局委派茅台酒厂副厂长邹定谦来主事，他到位后，购买黄金坪村罗清云家白酒作坊及罗纯德、罗发奎两家民房整窖池、建车间，招募工人，兴办酒厂，酒厂被命名为"仁怀县郎庙酒厂"，在 1958 年投产。但是，一投进去就遇到"三年困难时期"，1959 年酒厂的生产就停了，前后就干了一年。当时，酒厂酿的酒就是酱香型。

"三年困难时期"过去了，到 1962 年，环境好一点以后，邹定谦又调回茅台去了，这点又没人了。然后，我们有几个老同志，以曾前德为首的又在原来的基础上开始烤酒。当时烤酒，就没烤酱香了。因为没粮食，说烤酱香酒浪费粮食，所以就开始烤小曲酒。没得粮食，还找过青杠籽来烤酒。它有淀粉就能烤酒，就是烤出来的酒不好喝而已。

到了 1966 年，条件逐渐改善以后，曾厂长又提出烤点浓香型酒。烤了过后，叫"习水曲酒"。1965 年以前，我们属于仁怀管。后来，北三区划给习水县，包括回龙区、桑木区、永安区都划到习水县后，我们烤的酒就叫"习酒""习水大曲"。最开始叫"习水曲酒"，后头叫"红卫大曲""习水大曲"，名字就这样来的。这样一直到 1976 年，国民经济好转，粮食这块又不愁了，才又开始恢复烤酱香酒。所以，我们说研制酱香型都不是很准确。1976 年开始恢复酱香，开始烤一批酒出来。当时国有企业资金比较紧张，所以我们就跟省经委、省科委申请搞了一个科研项目，再拨一点钱，才大量地又开始恢复（烤酱香酒）。最后在 1983 年推上市场。当时我进厂的时候，已经开始搞酱香酒。

那个时候技术科不搞研发，也没得好多研发的。那个时候的技术科主要管生产，生产都很简单，包括到今天，我们生产都是传统生产。我就一直在技术科。虽然是传统工艺，当时我们的工艺还是很不完善的，当时的产量很小。我们1976年恢复（生产酱香型酒）的时候，可能就是拿了一两口窖池来做酒，一般就产几吨酒。后头在1983年开始生产的时候，就在下面弄了一栋房子，可能就十个窖池酿酒，一年就产几十吨酒，规模很小。一直到在大地修厂区，厂区扩建以后，量才逐渐增大起来的。在大地修的厂区，我进到生技二科时，就已经投产了。我去的时候，只有一栋半房子在投产。当时的一车间就是一栋房子，第二车间只有半栋。有半栋没得酒库，拿来装酒。当时也就只能投几百吨粮食，规模也还很小，工艺上也不完善。所以当时产值是很差的，酒的质量也不太好，产量也不行。当时我们的出酒率，就当时的产量相比，只有现在的一半。工人也很辛苦，管理人员也不懂技术，包括我在内。后头还是1988年、1989年，我带队到茅台学习过两次。那时，到茅台学习还是比较开放的。去茅台，可以连续跟班干，可以干一个星期回来。去了回来，把工艺改善，习酒才连续地在成长。

这是1983年5月习水酒厂记录的酱香型酒生产工艺流程。

有些东西是工艺上的一些细节，大的都差不多，但是有些细节上是有差距的。这些细节说起比较专业，说也说不清楚。（从茅台学习回来），我们就在配料这些工艺上开始改善。我们的配料跟它的就不一样，在水分的控制、水分的使用、酸度控制和操作工艺上，都有很大的差距。在茅台学习还是很有用的，学两次后，工艺逐渐完善，技术这块就逐渐地提高了。那时候，习水大曲我没管。我是负责习酒，也就是酱香型酒。

我们去茅台学了几年。几年过后，就去得少了，到兼并以后，就去得多了。

我就一直负责生产，在生技科当副科长。当了副科长以后，科长调走了，我就当副科长主持工作，后头当科长，基本上一年一个台阶，每年就提升一级。到1991年初，我就当了总调度长兼习酒生产的科长。总调度

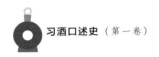

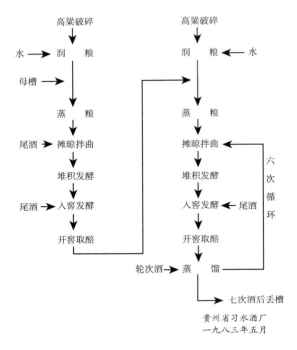

长就是调动全公司的生产计划，有点相当于今天的生产技术部，反正我相当于兼了一个车间主任。后头到1991年下半年，我当了厂长助理。1991年下半年当厂长助理就负责生产了，主要是负责总调度长，就负责全厂的生产调度计划，然后还兼了一个车间的主任，在这个岗位上一干就干了三年。干了三年以后，1994年，贵州习酒股份有限公司成立，我就当了副总经理。

我进厂到当副总经理，有九年时间。这期间，我在生技二科都是负责酱香酒生产。那几年主要做的工作，就是改进提升生产工艺来提高产品质量，主要的方式是在茅台学习。所以当时我经常在茅台学习，还在茅台拜了个老师。茅台有一个管生产的副总、副厂长，他叫许明德（曾经担任"茅台酒试点委员会"制酒组组长及分管生产副厂长，是享受国务院特殊津贴的专家、酿酒大师），我拜他为师。那时候比较开放，许厂长也经常过来指导，我们也没拿钱给他，也就是喝一顿酒。许厂长过来，一般就是给我们指导一下，喝一顿酒就走了，当时我主要是做这个事情。搞了两年以后，我记得我学的第一年是 1986 年，到 1987 年时出酒率很低，出酒率只有 30%。这当然有技术因素，也有客观因素，比如蒸汽不好，粮食发起后就经常停电，导致粮食也蒸不熟等，再加上缺水。到 90 年代，我没当科长时，就到了 50% 多的出酒率，现在就更高了，有 60% 多。

（酿酒工艺的提升），配料要改进，还有过程里水分的使用等，以及如何使用这些配料，操作过程中还要考虑温度的把控等一些操作过程。反正说起来，光这个问题都可以写本书。这些细节比较深、比较专业。总的一句话，通过很多次改进，通过从工艺的改进，产品质量好了，产值就比较好了。应该说是完善了酿酒工艺，提升了当时的酱香习酒的工艺，产品质量和生产水平得到很大提升。

90 年代，我当总调度长期间，实际上有一段时间又到生技处当处长。当时主要是调度全公司的生产，就是安排生产、检查生产，（做生产）计划，管设备，还管车队，我都在里面负责，基本上是生产上的工作。

中间还有两件重要的工作我参与了。一是习水大曲。因为浓香，我以前一直没怎么管，我一直是搞酱香。但是到 1991 年、1992 年，出了一个很大的事情，就是浓香型的习水大曲出现了"货架期沉淀"。当时包装时没得沉淀，摆在货架上以后就出现了，所以叫"货架期沉淀"。我也参与了这个事情的处理，当时这个事情对公司造成的损失非常大。我参与到这个事情的调研，主要还是请外边的科研机构。我就找中科院地化所在贵阳做（化验），但是贵阳做的效果不太好。因为贵阳做无机物还可以，做有机物不行，所以我就跑到中国地化所广州分所做的，通过很多酒的沉淀富集（来检测）。把沉淀富集起来以后，再通过沉淀来倒起查，查出里面主要是金属离子，其实就是加浆水的问题。把这个事情处理以后，就解决了沉淀问题。问题肯定有，反正就找原因。找到了，有些设备处理后，就基本上克服了这个问题。这个事情的原因很复杂，要真的分析起来，还是很复杂，但是大家只能处理。它和我们的当时一些生产工艺的调整有关系。

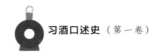

后来（我还参与了）国际国内认证，当时这个质量体系认证还是个新事物，我们就请了两个机构搞认证，国内就是中国方圆委的认证，国外的认证就是法国叫BVQI。挪威船级社也来认证的。在认证之前，要有辅导，要建立质量体系。当时一点都不懂怎么建立，根本就没有概念的。我们在遵义市直接请了两个老师，冯小文科长、唐建勇科长，请他们帮我们建立一套东西，搭框架。我主要是负责填内容，包括生产工艺等，还有填几套文件：质量手册（相当于总纲）、程序文件（质量的一种管理程序）、程序里面的规定（规定它的程序，比如工艺、工艺流程、作业指导书等）。当时的手册和程序问题，主要是在唐科长和冯小文的指导下完成的，下面的操作性问题基本都是我完成的。当时为这个事专门成立了生产处，我任生产处的处长，跟总调室两块牌子一套人。在完成这个文件以后，后头我看了一下90年代（习酒公司）发出的文件，多数文件都是我那时起草的。

当时，我主要是干这两桩事情，还算是大事情。

1994年，我当副总经理了，就管生产了，全公司的生产技术设备都是我管。但是当过副总以后，本应管生产却就没得生产管得了。企业环境不好，资金链断裂，酱香全面停产，浓香的（产品）保留了一个车间，都不是很正常。所以一管生产，我就没有生产管了，设备也没啥管的。没得新添设备，主要搞的就是设备养护。工作不生产了，停起。停起，（机器）要烂嘛，那就想怎么养护，养护，就到处去买石灰包在里面，保持干燥，就不生锈，然后要跟遵义市的工作科上报停止使用申请。就干这些事情，正规的事情，包括生产技术等都没管好多。我就管这些事情。还有就是差电费，没钱得。供电局一会儿来催电费，要停我们电的。我就请供电局科长吃饭，东磨西磨的，磨到如何不要停我的电。但实际上，他也是威胁我，他也不敢停，因为停电不是开玩笑的，一般不能乱停的。何况我们当时除了带工业电以外，还带得有生活电。停了，大家闹起来，他也背不起。但得跟他谈电费。当时有段时间，他真的想拉我的闸。后来我跑到古蔺去，从古蔺拉线。如果他拉我闸，我可以从古蔺这边引电，古蔺这边可以给我供电。所以，现在我们的电都是双电源啊！可以用习水的，也可以用古蔺的，但是以习水的为主。(古蔺的电线)就是那时候拉起的。

我那几年,没有多少生产管。那时要找出路,找出路的要多方面找,技术上更要找出路。找出路,我有啥办法呢?从技术上来看,当然说是酱香型酒是不是酸涩味重啊,消费者喜不喜欢,所以我们也请研究的专家,贵州轻工所的所长丁祥庆(习酒曾聘请原贵州轻工科研所所长丁祥庆等专家为高级技术顾问,全面指点科研、生产、勾兑等工作)过来研究。那时又整了一个复蒸,把酒重新蒸一道来提炼,还有在酱香里面调一点浓香进去,把酒改善一下,就不是纯酱香。我们又在四川请了一个专家庄名扬(白酒专家,2019年离世)当顾问,搞科研。他从曲药里面提出一些优势曲,优势菌种培养以后,再回到曲药里面去强化曲。曾老总(曾前德)又在四川大学请专家来改善窖泥,还搞了一个浓香型的窖池发酵,这个窖池今天我们都还在用。当时应该说是取得成效的,搞了很多活动,有些确实有成效,但是成效还是不明显,企业还是很困难。

当时,我在天津工学院(今河北工业大学)进修时——我在1985年参加工作的时候,在天津工学院进修过几个月——有个老师也是这方面的专家,我就请他们来(习酒指导)。他是北方的老师、北方的教授,他有一个观点,他说:"这个搞酒啊!这个东西啊!要哪种酒有前途呢?叫作'闻着香,喝着甜,一瓶只要一块钱'!"一瓶只要块把钱!当时一想,我们整不出来啊!只有唯一的一个办法,用新型白酒,就是用酒精,他跟星国老总也谈了。我们干脆建一个食用酒精厂,所以1994年、1995年,就在习水县城建了一个小酒精厂,准备了一个低端酒。

实践证明,这些方案都还是不对的,把企业越搞越困难。当时压在企业身上的困难不在于技术,说实在一点不在于这一方面。所以尽管做了这些工作,我觉得成效是不多的。实际上当时企业面临的问题还是市场,当然市场的背后有营销,有品牌,有质量。关键是当时我们的销售系统出问题了,品牌也受影响,质量也出了问题——刚才我讲那个"货架期沉淀"的影响是很大的。基于这样,就造成了市场的萎缩,这才是核心问题。当然,再加上我们搞技改,也占用了一些资金,资金链也受影响。但实际

上，当时就算不搞技改都很困难了，技改只是加重了这种困难，不搞技改，没钱一样的要出问题啊，所以说也非常困难。到1996年，就很困难，困难得一筹莫展！

所以到1996年5月，公司就做了一个决定：副总经理干脆去跑市场，一个人划一块（区域）。我就分到一块。我们六个副总，主要是年轻的这几个，我、陈应荣、黄树强、吕良科、陈长文，那个母厂长（母泽华）年龄大了，没跑好多，我们几个就整一块。

我就整到华东市场。在华东市场那块，也是我的一个亮点。我们华东市场是搞得很好的。我1996年去的，1998年回来的，跑了两年多。当时华东市场销售高峰的时候，可能占了整个习酒公司销售的50%。而且当时招人很困难，处于兼并期间，到1997年很困难，发工资都很成问题。当时，基本上都是我拿钱过来发工资。当时差银行的钱，差税款，从银行账上一走，马上就被扣了。为了避开，我们基本上提现金过来发工资，直接提，给财务发。我们提好多次现金，最多的一回提140万。

我跑市场那几年，我管的那个市场还是很好的，但我去之前，也是不好的。我去之后，当时就运气好啊，就把扬州市场做起来了。江苏市场，我去的头年，1995年，都只有20来万的销售。

哎呀！其实当时也是懵的，当时我也没搞过。我去时，东窜西窜的，就是去窜客户。一开始去时，每天就是提起个包包到处跑。我们两个人，还有一个叫黄忠，两个人提起包包跑。我开始时在华东，后头就分开了，我只负责江苏和安徽。实际上，我去之前就有一个分工，我主要在江苏和安徽，王章松在上海和浙江。当时没电话，手机也没得，只有座机。就去找个饭店住起，每个饭店的房间里面都有一个黄页电话本，只要看到带个酒字的，我就打个电话，打电话过去，就说我是习酒的，要去拜访一下。就是这种东跑西跑的啊！也还是找了一些（买主），卖了一点。

卖了一点过后，就在扬州找到一个不错的经销商。当时扬州市税务学院要改制，有几个老师没事要"搞三产"，那个学院就给了他们20万块钱，喊他们拿去创业。几个老师创得到哪样业嘛，都创不起。当时有一个遵义市税务局的局长姓向，在那点学习，习水县有一个工作人员叫黄星强，是我同学，也是在这点学习。向局长有一天跟税务学院领导在一起吃饭，就聊这个事情。向局长就介绍："习酒正在找人，习酒可以，你们干脆去卖习酒。"下来，我就跟他谈，他就把 20 万块用于进了第一个集装箱的货，那 20 万就全部买酒了。反正没想到，效果真的好，他们就慢慢开始干这个。公司的名字叫"三益公司"，为什么叫三益公司呢？也就是三方利益构成。一方就是学校，有利润交三分之一给学校；第二个就是那三个老师要分三分之一，因为学校只给他们发基本工资；还有一方就是黄星强。

有了三益公司，我们就在这里开始做，走市场。先把税务学院、招待所、宾馆及周边，全部把货铺进去。税院就开始喝这些酒。1996 年，在教师节开教师节纪念大会时，有几百个老师在，我都上去搞酒推销，那些老师、学生都哄堂大笑。教师节搞哪样推销嘛！后来又整些车子到乡镇。税务学院的位置还可以，有几条街道，周围都是街道，我们就整 40 块钱做些横幅，到那里，每条交费 40 块钱，挂块横幅也没人管，钱也没多花。就 40 块钱搞一个条幅，拉几十条才几千块钱。就这种整法，整啊整的，慢慢就喝起来了。我走的时候，光扬州高峰期可以卖几千万！三星、五星都卖到扬州去了。

就是可惜这种市场最后没有成为我们的，这是一个失败。因为，1998 年 6 月我就走了。兼并了以后，1998 年初，公司里面有个副总，是茅台来的，叫马应钊。这个老领导从茅台那边来当副总，管销售。他好玩得很，喜欢喝酒。他喝酒到哪种程度呢？就是一天到黑都在喝。有时候没事，我到他那里耍，我和他聊天。我说给他倒水呀，结果他说："不要倒，我喝的是酒！"他经常有酒背起，经常带着一些小干粮。我记得他最喜欢的干粮是重庆怪味胡豆，怪味胡豆下酒是他的最爱。他也不懂销售，就弄个人来帮忙，就是他喊我回来负责销售。实际上，那时销售都是我在负责。1998 年初一直到年底，基本上是我在负责了。以前嘛，我在那点，胆子大。胆子大了，那时还没兴先款后货。比如说一个集装箱的货款 20 万，先拿四五万来做市场投入，该做广告做广告，该铺货就铺。我回来以后，他们管得紧点，这些

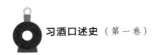

都不准了，后续就没有市场，没有后续投入了，就没市场投入。第二个是窜货，到处窜。黄忠看到大家在窜货，他自己都在马鞍山找个客户窜过去，结果整垮了，有点可惜。如果这个市场继续发展，还是很好的。

1998 年 10 月 26 日，茅台兼并习酒公司。兼并了以后就挂，挂牌过后，就任命我为副总经理。当时习酒公司的副总经理里面，只有我一个人留下来，其他全部都没有留。还有陈应荣变成工会主席，还保留了副职待遇；吕总（吕相芬）当总工程师；还有当时一个老领导叫母泽华，当时是厂长，给他保留了一个董事；当时的领导班子副书记黄书记（黄远高）继续当副书记。当时问到我，我觉得还是喜欢搞技术，所以我就留下来，就管生产技术。1998 年底到 1999 年以后，我主要搞生产技术。这些年，我还是生产技术搞得很多。

搞生产技术，主要面临的就是恢复生产。把全面停产后的这些人组织起来，开始恢复生产，就把浓香全部恢复了。当时的习酒主要是没钱，茅台集团兼并习酒，实际上最终没拿啥钱过来，主要还是靠我们自己。就是我们遣散员工的时候，茅台付了几百万，其他的我们也没拿钱，所以恢复生产全部靠我们自己。当时习酒被兼并到茅台后，有个好处，原来赊不到粮食，赊不到包装材料，现在可以赊啊！我的任务主要就是抓生产，我就把设备恢复起来，工作恢复起来，抽水恢复起来，然后把生产组织好。我就搞生产，相对的话，还是比较单纯。

1999 年，（生产用）水不行。在 90 年代初，我们用的临江河的水，在 1999 年遇到干旱，就没有水了，停水十多天，农民把水给我们拦走了。当时习酒公司也不太受重视。我找县长，县长说："到这种干旱的时候，首先要保农业的蓄饮水和灌溉用水。"他不同意，你没法。不被重视，习酒公司没得啥贡献啊，税也上得少啊！他这话说得也不是说没道理。所以说，我就下定决心，自己来搞第一个大工程。兼并过后，我就搞一个抽水工程。怎么搞法呢？自己干！就买管子来自己搞。我们搞了（新的）抽水工程后，才停用（临江河水）。

我把水搞好了，电也搞好了，就组织生产。生产以后，我就一直管生产，管很多年，一直管到曾凡君 2008 年当副总经理，这期间有将近 10 年的时间。2002 年，我们班子发生变化。我 1998 年底当副总，2002 年初就任常务副总经理。当常务副总过后，我还是管生产。这些年，公司总的生产、技术、质量、科研，都是我在负责。总体来讲，这些年我一直都是在管生产技术。哎呀，一晃这么多年就过去了。

2012 年以前，我当常务副总，基本上公司的内部管理也是我在负责，主要负责的是行政业务。1998 年恢复生产以后，我们就把浓香全部恢复了。2001 年，贵州茅台酒股份有限公司要上市，就想把我们的酱香划过去，就把我们酱香那一片（厂房）收购了，还成立了大地公司，我是法人代表。

习酒没得酱香不行啊！茅台把我们好的那一片收走了（也把大地公司整体收购过去了），只有四栋厂房和一些烂尾楼没收。在这个基础上，2002 年底，我们将那些车间也就逐渐地恢复了。如果当时给我收走了，我还真的没办法。收走了，以后就完了，可能就真的只能抓住浓香干。浓香能干好大嘛？到今天最多十个亿，是吧？就这样了。这个也是老刘主导的。老刘说："川酒五粮液在搞新型酱香工艺，我们要试。"听说五粮液也在搞，我们也就开始搞。我们跑到五粮液去看了一下，回来就在那个整栋房子里，安排锅炉就开始干，干了两百多吨酱香。

习酒恢复做酱香酒从 2003 年到现在，这十多年时间我们是从零开始的。当然，好的一面，就是酿造工艺技术全部是全的，库存的老酒也是有的。我库存的老酒是蓄起的。

2002 年以后，我当常务副总，基本上还是管生产、技术、设备，中间还给我加上管人事、企业管理等。刘总经常没在，我就主持工作。总工程师吕相芬是退休留用，她 2008 年退休以后，留用，给她提个顾问，但顾问毕竟担子不是很大了。所以，质量口，我也基本上管起的。当时的生产也很单纯，实际上我管得也很轻松，干得很轻松的。当时没有扩建，也没有大的事情，干起就很轻松。中间我还开发了一些新产品，开发窖藏习酒、汉酱，还搞了贵州第一家省级技术中心（茅台是国家技术中心）。在其他酒厂里面，我们是第一家。2008 年以后，习酒逐渐开始扩建，也是我在分管。2007 年

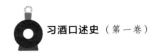

分管建设的（副总）走了以后，我就负责建设这块。2008 年开始扩建车间，我就开始管起，直到 2011 年交给曾凡君副总分管；徐强当副总，他就管人事；（我分管的一些业务）逐渐分出去。分到 2012 年，我当总经理以后，就没有直接分管好多部门了。当总经理后主要是管审计，管办公室，就没有具体管个别的部门。但是我开始当总经理的那两年，主要精力还是放在公司内部，就是在 2012 年、2013 年，我主要还是管公司内部。当时公司还有张董（张德芹），公司外部事务他管得多一点，当时还有管销售的一个副总经理。

2014 年以后，形势不太好。你看 2012 年的时候，我们销售干了 30 个亿，到 2014 年的时候，只有 14 亿了。看到情况不好，张总说："干脆你还是来整！"我说："我一来整，肯定有很大的改变，以前的很多做法要改变。"他说："反正该整就整。"我就兼销售公司总经理，短暂地兼了一段时间，抓了一下销售。

当时，我完善了几个东西，主要是做销售公司的事情。2013 年初，我们开战略研讨会时，我已经意识到这个情况非常危险了，所以我在会上提出三个应对措施。第一个是提出"现金为王"，要守住现金。2012 年底的时候，账上还有 13 个亿的现金，我说要守住生产现金。第二个是提出"消费者为王"，就是一定要面向消费者做工作。当时的货主要是靠一些手段来压在中端，压在中间环节。当时我提的这两个东西还是有针对性的。第三个是提出"调低速度"。在 2013 年初时，定的速度是要干四十几个亿，增长率是百分之几十，我建议调到 10%。当时我谈的三个东西：现金为王、消费者为王、调低速度，对销售起到了很关键的促进作用。因为到 2012 年底，账上还有接近 13 个亿多的现金，而到 2014 年 10 月底的时候，只有 1.5 亿都不到了，再下去，资金链断裂，麻烦得很！这个时候，张总就开始着急了，就说："干脆你来整！"所以，我才介入管销售的事情。

一般在具体工作上，我还都是尊重销售公司胡波副总经理的意见，对他提出的工作方案改动都不是很大。但是有几个东西，我给他纠正了。他当时搞"双重投入"啊，我不准搞。所以，2014 年过后，我们才采取措施压缩公司建设规模、削减生产量。在市场上，我开始进入以后，我就不准搞啥子"双重投入"，还是就面向消费者，把当时预算的投入减少。2014 年的投入，如果按"双重投入"去实施，最起码要拿七八个亿出去。然后，我就让他们到处去协商压缩，压缩后省三四个亿出来。压了 3 个亿下来，减少了资金支出。调整以后，到年底胡波副总经理就离开习酒公司了。那时也没人管销售，当时因为公司几个副总的年龄都比较大，并且以前也没搞过，后头只好派一个最年轻的总助杨云去当销售公司的总经理。他是茅台过来的，原来管生产，一点销售都没搞过，喊他去，开始时可以说是啥子都摸不到，所以还是我在那搞。从 2015 年开始，我就逐渐把销售转移到消费者培育上来。"我是品酒师，最爱酱香酒"——就是 2015 年开始搞的。成都的活动是 2016 年做的第一次启动，我们在成都整体发布这个活动以后，全国的酒厂基本都在效仿这个模式。但是，我对经销商的培训和内部的培训是 2015 年就开始了。

"我是品酒师，最爱酱香酒"，是按消费者培育，还有红色旅游、红色之旅方面的消费者培育提出的。还有就是走向省外，确定了几个重点市场，建立了事业部，并且完善了销售公司制度。我说："领导说了不算，必须按制度。"它的实质其实就是做消费者，这是一种销售上的根本转变。转变观念，消费者为王。

（酒这个产品从来都是靠消费者体验），（要研究）如何做消费体验的同时，完善消费公司制度，规范行为。2014 年之前是胡波管销售、财务，2014 年我负责以后，我就跟张总讲，财务负责人不能由销售公司管，直接由有限公司财务来管。这样，就一直实行下来了。销售公司从财务来讲，就只是协调、代管，只能管考勤这些，业务不能管。2016 年初，我们又建立法规部，派驻律师，依法办事。2017 年开始，（销售公司）有了一个内控机制，除了经理以外，还设一个内控管理员。加强这块的管理以外，在思路上，我一直坚持的思路是尽量地在往高端走，往中高端发展。所以，前两年提的低端酒开发，我都不是很赞同的。因为，习酒这个酒啊，它的生产方式就决定了它主要是走中高端路线。

钟方达董事长与贵州茅台酒厂（集团）习酒有限责任
公司开发的年份窖藏习酒

习酒的转型是很关键的，继续再走低端和走乡镇这块可能就走不通。因此，这两年我们开发省外市场，搞很多高端酒的开发，包括年份酒。今年又推出了"君品习酒"，都是贯彻这个思路。总体来讲，现在的发展势头还是可以的。

一晃，我在习酒公司工作35个年头了，再工作五年我就退休了，基本上可能在这干到40年。这35年，我还是在生产技术上干的时间比较多一点。所以说，我的职称充分地体现了我的这条人生成长路线。开始教书的时候，我评了一个小教。小教后，我评不到中教，后头就评了个助理工程师。到90年代的时候，评职称需要资历，所以评不到工程师。我搞销售以后，我感觉我在搞经济工作啊，所以我又去考了一个经济师。我的经济师还是考过的。1997年，陈星国老总去世那年，我回来报了个名。星国老总是8月底去世的，10月份我就要考经济师。星国老总去世，我回来吊唁，参加了葬礼后，才发书给我，当时搞得心情很不平静。我是跟王章松两个人从市场上回来的。我回来的时候，我说："干脆这样，主要是对干工作的兴趣好像也不是很大，干脆我们耍哈！"我就跑到重庆给他们买张船票。当时还没钱，就跑重庆去买老船船票。说实话，这个船其实很难坐，里面又潮湿、又热，蚊子又多。其实要坐起船的时候，才发现一点意思都没得。开始看两边山，看了以后，也没意思的。那船坐起，从重庆坐到南京要五天，坐到上海要坐七天。这五天，我就在上面看书，五天时间就差不多把两本书全部看完了。回去过后就投入紧张的工作中，也没时间看书和学习。但后来考试，就考起了。我想，考经济师，我当时还是有点基础。我记得是1992年或是1993年，公司请了学校来开企业管理的课程。我们学得有个把月，学的就是这个内容。看来，我还是有点基础的，没花好多时间就考起了，但还是有好多人考没考起。

我考了经济师，1998年回来当副总以后，喊我管生产。我感觉到管生产还是要评一个工程师啊！1999年，我又去考评了一个工程师。我当时就是条件完全符合，顺理成章。在技术科干了十多年了，评个工程师。2000年，我就考白酒国家评委。国家评委的考试是不好考的，第六届国家白酒评委，我就去参加考试，一考就考起了，成了国家评酒委员。到2002年、2003年，我评了个技术口的高级工程师。过后几年，到了2006年，我感觉到还是要充实一下，要去学

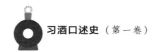

习，又去读了个硕士。后来我就去考了（贵州大学的）工商管理硕士。工商管理硕士是全国统考，我们的学费总共是两万块钱外加 2000 块钱的书费。到 2011 年，我又评了一个工程技术应用研究员，这是我们这个行业的最高职称，叫教授级高工，正高级职称。搞工程技术的职称最高就是这个。

现在，我在公司里面，慢慢地，业务我管得少了。当党委书记，当董事长，不能再去管，不能管事管太多了。我还是有三个重点。第一个就是党建，包括组织干部。第二个是市场。未来决定着我们这种企业的成败，还是在市场。所以我花的精力在市场上还是比较多，下一步也会在这上面花很多精力。第三个就是产品的质量、品质。这一块肯定是我重点关注的。我现在经常参加尝酒。我关注的质量主要是产品质量。现在我们通过尝酒，相当于是对一种结果的检查。其实我一尝酒，我就知道它的过程怎么样。哪怕我不走车间了，我不看制曲，不看勾兑调味，我就只需要在这里面尝尝酒就行了，我也从中知道有没有问题，干得好坏，通过这个东西来检查它的质量。我们干企业，第一是营销，第二是创新。当然我们这种企业是传统企业，创

2018 年 11 月 23 日董事长钟方达，党委副书记、纪委书记陈应荣
到道真县文家坝村进行扶贫回访调研，慰问困难户

新这块可能就要少一点，但实际上它也无处不在。我觉得，像我们这种企业，企业产品的品质是相当重要的。

总的一句话，我们的愿景和使命是"弘扬君品文化，酿造生活之美"。这跟以前有点不一样，我们倡导酒是跟消费者、社会提供一种美好的生活方式。"那个酒有哪样好嘛？喝醉了难受！"但不喝醉，它也很好的嘛。就是把它作为一种生活方式，把它作为一个生活情趣，它其实就很好的。就像我们喝茶一样，茶其实喝多了也不行啊，不能喝得太多，酒也是一样的。喝点好酒，少喝一点酒，它既能让身心感到愉悦，对健康有好处啊！它还能够帮助朋友之间、人之间拉近距离。所以，"酿造生活之美"就是我们谈的一个使命。

我们的愿景和使命还内涵着一个重要的东西，就是"百年习酒"，我们希望打造"百年老店"。一百年，也不是说一百年不做了，它是要长久地做下去，成为一个百年老店。100 年、200 年，几百年，如果能够上千年，就更好。我们要打造百年老店，建设世界一流的酿酒企业或者酒类企业，要做到世界一流的酿酒企业，肯定要有过硬的品质。这是基础，要有响当当的品牌，要让全中国乃至全世界都能够知道习酒，都能够竖起大拇指说习酒是好

89

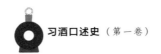

酒。还要有相应配套的，就是除了有品牌，还有品质，还有相应的企业规模，要有销售。老是在这儿卖几十个亿，不能说是世界一流啊，世界一流的企业，现在起码是卖个几百亿才算得上啊！现在茅台（销售额）已接近1000亿，五粮液今年可能会达到500多亿，"保乐力加"达几百亿。这个阶段要与之相适应啊，要有这个体量，要有核心的产品和叫得响的产品，才能叫一流啊！还有品质、技术、文化这块的影响力，都是我们面向的一个长远的愿景和发展方向。为了实现这个愿景，为了实现这个目标，相应地要有一套东西。要讲内外兼修，在内做产量、做质量，完善基础设施和各方面的建设；在外边要树品牌，要做销售网络，要做产品，并把它卖出去。内外都要搞的，企业的文化和传播也非常重要。这些都是我们未来的工作。现在是愿景也有了，使命也有了，关键是怎么落实，去完成使命，实现目标。

我们已经做了一个规划，定的主题叫"转型升级、行稳致远"。以前我们是为了生活，有些时候确实有很多短期的行为，啥子好卖就卖啥子东西。中间变化过多，定力不够。现在我们企业基础好了，我们就要转过来把定位搞清楚，然后，一定要保持定力，要把企业升到一个新的台阶、新的一个档次。行稳致远，要考虑走稳、走得远。

"君品文化"，概括简单一点，就是我们的传统文化。白酒本身就是一个传统饮品，酒跟其他东西不一样，它一定是有自己的文化，实际上它就是一种民族文化的产物。更多的人对它的喜爱，就是文化传承的结果。比如说，茅台酒很好，拿给美国人喝，他们不一定认为很好的，而我们有这种酒文化。白酒是一种传统的文化符号或者地域文化符号，我们讲"君品文化"，实际是君子的文化，或者我们叫作"君子文化"，借用传统的君子文化，在白酒行业实践的一种活动。我们把这两者结合起来，有一种实际的内涵。

我们讲"君品文化"，最能够体现君子内涵的有两句话，一句话是"天行健，君子以自强不息"。比如习酒，在这个山沟里面，从无到有、从小到大。没有这样一种精神，它不可能做到今天，所以一直以来，我们都是在自强不息。其他比我们条件好得多的企业很多都倒下去了，为什么我们发展得越来越好？这是因为我们有这种精神，将来我们还要靠这种精神来把习酒做得更大、更强。

2018 年 6 月 25 日走进源头、感恩镇雄，公司时任董事长张德芹（中）、时任总经理钟方达（右）同镇雄县县长郑维江（左）共同种下纪念树

贵州茅台酒厂（集团）习酒有限责任公司党委书记、董事长钟方达（右二）陪同茅台集团时任党委书记、董事长、总经理李保芳（右一），贵州省慈善总会会长、省政协原副主席、茅台集团原党委书记陈敏（左二），中国食品工业协会副秘书长、白酒专业委员会常务副会长兼秘书长马勇（左一）参观习酒成就园

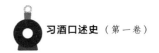

但是体现君子内涵的还有另外一句话，叫"地势坤，君子以厚德载物"。要发展大，还得要增厚自己的德行，能够承载万物，才能做得更久、更好。"自强不息"（这种精神）在我们这点已经很典型。"厚德载物"这个精神品质，对习酒这个企业，我们讲做酒的人要厚道，我们要把品质做好，不要跟风，不要浮躁，要扎扎实实地做。酒里面用的原料精挑细选，坚持传统工艺固态发酵，要用"工匠精神"来精耕细作，做到精益求精，把技术发挥到极致，（这样才能）把产品做得越来越好。这些都体现了"君品文化"，也体现了一种工匠精神，其实它们的内在都是相通的。我们讲的"自强不息"和"厚德载物"的精神一直在传承。这个企业从来就比较重视文化传承。

在五六十年代和70年代，当时比现在艰苦得多，那么多人留下来在这个地方创业，在这个地方干。到80年代，习酒兴旺，到90年代中后期以后又困难，哪怕兼并以后，开始的那几年也比较艰难。到2013年、2014年，其实也还是遇到一些困难的，只是困难没以前那么大。

习酒这个公司有一个特点，我们员工有进来的，也有在困难时候出去的，但是基本上没有员工骂习酒。离开习酒以后，习酒都成了他们曾经的家，成了他们的第二故乡。我们的很多人，有些是自己走的，有些是公司困难时，把他减掉的，他们也没有骂过习酒。出去过后，他们都成了习酒的推销员，一生都会记到习酒这份情。

我们的很多经销商、供应商，跟我们合作都很长，有些和我们合作几十年都还在继续合作，合作下来，大家都很友好。有很多经销商，哪怕有各种原因没做习酒了，他们都讲（习酒的好话）。我们有很多经销商现在没做习酒了，仍然继续喝习酒。安徽有个女经销商，不做习酒了，她就跟我讲，"我虽然不做，但是我账上还有二十几万，全部给我折成习酒发过来，我就拿来放起自己喝。今后这一辈子，可能就是喝习酒了"。

所以，他们的这种情感都在的。在的原因是什么？是因为他们认可习酒的文化，他们知道习酒这个酒是好酒，知道习酒这帮人是好人，习酒人不会坑他们，这是源于这种文化的影响力。我们中国人，最能够代表中华文化、最能够代表中国人特点和最高境界的，我认为就是我们讲的"君子"。现在我们就在追求做一个"酒中君子"。讲君品文化，其实也就是我们的一种追求。实际上，我们也是这么去实践的。

面对社会意识的变迁和市场新需求，大家都想去变着来应对当下，我们也想变过，我认为不变也不对。有一次，我随同茅台集团保芳（李保芳）董事长出差，在看了外省一家知名酒企生产的第八代产品出来以后，保芳董事长给我出了个题，他问我一句："你简单地总结一下，你说茅台跟这家公司这两种产品有啥区别啊？"我当时总结了两句话，他后头还经常引用，我还很感动。他引用的时候经常说是钟方达谈的。当时我给他讲，我说："从茅台这些年头来看，茅台是以不变应万变，这家公司是以万变应不变。两个走的路不一样，两个采取的方式不一样，但是实质的内涵是一样的。"后头李董事长就会引用——"茅台以不变应万变，某公司是以万变应不变"。这个解读就是我之前解读的。因为茅台的品质好、定力强、品牌力强大，尽管这个世界有那么大的变化，但是始终它没变过。这几十年来，茅台的酒是保持得非常好的，它的酒的风格、质量和包装，都没变过，反正风格是一样的，所以尽管世界那么多变，但是它没变。这些年有很多营销方式，冒出来很多分销、促销、盘中盘等营销。哎呀！广告，广告酒多得很。但是茅台它就是那个东西，它始终抓住本质，它主要是搞消费者培养，包括茅台的慰问部队、搞宣传的高大上等，实践证明它获得了很大的成功！相对说来，其他知名酒企的品牌力要比茅台弱一点，所以它就必须要变。它不变不行！因为它很难做到像茅台那样的品牌力，它必须要适应和其他酒的竞争力，其他酒在不停地推陈出新。茅台已经是一骑绝尘，没有与之相匹敌的对手；而如上所说的那家名酒企业有竞争对手，有替代品，它必须要变，所以它"以万变应不变"。不变的是什么东西啊？始终有一点，消费者对产品质量及品牌价值的审美追求是不会变的。所以，企业要想取得成功，各人走的路不一样，各人根据自己的情况来发展。

习酒的将来肯定还是要创新的，实际上茅台也在不停地创新。今天我们喝到的茅台酒，跟40年前的茅台酒，风味上实际上是有点差异的，不能说

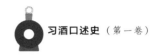

它没变。当然，这种"差异"实质上是对传统产品的风味风格的升华，而不是"改变"。

茅台的成功经验表明：做企业、做产品、做品牌，都需要具有一种坚韧不拔的思想"定力"。20 世纪 90 年代后期、21 世纪伊始阶段，在浓香白酒几乎一统天下的市场格局之下，刚步入市场经济的茅台，其年销售收入也就在 20 亿元左右；而当时市场做得最好的一家川酒大企业年销售收入即已突破 100 亿元了。当时也有人提出，是不是搞点浓香型的茅台酒？但是茅台稳住了，它没动。如果动，它就完蛋了。

有些东西它可以变，但有些一定不能变。（要看你的）优势是什么？那天我在中酒协会，宋理事长（宋书玉）说，当时有家浓香白酒公司要烤酱香酒的时候，他就跟他们讲搞不得的，但是他们不听他的。这实际上对这家公司的品牌影响很大。它搞酱香酒，就意味着承认自己的浓香不如酱香，否则为什么要搞酱香酒？搞了酱香酒，出了个产品了，推销了一下，价格定得比自家的传统产品还贵点。这是不是在告诉消费者，酱香酒比浓香酒好？这让消费者觉得酱香酒比浓香酒好了，那酱香酒就是最好的东西！

宋理事长说的这番话很值得深思。他指出的是高度问题，是战略问题。有些东西，有些时候是可以变的。产品可以换代，可以搞几代产品，都没有问题。但我觉得有些东西不能变。我认为，有些白酒企业在产品结构上出现失误，或者说跟茅台比相对失败，就失败在盲目搞品牌延伸，推系列酒。企业为满足不同层次的消费需求搞品牌延伸，做系列酒，无可厚非。但做什么事情总得有个"度"。如果急功近利，盲目推系列酒，其结果必然将会"蚕食"企业主导品牌的市场份额，造成"稀释"传统主导品牌价值溢出效应的严重后果。自己的浓香产品卖几百，而酱酒产品推出来卖一千多，也就意味着自己都已经认为酱香比浓香好。然后它酱香里面的产品肯定不如茅台。因此可以说，企业在战略方面需要眼光。习酒也走过弯路，我们要增强点战略眼光。只有增强企业的战略引领，且步伐坚定，才能一步步现实自己的发展目标。

当然，我在上面提到的事例，是想印证"变"与"不变"两者之间的辩证关系，无意贬低别人。事实上，在中国白酒行业，那些最早融入市场经济的知名品牌企业之所以能够一度遥遥领先地走在同行前面，说明它在许多方面是做得很成功的。"他山之石，可以攻玉"。我们只有虚心地学习借鉴其成功的经验，扬长避短，才能不断地推进习酒走上新时代高质量发展的新阶段。

本书采编小组于 2019 年 9 月 27 日采访钟方达

陈应荣 | 习酒，令我魂牵梦绕

　　因为大的困难我都走过、经历过，这点小的困难算不了什么！它也是锤炼了我们习酒人自强不息的精神和不怕困难的意志。如果能够实现80个亿，明年如果大的宏观政策、宏观环境没得特别大的变化，正常来说明年我们上100亿就没问题。明年能够达到100个亿，如果能够进入百亿级企业，便达成了习酒人多年以来梦寐以求的目标。我对习酒充满了感情，习酒将成为我魂牵梦绕的地方！可能在梦中，我梦见的事情都是在习酒的这些地方（发生的）。在习酒工作和生活的情景，对我来说，肯定是终生难忘的。

贵州茅台酒厂（集团）习酒有限责任公司原党委委员、董事、副总经理，党委副书记、纪委书记陈应荣

人物小传

陈应荣　汉族，1965 年 9 月出生，贵州省习水县人，中共党员，大学本科学历，政工师、经济师。1985 年 9 月参加工作，先后在习水酒厂子校、厂办工作；1987 年 8 月，任习水酒厂厂办副主任，先后任厂办主任兼企管办主任、企管办主任、企管办主任兼情报档案室主任；1991 年 10 月，任习水酒厂厂长助理兼企管办主任，兼企管处处长；1993 年 4 月，任习酒总公司厂长助理兼总经理办公室主任、人事劳资处处长；1994 年 8 月，任习酒股份有限公司党委委员、董事、副总经理兼经贸部经理；1998 年 10 月以后，任贵州茅台酒厂（集团）习酒有限责任公司党委委员、董事、工会主席、副总经理，党委副书记、纪委书记。

自工作以来，他先后荣获“先进生产（工作）者”、“劳动模范”、“先进工会工作者”、“好主席”、“习酒国营 60 年突出贡献员工”、“加入茅台二十年习酒再谱新华章”优秀员工、茅台集团“优秀员工”、“优秀共产党员”等荣誉称号。

我也算是当地人，我老家距离这里不是很远，就在回龙镇向阳村。这里以前属于回龙区，在 20 世纪 90 年代初有一个行政区划的调整，叫撤区、并乡、建镇。那次调整以后，公司所在地就设了一个新的镇，叫习酒镇。其实在之前，这个区域属于回龙区，我的老家和公司所在地是同一个区的，我是在回龙区的向阳，那时叫公社。

那个时候，县下面是区，区下面是公社，公社下面的农村叫大队，大队过了生产队，这样一种行政层级。这个地方以前叫回龙区的郎庙公社，后来公社变为乡又变为片区，最后又变为村，我老家当时属于这个区。

我是 1965 年出生的，父母严格来讲算农民。但稍微有一点点区别的就是，从我小时候有记忆开始，我的父亲他就干大队会计。我印象中，他还干过副业，像现在去打工，那个时候就是搞副业找点钱。我再大点，他就当兽

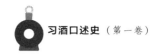

医，因为他学过医。那个时候学医跟现在去读卫校不一样，他是跟我的一个公（我父亲的继父）学，他是以老中医师带徒的方式学的。我公的特长是中医，搞中医就是人也可以医，兽也可以医，我父亲跟他学了之后就专攻医兽。后来每个公社要成立一个兽医站，他就在兽医站干了一段时间。到兽医站工作了一段时间后，兽医站垮了他又回去干农业。我父亲现在70多岁，因为有大队和兽医站工作的经历，国家给他点补助，又给他办了社保，每个月有点工资，但不高，可能千把块钱够生活费，还享受社保的一些待遇。我母亲就是地地道道的农民。我是家里面四个儿女中的老大，有两个弟弟和一个妹妹，妹妹最小。

我读书时，大队有小学，不过不是从一年级一直到小学阶段，每个年级都有的完小，只有在公社才有完小，在大队上学就只有两三个班。因为学校的条件有限，教室少，读书实行的是混班模式，当时叫"复式"。比如说一些教室里面有两个年级的学生，一节课中有一段时间给这个年级的学生上课，另一个年级的就做作业，然后倒过来给另外一个年级上课的时候，没上课的这个年级就做作业。我读小学的时候学制是五年，读了五年就毕业了，整个小学（阶段）我就在大队的小学里面读完的。

我读小学的时候，印象最深的有几点小事情。第一是学校条件不行，每半期开学，学校只有桌子没得凳子，我们个人就要从家里面自己带凳子去上课。农村的凳子就是那种长凳子，一抬就是一条，也不可能带，一个人坐不了那么长，每个人都要带，多了又摆不下，所以就做一个独凳，基本上是每个人都抬一个独凳子去上课。学校也比较艰苦没啥子经费，比如说搞卫生，各人从家里面带起扫把去打扫卫生。我记得当时厕所都没有，因为学校的旁边有农户，学生就到农家户去上厕所。后来觉得也不太方便，毕竟还是有好多人，一般两三个班级还是有一百多人吧，在农家户上厕所还是有限。学校的老师就组织在山上捡片石来自己建一个简易的厕所，用片石做墙，挖个坑，整几块板子来搭起，顶上面用在山上砍的木条搭起上面盖草，这就是厕所。然后，我们学习的那个时候还是有意思，我那个年代教材就不像现在上全日制用全国统编教材，我们用贵州省自己的教材。我们的老师都是本大队的，读书最多的老师好像就是读到初中，有些都还没毕业，我们就是初中生来教。教我的老师可能跟我父亲的年龄差不多，他读过初中，可能读的时候拼音学得不好还是咋回事，我们的拼音这个内容就不教了，所以我们就没学拼音，直接开始认字。认字也有点那个时候特别的味道，我们学的第一篇文章不像现在，就是"人口手、上中下"，第一篇是《毛主席万岁》，第二篇是《伟大、光荣、正确的中国共产党万岁》，第三篇《战无不胜的毛泽东思想万岁》，我们就读的这种文章。稍微大点写钢笔，去买一支钢笔，人的思维形成一种习惯，我买支钢笔要试一下笔好不好写，一试就自然而然地写一个"毛主席"。唱的歌都是"文革"时期的一些歌，1966 年开始的"文革"，20 世纪 70 年代初"文化大革命"的文化氛围还比较浓。

在小学那时，我感觉读书还不是很重要。因为在农村，那时真的没有觉得读书要干什么，或者有什么重要性，没有把它作为一个很重的任务，更多的感觉好像就是大家都是跟到读、跟到走。反正就是放学之后更多的是回家帮忙干农活，干什么呢？在那个时候，有些家里兄弟姊妹还要比我家多一点，有些家庭女孩子多一点的话就好一点，像我们家这种家庭三个男生，我又是老大，基本上我就是男娃娃干的事情我要干，女娃娃干的事情我也要干。如果是家庭里面的子女又有男生又有女生这种情况，女生主要是找猪草、煮饭，男生就是割草、打柴、放牛。而我就是男生干的事情我要干，女生干的事情我也要干。当然跟那些女娃娃一起去割猪草我就不行了，她们很快就割了一背篼，我才割了半背篼。那个时候，从读书的角度讲，我在小学基本没学到啥东西就读完了。小学读完了以后又是五年制，我记得我是 11 岁不到就小学毕业了。小学毕业了以后，每一个公社都有一个初中，那也只能在公社那边读。好像也没谈要怎么考，成绩也说不上，反正就是没学到东西，就进入初中了。

进初中我是进的农中。那时农中已经没在公社的所在地了，搬到一个山上去了。农中当时命名叫"730 中学"，是根据毛主席的指示，由那一年的7 月 30 日发布的。当时，响应党中央的号召，革命青年必须走"与工农相结合的道路"，学校也要走工农相结合的道路，要搬到山上去，所以叫

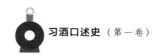

"730 中学"。学校发给我的通知，是喊我们每个人必须要准备一把锄头、一个背篼、一把镰刀这几样农具，其他的没做特别要求。去了以后，就一边在读书，一边是以干农活为主。学校划有土地就开荒，我记得去了以后烧石灰，那些建筑没干完，修学校、修厕所，这个（包括了）很多农活。我觉得好像跟在家里没什么区别，读哪样书嘛，主要是到那儿干活。我读初中读了好几年，开始也没学到啥东西。初中去了就是半工半读这种，工具带过去以后就是干活。那时我个子还没长高，11 岁吧，有点小，去以后就参加劳动。当时新修的学校教学楼有两层，下面是教室，上面是木楼。学校发动学生在山上砍木条来搭起，在上面铺草，楼上就睡人，躺着看上面就是瓦盖了，那时学校的条件就这样。我们去了以后就开荒种苞谷，打石头烧石灰，还有给食堂背煤，包括烧石灰也要背，就干这一类似的工作。

这样的工作一直干到什么时候呢？我记得读了一个初一，一直到我读初二，就是粉碎"四人帮"那年整个形势就大变了。比如教材要搞全日制的统编了，我初一、初二学的都是贵州省的教材，慢慢地学校就恢复了高考。那时还不太了解，现在看来就是这个历史。恢复高考了学校不能在山上搞了，要重视教育了，要把它搬回到公社所在地去。

反正我觉得，初中我的经历就是读初一、初二就混了，差不多很快再读一年就混完了，等于说是也没有学到啥子东西。后来"四人帮"被粉碎了，读书受重视了，升学都要考试。我那时候有点小，我就跟家头父母亲申请："干脆我是不是重读？初二学些东西没有整懂，是不是重读一个初二？"重新读初二的时候，加上本身就重视了，那些东西我学起就有兴趣了，人年龄大一点然后就懂得到了。开始也讲平面几何，其他人学起很恼火，我学起很轻松。我在初一时差到什么程度？我语文还学得走，数学简直一塌糊涂。反正涉及初一的一些知识，就整不清楚了，糊涂到这个程度。后一个初二开始懂事就开始学了，但是基础不行，一些很简单的东西我都不懂。我就回去跟我家头讲，主要是跟我母亲讲。我就谈这个道理，说现在对读书很重视，而且考学校要硬考，不是以前的推荐，还要看成绩。我说是不是还有可能没得，我做了一个设想，能不能之前读的不算数，重新开始，就是我想准备重新从初一读起走，后来这个事情也得到了家头的同意。这个学校从山上搬到公社，我从初一又开始读。

已经读了三年的初中，我又去读初一。我自己那时学习目的就很明确，也懂事一点，态度也很端正。重去读初一时，你想一下，你前头已经读了三年，第二个初二还算是学了点东西，前头两年的初一、初二也是糊涂的，没学到啥子。这个时候，我的学习又可以了，与同班同学比，我的目标明确、态度端正。举个例子，我尤其注重我的数学，我那时把数学教材上的题，除了老师安排的作业以外，每一道题我都全部做，做到最后我就发觉所有的题型我都能够解决，还当了班长。我就跟家人讲自己的一种追求，当时开始有点跟时代的要求合拍了。虽然我读起书觉得成绩可以，但是毕竟我们所在的地方是个公社，我是在农中上学。如果考试，可能农中的就算你考第一名、第二名，假如放在整个区大范围去比，可能也算不到拔尖。我就给家里人讲，能不能想办法找熟人到回龙区里面的中学去读。区里面师资力量强点，学生更多，我就是想到教学条件好的学校去。后来家里就去找关系，我初一读完就转到回龙中学读初二，我在初二只有一科英语学不懂。英语在初一时就有点懵，在农中就没学的。到回龙来英语还是学不走，而且老师的教学水平、教学方法也有问题。整个班不只我，大家都对英语不重视。那时候好像考英语也是做个参考，其他成绩都没问题。我记得我在向阳读了初一，在回龙来读初二，成绩都是名列前茅。后来到回龙就不像在农中那样一个级一个班，回龙是一个级几个班，我在年级里头成绩都是名列前茅。在学校他们就说"这个娃儿读书有点厉害，看起觉得像是读过高中的"。其实我也没读过。接着在回龙读初三，初三的补习生很多。其实严格来讲，初三我只读了一次，就是在回龙读的初三。初三的时候有些读过初三的学生未考取，然后就反反复复地读初三，有些补习生又来跟我读一班，有些年龄比我大的都还在读初三，就是反复补习。我想，有些是读了几年初三的，可能学习成绩很厉害，其实只有极少数的可以。

我是1982年初三毕业的。那个时候考学校成绩好的就考中专，次之考中师，再次之才考高中、考中技。为什么把中专、中师作为第一选呢？就是

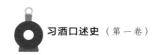

只要考上中专或中师之后，国家对读书有补助，户口就可以转，学完以后安排工作包分配，就相当于是得到一个铁饭碗。假如去读高中有可能以后考得上大学，但是有可能考不上。那个时候考大学也很难考，而且还要去干几年（学三年）。所以农村人就不考虑去读高中、读大学，就是搞个中专、中师，整到个工作就行了。这就是我们的选择。而且读中专要求相对要高一点，中师比中专的录取分数线略低一点点。我们就去习水县读的中师。那个时候，每个县都有中等师范学校，我就考的习水县师范学校。其实中师也不好考，我们三个初三班，一个班都有五六十人，这一百多人，那一年考起师范的我们班有两个，另外两个班考了两个，好像就考了四个师范生。回龙区当时一个区考了六个师范生，公社的学校考起的有两个人，在区中考了四个，大概就是这样。

考起师范，按我们农村那个时代的追求就算是出头了，我就是这样得到的这个工作。我 1985 年毕业以后进入公司。20 世纪七八十年代，国家的政策变了，以经济建设为中心，实行改革开放，我们正遇到公司（当时是叫习水酒厂）在加大扩产，要办子校，而我们毕业之前已经办得有了学校，学校已经算成立了，就在厂里的一个工棚里有小学，办有几个年级。厂里聘请退休的老师来办了小学低段的几个班，有一二三四几个年级，学生也不是很多。同时，公司正在修建一栋大的教学楼，规划从小学到初中，甚至要办到高中，要整个完全的，后来子校是一直从幼儿园到高中都办过。那个时候就需要老师。厂里就跟习水县反映，通过教育局到我们毕业的那一届里面去选毕业生。去选毕业生的酒厂领导里面有一个我原来中学的校长（原回龙中学校长张开刚，后担任习酒厂子弟学校校长），酒厂要办学校通过厂里面找政府，把他调到子校来当校长。我是他的学生，他也希望我到这里来，就把我选到这个范围里头了。

最后选了我又出现了动摇，那时候我就是想，最好是到我老家所在的学校去教书，觉得这个地方对我来说有点陌生。其实隔得也不是很远，但是我小时从来没来过这个地方。我就是觉得隔家近点好，好像有一种情结，在那个地方长大的，就想回到那个地方。很多人在我们以前，工作了都想回老家工作，现在这个社会慢慢地越来越开放，那种情结现在没得了，这种观念就改了。本来他们初步确定了，我后来又去找过教育局，我说："可不可以改？我想回回龙区。"当然如果能够去到区中就更好，那个时候师资力量还没达到现在的程度。如果进不了去向阳小学也可以，那个时候我还很有可能进到回龙中学去，当时是这种想法。我去找教育局，教育局的领导跟我讲："不行！你现在要么只能到习水酒厂，你如果不到习水酒厂要到其他地方，那你就只能分到其他区去。"我想了想，算了，还是到这儿，我就这样进了子校。

我是1985年9月进来的，进来时正式教学楼在建，我们还在下面二郎滩有个棚棚里面上课。初期的几个班，每个班的学生都不太多，主要是那些退休老师在那点教。我们先在那点上了一小段时间课程，我进来的时候班级又扩大了。扩大了之后，上面教学楼还没建好，厂区里面有一些车间、老厂房就拿来做教室。这栋厂房安两个班，那个又安两个班。我进来的那年，从小学一年级一直到初三都开办起了。我只教了一年半书不到，到1986年12月，厂里办公室这边差人，那时的工厂大中专毕业生都是要从上面有计划分配来的。那时候大中专毕业生少，能分到厂里的少之又少，就只有在学校里面去选人，我就从学校被选过来充实到办公室当秘书。我在学校教书当过班主任，也任过科任老师。我初一、初二、初三都教过。刚刚参加工作对工作比较投入，在一年半时间里和教的学生感情还是比较深的，离开时教过的学生还有哭的。有些学生特别是那时读初三的学生，后来有进厂的，现在有些都退休了。

在办公室，我主要是做文字工作，接待的工作不重。有些接待我基本没参与多少。我进办公室才开始接触公司的整个情况，当时公司职工有900多人。那时公司整个一个面貌是在热火朝天地扩建，那时的建设跟现在不一样，更多的是人海战术。我进来的时候，办公楼就在下面黄金坪一个老水井旁边。那个时候办公室叫厂部办公室。那时我是年轻娃娃，有个主任跟我现在的年龄差不多，这个老同志还健在，80多了。我主要从事文字秘书工作，办公室没多少人，当时在办公室管文字这块工作。另外有个简单的招待所，还有个打字室、收发室，主要是这样一些职能。

那个时候企业也缺人，因为我们是属于1982年考起中师，那时候毕业

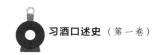

生还是缺的。开始我是办公室秘书，然后就是副主任。副主任的工作除了干秘书工作以外，也逐步开始管理招待所和小车队。办公室这一块工作包括打字、文秘、办公用品，我开始进入初步的一些管理工作。好像是 1987 年的 4 月份，我们的招待所就是现在下面这个宾馆启用了。它原来是一个棚棚，后来被拆了，好像也在同一年现在的办公楼启用。招待所先用，办公楼后投用。大坡那时只有酒库，没得其他功能。大地就更不说了，有大地厂区是 20 世纪 90 年代以后的事。主要还是在老厂区这一面，像招待所、办公楼就是 1987 年先后投用一直到现在。

　　其实我一直就是在管理岗位上。特别是进入 20 世纪 90 年代，我们公司发展也进入了一个高峰期。我记得我们公司第一次出现一点危机是在 1988 年，1989 年又出现过一次危机。我记得好像是国务院出台有一个国家政策，叫"治理整顿"。对宏观经济的治理整顿，宏观环境就受到一些调控。受到调控以后，我们产品销售还出现过一点问题，市场也受影响。那个时候是在计划经济时期，还没谈市场经济，叫计划与调节的一种方式。我们的产品、销售是双轨的，比如说可以按照国家计划调到各个糖酒公司。在计划经济时期，烟酒糖都属于专卖品，由各地成立的各级糖烟酒公司负责销售，这个渠道的价格就是规定了的，是物价部门核定的价格。还有超过了计划，多生产的产品就可以不受计划的限制，可以多卖价格，也可以定高点。在此期间，计划外的部分就可以自主确定，比如卖给哪些呢？我们的酒其实在 1985 年至 1987 年这些年都是很好卖的，那个时候的市场根本不愁。那时主要是习水大曲，习水大曲的量比较大，是浓香型的。计划内的就是内部渠道（糖酒公司）调动，计划外的部分就是超额生产，企业自主去确定供给哪些单位，价格也要高点。那个时候我在办公室，公司领导很多时候要研究怎么分配，分给哪个单位，哪个单位分多少，有点供不应求的感觉。后来（1988 年）我们就受到宏观政策的影响，糖酒公司这一主渠道在逐步淡下去，地位在下降，有些小公司开始改制了。等于我们以前依靠的渠道在发生变化，国家的计划也在逐步淡化，主要是靠自己自主建立渠道，自主定价销售。这段时间有点闪失，但是影响不是很大。

陈应荣（左二）到生产车间检查工作

冯镱、陈应荣、曾凡君在制酒三车间视察

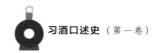

1990 年至 1992 年，我们又发展得很好，进入一个顶峰，但到了 1993 年下半年，就开始出现一些困难。1994 年也是在困难中，大家就在想办法，实行股份制改造，把有效资产这一块通过省体改委批准成立了贵州习酒股份有限公司。这是 1994 年就成立的一个公司。这个公司成立以后，原来的习酒总公司还是保留，但只是个空壳了，就只管一些原来企业不发生效益的资产，那些资产就挂在习酒总公司的户头上，然后有效资产就拿来组建了这个习酒股份公司。这是 1994 年 8 月份才做的改制。做这个改制是基于我讲的 1993 年下半年出现困难做的一个应对调整。

改制过后，我就属于股份公司的班子成员，是副总。新的股份公司就运行了，我记得好像是 1994 年开始的，但实际上通过两年的运行是很艰难的，改制没有达到预期的效果。我们改制的目的，是想把公司的一些债务转成股，甚至把差职工的一部分工资都拿来入股。当时的情况就是公司的资金困难仍然没得到缓解，而建设工程这一块，在大地铺开的一些工程也停下来了，销售这一块也没得资金去建设市场。正常的运转要有一定的钱，得要有一定的资金去做投入。当时无论是销售渠道还是广告宣传，公司都没有资金去做市场建设。

还有一个致命的事件是，在 1992 年前后那两年，由于我们的产量不足，特别是 1992 年在（销售）高峰时产量不足，而当时的销量大，所以就在外面收了些酒来补充。那个时候就成立了集团，总公司就收点酒来补充我们的产能。结果收的酒质量把关没把住，最后我们有相当一部分产品到市场就出现了质量问题。出现什么质量问题呢？发出去的酒到市场上以后，隔段时间瓶子一拿出来，里面有悬浮物，一摇是浑浊的，产品被成批的退回，这是重大质量事故。这个成批量的退回不是好多斤的问题，这个起码是几百吨的酒。那个时候酒退回来又销不出去怎么办？我们就找些库房把它封存起。然后公司成立了好几个组，懂技术的、管技术的、管质量的领导，每个人去组建一个团队搞攻关找原因。公司还出了一个奖励政策，哪个小组、哪个领头把问题搞清楚了，如果鉴定出了成果给一定重奖。后面经多方原因研究，还是对质量提升有改进，但是最后还是没有搞清楚。还是找过一些原因，但是没有很正式地有过结论。通过一次次反反复复的研究，还是促进了质量的改进，对企业有极大的帮助和推动。这是一个致命性的事件！公司本身又没得经费去搞市场建设，然后产品质量还出现这种致命的打击，这个是在1992年、1993年前后发生的事。

20世纪90年代初，困难开始了以后，持续的时间有点长，原因就是国家宏观政策调控和压缩信贷规模。然后，我们在大地搞的建设贷不了款，就是原来批准是可以贷款的也贷不了款了，贷不了款这个工程就搞成了一个半拉子。公司就想了一个办法，就把正常生产经营的资金挪去作为工程建设资金使用，想的是要整出来。有资金的投入才能不闲置，否则就闲置，而且工程可能就要报废，这样流动资金就短缺了。建设资金没有，流动资金又短缺。发展到不能维持企业的正常生产经营，比如买原材料、工人上班要发的工资，这种正常的运行资金都保证不了，加上产品质量又出问题了。

这个事情现在已经过去了，我们可以把它敞开来讲。那个时候要尽量把它作为一个秘密，要保密，还不能对外讲。实际上就是这样，这边公司没资金建设，那边市场上有质量问题酒销不出去，市场上甚至有些款收不回来。那个时候，我们销售困难就实行赊销。我们现在比较良性，要买我的产品要先打款，我才给你发产品。那个时候，为了占领市场，就赊销，这个酒就赊出去，销一部分再给我们打款回来。后来慢慢就形成了一些坏账，有些款还是收不回来。就这样几个方面的原因交织在一起，就有点困难。那么困难以后的表现又是什么？建设工地上全面停止的半拉子工程就形成了，然后职工上班不正常。因为没有这么多钱来买原辅料，上班要支付工人的工资，没有流动资金，并且生产多了也卖不出去形成积压，所以就对公司产能大幅度地压缩。公司做的一个调整，最先就是压产、压缩人员上班，就是拿一些上班，拿一些不上班，轮流上班。这些最后都还不行！形成一个什么状况？只能保证一些简单生产，酒厂生产基本上是停了的。然后，就是一些后勤、一些维护的岗位还在上班，职工工资只发部分而且还经常推迟。

这个困难期从1993年下半年开始进入，但真正步入这种状态是从1994

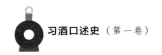

年股份制改造到 1995 年，然后一直到 1996 年，就持续了这几年。1997 年，严格讲还在困难，由于 1997 年前面已经有 1994 年至 1996 年这三年的困难期，1997 年上级政府就开始重视。再这样搞下去的话，可能这个企业就完了。之前是断断续续的，比如说像包装，哪个市场有需求，那就组织起来包这一单，包了以后没得了，就休息。停停打打的这种方式，没有连贯性的生产，职工工资就发一部分。我们允许职工请长假，因为没得班上又领不到工资，有些请长假以后就出去自己找工作去了。上班的工资也不能足额发放，只发一定的比例维持生活，发基本生活费。所以一直到 1997 年的这个事情，实际上是我们历史上时间最长、困难最大的一次。

1997 年这个问题引起了上级的重视，所以就开始由政府主导寻求新的改变。比如说，找合适的单位来，怎么样来救这个企业。其实我们最先找的企业是三九企业集团，它是国务院国有资产监督管理委员会直接管理的大型中央企业。集团组建于 1991 年 12 月，由原国家经贸委、中国人民解放军总后勤部批准成立，其前身是总后勤部所属企业深圳南方制药厂。集团以医药为主营业务，以中药制造为核心，同时还涉及工程、房地产等领域。那个时候，三九集团还可以。大概是在 1997 年，我们都谈得有一点眉目了，（就上报）到了上级、省里去，省里不同意三九兼并习酒，实际上当时不叫兼并叫"资产重组"。我也是听说，没有看到正式文件，省里领导的考虑也有一定的道理。当时的习酒至少在规模上是有一定实力的："我这个企业啷个就被省外的一个企业把它弄走了？把它收购了？三九来把它收购了，习酒这个企业就是三九的了，就是省外的。贵州省就没有习酒了。"这样来想，省里不同意，省里就要求茅台来兼并习酒。严格来讲，茅台兼并习酒是上级安排的，而不是习酒主动找它的，或者说茅台主动找习酒来兼并，这是上级要求茅台来兼并习酒。大概我了解的情况是这样。

1997 年发生的大事情，就是我们的陈总（陈星国）在 1997 年发生的事，是习酒跟茅台谈到一定眉目了才发生的这个事。陈星国变故是在茅台正式兼并习酒之前，在兼并小组好像都要进厂之前发生的。照我个人后来理解的话，陈总走的这个路，现在来看，他更多的还是对自己心态没有很好的调整，接受不了企业的这种变化，心理落差太大。你想这个企业从他任厂长开始一直呈上升趋势，而且他在这个过程中，在企业也建立了很高的威望。职工也好、班子整体也好，都对他寄予厚望，有些人也对他很佩服，对他是很敬佩的。但是后来这个企业困难到这种程度，最终还就在他的手里面又被其他企业兼并了。那个时候的观念是要转变的，企业已经被兼并了，职工随着到了一个新的企业了，他自身也没调整得过来，这种心态就压力大、思想负担重。我认为，最终就是一种精神崩溃，才导致他走的这一步。因为1994年搞股份制改造，通过改制是想改变困难，但是没有达到预期效果，企业仍然还是处在困难中。

那个时候我是副总，而且我分管销售。我们在1992年、1993年发展好的时候，就在全面布局设立分公司，大概在高峰时期，我们有10个分公司。在当地注册，有法人资格的分公司分管某一个市场，配了经理、副经理，同时也配了财务人员。建立分公司现在看来也是一种探索，或者现在看来可以把它理解为不成功，但也是历史上的一种探索。

在20世纪90年代中后期，销售渠道已经由计划经济开始发生转变，由糖酒公司的固定主销渠道转为自主渠道。这些糖酒公司已经开始慢慢改制，一些已经退出主业，而一些新的个体进入这个行业，进来以后市场销售体制发生了变化。另外一个方面，我们自身发生的一些变化以后，没钱去重新建立我们的主渠道，我们已经没得资金去做更多的市场建设。所以，就想到一个什么办法呢？我不是刚才讲了一个赊销，其实公司也担心的，公司把酒发给客户又没回款，肯定是有风险的。所以为了解决这个问题，在市场上去建立分公司，比如说长春设立一个分公司，这个分公司的经理、副经理，包括财务人员，都是我们公司派去的员工，甚至营销员都是我们的员工。我的产品发到分公司去，分公司不拿钱买，分公司是我们的嘛。我们生产出来发过去，我们的分公司还是算我们的资产。分公司的人就在市场上去把客户了解清楚，如果可靠再发产品，销了再收款。实际上这种模式是一种探索。后来我们发现分公司也失控了，这个分公司把酒发给客户，然后客户的款打到分公司账户，再打到总公司账户来。由于总部管控上也经验不足，分公司的款

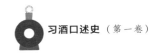

要么就是不及时打回总部，要么就是可能因为个人的一些私利，把酒拿给客户以后就收不回来款，这同样会形成一些坏账。那么产品出去后，比如说发出去两千万的产品，回收资金并不高，也加剧了总部这边的困难。最开始建立分公司，严格讲是在高峰时就开始建立，不是说在股份制改造过后才开始建立的。建立的过程一直就持续了几年，到了困难时我们在 1995 年就开始收了，陆续撤销分公司。公司觉得这个体制有问题，相当于那几年做的尝试失败了。严格来讲，分公司基本上在我分管的时候，又把它全部撤了。

撤销了过后，是实行总部直接对市场，实行片区式的管理。分公司没得权利去确认客户，没得权利去收资金。这个方式就相当于改变了分公司中间的环节，任务是考察客户，通过审批，产品就发给客户，客户的资金直接打到总部来，不通过分公司。因为之前累计的账款仍然是没有收回，到 1995 年公司就出了一个政策，把几个副总都派到市场去帮助市场，相当于挂帮，一是帮助市场，二是帮助追款。而在这时我们公司在银行有一大笔贷款，前期搞建设形成的那些半拉子工程贷款是没还的。其实这边是等到这笔款来发工资，或者说保证酒生产的维持，款只要通过银行来，银行马上截留了，我们得不到。因为公司原来差的贷款还没还，银行担心你垮了收不到款，所以马上来一分就截一分。最后我们收款，这些副总干脆把款整成现金，弄个包包提起回来。不通过银行了，搞体外循环。没有办法，通过银行的话死得更快，银行就一分都不拿给公司。差银行这么多没还，还要拿去发工资，这个是相当艰苦的。后来银行又干了一件事情，组织队伍分到我们各个片区跟着我们营销人员走，跟着我们的分管领导走，银行就是老板。

那个时候，我们除了片区的营销人员外，公司总部有些片区分有一个副总，好几个副总都去跑市场。那个时候股份制改造过后我分管销售干了一年左右。后头搞"体外循环"，银行又组建队伍跟着这些副总一路到市场，去监督收款，我们还要给他们做好服务。副总给银行的一般员工也给他做好服务，说话要客气点，不然他们随时可以"踢打"你。还要把他哄好，收到这点款还要说好话：我们公司如何如何，要打回去有哪样急用，或者要么你适当扣点，不然的话差那么多钱，全部给你扣了，当时的运行就是处于不正常状态，市场也没完全停下来。但是销售方面，就是这种赊销！

我走东北（跑业务），我们去的那个时候是1996年，企业虽然困难了，但是它经历过1991年、1992年的高峰，那个时候还是建立了一些关系，靠原来的基础可以销一点，但是我们企业的品牌地位在下降，销售在下降，公司也没有任何投入，就靠原来的关系销一点。隔一段时间还是要沟通一下销售情况怎么样，或者需不需要我们做些什么配合的工作。虽然我们也可以做这些沟通，但是我们配合不了什么工作，因为没得钱投入。一谈要投入，有钱吗？没得！只能做些沟通。隔了段时间过后，我就不断去找一些跟我还有业务联系的经销商沟通，我是从感情上去跟他沟通。后来有一些销了酒后打款给公司，有一些即使销了一点都不想打款，你还要去求他。有的时候，真的是低三下四。更多的工作是追款，不断地去沟通追款。我觉得那个时候没有市场投入，去开拓市场也可以做一点工作，但是一个品牌的地位在下降，又是一个没有投入的企业。我个人认为，我们企业其实已经尝试过了，股份制改造就算是尝试，还是很困难。

我们的员工在茅台兼并前的高峰期，已经达到了四千多人，在名册上的有四千多人。但实际上真正在困难的时候，上班的恐怕有千把人就不错了。有几千人是没有上班的，只是在名单上挂起的。因为公司停产，职工没有班上，结果就请长假，那个时候我们没有上班的员工就等于是自谋生路。但是他的关系还在，就期待有一天习酒重新正常以后再回来上班。

兼并是在1997年。1997年兼并小组进厂做前期调查，对资产、人员、财务，方方面面进行调查。这个兼并实际上是由省里面主导的，成立的兼并小组，实际上是由各级人员组成。省里面由省轻工厅参与，有当时省轻工厅的厅长、省政府的副秘书长张建华，有遵义地区行署（后为遵义市政府）副秘书长杨昌蒲，另外还有几个同志参加，县里面也有领导和相关部门的同志参加，茅台这边也有领导参加。这样几个方面的人组成的兼并小组，由人事、综合、财务、资产分几个组在推进工作，他们调查核实了以后才签协议、写报告，报批了以后就开始走兼并程序。当时提出了一个"三边政策"：边兼并，边生产，边经营，这些都在同步进行，也可以说茅台兼并习

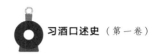

酒这项工作千头万绪。从 1997 年 9 月进厂一直到 1998 年 10 月挂牌，新的企业是 1998 年 10 月 26 日开的挂牌成立大会，之前在贵阳有一个签字仪式。那个时候前期调查这些大量的相关工作已经做了。

挂牌过后做的一项工作，也是最尖锐、最难的一项工作就是人员接收与安置。当时我们的名册上是四千多人，这四千多人中其实在企业一直上班的可能就是千把人，很多是几年都没上班了。所以兼并过后，一个政策就是四千多人中只接收一千五百个人，也就是说两千多人不接收，所以说这个难度就很大。茅台打了一笔款来作为安置款，打的款不多，才几百万，安置两千多人，一个人才几百块钱。我记得当时大概是两个政策：一直在上班的就接收，没有上班的原则上就不接收了。针对我们用工的几种形式，当然现在不一样了，现在全是合同化。当时政府人事部门安排在这里来工作的，严格讲在企业来说是干部，纳入这个范畴的称为固定工；还有一部分就是 1985 年国家开始实行的招工，企业招工实行的合同制，招的合同制工人算一类，这两类加起来其实还可能占不到一半。我们更多的是企业自己招的，一半以上的是我们企业自己招的，他们的身份是在农村有土地的农民。所以接收上着班的，固定工和合同制工原则上优先考虑，由企业自己招的合同工如果没上班一般不要，大概的一个原则是这样。

这个也有补偿，根据职工在企业工作的年限时间，一年看补好多钱，好像一年就几十块钱吧。有些可能就得了几百块、一千多块钱，签合同就解除。他们在这点，比如说干了十多年，最后可能得到几百、千把块钱就解除了，反正他们就没有说能得到一大笔钱解除合同的。最后导致有一些遗留问题，我们这部分没接收的职工又集体多次上访，后来我们还录取了一部分，企业发展恢复正常以后还在的职工就优先招回来。但是，后来企业发展了，这一部分人的年龄又增长了，弄回来也恼火！后来有一些年龄小点的职工我们就放宽了一些条件，收回来一部分，总之还是没收完，这始终是一些遗留问题。后来国家社保部门出了一个政策，只要在企业工作过好多年以上，找到依据的，可以在社保部门补交社保资金后办社保。职工来找企业说，在企业工作过，要查当时的工资表，我们给他们提供依据，拿去找社保部门办社保关系。（这样，原来的职工）自己交一部分钱，到一定年龄就可以享受社保待遇。在接收中经常出现矛盾的就是人员接收问题，这项工作的难度最大，特别在初期，思想也不统一。这些没接收的员工多次来围堵公司，包括办公楼都遭围过的，这就算是关于兼并里面比较复杂的一个问题。兼并从1998年挂牌到今年，如果从正式挂牌算22年了。2018年我们还召开了一个兼并二十周年的纪念大会，今年22年。扳起手指算起来这个数字也不小了，兼并过来感觉没很长时间都过了22年了！

兼并过后，应该在1998年挂牌到2000年，这个过程还是很困难的。因为我们是国有企业，茅台也属于国有企业，实际上就是换个婆婆嘛！原来茅台兼并习酒以前，公司是习水县主管的一个企业。兼并了资产重组以后这些资产就划给茅台管了，习水县管不了了，所以我们的主管就是茅台。茅台也属于企业，但它属于企业集团，茅台的资产属于贵州省管。茅台来主管我们，我们又是自主经营、自负盈亏，说直接一点，如果我们企业经营不好，假如再出现困难发不起工资，茅台不会拿钱（给我们）发工资的。如果我们没钱搞市场建设，也没得钱投入，茅台不会拿钱给你，我们这些年是自己发展起来的啊！当然是在茅台的带领下，主要是靠品牌的带动。要说值钱的东西是当时兼并的时候，茅台划了几百万来安置这些职工，这个算值钱的。然后就是派干部到这里来，现在我们的主要领导是钟方达董事长，他是在习酒成长起来的。他之前的两个主要领导都是茅台派过来的，还派了其他一些副职领导，甚至有部门领导过来工作。到了去年，习酒才去了两个人到茅台那边工作。这是做了20年才改变的，之前干部交流都是单向的，只有茅台作为集团派干部过来领导这里，没有说习酒的管理人员交流到那边去。第二个方式是派干部来领导，把茅台的一些管理的思想、理念、企业文化通过这种方式来贯彻。第三个就是下指标，比如说今年下了经营目标，根据完成的结果来进行考核，考核过后班子的工资是由集团定的，根据完成的业绩，集团来算，完成得好就高点，完成得不好就低一点。整个习酒的班子是茅台集团党委管，由集团党委来考察任免。

我们在困难的时候，在大地，现为贵州茅台酒股份有限公司的201厂，

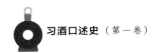

坐落在习水县习酒镇，占地面积 1688 亩，有部分厂房原来是我们的。茅台兼并初期，我们没有能力恢复生产，结果茅台集团就组建了一个 201 厂，把那一部分资产划给他们整合，然后集团划了一笔资金给我们，那一部分厂房在那里闲起的，然后茅台把它组建成 201 厂来生产系列酒，把这部分厂房收购到股份公司去，把这笔钱拿给我们。这相当于盘活了一部分资产，我们又有一笔钱可以干自己的事，这个也是帮助。我们有两个方面的困难，一个是还没有这么大的市场，没有这么多的资金去建设市场，部分厂房我们就闲起，没有发挥作用；第二个就是茅台在兼并初期给我们的定位是只搞浓香，不能搞酱香。因为那些厂房是生产酱香的，所以相当于是茅台花钱把这部分厂房买过去。这是我讲的第二件事，也算是值钱点的帮助。对茅台的兼并来说，还有两个方面对我们有帮助。一个方面，就是茅台兼并，省里面出台了一些优惠政策，比如说"挂账停息"，不要再结息了把账挂起，不这样，利息是越滚越多，挂账行不行？给兼并重组的企业的一个优惠政策，这算一个。第二个是当时也给茅台的优惠政策，其实当时茅台并没有拿多少钱出来，也算是兼并享受的一个红利。每年企业所得税上缴，主要上缴给地方，然后地方按增长比例，可以返还一部分来还以前的老习酒的贷款。没有多拿钱出来，随着兼并的红利，享受的优惠政策，这对于我们还银行这部分贷款也有一定的帮助。但不是全靠这种政策还的，我们自己在发展中也还了一些，这样就把银行贷款全部还完了。相对来说，是这些带来的值钱的帮助。茅台品牌对习酒建设市场相当于是"背书"，对提升习酒在市场的知名度、美誉度是有帮助的。习酒是茅台的一个子公司、茅台旗下的一个品牌，这个信誉度更高，或者说市场对质量也就更认可，这方面是带来了品牌影响力。

随着茅台兼并时间越来越长，随着领导观念的逐步改变，习酒现在就越来越好。茅台集团李保芳书记就讲要有"大茅台"意识，要有一盘棋思想。这一种提法，茅台和习酒就慢慢更融合了。习酒作为一个二级子公司还是独立的，但是现在对这方面的指导更加系统了。兼并初期还是不够系统，好像茅台是茅台，习酒是习酒。比如说现在做市场，以茅台名义在中央电视台得到了广告资源，它就作为一个整体，让茅台旗下的习酒或其他子公司都享受，把资源拿到手以后就分几个月给我们，当然我们也要拿钱的，但是要靠自己去拿到那个资源是有难度的。以茅台整体一个品牌去把整个拿下来，拿下来我们内部再整合分配。所以茅台兼并习酒，这是我的认识上前期茅台对习酒的帮助，后来逐步的这个帮助就越来越紧密了。

如果习酒单靠我们自己，我们做个设想是否能发展得更好呢？也可以做这一方面的思考，但从我个人的感受，习酒今天能够发展到这样一个业务良好的，应该说处在一个良好状况的企业，我觉得还是得益于茅台的兼并。没有茅台兼并这一步，靠习酒自身我觉得很难走出困难的境地。当然也有可能茅台不兼并，按当时的那种状况看来，也会有其他企业来兼并，比如之前接触过的三九集团或者还有其他，但是像其他行业，像三九集团，它是药业，或者还有其他行业他们来兼并习酒，我们是作为白酒行业，它可能有点外行，不一定能发挥出茅台作为本行业这种"领头羊"所起到的作用大，所以，还是要这样来看这个问题。从这个角度讲，我倒不认为是我没得信心，因为有可能就是没有茅台的兼并，可能习酒就很难有今天。我拿另外一个情况来验证，贵州的白酒（企业里），当时和习酒差不多的有好几家，包括安酒、湄窖、鸭溪、董酒，珍酒也算，珍酒还小一点。当时比较体量、市场知名度、效益，都是差不多的这几家，湄窖、鸭溪、董酒、安酒这些，其他的小一点。习酒是因为茅台的兼并，现在还是处于一种好的状态，而其他几家严格来讲是跟我们同时步入困难的，到今天它们有些通过了几次折腾仍然没有走出来，还处在困难中。当然，慢慢地随着时间推移，它们可以说是要重新振作起来的这个机会越来越难（得到了）。因为随着时间推移，消费者对这个品牌都慢慢地遗忘了。年纪大一点的人还晓得有个湄窖、鸭溪、董酒，到我的下一代再下去，要是还没得弄出来的话，都不晓得历史上还有这个酒了，对不对？这就是一个比较。如果说当时自己干，就像那几家一样还在干，还是在艰难地活着，对不对？

茅台当时从规模体量上比习酒大不到好多，但是他是因为价格卖得高效益好，这是一个问题。第二个问题就是，茅台这个企业从那个时候就体现出一种风格，特别是那个时候更明显，它就比较稳。它不去搞这种大的贷款，

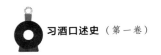

不去搞大的建设，负债轻。我们这些企业就是按照上级的要求，就去搞大的贷款、大的负债，负债加重了。在 20 世纪 90 年代初习酒好的时候，兼并了当地的两个酒厂：回龙的向阳酒厂、县城的龙曲酒厂。向阳那个厂我们兼并后还组织过生产浓香白酒，后来又停了。停的原因是，浓香在总部这边生产能够满足需要，所以就没恢复那里。那里还是停着的，厂房我们都做过维护，现在还在，向阳的那个厂就是闲置的。而龙曲这个厂已经完全改变功能了，那个地方以前是在县城的边上，县城发展了以后就在城中间了，不能再办厂了，现在已经改成了商品房开发用地了，通过政府同意过后，引进开发商来开发成商品房，然后职工去团购，现在已经变成住宅，已经不是公司的资产了。

我们公司企业文化理念的提炼比较可以。习酒这个企业，当然这不仅仅是习酒，其他的企业从小到大、由弱到强，都经历这么一个过程。有些企业可以说在发展过程中一帆风顺，比如茅台。总体而言，茅台的效益、品牌根基还是稳固的，像有的企业就是一直都还在困难中。我们这种企业从历史来看，就是有起伏跌宕，有过辉煌、有过低谷，到再创辉煌。历史上，我们真正的从建厂初期还算不了什么，因为那个时候还是作坊式的，还算不上厂。改革开放后，头一次作为一个正规的厂算起，因为之前的那段历史完全是计划经济的方式。改革开放前这个厂都是以计划经济的模式在运行，你需要原料、辅料，国家给调配，我们就只管生产不管市场，生产的产品国家给调运，负责销售。那个时候是纯粹的生产型企业，所以，国家有困难企业就有困难，国家没困难企业就没困难。它自身的话不存在很大的自主性。改革开放之后，慢慢地企业自主经营了，作为一个市场主体，经营得好不好跟自身就有很大的关系。所以，20 世纪 80 年代一直到 90 年代初，企业发展就进入高峰。

在 20 世纪 80 年代有一点点小问题。进入 90 年代以后，1993 年下半年一直持续到茅台兼并这个转折点，这个困难的时间就有点长，而且困难程度比较深。可以说是在习酒人的历史上，或者说在那个时候在这个公司工作的人的记忆中，烙印是相当深刻的。习酒到了茅台兼并初期仍然都还困难，并没有说茅台兼并过后马上就立竿见影，还是在困难中奋斗，慢慢地步入没有负债，市场在扩大、销售在向好、效益在增长、规模在扩大，队伍又在重新壮大。经历了这个过程，然后又到 2013 年、2014 年，我们又出现了一点小困难。在茅台兼并过后 12 年，我们又达到了一个顶峰，当时销售突破 30 亿，也是刷新了历史纪录。但是，2013 年至 2015 年又下去了，这些就是宏观政策环境发生变化受影响了，2016 年、2017 年才又恢复。我们从 2017 年重新恢复到 30 亿以上，2018 年就达到五十几亿。我们在这样一种起伏中度过，像我们这个年龄就已经对企业多少有一点困难没那么敏感了，因为大的困难我都走过、经历过，这点小的困难算不了什么。它也是锤炼了我们习酒人自强不息的精神和不怕困难的意志。

在 20 世纪 80 年代的时候，企业文化方面我们没有这么重视和强调。我们当时一个搞文化宣传方面的一个副厂长就提过"苦在酒厂，乐在酒厂"，提炼这么一个精神也有点道理。我们倡导员工、团队要以厂为家，把这个厂当自己的一个家一样来倾注感情，"以厂为家，厂兴我荣，厂衰我耻"。20世纪 80 年代就有这种提法，当然今天又进行了提升。习酒是经历了坎坷成长起来的一个企业，因此它具有一种不畏惧困难的顽强意志，在不断地去寻求发展。今天能够形成的这种局面是来之不易的，所以大家比较维护和珍惜这样一种局面。我们都是有一颗比较朴素的内心，（这）就形成了这种思想意识。

"君品文化"（雏形是"君子文化"），应该是张德芹担任主要领导的时候才提出来的理念，是把我们传统文化跟公司的一些价值取向、追求结合起来做的一种倡导、引领，它也包括了很多东西。我们白酒企业去做宣传，过去靠的是宣传产品形象、宣传品牌，现在主要是塑造文化，要把产品赋予更多的文化内涵，让消费者接受产品、消费产品。这是一种文化的体验和一种享受，要从这个方面去做。

茅台也在打文化牌，叫"文化茅台""文化扬企"，这也是我们未来要把文化做强、扩大影响的一种思考。在白酒行业，现在我们的这种发展速度，也还是比较快的。目前我们跟其他一些企业比，因为有些有一定实力的

企业没上市，比如像郎酒、剑南春是没上市的，他们准确的业绩我们不是弄得很准，按照上市公司的公开数据作为参照来排，我们现在已经进入了前十位。

我们现在看未来的话，按照公司现在的规划，可能是几个方面。一个是产能要扩大，要跟市场品牌的成长相适应。目前我们基酒产量可能就是两万多吨。因为基酒产了后要储存几年才能勾兑包装出厂，浓香酒的占比少，现在主要是酱香。我们产能的发展，可能在未来几年要发展到与我们品牌成长同步、与我们的市场规模相适应，这是一个重要的工作。再一个就是我们的品牌建设。品牌建设肯定也要进一步提升，特别是我们品牌的美誉度和企业文化认同度方面的提升。

截至 2019 年 8 月，我们销售额已经达到了上年的水平，有 50 多个亿。今年集团下达的任务是含税销售 80 个亿，估计通过努力能够圆满完成。如果能够实现 80 个亿，来年如果大的宏观政策、宏观环境没得特别大的变化，正常来说，2020 年我们上 100 亿就没问题，就能实现进入百亿级企业这个习酒人多年以来梦寐以求的目标。这样，企业以后抗风险的能力也就进一步

2018 年 1 月 24 日，陈应荣带队到道真慰问帮扶困难群众

增强，可能小的一些问题对企业没得什么大的波动和影响。就像一艘航船在大海上，船小了来点风浪随时都会颠簸得很厉害，如果是一艘大的舰艇甚至是航空母舰，那点小波浪对它来讲没得大的冲击，抗风险能力就增强了。

未来的习酒争取能够进入中国白酒行业一线阵营，能够稳定在这个阵营里面，这是我们的追求。在中国白酒阵营，茅台、五粮液、洋河这几家是比较靠前的，然后下来是汾酒、古井、泸州老窖，当然也可以含郎酒、剑南春。我们习酒以后就争取进入并稳定在一线阵营里面，成为全国著名白酒品牌，这是我们未来的一个奋斗目标。

按周岁算，我在2019年下半年满54岁，有效的工作时间干到退休还要干6年。我有很大的可能在习酒退休，有很小的可能在茅台退休。从个人来说，在这个地方工作的职业生涯是几十年，我是20岁参加工作，我初中考中师然后就工作，工作时间比较早，到今年已经34年了。再干到退休，干到60岁的话我要干40年。比如说我们习酒厂，哪怕是从1952年算起到2019年，这67年里面，实际上我已经经历了一半。我34年，前面有33年。这67年后面的34年我就经历了。所以说，我们谈到"百年习酒"，假如干100年，至少在这中间我就干了40年。从这34年来看，茅台兼并后的时间还要长一点。茅台兼并后都21年了，我前面干了13年。

企业的发展给我们提供了一个锻炼成长的机会。假如我没有分到这个企业，或者这个企业是另外一种发展样式，当然也可能有更好的发展：这个企业没有通过兼并的话，没有受到挫折一直都发展得很好。总的来说，企业的发展为我们个人的工作生活提供了一些平台，所以我对这个企业是很有感情的。我现在工作了这么多年，叫我离开这个企业，如果组织要调是没有办法必须服从，但是从我内心出发，我还是不愿意离开这个企业，我想就在这里干退休算了。因为这个企业的方方面面，人也好、物也好，都有很深的感情。我原来参加工作的时候，喝酒不行。我刚开始参加工作的时候，用一个小小的陶瓷杯喝酒，也喝不到两杯酒。因为工作需要和职业环境影响，我还能慢慢地在喝酒上也有成长，现在喝醉的话要搞半把斤，这个进步已经很大了，所以跟酒也算是结缘很深了。而且有些人是喝酒把身体喝坏了，但是我

到现在为止我觉得我身体没啥问题，没有说因为喝酒把身体喝坏了，可能还是因为喝酒还把我的身体保养好了。

我对习酒充满了感情，习酒已成为我魂牵梦绕的地方！可能在梦中，我梦见的事情都是在习酒的这些地方（发生的）。在习酒工作和生活的情景，对我来说，肯定是终生难忘的。我觉得，我为企业做了一些力所能及的工作，企业也给了我回报。我的生活因为企业的回报，我觉得已经很不错了，生活也没有困难。如果没有这个企业，我不知道我的生活是个什么状态。所以，我只有不断地去在有限的这几年好好把自己的事情做好，退休未到，工作不止！一句话，只要组织上喊我在这个岗位一天，我就把自己的职责履行好，也要为习酒做好工作。这是我的一种想法。你让我混日子，这不是我的作风。现在，从教师、秘书到班子，这样一个过程，我发现时间都不够用。我 1994 年进班子到现在，已经 25 年。茅台兼并前我在行政工作，兼并后的十多年我在工会工作，前几年我在行政工作，从去年开始又转到党务工作。在党政工岗位转了一圈，因为组织的培养和锻炼，我虽然没有在生产技术岗位工作过，但相对来说，工作经历还是比较丰富的，这也是组织的培养和重视。所以说，我们一定要摆正自己的角色，我们的老同志到了这个年纪不要摆资格、摆架子，不要居功自傲。我们每个时候都还要面临新的一些问题、新的情况，都还要不断地去学习，否则不能适应岗位的需要和形势的发展，就靠过去的经历停留在那里靠经验办事也不行，所以思想观念要不断更新，去适应新的形势。我自己一直在这样要求自己。有的人五十多了会说"我过去很辛苦，现在要休息啦，我过去做了好大的贡献，过去我是咋个咋个，现在这些又如何如何"，这些都是不行的。我觉得都要不断学习、不断进步。我就是这样自勉、自律。

本书采编小组于 2019 年 9 月 26 日采访陈应荣

曾凡君｜希望习酒成为中国优质白酒代表

　　我 1982 年进习水酒厂，当时厂里的员工人数有 200 多人，酱香型习酒的试制工作正处于攻坚阶段，习水大曲的产量才 900 吨。到今天，我已有 38 年的工龄，到退休时将有 44 年工龄。

　　我在习酒生产技术岗位工作多年，专心致力于习酒工艺技术进步，大胆创新了实用实效的技术成果，并在习酒的生产中得到广泛应用，成

曾凡君　高级工程师　习酒公司副总经理

为习酒生产中的先进生产力，一些技术在习酒的生产发展中发挥了决定性作用，为企业创造了显著的经济效益。再隔一些年，有的技术都还有生命力，还会在生产上有价值，用得上，并继续产生效益。

习酒，要有传承的好作风，老的这一代人要给新的一代留点什么，传承点什么。我在2018年编写了《回忆父亲曾前德》这本书，是想把习酒早期的一些历史告诉大家。

我期望未来的习酒：在习酒的基酒储存库中，无一坛次品酒和混合酒，全部都是好酒，让勾调师更加得心应手，让不懂勾兑的同志任意组合出来的酒都是好酒。

人物小传

曾凡君　汉族，1966年4月出生，贵州省习水县人，工商管理硕士学位，中共党员，白酒酿造高级工程师，中国白酒工艺大师。

1982年至1987年，在公司先后从事制曲、制酒、包装和化验分析工作；1987年至1990年就读于重庆酿造职工大学（白酒发酵专业）；1990年9月至1991年3月，在习酒公司科研所从事科研工作；1991年至2002年5月，先后在生产技术科、浓香车间任副科长、车间主任；2002年5月至2004年5月，任总经理助理；2004年5月至2012年4月，任习酒公司副总经理；2012年4月至今，任贵州茅台酒厂（集团）习酒有限责任公司党委委员、副总经理。

曾凡君从1982年3月进习酒公司工作至今，历经制曲、制酒、包装、化验、科研等岗位，当过工人，在生产技术管理岗位上工作二十多年，主要致力于习酒生产工艺技术的总结和创新，取得了一系列生产创新成果，精心总结出酱香型酒生产秘笈；主持创新了截流黄水双轮底技术、移位发酵技术，主持改进粗麦粉大水分中温架式无稻草制曲工艺，提出仿生压曲机的开发并参与设备厂家设计及生产应用和改进；提出酱香型酒生产补水的观点和方法；主持创新浓香型酒黄水输血增产提质技术等，并在习酒的生产中得以

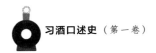

应用，发挥了较大作用，把习酒的生产领上了高产高质的新平台，使大多数酱香车间或班组的优质品率创新高，次品酒为零，且出酒率达70%。他重视技术传承，为公司培养了许多高产高质的酒师和曲师。

20世纪90年代以来，习酒的生产经历了跌宕起伏，遇到了许多困难和问题，但他始终坚持自我创新。据不完全统计，就"移位发酵"这一项技术就为公司累计增产白酒约3000吨，增创效益上亿元。

他在《酿酒科技》上先后发表专业论文20余篇，多篇论文在行业内获奖；先后获得贵州省"五一劳动奖章"、贵州省青年创新人才奖、贵州食品工业特别贡献奖等殊荣。

曾凡君编著的《回忆父亲曾前德》一书封面

习酒老工坊的酿造师们在贵州省习水酒厂大门前合影
左起：一排扶志军、肖明清、蔡世昌、肖恒清
二排李顺才、曾前德、杨德钦、袁本安

1970 年 5 月 1 日，赴茅台酒厂参观留影
左起：一排罗淮吉、方相凯、刘正平、钟得方
二排曾前德、陈星国、王清政、张光淮

1974 年 7 月，贵州省习水红卫酒厂赴泸曲学习组合影
左起：一排冯宗先、杨德钦、曾前德、罗淮吉
二排吕相芬、吕世进、税林禄
三排李光荣、陈星国、曾光尧、袁本安

1978 年 6 月，赴泸州曲酒厂学习留影
左起：一排廖相培、陈洪彬、陈星国、袁本安
二排杨德钦、税林禄、曾前德、王远清
三排蔡章和、吕世进、何国君、易顺章

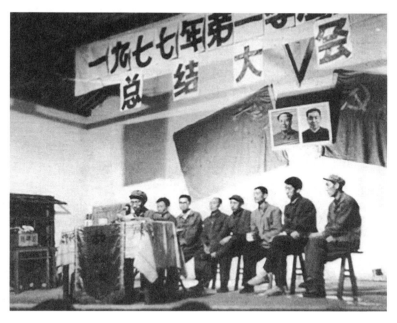

1977 年习酒厂第一季度总结大会
左起：杨德钦、方向凯、李志胜、扶志均、罗明贵、曾前德、陈星国、袁本安

习水酒厂员工生活旧照

1984 年 10 月，著名作家魏巍重访长征路，到习水酒厂参观时的合影
左起：肖登坤、刘秋华、魏巍、周树堂、陈星国、曾前德、杨德钦

1982 年 5 月 1 日，参加县城篮球赛留影
左起：一排王群飞、曾前惠、张光淮、董贵权、曾前德、陈星国、袁远明
　　　二排刘喜容、王　敏、范　成、江　勤、范群群、贾朝容
　　　三排扶正文、向少文、李光荣、曹大春、廖相培、王建军

我 1982 年进厂，之后一直在父亲身边工作。我父亲（曾前德，1937 ~ 1997）是贵州省遵义市习水县人，曾担任习酒酒厂副厂长。他于 1957 年参加工作，从事教育事业，任教五年，担任过小学校长；1962 年 5 月，回龙供销社派他和蔡世昌、肖明清三人在郎庙乡黄金坪利用原酒厂空房办起酒厂，并被指定为负责人。1966 年，他主持研发浓香型"习水曲酒"，（1967 年更名为"红卫大曲"，1971 年更名为"习水大曲"），实现了三人小作坊的完美转型升级。1976 年他主持开发酱香型习酒，1983 年通过省级专家鉴定，并多次评为"省优""部优""国优""国际金奖"等。

他们老一辈习酒人起初创建这个酒厂的一些过往，平常也听他讲了很多，深深切切有些记忆。再加上这些年来，我在整理父亲的一些资料，去年我编了一本回忆父亲的书——《回忆父亲曾前德》，记录了父亲在习酒这几十年的工作。

我父亲 1957 年开始教过 5 年书，教书当中，他曾经到仁怀师范做过 3 次短期的进修，任过小学校长；1962 年，国家实行"精兵简政"，对教师队伍进行精简，我父亲是最后一批被精简的对象，之后就回到家乡务农。刚好我们那个大队有一个压面的面坊，大队党支书就喊他去这个面坊里边上班。去上了两个月，回龙区委、区政府就叫他来到黄金坪创办酒厂。于是，就在 1962 年的 9 月 8 日，毅然决然地来到了这里。

这个地方当初有一个小作坊。1957 年，仁怀县政府决定在这里创办酒厂，就拿出 6150 块钱，花 700 块钱收购这个小作坊，其余资金就用来添置酿酒设备。1957 年底开始基建，1958 年元月份开始制曲，1958 年 4 月就开始投料下沙。那个时候，四川有个烤酱香型白酒的郎酒厂，贵州这边也叫仁怀县郎酒厂。那个年代，还没得知识产权保护（意识）。

但是，1958 年开始到 1961 年，我国遇到了"三年困难时期"。这个厂在 1958 年 4 月把粮食投下去以后，把那一季生产搞完，大约在 1959 年的 3 月就结束了它第一阶段的使命。人员就解散了，企业也相当于倒闭了。然而在 1959 年，又开始在这个小作坊里边炼硫黄——那个时候又办起了一个硫黄厂，叫砷化硫黄厂。不到半年的时间，这个硫黄厂也垮掉了。（关门走人，

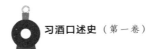

1979 年，二郎滩渡口

1962年的曾前德

无人留守），就停顿了三年。

三年以后，在 1962 年的 9 月份，我父亲，还有蔡世昌、肖明清三人由（回龙）区委、区政府安排，重新创办酒厂。利用以前仁怀县郎酒厂的这个厂址。三年过后，（这个厂的厂房因）无人看管，再经过三年的风吹雨打，变得很破旧很破烂。他们来到这个地方时，非常艰苦。当时，这个厂隶属于回龙供销社，（所以）这个酒厂相当于是一个集体企业。当时供销社给我父亲 20 块钱，叫他把这些厂房修复好、设施准备好，用最简单的农村小曲白酒的生产方式来烤小曲白酒。农村的小曲白酒工艺相对简单，还有成本相对低，生产设施也相对要求不高。他们仅仅有 20 块钱，（使用时必须）精打细算、认真谋划。来到这个地方，该修厂房修厂房，需要木材或者砖瓦就找当地的黄金坪生产队支持，需要木料就在生产队的山里面去砍，需要木工、泥瓦匠就找生产队谈，这些都是无偿的，他们也没得条件支付待遇和报酬。那也说明，当初，当地的老百姓和生产队对他们的支持很大。

凭借 20 块钱办一个企业，我们是无法想象的！20 块钱能做什么?！所以，修房子、整地坪、打酒甑，还有建窖池，这一系列的设施，都是靠他们自身、自力更生、投工投劳。另一方面，靠生产队的一些有技术有能力的老百姓帮忙，千方百计做了一些准备工作。这 20 块钱，他们用来做了什么呢？20 块钱用在了刀刃上，用在了去习水县城买自己不能办的、不能造的锅瓢碗盆和烤酒的一些器具上。

用了将近一个月的时间，准备就绪。在准备的过程中，三个人谁都没烤过酒。当时，肖明清和蔡世昌已经 40 多岁，接近 50 岁了，他们认得几个字，但是文化素质都不高。所以，我父亲就是小作坊的负责人，什么事都是要他拿主意。做思考，做大事，还有对外的一些联络、联系，全方位都是他一个人具体负责。

各项工作准备过后，他们在 1962 年 10 月 7 日正式开始投粮，烤小曲白酒。这期间，包括他对酿造小曲白酒的工艺技术等方方面面的准备，都向周边酿酒的老师傅请教：一个是河对面四川那边的老师傅，他在请教；另一个是在贵州这边，只要周边烤过酒的、多少懂点酿酒技术的师傅，为了办这个

1970 年，习水酒厂制酒老作坊

1980 年以前用的石甑子和石冰缸

1988 年以前，习酒传统制曲的拌料锅和拌料方式

习酒老厂区的古井

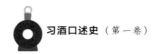

酒厂，他用各种各样的方法去讨教。

1962 年 10 月 7 日投粮过后，小酒厂就算是办起来了。

开始，他们烤小曲白酒的这一年多，所用的曲药都要到四川泸州去买。为什么叫曲药？因为那时的曲子里都加有中药。他们最开始用的曲子是糠曲，糠曲是方块形的，里边加有中药，叫曲药。最后，糠曲发展到一定的时候，出来了一个米曲。米曲就是用碎米磨成粉，然后做成一些小丸子，里边也加有中药。那时加中药，一是起到消毒（的作用）。同时，在添加中药过后，有利于一些小曲所需的微生物（生长）。最开始的糠曲和米曲，也叫作无菌曲——这个无菌曲是没有人为购买菌种来添加和建种的曲子，所以叫无菌曲。一两年过后，酿酒技术也在进步，已经可以在曲药里边分离根酶和酵母——根酶和酵母是专用于酿酒的微生物菌种。这些科研单位分离出来后，他们又开始去购买根酶和酵母用来烤酒。根酶和酵母属于有菌曲，它的出酒率和质量都比较好一些。所以，他们（经历了）从过去的糠曲、米曲到根酶、酵母这些菌种的过渡。最后，我父亲不断钻研，把购买的根酶和酵母接种在麦麸上，在一定的温度、湿度和相关环境当中培养，这就节约了成本。

当时，他们培养曲种的条件很艰苦。建种要用酒精灯，但是那时又没电，又没水。什么都没有，怎么培养？他自己钉了一个木箱，在木箱里边，把煤油灯用一个玻璃方框装上，灯提在木箱里边，用煤油灯的火焰放射出的温度来加温，并根据气候条件进行调控，温度低了，就把煤油灯的火焰调大一点，或者一盏不行，就放两盏。但煤油灯有很多煤烟，如果不引导出来，二氧化碳一多，一氧化碳一多，就要影响酵母和根酶的培养。所以，他在玻璃上边装上一个牛皮纸做的烟囱，把煤油灯冒出来的烟雾引出来，用这种"土洋结合"的方式来培养根酶和酵母。

在学中干、干中学，他们进入烤小曲白酒的一个技术提升的阶段。

开始自己制作根酶和酵母后，他们培养的曲种质量稳定，而且产量还稳中有升。从 1957 年到 1962 年的这 5 年时间，特别是在后期，他们烤的小曲白酒质量很好，口感也相对不错。在整个当地甚至就是遵义、贵阳，都有一点名气。

我父亲是一个很好学的人，他在烤小曲白酒的过程中，有一个大梦想。

小曲白酒是一个散装的白酒，主要是卖给农村老百姓喝，在白酒里就算是一款低档白酒，技术要求也不高，成本还相对低，口感相对要还要差一点。所以，它也不能成为瓶装酒，都是通过供销社，散装卖给老百姓。

当初，对面的郎酒已经问世了，它既有浓香也有酱香。父亲在烤小曲白酒的同时就在学习了。一个是到泸州老窖去拜访学习烤浓香型的大曲酒，还有就是到郎酒厂去学习。那个时候，郎酒厂有一个产品叫"古蔺大曲"，它就是浓香型的大曲酒。他去学浓香型酒的技术，是因为他铁了心要创一个品牌。他认为，如果烤小曲白酒，长期下去，没得品牌，作坊就没得希望。再一个，在烤小曲白酒当中也遇到很多困难，他们自己无法排解。（最突出的困难是烤酒的）原料国家没得供应。它的原料从哪儿来？当时要使用的高粱，只有老百姓向粮库上粮，（而粮库）超出计划收购了，有点多余的高粱，才可以拨一点计划来烤酒。遇到困难时，就要到外地去调高粱，调来过后也是没得保障，不会拿给他们烤酒。所以，有一段时间没得原料烤酒，市面上也没得办法去买，仓库也没得多的计划调控。他们就使用"代粮"烤酒，比如青杠籽含得有点淀粉，就作为原料烤酒，还有用土茯苓（烤酒），这也都是野生的。但是，烤出来的酒，（酒精）含量低，产量低，杂物又重，味道涩、燥、冲，就无法喝。

还有一段时间，代粮酒都没得烤了。他们还承担过帮助食品站收猪的任务。那个时候，周边这些生产队，如果过年要杀猪，杀一头猪就要向国家上交一头。如果只有一头猪，有半边猪肉，要拿到食品站去上交给国家，国家适当给点补助。所以没得原料时，他们就来承担这样的工作，负责收周边几个生产队的猪。收来后，有一些是用船装到仁怀县，恰好他们有一些窖坑，就把剩下的猪放在窖池里。

在1966年，他们向上级领导申请，要试制浓香型大曲酒。

那时，小曲白酒他们已经做得很优秀了，领导已经认可了，认为产量、质量都做得很好，也充分信任他们，（就批准了）。

我的爷爷是地主成分。实际上，我父亲就是地主家庭的子女。那个时候，成分是个人在社会上的一种身份和地位的象征。地主家庭的子女走到哪里都受人排挤，都受到打压和欺负。所以，他来创办这个酒厂，实际上，遇

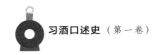

到的不光是创办酒厂本身遇到的困难。但所有的困难，他都克服了。他擅于公关，和（时任）郎酒厂的厂长私交非常好。所以，试制大曲酒得到批准过后，需要的曲药、窖泥、糟坯，包括一些特殊的公共用具，郎酒厂的厂长都是无偿支持，一分钱都不要。他们就坐船过去，靠一背一背地肩挑过去，就这样"肩挑背驮"地把他们支持的东西拿过来。第一次烤酒投了 200 斤红粮，用一口大木甑子作为窖池，搭上一些窖泥，发酵 40 天过后，取酒 82 斤。

恰好在 1966 年的 10 月 11 日，第一甑大曲酒烤出来了。所以，1966 年 10 月 11 日，是一个值得纪念的日子！

过后，他们感觉这个酒就比平常烤的小曲酒要香得多，周边有些老百姓都闻到这个香味，专门走到小作坊旁边讨酒喝，他们很高兴。他就萌发（一个想法）：酒出来了，关键是要汇报，要得到支持！

我父亲是一个非常勇敢的人，也是一个很有想法的人。我父亲 12 岁就结了婚，娶的老婆比他大 4 岁。那年刚好是 1949 年，我的爷爷被打成地主，就在遵义的劳改农场改造。那个时候，父亲是一个娃儿，12 岁能做什么？到了冬天，大雪纷飞，天寒地冻，他独自一个人要去看我爷爷。他背了一个背篓，就给我爷爷背点衣物，步行到遵义，走了三天三夜。一路上，走到哪点都记不得，黑了，有农家户就去讨歇，还要讨吃。所以我父亲从小公关能力就很强，读书的时候当过儿童团长，德、智、体，都能来。那个时候，在这周边，也是见过世面的人，胆子很大，很勇敢。

当时，烤了习水大曲，怎么办？

他就是一心要送到县政府，请领导品尝。但是酒烤出来过后，连个装酒的瓶子都没有。怎么办？那个时候，很多家庭都有猪尿泡。就是每家每户杀猪时，把猪尿泡单独取下来，把尿放了，然后冲洗干净，洗干净过后，用来吹，吹胀以后，阴干，就可以装东西——装液体的东西也可以，装固体的东西也可以。很多家庭就用它来装煤油，打菜油，甚至有个别用来装酒。我奶奶用猪尿泡装过菜油，他就萌发这样一个想法：干脆用猪尿泡来装！那个时候，穷到连找个瓶子装酒都是大问题，用猪尿泡装酒是没得办法的办法。猪尿泡装好酒后，他就送到县里边去，送给县政府、送给县糖酒公司（的领导）品尝。

盛装酒的猪尿泡

大家品尝后，（都认为）口感不错，跟市面上的大曲酒没啥子两样，闻起也很香，领导对这个酒很认可！

后来，县长、书记就开会，提出：这个酒不错，质量好，有前途！这个酒厂要支持办起来！所以，当场就决定拨 8 万斤粮食给他们——那个时候简直就是不得了，8 万斤是啥子概念！他们三个人高兴得睡不着觉。他们整整用了 5 年时间，三个人创办了一个酒厂，三个人创办了一个品牌！他们的梦想在一步步实现。

在 1966 年底到 1967 年这段时间，县委、县政府也对酒厂认真做了研究，一直到 1967 年 10 月 23 日，确定把这个（酒厂）接收为国营企业。那是 1967 年 10 月 16 日，县委、县政府专门组织开会研究，决定把这个酒厂接收为国营企业，把他们三个人也接收到国营企业工作，这个小作坊获得新的重大转机。1967 年 10 月 23 日，正式办理交接手续，中国糖业烟酒公司贵州省习水县公司红卫酒厂正式成立，国家那个时候才拨款开始建设酒厂。

这个小作坊也就在这样一个重大的转折当中获得了生机。否则，1966

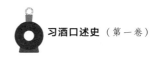

年"文化大革命"开始，1966年如果他们不试制出这个大曲酒，我估计这个小作坊在20世纪60年代就要夭折。

白手起家办企业的在全国很多，但是，在"文化大革命"之初能够创出一个品牌，能够把一个小作坊变为一个国有企业，恐怕在全国其他地方也很难找到。他们三个人一条心，面对不通水、不通电、不通公路，没有资金、没有技术的重重困难，在我父亲的带领下，他们艰苦朴素，团结奋斗，自力更生，使企业和个人的命运彻底得到改变。

猪尿泡也装出了一个大品牌，我觉得它是一个奇迹！

1970年初，我父亲到上级部门去争取到了一台6135型的柴油发电机。这台发电机当时是先用拖拉机运到土城，然后在土城装船，（沿赤水河）朝二郎滩逆水行舟，靠纤夫拉上来的。到二郎滩渡口后，又靠人工搬到厂里。有了发电机，但也没人会用。开始时他们请了两个人来整半天没有结果，然后有人给他推荐了一个名叫王青镇的懂点无线电的代课老师来指导。1969年，厂里招了一批知青，当中有一个人也懂点无线电，叫李志胜。他们就靠王青镇和李志胜两人共同研究，花了好长时间，突然有一天柴油机"突突突"响起来了，电发出来了，电灯亮了，周边的老百姓都围过来了。他们高兴得热泪盈眶、高兴得跳起来！

但这个电是不保障的。那个时候，柴油发电机的维修保养技术跟不上。1971年开始，人造的第一台凉糟机是木制的，它的轮子都是用木头来做的，用电来带。这个企业机械设备的起步，就是从一台木质的凉糟机开始的。慢慢才有电风扇、才有不锈钢的甑桶、行车。以前，没有电的工作模式全靠肩挑背驮，全靠人工。有了电后，推动了整个习酒厂设备的进步、工艺的进步和生产的发展。

这个地方，1974年才通公路，还是通到县城的一条土公路。这个厂的旁边有一段稍微比较直的路，厂里的第一场运动会就是选的这段土公路，在这进行了一场员工的50米短跑比赛。

习酒是在这样一个艰苦的环境中慢慢做大的，习酒这个品牌也是这样做起来的。

不是成为国营，这个厂的发展就可以一路顺风顺水。那个时候不像现在媒体这么发达、信息这么发达，一个品牌要让别人知道，生产的产量要扩大，质量要提升，要人给你传播，就要参加一些产品评比或者展览，还有一些行业会议，以便进行鉴定和推荐。

1973 年，那个时候公路都还没通，我父亲出差到省里边时，听说北京要开一个专家会议。回厂过后，就跟当时的王正定厂长商量。厂长就决定由我父亲到北京去一趟，把酒送到北京去请专家品尝鉴定——（这个酒）从来没有请专家品尝过。

我父亲走了好多天才到北京。第一天是从酒厂走路到习水县城，歇一晚，第二天买客车票坐到遵义，第三天又从遵义到贵阳，第四天才从贵阳坐上到北京的火车。但是，他没出过这么远的门，行李箱、包裹都没有。他就背了一个背篓，装点简单的衣物，还有就是用一个袋子来装酒。到北京后，就问会在哪儿开。问了，过去，工作人员不让他进，理由是他不是被邀请的专家。但他那么老远的来，是想见到这些专家，跟他们请教、交谈，希望能够有所收获。所以，他就围绕这个工作人员去公关，跟他求情说好话，但是都没办法，这个工作人员不让他进去。最后没办法，很不忍心地从背篓里边拿出一瓶酒来送给工作人员，这个工作人员才勉强让他进到会场。进去后，趁专家休息的时间，他找了几个杯子，倒了几杯酒，端到专家面前。这时才给他们介绍，他是从边远山区来的，第一次来北京，听说这里有个专家会，专程来请教。这些专家看着他，感觉都在思考："这个人是个啥子来头？"那么远的来，大家也都不认识，所以用各种眼神看着他。但是，他一番诚恳的、朴实的介绍打动了这些专家，有些不等他介绍完，端起酒就开始品尝。最后，专家们把酒品尝后才认可他了，再听他对这个厂的创建做更多的介绍，专家也受到感动。会后，他专门去拜访了两个主要专家，向他们请教企业的发展方向、产品质量的提升、技术上的改进等。所以，（这一次上京），他应该说是收获满满！也就是通过这一次到北京去，至少让这些专家知道，在贵州，在习水县，有这样一个酒厂，有这样一个产品。慢慢地，这个厂和"习水大曲"这个产品才被外界知晓。

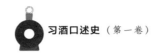

1973 年，才有 105 吨还是 103 吨的产量。这个数量很少很少，所以很多人就不知道这个品牌。慢慢地，通过一些公关，这个产品知道的人逐渐多了，也成为一个畅销紧俏的产品。慢慢地，"习水大曲"这个产品也参加了一些评比、获得了一些奖项。所以，这让他们更加充满信心、踌躇满志。

到了 1976 年，又受郎酒和茅台的影响，我父亲认为，单纯一个浓香型的习水大曲太单一，一个企业如果只有这样一个产品，不能支撑未来的发展。所以，那个时候他就带起人到茅台去"偷师学艺"。晚上一下班，打起电筒沿河走，这点到茅台大概是 50 公里，差不多要走齐（到）天亮。累了，他们就坐下来打一会儿盹。茅台酒厂早上一上班，他就摸进去"偷师学艺"。那个时候，他去认了一个老表，认的老表是间接的转弯老表，并不是直接的亲老表。就靠这个老表，上班就把他带进去学，下午点茅台那边有船往下游走，他就坐顺水船下来，如果没得船，自己又打起电筒往回走。就这样经过无数趟，把这个工艺学到了。在 1976 年，他才来跟上级领导汇报请示，要试制酱香型酒。

（上级领导）同意了过后，就给了他们一点原料。他们 1976 年开始了下沙，1977 年就产出了 5.9 吨酒。但是产出来过后，1977 年又没得原料供给，就只有停下来。

这 5 吨多酒通过储存、勾调，然后他们就不断地给省科委、市科委，省糖酒公司、市糖酒公司送样。一直到 1981 年，省科委才受理了申请，正式下文给习酒厂，由我父亲主持酱香型酒的试制。所以，从 1981 年开始试制酱香型酒，到 1983 年才在省级专家评审会上鉴定通过，专家们认为这个酒具有酱香型酒的风格，质量可以，有发展前途。

1984 年，酱香型习酒才真正问世。到现在，习酒这个产品问世大概 35 年了。

习酒问世后，也赶上了一个好时机。1989 年，酱香型习酒参加了 1988 年度国家优质白酒评选工作暨第五届全国评酒会，评上了国家优质酒。有了一个国优产品，宣传力度就不一样了，企业获得了一个巨大的发展机遇。获得国优后，企业走上了"酱浓并举"的发展道路。就在 1988 年，建成了年

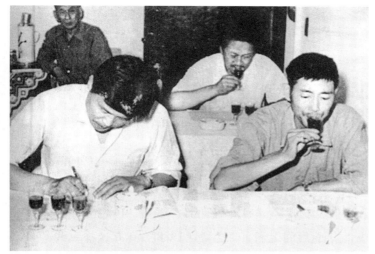

1981年，曾前德（右一）参加
商业部评酒会品评黄酒

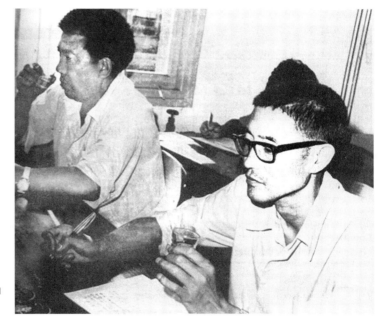

1984年，曾前德（右）参加
商业部的评酒会

1987年，曾前德在遵义参加低度
习酒、习水大曲鉴定会

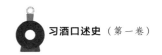

产 3000 吨酱香酒的规模，浓香酒也有 3000 吨的年产规模，是"双 3000 吨"啊！在 1988 年，习酒厂的酱香型酒是全国最大的。那个时候，茅台只有 2000 多吨的年产量，郎酒只有 1000 多不到 2000 吨的产量。

我们现在讲习酒"窖藏·1988"的含义：第一，1989 年，获得了 1988 年度国家优质酒奖；第二，1988 年，我们整个产量是全国酱香型白酒厂里最大的；第三，1988 年，我们也获得了国家的质量奖；第四，在"窖藏·1988"的酒体里，加有 1988 年前后的老酒。"窖藏·1988"具有这样一些含义，所以，这支产品现在已经成为公司的核心产品，在整个销售里占比已经到了 50%，今年大致可以卖到 40 个亿。

习酒的发展，可以说是跌宕起伏。60 年代，诞生了"习水大曲"这个品牌。它是一个起家产品，也是一个兴家、发家的产品。没得这支产品，这个厂发展不起来，没得这支产品，也没得后来酱香习酒的这些产品。但是，在八九十年代，没得以陈星国为首的一代习酒人，把整个习酒的规模建得那么大、品牌的知名度提升得那么高，最后在企业困难的时候，茅台集团也不可能来兼并习酒。当时茅台集团来兼并习酒，一个是看上习酒的规模效应，一个是它的品牌效应，这是主要的两点。还有，那个时候，我们有接近 1 万吨的基酒，包括六七千吨的酱香型库存酒。正是因为有这样一些优势，茅台兼并习酒才能够顺理成章，最后才有今天习酒这么一个发展规模。

我们习酒人是真正地感恩茅台、感谢茅台。没得茅台就没得习酒的今天，没得茅台习酒就不可能做到这么大、做得这么好。特别是现在年轻的习酒员工，对企业的发展的这些历史渊源，他们了解得越多，会对他们的工作、对习酒未来的发展，更有信心。

我是 1982 年进习酒厂的。那年，我初中毕业，父亲还是倾向于让我去读高中，但家里姊妹兄弟多，我是老大，也想找一份工作能给家里减轻一点负担。那个时候在农村，考学校也是为了工作，能够有一份工作就算不错了。那年，正好企业有内招名额，（因）我父亲是副厂长，厂里就留了一个名额。我知道后就要求进厂，不读书了。那年，我 16 岁。

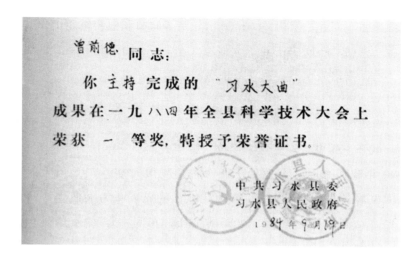

1984 年，习水县委县政府颁发的证书

1988 年，贵州省经委颁发的证书

我进厂后，先在制曲车间。制曲车间全是女工，我是唯一的男同胞。然后，又到包装车间，包装车间也全是女工，我是唯一的男工。我个子小、年

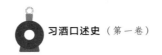

龄小，到酿酒车间去，没得体力，所以先到了制曲和包装车间工作，工作了一年多后，到酿酒车间去工作了大概有 3 个月。到 1985 年，企业要建一个化验室，就派人出去学习，我就被抽去学化验。

1987 年，全国成人高考，企业推荐了几个人去参加高考，恰好有一个重庆市的酿造大学，是一个商业部办的职工大学，有学酿酒、发酵工艺的（专业）。我那一年就考取了这个学校，脱产去读了三年，文凭是大专。

1990 年我回来时，企业处于一个快速发展时期，正是用人时，我是第一个学发酵的大专生。1991 年 3 月份，就提拔我为大曲生产科的副科长。后来，从副科长、科长、车间副主任、车间主任（一直到）当生产区主任。1998 年，茅台兼并习酒，到 2002 年，我被提为总经理助理。2004 年，提为了公司的副总经理，就一直到现在。我从 2002 年提为总经理助理到现在，有 17 年多，从 1991 年当生产科科长到现在，大概是26 年。

父亲创建这个厂，一心是在搞技术、管质量、搞科研，我在他身边耳濡目染，也受到很多影响。他身上的一些精神，执着、不怕艰辛和不怕困难的精神，对我的影响非常大。在我的身上，还是有他的影子。

那时，公司陆陆续续地引进了大批大中专生。1992 年那一次，我们引进了 200 多个，很多是学发酵专业的。但是，这些年走下来，我感觉自己的悟性算高的，自己管理方面的潜能略强，在生产上取得了一系列的成绩。在浓香型习酒的工艺技术、产量和质量方面，我进行了一系列的创新。这些年，我把浓香型的工艺不断总结、改进、提升，取得了很大的进步。现在，我们浓香型酒的工艺非常成熟。

但是，从 1993 年到 1997 年这段时间，我们是很困难的。这个困难，特别是对我们这一代人而言，记忆很深，历历在目。我记得在 1996 年，企业发不起工资，绝大多数的员工早就没得工作干了，就回家去，该务农的务农、该打工的打工。全部的车间都停了几年了，只有浓香车间的两三栋厂房还在断断续续生产，只留少部分人值班，工资领 60%，40% 待过年有钱了再发。所以，大家的生活费都很困难。但是那个时候，哪怕习酒从

1993 年步入了困难时期，我作为一个车间主任，心里边总是感觉这个企业垮不了，这个企业哪怕现在处于低谷，我认为总有发展的机会。我是有这样一种希望的！首先，它在行业里有这么大的规模；其次，它也有基础、有品牌。

我记得是 1996 年，我带了几个人出差，去沱牌酒厂参观学习。当时，他们登了一篇文章，我被这篇文章启发。当时陈星国老总就跟我说，计划带几个人去这个厂参观，看一下他们的工艺改进。当时，我在财务上借款，借1000 块钱出差。天天跑财务，大概跑了十天才借到 1000 块钱。那个时候，财务柜子里长期都是空的，没得一分钱。那 1000 块钱全是 5 元的，老版的5 元，缺缺丫丫（破损）的、油浸浸的。我们拿起去到成都餐馆里边，饭吃了，开钱，人家提出："你可不可以把这个钱换一下？"我说："我们就只有这个钱。"借到的 1000 块钱都是面值很小，很烂、很旧、很油、很脏，可见那时企业的窘困境地。

到了沱牌酒厂，去见酒厂时任董事长李某顺——我还在川大找了一个教授给他写了一封信带去。他坐在一个椅子上，我站在他的椅子旁边跟他汇报。他既没有叫我坐，也没有叫人给我倒杯水。我提出来要参观一下，他委婉地拒绝了我们。我们这里跑到沱牌酒厂，那个时候可能要六七个小时车才开得拢，也是很远的。那个时候，我们感觉心很冷很凉，企业穷了，走出去没得人看得起你。我们大老远地来，专程去参观，这种机会都不给你。最后实在没办法，我们就开车朝泸州老窖走。到泸州老窖，人家热情接待我们，没觉得我们穷，没觉得我们企业要垮。我们要参观什么，他们就让我们参观什么，我们请教什么，他们就跟我们说什么。在我们心目当中留下了老大哥厂的一种风范。

所以，我们这一趟回来后，在我的心里扎根一个东西：生产工艺技术这一块要靠自我创新！如果说我们还是要全靠走出去学习别人、参观别人，那么我永远都是步人后尘，不可能进步。从那个时候起，我心里边就暗自发誓——要靠自主创新。我们要走出去学，但终有一天，要让人家来学我们！

1992 年，曾前德参加全国科技成果交易会，
习酒和习水大曲双双荣获金奖

1998 年 8 月 31 日，中国贵州茅台酒厂（集团）有限责任公司兼并
贵州习酒总公司的签字仪式在贵阳举行

　　利用我在上大学三年所学的专业知识，也利用我在生产上一直当管理人员的经验，我在生产工艺方面总结和进步，在工艺上进行了一系列的创新。在茅台兼并习酒过后，从 1998 年到 2001 年、2002 年，就在这几年时间，我带领生产车间的技术干部，通过一系列的创新追赶，（我们的生产工艺）达到了行业的先进水平。

　　在 2002 年，我有了"一突破、两改进、六法宝"（的提法），把我们的浓香型酒的工艺推向了新台阶。从那个时候起，我们自己得到的感觉也完全不一样了。有些东西，真的是人家要来学我们了！

　　自信心树立起来了！有了生产的自信、技术的自信、工艺的自信、质量的自信，我们真的敢抬着胸膛说：习酒不差了！工艺不差，质量不差，我们的品质不差！在全国的行业会议上，有时候可以谈出我们和其他企业不一样的认识、不一样的观点，让他们慢慢地对习酒人、对习酒这个企业、对这个品牌刮目相看。

　　就从那个时候起，我们的一些技术干部逐渐培养出一种与时俱进、务实创新的精神。哪怕就是到了今天，我们这样一个有 6000 多人的企业，要给员工传播的就是这种务实的作风。

　　茅台兼并后，开始是不允许我们生产酱香型酒的。从 1995 年起，我们酱香型酒的生产就停了，一直到 2003 年，整整有八九年的时间。

　　那个时候，恰好得到一个机遇。四川有一家酒厂，在我们河对面摆起场合招工。他们招郎酒和习酒过去已经下放了的、没有接收的员工，招去烤酱香型酒。得到这个信息后，我跟领导汇报，领导很重视，派我和两个同志专程赶到四川这家酒厂去"侦察"一下。刚好，那一天这个酒厂招了一批新工人，里边有一个郎酒厂的老员工，他的爱人刚好又在我们习酒的包装车间上班，他在那点当了一个班长。我跟他联系了过后，就赶去那个酒厂，他给了我一套酒厂的衣服，刚发的背心短裤，新的。他说："你来这个时间很巧，你就穿着这个衣服进去。"我就穿着这个衣服进去。在车间凉堂头，他们开了一个班前会。班前会后，就开始分工，哪些干啥子，哪些干啥子。我也就在这些人群当中，也按照安排，该铲糟子我就铲糟子，该铲粮食我就铲粮食，该

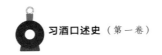

撒曲药我就撒曲药，上堆的间隙，我就在这个车间旁边走边看了一下，了解他们的情况。回来过后，我把这样一些情况跟领导汇报，领导很重视。

习酒的主要领导，包括今天的钟方达董事长，几个公司的领导又一同去这个厂。那个时候，已经是 2003 年 11 月中旬。去过后，他们亲自看了，取了酒糟、曲药，还拿回来一些实物。习酒的领导把这些带回来的材料拿到茅台集团，跟主要领导单独做了汇报，那个时候才引起了茅台集团（领导）的高度重视。作为"调味酒"，批准习酒的酱香型新工艺，在大地恢复了一栋半车间用于酱香型酒的生产。

2003 年的 12 月 27 日，茅台批准后，我用了 20 天做准备，就是为了酱香型酒这个新工艺重新起步。从 2003 年 12 月 27 日开始，从只有一个车间和一个班、一栋厂房一栋厂房地做到今天这个规模和地步。

这些年，习酒很不容易！很不容易！我们在新工艺这条路上，不断探索，也做了很多总结。但是，我们要把习酒这个品牌做好，还得走传统工艺。所以，在 2012 年、2013 年，我们就把新工艺全部否掉了，专注地做传统工艺。

所以，实际上我是从 2003 年才开始接触酱香型酒，对酱香型酒的传统工艺，自己也得学习。通过自身一系列的研读、总结，这些年在酱香型酒上，也对这个工艺有很多总结。我用四十个字总结了酱香型酒的生产秘籍，它只说明一个道理，只说明我对这一套工艺领悟得比别人深，领悟得比别人透，能够把一个复杂的东西用文字高度精辟地概括，才能够把一些重点工艺、重点工序、重点要领集中在这四十个字里边。

我是在 2015 年总结的这八句话、四十个字。不管是来到我们这里的大学生也好，专业人士也好，或者是新工人也好，老工人也好，熟悉这四十个字就知道在哪一个工序上应该怎么做，或者掌握到什么样的一个关键点去做。这个秘籍让大家能够知重点、知关键、知诀窍、知把控。只要把这四十个字领会了，对传统工艺、对酱香型酒，就不是个迷茫人，不是靠运气——今年可能运气好产量好点，明年运气差产量又不好，或者今年这个班组是第一名，可能明年是最后一名，它不可能再出现这种情况。因为，这四十个字，我给大家总结出来了。我自己也在想，实际上习酒要发展，我们主要是要培养人——一个

2017 年 8 月 27 日，2017 "习酒·我的大学"捐资 50 万元助学金，助习水 100 名贫困大学新生圆梦。曾凡君副总经理发放助学金

人懂，一花独放不是"春"，一个大的企业要靠很多人来支撑。

茅台在 2015 年、2016 年、2017 年连续三年，整个生产处于低迷状态。在 2018 年，我们去开职代会，茅台的集团工作报告里有这样一句话："茅台的生产，2015 年很不正常，2016 年不很正常，2017 年基本正常，2018 年要争取正常。"但是，在茅台生产"低迷"的这几年，我们在创历史新高，处于稳产、高产期，而且班组与班组之间的生产水平差异很小。他们在处于"生产低迷"的这个期间，也在不断找我们做交流，了解情况。我们毫不保留地分享，同在一个集团，我这点怎么做，就跟茅台来的同志介绍如何做。

在企业发展过程中，一些观点不改变、观念不更新是不行的。传统工艺不是不能创新，不是一辈子都不能改，因为整个环境都在变化，气候在变化，环境在变化，人在变化，生产设备和设施在变化。你只有应对变化，适应这样一系列变化，产量质量才能保证，才能不低产、低值，才能不掉排。现在汽车、人流、物流各方面都在变，我们就要去研究，综合这些因素，只有把它研究清楚了，把烤酒这门学问研究多了、研究透了，那烤酒的很多技

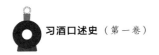

术问题就得到解决了。

我接触酱香型酒工艺的时间虽然很短，但能在 2015 年就总结出酱香型酒的生产秘籍，我不是在自己夸自己。可能时隔很多年，大家认为我在 2015 年总结的那几句话还是很有道理。再时隔一些年，习酒的年轻员工，或者老点的员工，感觉我当时总结的这些东西有价值，用得着，我就知足了。

我 1982 年进习水酒厂，当时厂里的员工人数有 200 多人，酱香型习酒的试制工作正处于攻坚阶段，习水大曲的产量才 900 吨。到今天，我已有38 年的工龄，到退休时将有 44 年工龄。我在习酒生产技术岗位工作多年，专心致力于习酒工艺技术进步，大胆创新了实用实效的技术成果，并在习酒的生产中得到广泛应用，成为习酒生产中的先进生产力。一些技术在习酒的生产发展中发挥了决定性作用，为企业创造了显著的经济效益。再隔一些年，有的技术都还有生命力，还会在生产上有价值，用得上，并继续产生效益。

习酒，要有传承的好作风，老的这一批人要给新的一代留点什么，传承点什么。我 2018 年编写了《回忆父亲曾前德》这本书，是想把习酒早期的

2017年2月27日，曾凡君副总经理到车间检查生产工作

一些历史告诉大家，因为到目前为止，公司还没有一本完整介绍习酒早期历史的刊物和书籍。

对习酒的未来，我充满信心。作为一个习酒人也好，习酒地道的后代也好，我都希望习酒兴旺发达，按照我们现在的愿景——"百年习酒，世界一流"的目标发展下去，这也是我们期待的一个战略目标。我相信，通过上

2019年9月26日下午，口述史访谈结束后，曾凡君手举一张手写的信签，上书对习酒未来发展的期望

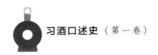

上下下习酒人的共同努力，用我们的"君品文化"深入引领我们的生产、经营、科研等各方面，把习酒老一代的创业精神、朴实的作风传递下去，习酒的明天会更加美好，习酒在全国的白酒行业中做到前五，是完全有希望的！

最后，对习酒的未来，我写了几句话：第一，希望习酒在创新中发展，在发展中创新；第二，希望习酒能够真正成为中国优质白酒的代表；第三，希望习酒将来储存基酒的酒库当中，没得一坛次品酒，没得一坛混合酒，酒库当中所装的基酒，每一坛都是好酒。如果习酒能够达到这样一个标准，能让勾兑师们更得心应手、技高一筹，让不懂勾兑的，到酒库里去任意组合一个酒出来都是好酒，因为酒库里边每一坛酒都是好酒。我期望习酒将来有一天能实现这个目标，让习酒成为行业里一个永远不败的企业！

习酒有今天的发展，我们要感谢习酒老前辈的艰苦创业，要感谢茅台、感恩茅台对习酒的大力支持！

我期望未来的习酒：在习酒的基酒储存房中，无一坛次品酒和混合酒，全部都是好酒，让勾兑师们更加得心应手，让不懂勾兑的同志任意组合出来的酒也是好酒！

本书采编小组于 2019 年 9 月 26 日采访曾凡君

陈宗强 | 见证那一场成功的世纪白酒大勾兑

　　习酒的这一套系统，在加入茅台集团以后发生了根本性变化。客观地说，习酒这二十多年的发展，既得益于茅台这个强大平台的支持，也得益于习酒在原来奠定的基础上面的一些完善。因为前期有茅台的支持、茅台的管理监控，习酒才得以走出困境。茅台给习酒输送了人才，输送了管理经验，也输送了品牌（这其中也包括茅台液）。那时我在跑市场，只要跟茅台经销商谈到茅台集团习酒公司，虽然他们的热情度也不是很高，但至少比以前好得多了。这也是习酒加入茅台以后享受到的"特殊待遇"了。

贵州茅台酱香酒营销有限公司党委委员、董事、副总经理陈宗强

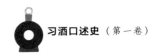

实际上，我们回过头看的话，从整个战略的角度来说，茅台兼并习酒，是一个全面多赢的结果，是白酒行业里一个非常成功的并购典范。经历过这次新冠肺炎疫情以后，我预感到白酒行业也会发生一些深层次的变化。小企业活下去的可能性越来越低，而且面临的挑战越来越大，生存的空间越来越狭窄。包括一些小的烟酒店，也是同样的道理，所以，整个行业可能又会触及另一轮破产、兼并、重组、收购。这个时候再来分析一下茅台兼并习酒的成功案例，我觉得会有一些启示。

人物小传

陈宗强　贵州省习水县人，生于 1976 年 9 月，祖籍贵州省习水县回龙镇安龙村，工商管理硕士学位。1995 年 7 月进入习酒公司。2003 年 4 月任陕西省市场经理。2004 年 5 月任贵州省西部市场经理。2008 年 4 月任销售公司副经理兼贵州省西部市场经理。2012 年 12 月任习酒销售公司经理。2017 年 12 月任总经理助理，兼任战略部主任、信息中心主任。2018 年任习酒公司第四届工会委员会委员、职工董事、工会主席、习酒公司党委委员，负责工会、职代会工作；同时，协助总经理负责信息、战略、企业文化、职工服务等工作。2019 年 11 月调任贵州茅台酱香酒营销有限公司党委委员、董事、副总经理。

习酒这个口述史项目，最开始我是组织者。我在习酒公司，人也还算年轻点，因此就没有把我纳入受访者名单。我调走后，大家可能觉得我对习酒的历史比较了解，有必要加进来。因为，我算是从老企业兼并前的习酒总公司就开始进入的——我 1995 年就进习酒公司，虽然人是年轻了点，但是对它的历史还是比较了解的。从我进厂到现在，已经二十五年了。原来习酒公司的老总陈星国是我的伯父，所以原本对习酒就有些了解。习酒加入茅台后，我依然在习酒工作，我根本就没有想到我会离开习酒到这边茅台工作，以为一辈子就为习酒工作了。

我老家就在习酒旁边的回龙镇。1992 年以前，习酒公司所在的地方属于回龙区管辖，当时习酒的员工中，回龙镇的占很大一部分。后来，陆陆续续进习酒的新元素也就是其他地方来的员工就越来越多了。

改革开放以来，中国发生了翻天覆地的变化，不管是基础设施还是当地人民的生活都得到了改善。但是，当初那个时候，我们都是坐井观天，根本没想过哪样，最大的理想是读个书，能够有个机会走出去，考起一个师范就很不错了。当时对习水酒厂的了解，是因为我伯伯在那点。我们老家那个地方交通也不方便，从习酒公司到回龙镇安龙村当时也没有通车，出来以走路为主。我们老家到习酒公司的距离就十几公里，走路要三个多小时。

陈星国的父亲跟我爷爷是亲弟兄，他的老家跟我家就隔一堵板壁。当时的陈厂长（陈星国）、吕良科、陈长文、黄树强、黄远高等公司领导，都是周家出来的。黄树强原来在习酒公司当过副总，管质量方面的，黄远高后来是习酒公司的党委书记，现在习酒公司的副总陈强也是周家出来的，我们的家就在方圆一平方公里以内的地方。

有些人从小就进厂工作，一直到现在。这样的情况有好，也有不好。好的是作为一个小企业的时候，方便沟通，方便管理，因为来自一个地方的人多一些。但是，作为一个大企业可能有点固执，对了解外边的事情、接受外边的东西还是有限制，可能还有排外的思想。这也是原来老企业在兼并以前出现一些问题的根源，也因为这些问题导致后来企业管理跟不上。企业在高速发展，管理人才又比较欠缺，就导致后来的短板越来越多。这个就是"木桶原理"，短板太多了，决定了里面能够装的东西就越来越少，承载不起企业发展的需要。

小时候，我们那个地方把习酒公司当成天堂，特别是从 1990 年、1991年、1992 年这三年开始，习酒公司发展非常快，厂区到处可以看到人，职工的收入也还可以，那个时候车间工人一个月挣几千块钱。20 世纪 90 年代，能挣几千块钱还是很多的。平时，我们也看到习酒公司的福利很好。比如说，工会搞得不错，职工的生日，公司还要给他（她）点歌，给他（她）

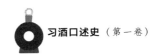

发东西，老板还要亲自给他（她）签名送贺卡。还有，那个时候习酒公司就实行了免费工作餐制度。在那个小镇里面，虽然路不太通，但是里面人很多，车水马龙，整个公司就像一个小的社会区域一样，晚上都是灯火通明的。我们就觉得这个地方真的非常好！

而且，我有个特殊情感，就是当年伯父在那里，大家一提到他，就感觉很亲切。过去的事情，虽然不去讲它，但是还是可以看出他对员工、对老百姓的关爱，到现在都是津津乐道。包括在兼并的时候，他首先谈的是员工要全部接收。他还说过，要让当地的老百姓都能穿金戴银。我还记得有一年过年，我们也不是厂里面的员工，也没得哪样关系，还给我们发一瓶"习水大曲"过年。比如说挨到酒厂附近的镇子（回龙镇、习酒镇），还要每家发一瓶酒给他们过年。所以说，虽然他走了二十几年了，他是1997年走的，大家谈到习酒，都还在提起他。这也是我对习酒公司有特别情感的起因！

我上学时，我伯伯、伯娘还资助过我。我们家祖祖辈辈都是农民，爷爷奶奶更是没有走出过大山，父亲多少有点点知识，也只上了个初中，母亲也是典型的农村人，生在农村，长在农村，又嫁在农村。所以，小时候我们家也比较穷。我上一年级的时候，书学费一年才五块五毛钱，但是交这五块五毛钱，我们都有点困难。小学和初中家里面勉强还供起走，后来到高中就更困难了。当时我在习水一中读书，高中的书学费、生活费，有些是伯伯、伯娘拿的钱。

1993年我高中毕业，考上贵州省财政学校，在贵阳读书，我就去原来习酒公司在贵阳的办事处打工，办事处每个月给我发两百块钱工资。这两百块钱就基本给我把生活费解决了。我在省财校的时候，学的专业是股份制企业财务与会计。当时的股份制企业在贵州只有两家上市公司，一家是1994年上市的中天城投集团股份有限公司，另一家是1994年上市的贵州凯涤股份有限公司。这两家企业在我读书的时候就在我们学校去招聘，如果我们想去，还是可以的。现在凯涤已经不在了，中天还很红火。1994年，习酒公司也在进行股份制改造。实际上，那个时候的股份制改造是不得已而为之。习酒公司股份制改造，是想把原来老企业的那些包袱甩掉，丢到原来的贵州习酒总公司去。改制过后，总公司和股份公司分开，股份公司就可以轻装上阵，总公司就承担历史包袱。那个时候，因为还差欠员工工资——只发了60%的工资，还有另外40%没有发，就以员工工资转成股份的形式入股新企业。那时候，我想我上学，习酒公司也出了钱资助我。虽然是去打工，但是没得我伯伯这种关系，我连去打工的机会都没有。而且刚好遇到公司股份制改造，我学的是这个专业，所以我也就申请回到习酒公司工作，那年是老习酒公司最后一次引进人才。

我1995年进厂。1993年、1994年，公司状况都还勉强可以，1995年以后就开始断崖式的滑坡了。那时候，也没有更多的想法，才刚刚毕业出来，还不到二十岁，觉得能够找到个工作，能够上班就不错了。作为刚刚进去的一个新同事、新员工，要说有哪样远大的抱负，起码在内心没得形成这种信念。慢慢地随着后来的经历，特别是1997年我伯伯走了以后，整个就发生了巨大的变化。

实际上，那个时候习酒公司也经历了比较艰难的时期。我们的贷款主要来自农行，因为经营业绩差，银行贷款不能及时还上，农行还要派人到各个片区监督收款，各个片区收的钱必须先归还贷款，农行拿不拿给我们用，又是另一回事。

在1996年底，我清楚地记得是12月30日、31日这两天。那时候厂里边没得钱，想到要到年底了，要给员工多少发点钱，不能汇款，公司就只能喊全员收现金。那时候现金面额还有五块、十块的，还有五十的，一百的还少；收现金也不是像现在，一收就是几百万、上千万，那时候就是几万、十几万。我在陕西，找到当地最大的经销商，才收到十五万块钱。那时候，面额比较小，所以张数还比较多。我就背了一个背包，把钱全部装在里边，就坐飞机到重庆。一飞重庆，天气也不好——在西安的时候就起大雾，（结果就延误了），通信又不畅通，我们还只能配一个BB机，那时候"大哥大"贵，一部万把块钱。因为通信又不发达，就没有及时联系接机的人。然后，我们所有全国驻外的几大销售片区（我们叫作几大"军区"），就有些负责人提钱直接飞重庆，有些提得多的一两百万，都是现金。所有人在重庆集中，然后厂里边派车到重庆去接，把钱拉回来，可以第二天发给员工。我的那个航班延误，我当时才二十岁，也不晓得及时沟通，厂里的车就没接到我，这个车就走了。我一下飞机就很着急，又联系不上厂里，那段时间刚好遇到重庆抢金行的那个案子。我下飞机时已经是晚上了，才去找一个磁卡公共电话，给厂里面回了一个电话，说是哪样原因我没有回来，他们才放心。当时我伯父还在，他生怕我又年轻，还背了十几万块钱，害怕出问题。去住宿，我都没得去住单间。原来我们出差住的房间，一间房间四张床位、五张床位的都有。我就去机场登记了一个床位，那时候三十块钱一张床位，里边已经睡了四个人，加上我五个人，我睡觉的时候包包都是背起的。那时候，就是为了节约。

第二天，联系上以后，在修路，路又不好，温水派出所派了一个吉普车到重庆市綦江区赶水镇接我。我就从机场包了一个出租车到赶水镇，在路上刚好遇到查重庆抢劫金行的那个案子，到处都是荷枪实弹的。幸亏我背的包还没被查，我把钱全部背在背包里的，要是查到背上的这些钱，即便说得清楚也要耽误很长时间了。他看我提了一个行李箱，是打了机场封带的。我说："你看嘛，我刚刚从机场出来。"这样才把我放过。他们在赶水镇把我接了，那个钱我就交不回厂里了，就只能在习水县温水镇交给农行去了。担惊受怕、辛苦两天，还是没能完成任务。

我就是从这些经历发现，一个企业，如果做得不好，境地是非常悲惨的。我们谈承担社会责任，我说企业最大的责任是什么？企业最大的责任就是把企业干好，把员工管好，才能有实力去承担相应的社会责任。企业到那种境地的时候，还谈什么社会责任？后来，我们也付出了惨痛的代价。就像一个病人一样，这个地方也有病，那个地方也有病，再如何搞，最终的结果，都是死路一条。

1996年翻过，到1997年初，（公司）肯定要找出路，当时先是和深圳的三九企业集团谈兼并。三九本身是个军工企业，而且隔得有点远，所以当时谈兼并还有很多局限性。后来，当时的省长贵州吴亦侠因为癌症去世了，这个事情就搁浅了。这事情搁浅之后，省里面就开始主导茅台兼并习酒的事。当时茅台的销售体量只有十几个亿，省里主要领导觉得与其把习酒公司拿给三九——三九是军工企业，本身它又在深圳，地方又不好控制，再一个税收可能也得不到，拿这么一大坨资产给它，不划算，不如拿给茅台集团兼并。所以，后来就出现茅台兼并习酒。

兼并实际上是 1997 年开始的。当年 7 月份，在遵义签字的那一天，就出现了我伯父（自杀）的那一幕，所以签字就稍微推晚了一点。后来签字通过兼并过后，兼并领导小组先进驻习酒公司，分成几个板块——营销板块、质量板块、供应板块、综合板块，以组长、副组长的名义来组织开展工作。那段时间是老企业和新企业的一个衔接和磨合的时期，包括接收员工的事情，原来习酒公司四千多人，兼并只接收一千五百人。那时的员工分成正式工、合同工和合同职工。合同职工这一部分就基本没有接收，接收的是正式工、合同工。

1998 年的 10 月 26 日，新企业正式挂牌成立。所以，2018 年是习酒公司加入茅台二十周年。谈到"加入"和"兼并"，这对老习酒人来说，它是情感上的痛。为什么这样讲呢？我相信你们采访下来，肯定更多的人谈"加入"，但是，事实上就是"兼并"。当时甚至还有人发表了一篇文章，说《欧洲时报》的评价是"最大的世纪白酒大勾兑"，也就说是一个经典案例。"世纪白酒大勾兑"，就是说茅台对习酒的兼并。《欧洲时报》用"世纪"这个词，因为是在 1998 年，就相当于是 20 世纪的末期。后来我问过，确实有《欧洲时报》来干这个事没有？无从查起。这是习酒人不愿意去面对的往事，所以把它叫"加入"。包括在 2018 年，那个主题也是我想的，叫"加入茅台二十年，再谱习酒新华章"。

习酒的这一套系统，在加入茅台集团以后发生了根本性变化。客观地说，习酒这二十多年的发展，既得益于茅台这个强大平台的支持，也得益于习酒在原来奠定的基础上的一些完善。前期，因为有茅台的支持、茅台的管理监控，所以习酒才得以走出困境。当然，在加入茅台以后，有些员工短时间内不理解很正常，员工在情感上的认同也需要一个过程。在茅台去兼并的第一年，整个销售才六千多万，而且这六千多万很多还是呆坏账。总共才六

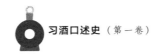

千多万，我们就有三四千人，就算全部拿给员工，一个人都才一万多块钱一年。一万多块钱一年，难道企业不发展了？随着加入茅台以后，习酒发生了根本性的变化，每一年都是两位数的增长。到了 2000 年，销售就超过一个亿了。那时候，茅台给习酒公司输送了人才，输送了管理经验，也输送了品牌（这其中也包括"茅台液"）。那时我在跑市场，只要跟经销商谈到茅台集团习酒公司，虽然他们的热情度也不是很高，但至少比以前好得多了。这也是习酒加入茅台以后享受到的"特殊待遇"了。

我是 1996 年到陕西的，负责西北市场，一直干到了 2004 年。这段时间也没得可圈可点的东西，反正就是按照公司的要求去干。那时候本身西北市场也不好，每一年可能就是两三百万的销售额，也就是一两个人在那里。所以，那时候市场占有率也不行。无非是派一个人去盯着市场——只要市场有个人就行了，随时可以联系，寻找点机会。实际上，这也是好事情。有些收缩（市场）的企业就想："哎呀，反正那点有人管没人管无所谓！"等到后来想开发那个市场，人脉关系就没有了。这个也给了我们一些启示。像是"杨修之死"里面说到的"食之无味、弃之可惜"，最好还是把它整来拿在手里，一旦丢了以后，想重新衔接起来可能就困难了。实际上当时我在西北的时候，除了每一年有几百万的销售以外，我还巩固了白酒圈的行业关系。现在大部分在西北做习酒的都是通过那时我认识的关系去做的。这也是一种对未来的储备。我现在想起来，还真是这个道理。所以，有些时候我们一定要把眼光看长远一点。如果从短期来看，那个地方本身产值也不多，有人来就发点货，没人来就算了。而如果一旦撤出这个市场，会丧失后边的发展机会。包括我们茅台，有些国外的市场，我觉得都可以派人去驻点，先开分公司，再慢慢地培养消费者。

2004 年初，因为家庭原因，我就向组织申请，调到离家近一点的地方。那一年，公司就把我从西北调到贵州西部，就是六盘水、黔西南、安顺、毕节。那时在贵州西部，习酒已经具备了一定的市场规模，我记得我在那里时上一年只销了六百多万。第一年给我定的任务是一千万零点，后来完成了一千四百多万。那个时候，公司开始实施"扁平化"（策略），做基础市场。

我在贵州西部做了六年，2004年到2010年，从当时的六百多万做到了一个多亿。后来在2010年，公司把我提为销售公司的常务副总。

在贵州西部做的这几年时间，给我的感悟就是：一个品牌想要做好，必须要有根据地市场。那时，习酒的根据地市场就是在贵州的贵阳和遵义这两个地方，除此以外其他地区都属于周边市场，就相当于贵州只有贵阳、遵义、周边三个片区。后来，我去贵州西部后，划成四个片区。到我离开西部的时候，已划成十几个片区。实际上，贵州西部变成了中国西部，因为公司又把整个西北相当于那些不太好的市场，都划到贵州西部来一起管理。有根据地市场，才能慢慢地扩张，但要持之以恒，要有人往来做市场公关、做基础。我后来的很多管理经验、方法都来自在贵州西部这一段时间的积累。

首先，我在贵州西部创造了我的管理团队。在习酒公司整个带团队的人中，我认为我是很有经验的。我实施了很多建设性的团队建设措施，如设立党小组长，就是团队建设的一个措施。我们团队里面有一个党员，我就把他任命为党小组长。当时，在来的几个人中，我是最小的一个，所有的人都比我大。说话要别人信服，我也立了很多规矩。第一，我们市场上的事情，先自己内部解决；如果解决不了的，不允许越级上报，一定要让我先知道，如果我都觉得不能够解决的，再上报。这个不是强权，是一定要把声音统一。第二，公平公正公开，什么事情都可以拿到桌面上来谈。第三，当时我在西部市场的时候，主导编了一个杂志，就是每个月做一组通讯稿件，叫作《西部论坛》。我要求每个人必须写，不管是写市场上的（情况）也好，写自己的感悟也好。当时我们做这个杂志，直接邮寄给公司领导。后来，《西部论坛》在公司里还是引起了一些响动，因为里边谈到的一些思考，领导比较认可，后来很多人就开始跟风去搞。我在西部搞了个《西部论坛》，东部的就搞了个《新东部》，遵义搞了个《遵义快线》，贵阳搞了个《贵阳快报》。

那时候我创造了一种学习型的西部市场，以至于后来我喜欢写东西，就是那段时间形成的习惯。那时候办《西部论坛》，初衷就是大家一起学习。我还给大家订书，包括当时的《北大新闻评论》之类的期刊。在《西部论坛》上，市场上的可以写，感悟也可以写，生活方面的也可以写，体裁不

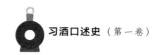

限。没写的还要罚他的款——那时罚款要罚五十块钱，写了的，我们评出优秀的要给他奖励。那个时候，每期是用 A4 纸，十几页、二十页。后来，我们还发动经销商写。那时候，公司每一期《习酒报》上面必定有我的文章。那个时候大家又认不到你，只有在上面写点文章，让大家晓得你这个人还存在。

关于"西部经验"，我认为市场是要"跑"出来的。那个时候，我人也年轻，不辞辛劳地在跑市场。原来贵州西部的那些县，每一个县我都去开过工作会。当时，才六七个人，我就把他们都拉到县份上去开会，跟这个县的经销商在一起。一是去县上"诊断"、调研市场，二是把（和经销商的）感情拉近些。首先，我们的目标就是消除没有经销商的空白县。第二个目标，就是建立"百万县"，就是销售过百万的县。那时候，我们一年只有一二十万销售额的这些（经销商），我们给他带去信心，他肯定更加重视了。后来我们达到什么情况呢？消除无百万县。这个县没有达到百万销售额，我们就要给你找原因，最后的目的就是消除无百万县，全部的县销售额必须达到百万以上。所以，后来才有贵州这么强大的市场基础。

团队非常重要。首先，我经常在给他们讲的第一句话是："我跟你们没得职务上的差别，无非是分工不同。你干好你的工作，也是对公司做出贡献，我干好我的工作，也是对公司做出贡献。"第二句话是："每个人的时间都是一样的，每天只有二十四个小时。"第三句话是："我们都要有尊严地工作和有尊严地生活"。还有，"我们要尽量地做到公平公正公开"。那时候，经常听到因为拿提成这个片区又干架，那个片区又"上访"的，但我在的那个片区从来没有出现这种状况。再有，作为领导，一定要吃得亏，而且甚至要比别人牺牲更多，才能带得好团队，毕竟这也是衡量一个领导的战略眼光。如果仅限于今年自己是不是比别人多三万两万、三千五千，可能就会失去未来的很多机会。

带团队还要以心交心，不要在别人面前趾高气扬。当然，在争取团队利益的时候，有功不要揽、有过不要推。"反正这个事情都是他们去干的，有哪样问题都是他们的，有哪样功劳都是我的。"这种人在我们生活中、工作中比比皆是。

我记得这个事情：我到酱香酒公司来了以后，因为我刚刚来，有些决策程序不太懂，我就先给他们谈了我的思路和方向，他们也按这个思路去做，就有些背离了实际情况。在通过党委会时，其中就有一个领导说："简直是，你们一点都不懂是不是？这个事情是哪个出的主意？"他们意思就是责怪事情为什么会做成这个样子。我当时就马上站出来，我说："这个事情是我要求他们这么干的。"在这个时候，我相信我不说这句话，肯定汇报的人不敢说是我让这样干的，然后他们就把这个锅背黑了。一下来以后部门领导跟我说："我在这点，很少哪个领导在重要会议上出来给他分管的部门承担责任。"我说："只要勇于承担责任，哪个人都愿意跟你干！"我们现在谈容错、纠错机制，实际上我们现在的容错、纠错机制是用得不好的，也是用得不彻底的。错了，可能别人看得到，但是容错不？给纠错的机会没有？可能只是追责问责了。

还有，心胸一定要宽广一点、敞亮一点，不要有哪样委屈。我觉得委屈也正常得很，但是不要让它影响团队的士气。在任何时候，站在你的位置，都要有一种正能量。而且，随时都要维护团队，维护整个公司的整体利益。（只有这样），我觉得才能带得好团队。不要去纠结个人的得失，如果过分纠结个人的得失，这个团队就会带得越来越小、越来越散。还有一个，在一个团队里边，不能容许有小团体主义存在，小团体实际上是在分割整个团队的力量。而且，让某些小团体长大以后，它会来主宰或者影响整个团队的一些决策。

再有，领导一定要身体力行。这是我带团队的一些感悟。这些感悟，就像我一天天的生活、吃饭、呼吸一样，自然地融入我现在的工作生活中。现在我在这边带的团队，虽然只带了半年，他们也发生了很大的变化。

当然，这些年取得的成绩也不只是靠这个经验，也是靠企业的发展、品牌的势能和影响。可能大家都是增长的，只是我增长的幅度比别个要稍微大点点，而且带的团队要纯净得多。当时，我接手贵州西部市场的时候，年度销售额是 670 万元，主要还是在毕节。2010 年，我离开的时候已经达到 1.2

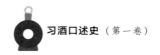

亿元。当年，整个习酒的销售额是 10 亿元。

从兼并到 2010 年，这期间有几件事我记忆比较深刻。2004 年的时候，习酒公司品牌升级，当时升级的是浓香型"五星习酒"。最开始的时候，"三星习酒"在贵阳、遵义卖得好。那时候"五星习酒"六十几块钱一瓶，"三星习酒"二十几块钱一瓶。"三星习酒"那时候是和鸭溪酒王、三星金沙回沙等在同一个平台上。后来我们发现，跟他们再裹裹搅搅（纠缠不清）的话，可能就有点老火。所以，我们就把宣传的重心放在了"五星习酒"上。当时，就在一些重点市场搞老乡会，搞"五星习酒"的上市发布会、五星习酒的荣誉顾问，我们还和贵州电视台合作推出"习酒杯·美食贵州"电视大赛活动，这些都是当时奠定习酒品牌的很好的营销手段。五星习酒是当时公司发展浓香的核心。

做到一定程度的时候，在 2006 年，我们就开始推出酱香型金质习酒。当时金质习酒出来以后，销售权还不在习酒公司，有一个企业（汉酱公司）专门在做这款产品。2007 年，我们就把金质习酒的销售权收回来。那时候，酱香酒也不是主打产品，只有金质、银质，还有老习酒这几款产品。

从营销模式的角度来讲，习酒在 2010 年以后发生了根本性的变化。2010 年以前，习酒以中低端市场为主，当时还是浓香酒占主导，酱香这一块主要是金质习酒——金质习酒才百把块钱一瓶。2010 年，张德芹董事长去了后，就说必须要调整结构。2010 年之前，"窖藏·1988"是一种保留型的限量产品。"窖藏·1988"这一款酒源自老企业，就是还没有加入茅台以前的习酒公司，那时候叫"八星习酒"，每一年有点生产，但很少，因为本身我们当时就是限制酱香型产量。后来到 2010 年，考虑到茅台带来的酱香风潮，我们必须要走酱香这条路，而且习酒本身酱香产酒能力还是比较大的——大地那一片都是产酱香的。本身具备这样的基础，具备这样的技术，具备这样的人才，就转酱香型这条路了。那个时候，是习酒发展中的关键转折点。2010 年的 12 月 28 日，在贵阳召开习酒"窖藏·1988"的全球首发仪式。从那个时候起，习酒就开始了一路高歌猛进的发展趋势。2010 年销售额是十个亿，到最高峰的时候是 2013 年，销售额达三十几个亿。当然，之后又回落了一段时间。2014 年以后，整个消费环境发生了变化，销售额回落到十几二十个亿。本来 2014 年要做四十五个亿，却只做到二十几个亿。2015 年又下降了，从这年底开始，2016 年、2017 年、2018 年一直到 2019 年又快速发展，接近了八十个亿。

后来我总结的是，在这个过程中，习酒公司为何有底气呢？就像洪水来了一样，冲刷一遍，看到（被冲走）的都是一些弱小的，留下的都是根基比较深的。它也是一个考验人的过程，包括 2014 年、2015 年，有些新招的员工就走了。从这点可以看出，一个人对企业的情感需要时间来沉淀。我们企业为什么要采取工龄工资？因为一些年龄稍微大一点的员工，又经历了企业发展的高潮与低谷的，真的是公司的一些顶梁柱，（就该有相应的激励）。那段时间，假如我们大部分人都走了，习酒可能就更加老火。那段时间没走，留下来的，刚好是习酒公司抵御、抗击风险的顶梁柱。就像冬天的树，当大风来的时候，树叶都吹落了，枝干还在，当第二年春天又来的时候，因为树干的存在，树叶又回来了。公司的这些核心员工，就像树的枝干，重要的枝干，千万不要看到稍微有点枯枝败叶就把它砍了，那这个树后来就是光的。企业还是要有定力，不能乱出牌，不管是在哪个方面。如果没得这种定力，乱出牌的话，这个牌就会打得稀烂。有些东西是必须要坚持的。坚持，回过头来，也是企业文化的一个组成部分。这是我的一些感悟。

在这过程之中，体验营销是习酒公司比较大的一个受益点。体验营销，一方面是"红色之旅·探秘酱香"，就是把外边的人请到（习酒）公司来，了解公司的一些生产经营状况。原来的人喝酒是"知其然，不知其所以然"，甚至都是一种引导式的喝酒，愿意喝啥子就喝啥子，品牌的忠诚度不高。因此，我们就搞了一个"红色之旅·探秘酱香"。四渡赤水、红军长征、遵义会议、土城，这是"红色之旅"；"探秘酱香"，就是了解酱香酒的整个生产工艺流程。（这个活动是）2011 年开始的，一直坚持在做，做得比较成功。

第二个体验式的（活动），就是习酒 2016 年开始的"我是品酒师·醉爱酱香酒"。这个是在"红色之旅·探秘酱香"的基础上，更深层次地把体

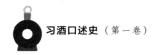

验式营销推向市场。你可以不到酒厂去，可以不来走这一条线，我把酱香酒的知识给你送过来。（消费者）在了解这种知识的同时，来参与一些活动，既有趣味性，又有知识性，寓教于乐。这对习酒的消费群体的培养，也是很大的手笔。这还被评为国内白酒营销的经典案例。

很多东西都没有假设。当时，在三九和习酒的兼并谈判已经快进入实质性的阶段，因为没有搞成，后来三九就跑去兼并了黑龙江的龙滨酒厂。当时龙滨酒厂的体量比习酒还稍微大一点，但是现在龙滨酒厂基本不在了。习酒公司，不但还在，而且在持续地获得认可。实际上，我们回过头看的话，从整个战略的角度来说，茅台兼并习酒，是一个全面多赢的结果，是白酒行业里一个非常成功的并购典范。经历过这次新冠肺炎疫情以后，我认为白酒行业也会发生一些深层次的变化。小企业活下去的可能性越来越低，而且面临的挑战越来越大，生存的空间越来越狭窄。包括一些小的烟酒店，也是同样的道理。所以，整个行业又可能会触及另一轮破产、兼并、重组、收购。这个时候再来分析一下茅台兼并习酒的成功案例，我觉得可能会有一些启示。

每一个时期，有每一个时期存在的历史使命。从1998年到2010年，这个时期奠定了习酒发展的一些基础。2010年到张德芹董事长离开时（他是2018年离开的），是习酒高速发展，然后又在发展过程中磨炼自己。为什么说它是高速发展？因为它在这一段时间里，到过前所未及的一种高度，但是又回落，回落过后，又重新创造了另外的高度。所以，我说这一段时间奠定了习酒高速发展的基础，又在过程之中磨炼自己，是企业从成长走向成熟的一种表现。在这过程之中，各种制度也在逐渐完善。这段时间，它也很好地完成了它的使命。

以前我在做企业文化时，就在思考什么叫企业文化。企业文化不是说写在纸上、挂在墙上，它就叫企业文化。不是！企业文化实际上是根植于你内心的一种信仰，你的一举手、一投足，你的所作所为要符合你的信仰要求。我们谈企业文化的落地，是需要时间去检验的。他们讲，一个人在企业工作，曾经怀着一种执念，永远是这个企业的人了。这句话本身就有误解。第一，我们要退休，退休了，就不再是这个企业的员工了。第二，即便退休了还像季老爷子一样地干，人生老病死，这个避免不了。所以，终身都是企业的人，这种说法不对。对企业的文化根植，需要过程。有些人退休过后，他身上承载的企业文化能传播到社会上去，还能继续对这个企业有影响。所以，我觉得企业文化非常重要。

反过头来，我又谈从营销的角度去思考：一流企业卖什么，二流企业卖什么，三流企业卖什么？品牌的（形成）过程，首先是产品，然后才是品牌。从茅台的角度来说，先是有茅台品牌。巩固茅台品牌用的是产品质量，用的是坚守，后来又做成了一种我们潜意识里面的文化，比如像"国酒"，它是文化最核心的内容。

现在，茅台提出了"文化茅台"理念，是从整个集团去思考，习酒也是组成部分。当然，习酒有它独有的文化体系。我在习酒公司做企业文化的时候，我说，我们的文化一定要预留好对接"文化茅台"的接口，而且要主动去做。习酒公司的企业文化里面，要把茅台文化融入进去。作为茅台集团下面的子公司，集团公司倡导的一些东西，好的我们肯定要对接好。在整个"文化茅台"下，习酒可以形成独特文化。而且，集团也在落实"放和扶"方针。"放"，就是有能力做强做大的，我就放，并给予宽松的政策支持，这个就叫作"放"。扶，是它现在还小，像小娃娃一样的，在20岁以前，都是要扶的。我认为现在习酒具备了30岁的能力。"三十而立"，就是敢拼、敢闯、敢干的时候，而且是所有的要件都是比较完备的时候。

习酒有今天，也离不开当时的"无情不商"经营理念导向，就是对经销商也好，对消费者也好，对供应商也好，对员工也罢，都是用一种"无情不商"的理念去经营关系。开头的口号是"无情不商，诚信为本"，后来张德芹董事长去了过后，把"诚信为本"改成了"服务至上"。他说："你不诚信，你这个企业搞哪样？所以，你要加强你的服务。"所以，我们就把"无情不商，诚信为本"改成了"无情不商，服务至上"。

习酒现在倡导的企业文化是"君品文化"。"君品文化"，也是习酒几十

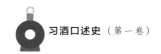

年来总结出来的道理。它是对"天行健，君子以自强不息；地势坤，君子以厚德载物"这两句话的一种诠释。"君品文化"，是自强不息。从最开始，在这个地方，我们能够建起一个厂，没得一点自强不息的精神，搞得起不？根本搞不起来。但是，要搞好这个事情，你一个人肯定不行，要一群人。而且，有好的目标时，要构建一种"厚德载物"的精神境界。但是，我们曾经也在探讨，到底是"君品文化"还是"君子文化"。我认为，"君子文化"是包含在"君品文化"里边的一部分，"君品文化"比"君子文化"更能体现习酒人的精神气质和品格。为什么习酒要做这个"君品文化"，要做到什么程度？首先，要让我们的消费者看到"习酒"这两个字时，认同习酒做的产品是值得信任的，因为它用"君子"一样的态度来做它的产品。还有就是习酒人，每一个走出来，不管他说话、做事，要有"君子"的品质和品格，传递的就是"君子"的精神与气度。当然，这个要求有点高。年轻人，或者刚刚进去的不一定干得来，但是通过一段时间的磨炼，这些人一定会是这样的。有的东西时间长了，陶冶、熏陶、潜移默化就会形成一种习惯。你自己天天说你是"君子"，但你干的不是君子的行为，你如何解释？

习酒起起伏伏几十年，最大的精神支柱就是"君品文化"，锲而不舍、驰而不息、自强奋斗、艰苦努力。确实有一帮人是习酒的脊梁，任何时候都做好顶梁和牺牲（的准备）。

企业的文化，会影响到我们的经销商。经销商在经营过程当中，也要有这种"君子"操守才行，该承担责任的不推脱，比如不售假。像消费者，以后看到这瓶酒，它不是一瓶酒摆在这点，而是活生生的一个东西，是有灵魂的载体，这才是我们的终极目标。当消费者晓得这个企业值得信赖，看到这个酒就晓得这个酒融入的都是一些"君子"的东西。所以说，现在的核心应该就是习酒的文化。

习酒文化说两个字的话，叫"善待"。善待是双方面的，就譬如沟通是双向的。我觉得习酒就要把这种文化根植到它自己的行为里面去，就像华为一样的。从华为出去的这些人，他们打造华为1000、华为2000，每个人都以在华为工作为荣。我认为，习酒也要把离开习酒的这个群体善待好。善待好这个群体，这个群体出去宣传、影响其他人，有些时候他们可以站到第三方的角度，主动弘扬习酒企业文化。还有就是要善待习酒员工。企业文化建设是一个路漫漫的过程，必须懂得"厚德载物"。干一个企业的三个目的：一是企业的正常运作，每一年都有发展，这是个最大的社会责任；二是企业发展了，把自己的员工和他们的家属待好；三是力所能及的搞一点正儿八经的事情做。这点捐（款）也好，那点做（公益）也好，最重要的还是员工。所以，我说要善待自己的员工，要知道我们依靠谁、为了谁。

在员工的这个层面，有企业文化的影响，会有一种潜意识，也有一种制度性自觉，有一种文化自觉，同时还要有一种推广性。"潜意识"是大家都意识到事情应该这样做；"制度性自觉"就是硬性规定，因为不是每个人的认识都是这样的；"推广性"，就像我们做这个口述史，必须严于律己地执行，实际上它也是企业文化建设的一个组成部分，它是让大家了解习酒是个什么样的企业，然后它以什么样的文化底蕴来承载，它的整个脉络是怎样的，这帮在习酒干过的人，他们又有怎样的故事。我相信这个口述史都是一些正能量的东西，或者都是在习酒的过往之中或多或少占据一定位置的人物和事件。这些也是我们企业文化发展的一个方向，也就是或者善待过往者，或者善待我们的现在，或者教育后来者。

"工匠精神"我不是太了解。就我自己的认识来讲，我们现在注重质量，一定要坚守传统，不要急功近利，要把企业打造为百年老店。我们不要想到现在市场好，是不是可以扩大点生产量，或者说降低点标准？不行的！消费者是拿来尊重的，不是拿来欺骗的。一旦你欺骗消费者，最终"莫斯科不相信眼泪"。消费者是理性的，一旦消费者用脚来给你投票的时候，可能两脚就把你踢出去了。所以，在面对消费者的时候，一定要谨慎小心。"消费者是上帝"这句话，有人说"上帝"是虚无缥缈的，可能想到的时候它有，想不到的时候它就没在。但是，一定要有种敬畏之心，对消费者一定要敬畏，不管是大与小、新与旧。因为，他们是一个完全的消费群，消费者是一代换一代，如果消费者都不买你的账，我们存在的意义也就没得了。如

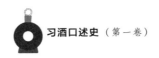

何保证消费者（不抛弃我们）？持之以恒做好产品。"工匠精神"就是我们保证质量的关键。

为什么要提"工匠精神"？是因为可能在改革开放后的这几十年，我们有些时候变浮躁了一点，变急功近利了一些，变夸大了一些，变虚无了一些，现在更需要"工匠精神"来巩固发展成果。"工匠精神"是必须要倡导的。而且，"工匠精神"在整个茅台集团来讲，也是一个核心文化。去年集团评企业工匠，也叫"国酒工匠""茅台工匠"，发的奖金是有史以来最高的——被评为"工匠"的，每人发50000元的奖金。我们现在一直在谈"工匠精神"，央视叫"大国制造"。但是，离我们2025年要达成"中国创造"——从"中国制造"到"中国创造"，没得"工匠精神"是干不好的。在白酒产业这个行业里面，中国的优势是比较明显的。我们要走出来，就要先把"工匠精神"做好。习酒也必须这样干，习酒也不能急功近利。

好多人都讲酱香酒这个时代来到了，我认为，这个是一种消费趋势，也是受潮流的引导。从白酒的发展来讲，它经历的是三个阶段。第一个阶段，清香型。汾酒为什么叫"汾老大"？当时汾酒是清香型的，市场范围是非常大的。但山西朔州的假酒案，假酒喝死人，眼睛喝瞎，对汾酒的影响是致命的。因此，汾酒从那以后一直都在修复市场。修复的这个过程也是比较缓慢的，整个销售量修复成效小，品类的量修复也小。从20世纪90年代开始，以川酒为主的浓香型开始发力了。因为四川人比较多，在全国全世界也比较多。那段时间是以"五粮液"为首，浓香型酒就开始在全国发力，包括这段时间的广告酒——山东的孔府家、孔府宴、秦池，安徽的酒等，当时贵州酒还不算啥子——贵州实际上就只有一个茅台。有一年茅台还差点跌出全国前十名。在这一段时间，有领导跟茅台领导说："五粮液卖得这么好，为什么茅台不出一个浓香型茅台？"茅台这边还是坚持不搞这个事情。"汾老大"的时候，市场主要是计划经济。五粮液的"白酒大王"的时候，是市场经济。但是，酱香酒的兴起加剧了浓香酒的瓦解，在饮酒人数、产量上都在减少。再有，就是酒精酒，这一块对它的影响太大了。酒精两三千块钱一吨，酒精度九十几度，再加点水进去，兑成酒。所以，就把浓香的质量整完了。实际上，酱香的风潮是从 2000 年以后开始的。酱香风潮的开始也是茅台坚持的结果。第一是坚持质量，不做浓香。第二是茅台对核心消费群体持之以恒的培养。因此，酱香型酒在白酒行业里面，附加价值是最高的。一谈到酱香，第一印象都是有层面、有档次。

我之前总结说："在茅台的带领、培养和引导之下，酱香型酒现在遇到了几个很好的时机。第一个是机遇期，第二个是窗口期，第三个是成长期，第四个是巩固期。现在是四期叠加。""机遇期"，现在只要谈到酱香型酒，只要老老实实在做的，肯定大有前途。这几年酱香型酒发展多快！"窗口期"，要把握好近段时间的这种窗口。大家把酱香型酒做好，不要让一些动机不纯的进来胡乱整。市场上有些说："我这酒一件 6 瓶，199 块钱或者 99 块钱，比 2000 元的某台好喝。"这个不是乱扯嘛！这段时间也是"成长期"。这段时间好好做的，就有一定的成长机遇。但是成长，也不要膨胀自己，要巩固自己。对这些老老实实做产品的，我们茅台集团的股份公司也好，习酒公司也好，真的是个很好的机遇。酱香型酒的高质量发展，我觉得起码还有十年以上的黄金期。

白酒（酿造）是传统产业，有些东西是无法用指标衡量的。而且，这种酿造技艺、勾调技艺都是一种传承。像茅台这边就有几代非物质文化遗产的传承人，季老爷子就是茅台的非遗传承人之一。我们习酒公司也在申报省里的非物质文化遗产的传承人，也在慢慢地形成体系。茅台的成功，因素是多方面的，但是，质量这一块一直都是茅台所坚持的核心。现在习酒也在跟着这条路走，也形成了自己的体系。这两个企业在业内都是比较受尊重的企业，在质量方面，都有自己独特的东西。而且这两个企业本身也是中国的酱香型标准的起草者。最开始的时候，酱香是没得标准的。后来在 1995 年，国家才委托贵州省质检中心和茅台酒厂来起草酱香酒的标准。酱香型标准的起草企业，有茅台、习酒、郎酒和山东青州的云门酒厂。

谈到酱香型酒，最接近茅台的，肯定就是习酒。它的整个质量体系，包

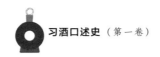

括它的稳定性，都是行业领先的。所以，这也是习酒加入茅台之后的一种提升。习酒在很艰难的时候，茅台这边的资金一直都是很充裕的，对习酒资金、人才、市场、管理这些方面的支持，都是习酒后来"爆发"的基础。特别是近一两年，因为茅台要打造一种整体格局，就是整个茅台一盘棋。原来，就只有茅台的领导调到习酒去工作，没得习酒公司领导可以往集团公司走的先例，现在这种通道打通了，我也是受益者，所以我才能从习酒调到茅台来。而且，整个集团一盘棋的这种思路会越来越开阔，影响也会越来越大。最近，习酒公司那边调过来的人也不少，陆陆续续地还要有人加入。反过来，茅台这边调过去充实习酒班子的人也不少。

经过这些感悟，我觉得人这一生随时都要把握好自己，否则陷入困境以后，真的是万劫不复。但是这种把握有难度，可能锻炼身体把握得到，企业就不一样，因为企业涉及方方面面。首先，企业要有基础，而且我觉得企业最大的基础，特别是我们这种国有企业，就是党的建设一定要加强。第二块就是企业的治理结构，一定要按照成熟的治理结构来做。第三个就是一定不能缺失监督。每个人在自己的心目中都有一些空白的边缘地带，这个边缘地带如果失去监管，酿成的后果可能就是致命的。再一个就是，企业要有人才的储备，才是一种可持续发展。在习酒的时候，我参与了全国质量奖的申报。我当时负责战略部，其中就谈到领导的作用。领导的作用就是保持这个企业的可持续发展，还有就是培养企业未来的接班人。历史的行进车轮就是这样的，每个人在这个过程中都只是一个匆匆过客，只是说个人担当的角色扮演得成不成功。现在我们所接收到的管理的东西越来越多，而且监督也多，预警这块的东西我觉得是非常有必要的，一个人千万不能自我膨胀，权力需要限定在一定的范围之内，就像习总书记讲的，权力要在笼子里面来执行。

对于我来说，习酒是血液里流淌的基因，随时都在关注习酒。不管是行业人士也好，还是集团人士也好，只要用得上的，都会做一点自己力所能及的事情。我自己把自己当作永远的习酒人。有些时候，我们出去了，习酒的这个风格还是没变，毕竟在这个地方工作了二十几年，也把我最青春年华的时间奉献给了习酒。所以，希望习酒越来越好！当然，也希望习酒在发展的过程中，少经风雨，多见彩虹。

最后，以我最近写的一首诗《想您了》献给习酒公司：

想您了

像女儿于娘家

男大当婚，女大当嫁

一切都近乎自然

然，经历乃知惆怅

本以为永远只是大山的儿子

憧憬一个海一样的梦想

2019 年 11 月 25 日

竟变成了不得不嫁的女儿

载着对您的不舍之情

载着对您的培养之恩

载着对您的永恒牵挂

我，近嫁豪门……

不曾想

没有您的第一步

我该如何迈出

还好

如临行您所祝愿，一切安好

离开您这近八月

从未停止对您的关注

您相邀两千宾客

齐聚好客山东

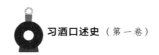

共襄百亿胜举

您再借全国质量奖东风

自我修炼，苦磨内功

定要问鼎榜眼位置

再造内生管理能力，培养攀登大山的接力者

您抗战疫情

慷慨解囊、隔空约酒、亿元敬献

逆势中尽显睿智的大企担当

您一如既往

启动十四年从未间断的爱心之航

让心灵寻找诗和酒的远方

我以小爱，凝聚永恒牵挂

我牵挂

那落地且将留下深深烙印的君品文化

我牵挂

那美轮美奂承载梦想的君品美酒

我牵挂

不离不弃，培养我二十多年的娘家人

我牵挂

那一份割不断、理还乱的离愁

二百四十个日夜

真想您了

自离开，未曾正式的回来看您

知道您好，便未打扰

但这两天

真的想您了

您的一切都还有序吧？

您的计划都在按部就班吗？

您的预期都在掌控之中吗？

今年的汛期，您也依然无恙吧？

您的每一次切肤我都有痛

您的每一次出彩我都有泪水

很庆幸

因您不遗余力的培养

才有我不得不嫁的可能

因您殷切的关怀与祝福

才有双双过半、同心同行、共护航母的局面

因我们共同的努力

才有双轮驱动、比翼齐飞的宏伟蓝图

互道珍重、互祝平安

想您了

亲吻流经脚下的赤水河

愿带去我日夜奔流的相思之情

在红色的二郎滩渡口

仰望您被朝阳沐浴的迷人模样

山子海梦

是我对您的责任

更是我对您的承诺

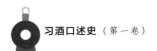

本书采编小组于 2020 年 5 月 11 日采访陈宗强

廖相培 | 质量即是生命

　　无论如何要以质量求生存，这个是关键。不管人们怎么不懂酒，但是好喝不好喝、对身体有害没有害，这个是关键，这个是良心，这个是基础。如果不保证消费者的安全，我认为这是不道德的，光唯利是图这是不对的。

　　现在没得好多人了解这个历史了！现在知道这个历史的，可能也不多了。

白酒酿造高级工程师廖相培

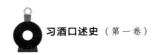

人物小传

廖相培　1948年5月出生于习水县习酒镇黄金坪村白杨林村民组，初中学历，酿造高级工程师，习水县政协第五届常委，习水县工商联副主任。1970年，进入习水酒厂当临时工；1978年，农转非成为习水酒厂正式职工；1981年，任生产股长；1984年，任生产副厂长；1986年，被评为酿造高级工程师；1990年，聘任为高级工程师；1991年，离开习水酒厂。

廖相培主管生产期间，重视技术，狠抓质量，公司产品多次获得省优、部优、国优荣誉。1992年至1997年，在习水县朱家沟与人合办煤矸石砖厂，在习水县办金津饮料厂。1997年至2015年，任云峰酒业有限公司副总经理兼总工程师。2006年，个人投资发电站一座，发电规模5000千瓦/小时，有职工16人。2016年，到习水县泸仙酒业公司任总工程师。

现在没得好多人了解这个历史了！现在知道这个历史的，可能也不多了。

我叫廖相培，我是1948年出生的，那个时候还没有解放。我出生在农村。（那时候）黄金坪（一带还）是农村，位置是现在的习酒厂包装车间有口水井的那点，具体就是现在的化验室、科研所那点（位置是现在的习酒镇经济开发区旁）。我们家原来就是种地的。父亲经营过小酒作坊。

1966年，我在仁怀三中毕业，后来就没有再继续念书，因为当时我家头出身不好，是富裕中农，父亲当过副保长。所以，在那个年代，成绩比我差的都考去"061"，安顺的云马飞机场（原贵州云马飞机制造厂。1965年，从东北、上海等地迁入）。我的成绩考得好，也没有办法，最后才走到习水酒厂这条路。

习酒厂的前身（即仁怀县郎庙酒厂，属仁怀县回龙区管辖），地址叫黄金坪。1958年"大跃进"的时候，当时的回龙区、永安区、桑木区三个区还属于仁怀管辖，茅台在这里建了一个异地实验厂（即仁怀县郎庙酒厂），

"三年困难时期"，就自然停了。直到 1962 年，困难时期缓解过后，当时回龙供销社就把这个点作为一个生猪收购的地方——当时还是计划经济，就饲养猪。同时，也顺便搞红酱头酒和苞谷酒，供销社就用这个酒供应市场。当时回龙供销社有个叫王正定的当主任，另一个是二郎庙供销社的易相清主管这个厂，它是属于供销社的一个分点。这样一来就招聘了两个人，一个人叫曾光尧——他在砷化硫黄厂（郎庙酒厂停工后就地建立的一个工厂）当过伙食团的团长，然后就是我父亲。1965 年，有个叫曾前德的民办教师遭下放了，他是曾光尧的侄儿，也进了这个厂。早时候这个厂就是这三个人。

这个曾前德，因为是老师，又年轻，经常没事就到四川郎酒厂。当时是一个叫云中偶的人当厂长，他是管生产技术的，然后（曾前德）就跟他成了朋友。最后，（曾前德）就在郎酒厂学习这个浓香型酒（的工艺），并在 1966 年就试制成功。当时上报的时候，区里面命名"红卫大曲"。为什么叫"红卫大曲"呢？是因为当时受"文化大革命"影响，（当时有）红卫兵，就取名"红卫大曲"。

1967 年，仁怀县的三个区划给习水县。脱离了仁怀以后，习水县就认为，供销社这个口容纳不了这个厂，又把它移交给习水商业局管。这样移交过后，发展机遇就来了，因为商业系统要比轻工系统要放得开一点。那么就投资了一笔钱，委托了陆德新继任这个厂的厂长，曾前德管生产技术，作为副厂长。这样，就把这个（酒拿去注册）——用"红卫大曲"去注册，没有成功，最后才注册为"习水"这个商标，叫"习水大曲"。这是 1971 年的事情（受访者补充：商业部门投资扩建生产车间，年产量 100 吨左右。任命陆德兴为厂长，曾前德任副厂长主管生产技术。同年注册"习水大曲"商标）。

1968 年，招收肖明清、肖恒清、蔡世昌等人。1969 年，又招收了陈星国等这一批 10 个知青。

我是 1969 年才到这个酒厂的。当时，王德才接替陆德兴任经理。王德才是个南下干部，喜欢体育。当时我喜欢打球，他就把我招收进去工作。当时，总共的人数只有 27 人，产量只有 100 多吨，都是浓香型酒。

然后到 1971 年过后，在曾前德的带领下又试制了一个酱香型酒。干了

廖相培在习水县酒厂发奖会上代表习水酒厂讲话

几年，还是没有很大的突破。到 1974 年，厂里面就商量扩厂，好像是 300 吨的（浓香型酒）车间。酱香型的试验生产也在进行。因为这个酱香型生产出来，它一下出厂不了，直到 1978 年才鉴定合格。那哈（那时候）我是车间主任，1980 年被提为生产股的股长，负责管生产包装、劳资劳调、设备这一块。那时，就只有一两百人。

1977 年，就开始扩建两个 2500 吨：浓香型 2500 吨，酱香型 2500 吨。现在的大地是酱香型 2500 吨，黄金坪这一个团转（周围）浓香型的 2500 吨。真正的发展还是 80 年代，70 年代基本是小规模的。因为习水大曲当时确实质量非常好，参加对越自卫反击战的战士胜利归来——就是把"习水大曲"当作庆功酒，说这个酒的质量很好。这酒有些典故。

在这个阶段，酒厂也轮替了很多领导。陆德新走了之后就是王德才，后来派了杨德钦，最后又来了一个厂长叫罗明贵，他是退伍兵。罗明贵调走后，就调了个书记叫肖登坤。杨德钦退休前，就把陈星国提为副厂长。直到 1983 年，陈星国才正式当厂长（受访者补充：六任领导分别是陆德新、王德才、王正定、罗明贵、杨德钦、肖登坤）。

　　真正的发展，是 1983 年到 1990 年这七八年，销售也好，质量也好。那几年，我们的领导班子是 6 个人，肖登坤的书记，周树堂的副书记，厂长陈星国，副厂长曾前德、母泽华，还有我。母泽华管销售，曾前德管质量、管科研，我负责生产技术、劳资劳调，当股长。厂级领导就是 6 个人，一直维持到 1991 年。在这个阶段，（规模）达到了 3000 多人。酱香习酒也面世，评了部优、国优奖项，浓香型酒也评了国优、部优。在这七八年当中，我记得是得了 30 多块牌子，创造了省优、国优、部优。1991 年，因为一些内部原因，我就辞职下海了。

　　1990 年，就开始扩建，提出"百里酒城"这个梦想，结果把酒厂拖上死亡的深渊。为啥子呢？第一，习水县的财政为了拉高财政——当时习水县的财政不到 5000 万，为了拉高 5000 万，1991 年就喊习水酒厂大肆在外边收浓香型的酒。当时包了 16000 吨，发给全国招经销商。后来造成一个啥子局面呢？这个 16000 吨酒出去，成立了销售公司，造成里勾外合。就是

廖相培鉴定酒质好坏

说，今天成立一个皮包公司，拿了你一吨酒、两吨酒，明天这个公司消失了。最后，这个16000吨只收回来五六千吨酒的钱，其余的基本上就是（不见了）。这（首先）就是管理上出了漏洞，二就是大搞基建。基建是在"三无"的情况下施工，没有规划，没有设计，没有贷款手续，就喊银行放贷。这就造成了机构混乱，重复施工，重复基建，修好又拆。最后，晓得要规划好的时候，已经晚了。就是这样，又造成当时土地要用哪块就先用，农民没有征收的都直接用。钱没有，差好多就喊银行拿，导致了两个亿的资金缺口。一到这个酒的风一刹，又摆起了。到1996年的时候，酒厂已经资不抵债了。最后，省政府才喊茅台来兼并，这样才挽救了习酒。

习酒今天的辉煌，不是说因为茅台酒厂来兼并才有的。主要因为它的沉淀，当时我们打的基础还是非常好的，特别是在人才方面。当时，因为我们这一稍（一批）人都是初中生，陈星国也好，我也好，包括曾前德这些，都是初中生，没有高文化的人员。母泽华是一个当兵的副营长转业的，周树堂、肖登坤是农村干部提上来的。所以，我们一直都是要储备人才。现在的习水酒厂这一批人，包括钟方达、陈应荣、简长青这一稍师范生，都是我去招起进来的。另外，还从外边也引进了不少的人。

二一个，如果说没有县政府的干预，习水酒厂它也应该是走得好的。因为技术没得问题，质量没得问题，就是说酒品没得问题。技术人才、管理人员也慢慢出背景的（培养好的）。所以说，茅台不兼并，它也可以生存的，只要是有个得力的人来统率。

当然，茅台集团来更好，因为它有茅台品牌的支撑，有它经济的支撑。茅台也没得几个人过来，也都是用习酒原来的老班子储备的人才，也发展到了今天这个情况。所以，我的观点就是，只要有个好的带头人，习水酒厂也可以自身发展的。当然，今天发展得也比较可以的，也几十个亿。现在几十个亿，要和那哈比较。那哈的粮食是计划经济供应，一毛九一斤。现在的红粱是四块六一斤，翻了很多倍，成本价翻了，销售价也就跟着翻了。也不是说那哈就很不行，现在就很行。我的观点就是这样，这是市场经济带来的效果。当然，通过他们兼并这二十年的努力，也确实那个（发展不错）。

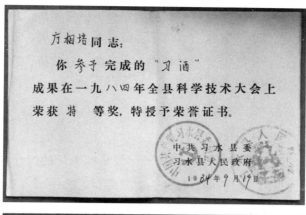

廖相培同志：

你参予完成的"习酒"成果在一九八四年全县科学技术大会上荣获特等奖，特授予荣誉证书。

中共习水县委
习水县人民政府
1984年9月19日

廖相培同志：

你参予完成的"习水大曲"成果在一九八四年全县科学技术大会上荣获一等奖，特授予荣誉证书。

中共习水县委
习水县人民政府
1984年9月19日

廖相培同志：

你参予完成的"习水二曲"成果在一九八四年全县科学技术大会上荣获三等奖，特授予荣誉证书。

中共习水县委
习水县人民政府
1984年9月19日

1984 年，习水县科学技术大会，廖相培参与研制的习酒、习水大曲、习水二曲分别获得特等奖、一等奖、三等奖

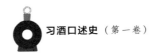

这当中，习酒也不是一帆风顺。最后，习水浓香型，现在基本上已经没得好多产品了，也没有重视这个事情了。酱香型通过发展，通过茅台管理过后，也更上一个台阶。当时，习酒是我、陈星国、曾前德，我们三个的科研成果，受省科技成果二等奖，最后验收成功。珍酒厂比我们先很多年实验，但最后它没有验收到，只有习酒的验收了。所以说，习酒厂现在的发展，（与当时打下的基础分不开）。

以前，是按郎酒厂的操作规程来干，但是郎酒厂的操作规程没有茅台好。以前我们的出酒率很低的，最后，根据茅台工艺才加大了习酒的产量和质量。所以说，这个是学于茅台，最后都归于茅台。茅台的工艺很独特，所以说它为什么现在能站在（制酒行业的）顶尖上，是它几十年如一日地坚持这个质量，坚持自己的工艺。它不像郎酒厂这些，它的工艺还是要强得多。比如说它（郎酒厂）采取的是碎石窖，茅台采取的是条石窖；他们采取勾兑，没采取盘勾，茅台采取的是盘勾。二一个，它（茅台）要坚持以老带新，必须要老酒带新酒，还坚持储存，生产1年，储存3年，5年才能出厂。这些都是很规范的。

我1997年去帮广州一个老板，创造"小糊涂仙"这个品牌，一年的时间创造了一个全国知名品牌。当时要收购酒，习酒领导来找到我，我都给他收了一两千吨浓香型的酒。所以说，我也支持习酒厂，也等于反哺。因为我1991年走了过后，什么都没有，最后企业还给了我一个内退职工的待遇，现在有3000多块钱的退休工资。当然，他也是因为了解了我对习酒厂的贡献，因为习酒的"两个2500吨"，从基础工艺，招收工人培训，建立组织机构，包括窖坑的建立，设备的更新，都是我主持干下来的。

我去帮广州老板，他对我非常好。我帮了他20年，这个老板现在在习水储存了5000吨的酱香酒。我帮他烤了7000多吨酱香酒存着，现在他的酱香酒销售还是可以的，叫"小糊涂仙心悠然"。

人生的际遇是很宝贵的。不管是私营企业也好，国营企业也好，都是这样。

现在，"小糊涂仙"建的那个厂，酱香型车间建得其实比茅台的车间还漂亮。一个车间一千吨多一点，可以到一千两百吨，又减少占地，又减少管理人员，这是经过我几十年的烤酒经验来设计的车间。很多人来参观，都认为是中国最大的酱香型酿造车间，最好的环境。

现在我退休了，今年已经七十二了，都还在工作。我自己有个厂，叫泸仙酒业。现在也租给习酒厂烤酒，是县政府租我的厂来给习酒厂烤酒——它的产能不够。现在卖点很好，我要不要（偶尔）去逛一下。我自己也有品牌，叫"故宫御膳房"，也在生产酒，酒的质量也还马马虎虎。这个厂也是在 2011 年开始建的，还没有建完。遇到国家这个禁酒令过后，这个厂基本上就停了。现在形成了一千吨酱香的规模，跟政府签订的是两千吨的（生产目标），目前还有一千吨没有完善。

（再谈到我个人的经历），我家头解放以前，办的有小酒厂，解放后就垮了。这个酒厂房子是用柏木修的，"大跃进"时期全部拆去炼钢铁了。所以，我是在习酒厂车间干了八年，才一步步地提起上来的。（技术是）重新学的，自己找书籍学，自己在车间慢慢适应，摸索，总结。我也在外边学，我曾经在省轻工厅学过，到处参加培训。当时，省轻工厅办了一个"白酒培训班"，70 年代都一直在培训。

（我刚进厂就是个）临时工，三十块工资一个月，交十五块钱给生产队，十五块钱自己用。干到 1976 年才转正，农转非。当时招工，需要招正式工，但是农村户口是招不到的。所以习水县政府就出了一个特殊政策，对于习水酒厂的技术人才，老的职工转为居民户口，转为正式职工。

我干八年，去背糟子，那哈苦得很！一百多斤的包，走底下两米深的楼梯背起上来。早晨三点钟起床，干完十二点钟。因为热，就晚上干，凉快点。大半夜起来的，基本上是上"正班"的人，要来整煤火，那哈没得燃气，是煤灶。要把煤灶烧好，水烧涨，把酒取点糟子来，头天晚上取来堆好的，再把粮食加起，和转（搅拌均匀），然后上好甑。酒已经取了，要出甑了，再喊其他"陪班"工作人员起来。一个班两甑子八个人。全是体力活，全是体力活！一个班下来，基本上背心短裤都是湿的，一天到黑都是湿的。从早上三点钟起来，一般就到十二点，到中午就下班了。

廖相培为本书采编小组说明酿酒料子的好坏

　　（前前后后）学了十来年，自己慢慢（钻研）。因为我有点基础，加上在一线烤酒，（学起来就快）。为啥我最后管生产？在陈星国和曾前德他们管生产的时候，三十几斤的出酒率。我来管生产（期间，即 1981～1991年），浓香型我就是平均每年四十五斤，这个出酒率在全国都算非常高的，酱香型也是四十几斤。所以说，为啥这几年的效益那么好？就是因为成本降低了，利润就提高了。

　　刚开始的时候，我们其实用的是郎酒那边的工艺，当时曾前德是在郎酒厂去学的。最后，我当生产股长以后，就跟茅台学习。当时我有些同学在茅台，有个叫陈孟强的，当时是车间主任，通过他的介绍认识了些领导。这些领导看到我很豪爽，也很耿直，这样建立了一些感情。建立感情过后，他们虽然不把核心技术给你，但是他们带起我在车间看。我需要什么东西，我自己得摸索、总结。我就去看。然后，他们带起我去酒库，尝他们的酒。要不要套一句，那么就记住了。因为这些技术我已经在实验过程中，所以说一问哪样，他们一讲，我就心中明白了。最后通过我的同学，也把整套工艺流程的资料都学习了。所以，要发展，要有技术，一个厂没有技术就没有发展。现在，习酒厂大多数的工艺都按茅台来，都按后头修改的来干。

你要取长补短，你没得生而知之，你必须要学习。学习怎么借鉴，这个是创新的问题。最后我到珍酒厂参观，我就说："茅台的环境和珍酒的环境不一样，你们要根据环境来修改这个工艺。"环境对酿造酱香型酒的影响非常大。（按我的观点），习酒和茅台还是有差距的。虽说海拔差不多，但是它的气温，它的生态，它的土壤，它的水，都有差距。原先，我们用的是马蹄石窖，茅台用的红砂石。茅台兼并过后，全部把原来的这批石头换了。那个石头（红砂岩）品质好一点，石头密度好一点。我们这个石头是马蹄石，含的石灰质太多，含钙太多，钙和酒生成的碳酸钙对酒质的影响非常大。

最后，我写的论文、写的资料被拿到轻工厅去评，他们都认可，认为我都谈到点子上的。我一个初中生，没得啥子学历，最后评高级工程师。除了个人贡献，还是多少有点资料的。

（酿酒师）通过省科技局评，然后要通过省轻工厅、贵州省的高级职称评委。高级评委组成了一个评委团，根据你的论文、你的贡献来评，主要还是靠技术——你没得技术你也无法评。这个有一个级别，先中级再到高级，

1990 年，廖相培获得高级工程师职称

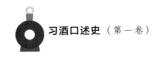

比如助理工程师、助理经济师。实际上，1988 年，我就评了（高级工程师），不是 1990 年。

当时，酱香型酒的实验大概要经过五六年，具体要翻哈资料，记不清楚（1976 年，习酒厂开始试制酱香型酒，中途几经波折。直到 1981 年，才被贵州省科技厅正式立项批准。1983 年酱香型习酒试制成功，并通过鉴定），但是我们是一次性通过。因为首先要技术资料，就是工艺资料；然后要看酒的质量，要评酒；三一个要考察规模，要上好多吨。还有，科研成果要立项，最后完成还要有报告。这些资料都是少不了的，都是必需的。

整个实验过程中，其实也没得啥子大问题。我们下班时间，经常跟郎酒厂打球，经常去参观，经常跟它下边的人联络，对这些工艺都大体了解。二一个，除了勾兑技术，盘勾这个问题，当时也没得这个理论——因为郎酒厂没得盘勾这个工艺，茅台才有。最后，我们通过茅台才整起盘勾。以前的酒都没有啥标准，坛子装起，今天勾兑人员去，这个坛加点，那个坛加点，整来勾起，说要得就行了。最后没有质量，对质量不保证。

后头茅台这个工艺，它的好处有两个。第一个是它通过盘勾，保证了质量。它是三次盘勾。第一次是轮次盘勾，轮次盘勾就是说这七次酒，每一个轮次哪些酒要得，哪些酒要不得，必须要测出来。然后形成要得了，再储存一年。那么，把这七次酒要得的弄拢来，整成一个型酒。这个的好处，就是可以保证质量的稳定。比如说，我这个 1000 吨酒，质量都是一样的。茅台酒厂保证质量，不像郎酒厂，一批好一批坏。因为没得盘勾，永远都是单次酒。二一个，第三次盘勾就叫小勾，小勾就是通过又储存一年——欠缺哪些，该加老酒的，该调整哪个味道的，调整好又储存一年，最后出厂品尝，又再来看。那个才叫勾兑，这以前叫盘勾，后头叫勾兑。所以说，这个工艺保证了茅台酒厂这个质量的稳定。就是说他生产 2000 吨，这 2000 吨都是一样的质量，就没得走展（差别）的，因为它都是统一的组合。但是，郎酒厂就保证不了，这一批是一个样，下一批又是一个样。

最开始我们实验这个酱香型的时候，很大一部分技术都是郎酒厂这边的，后面改变了这个，也叫"偷师学艺"，一次就成功了。这个事情主要是

1967 年，习水酒厂的首款瓶装产品

1970 年，习水糨酒更名为红卫大曲

1971 年，红卫大曲更名为习水大曲

1977 年改版的习水大曲

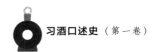

1983 年，习水大曲获贵州省名酒

1984 年，习酒问世　　　　　1985 年改版的习水大曲

我负责。我也经常跑茅台，所以和那些技术干部关系都非常好，包括当时的周高廉（原仁怀县委书记、县长，1977 年出任茅台酒厂党委书记，厂长）。周高廉走了过后，我和邹开良关系都非常好。最后，周高廉退休以后在家头，我还亲自每年都给他提一箱酒，请他鉴定一下。

浓香型和酱香型具体生产工艺，区别在介质不一样。浓香型叫"万年糟"。所谓"万年糟"，就是这一个窖坑，它是泥巴窖，不是条石窖——浓香型是泥巴窖，通过泥巴和酒精产生的己酸乙酯来提高主体香型。所谓的"万年糟"，是这个糟子。这个窖，比如我规定十甑，每一甑 1600 斤，那么16000 斤粮投进去，就有十甑。这一次我烤十甑，那么上一次留下来的糟子就有两甑或者三甑的丢糟。第二次，又一个月过后，我第二次又烤，加了粮加了糠壳过后又长出三甑来，那么这三甑我又丢了。所以说，这个糟子永远都是轮回的，就叫"万年糟"。二一个，它的粮（高粱）是成粉的，高粱是破成粉的。第三一个，它的温度是叫中温制曲。所谓中温制曲，就是 45 度到 50 度之间，叫中温。这是浓香。

酱香型是两次投粮，七次取酒。就是说我整个车间生产该投 10 万吨粮食，我一次就投了，没得还要分十甑。那么，16000 斤我就投了，第一次投30%，第二次投 70%。两次投粮过后，第一次开始取酒，第一次酒叫"生沙酒"，第二次酒质量稍微好一点，第三次、第四次、第五次叫"大回酒"，第六次就叫"小回酒"，第七次叫"丢糟酒"。不是像浓香型，每次都要投料。这个是两次投料，七次取酒，一次生产就完，完了就全部丢，第二年又重新来。二一个，它是高温制曲，50 度到 65 度之间。它的主体香型叫乙酸乙酯，浓香型叫己酸乙酯，它的区别就在这个上。然后，浓香型的储存期半年，酱香型储存期三年——生产那年不算，等于是四年你才有酒喝，而浓香型半年就可以有酒喝。

两种酒在原料上面，制曲、高粱、取水等等方面都是一样的。都是小麦制曲，都是本地糯高粱。浓香型也可以用点东北高粱，酱香型也可以用东北高粱。今年习酒厂在我那里烤，用的也是外地高粱，也没用本地高粱。明年，他又要用本地高粱了。浓香型用本地高粱成本高得多，质量好得多，外地高粱酒成本低一点，但是质量差得多。外地高粱它的直链淀粉太多，直链

习水酒厂的第一代浓香型产品
（廖相培收藏，现已捐给习酒公司）

淀粉不容易分解。本地糯高粱它直链淀粉要少一些，容易分解，分解为糖的概率比较高，所以出酒率高得多，比外地高粱的出酒率高得多。这个差距有10%。本地高粱出酒率，现在习酒厂一般是60斤到65斤，外地高粱一般是55斤左右。

制曲的小麦没有区别，全国的小麦都可以。制曲周期一般三个月——库房储存三个月才能用。但是，一般曲子越老一点，质量越好一点，酱香味也越好一点。曲子相当于起到发酵的作用，它叫白水曲。

取水主要是pH值要在5以下，5到7都没得问题。pH值不要太高，高了过后，它的杂质多了，钙的含量高了，会对这个酒产生影响。二一个它不能含铅含铜，因为有这些成分就造成这个酒要酸排。所以，水质的要求也是有的。其实时间上不是特别讲究，主要看这个pH值。

我们当时的产品，主要就是习水大曲和习酒。在习酒厂的档案上有这些资料，档案室有档案的。

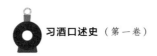

廖相培收藏的历代习水大曲、习水二曲、习酒外包装商标

这么多年我最骄傲的是"习水百年"活动，我是作为邀请参加的名人。当时我们造酒的这些人，除了我以外，没人入选，就我一个。

（作为一个造酒师，我觉得比较重要的一些品质），一个是对质量的坚持，对工艺的保证，这两个是非常关键的。如果不对工艺有一个保证，随意修改，这是不行的。因为它是通过茅台几十年、上百年（总结），又在我们这里几十年沉淀下来的工艺，它是不能乱修改的。比如说，我走了过后，他们就修改了浓香型的工艺，去借鉴四川那边的工艺，最后失败了。二一个，就是无论如何要以质量求生存，这个是关键。不管人们怎么不懂酒，但是好喝不好喝、对身体有害没有害，这个是关键，这个是良心，这个是基础。如果不保证消费者的安全，我认为这是不道德的，光唯利是图这是不对的。说良心话，在90年代以前，我喜欢喝 W 产品，90 年代过后我就不喝 W 产品了。为啥子？它质量变质了，它加了酒精，加了香精。为啥子茅台不搞？它就是从来不干这些事，都是原汁原味的。现在茅台那么高的价，它是必然的。特别是通过这些好喝酒的人，他体验喝了那么多年，身体棒棒的。像我现在七十几了，我没得什么病，我血压也不是很高，血脂也不是很高，啥子都正常。

廖相培收藏了各代习水大曲，其中最早的那一瓶已赠送给习酒的历史陈列馆

195

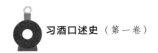

在习酒厂前后 20 多年，最让我难忘的是：第一，我作为一个农村孩子出来，我做了一点贡献，最后得到了国家的认可，转正提干评高级工程师，这个也是我人生经历最难忘的。所以，我对共产党是很感激的，因为我的出身不是很好，最后得到认可。走到这一步，我也一如既往地支持习水酒厂。第二，我在做酒这个过程，不管是我在帮云峰也好，我也坚持我这条原则，一直坚持到现在。现在只要是说我生产的酒，没有任何人提出异议，没人申诉，没人说我的酒的质量不好。这一点是我坚守几十年的初衷。

总的一句话，我祝愿习酒厂会更辉煌、更腾飞，也希望他们一直要保证质量——质量是关键，质量是生命。

本书采编小组于 2019 年 8 月 9 日采访廖相培

余林安 | 平凡工作中的不凡人生

　　我在酒厂工作十五年，在这个阶段，我觉得陈星国这个人对酒厂的发展还是有远见，有胆量，他算的那些工程，现在来看，确实还是实现了。

　　我在酒厂这些年获了不少奖，不过那只是在当时的那个环境之下获得的。我在粮食部门也获过奖。在厂里，我获的奖主要是先进工作者的多，县级多一点，此外就是厂里面的，主要是干实际工作。

　　我的文化水平太低了，哪个时代都跟不上。有一点好的就是，干实际工作，跑得、累得。

贵州茅台酒厂（集团）习酒有限责任公司原工会主席余林安

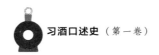

人物小传

余林安　1936 年 3 月 15 日出生于习水县回龙镇向阳村，政工师、经济师，中共党员。1979 年加入中国共产党。1982 年调入贵州习水酒厂，曾任习水酒厂党委委员。先后担任过公司供销股股长、供销科科长、基建科科长、福利科科长、组织部部长、政工处主任；1995 年，任习酒股份公司工会主席。个人多次荣获厂级、县级、省级先进荣誉。1998 年 3 月退休。

我 1936 年出生，今年 83 岁了。解放的时候，我才十多岁。我是 1954 年踏入社会的，那时候才 18 岁。

1944 年的时候我在当时的桑木区村小上学。桑木当时有中学班，我当时还是上小学，我上了将近十年的学。在解放前，就在国民党时代的桑木小学读过。到 1949 年，将近是五年级，小学六年级没毕业。新中国建立后，桑木小学 1952 年才重新开学。开学以后，我们又转回去读，从四年级读起走，读到 1954 年，六年级毕业。小学毕业后，当时的成绩也不是很好，就没有继续读书了。

我有两个姐姐，我是最小的一个。解放以后，我们家划的成分是富裕中农。我在 1954 年毕业过后，在向阳乡中山民办小学教了一年的书。那时候，教一年级。一年过后，1955 年下半年，我参加当时的土地测量，搞了半年。土地测量就是到农村各个地区，搞土地丈量，目的是计算公粮。计算一下一家人有多少土地，要交好多公粮，还有多少余粮。后来，我就到区里面去参加整社工作队。当时，农村有初级社、高级社，也就是参加农村工作队，就是到社区去协助工作。当时农村就跟现在差不多，啥子事都是一把抓，大小事情、宣传国家的政策、梳理农村的一些具体事情。1956 年至 1957 年，我在回龙区工作组工作。

到 1958 年的下半年，整社结束后，我就到现在的习水酒厂的前身郎庙酒厂当会计。当时，仁怀茅酒厂（茅台酒厂）的副厂长到我们这里调查，买了罗家的老房子，办了个郎庙酒厂。仁怀县郎庙酒厂是 1956 年开的。罗家这个房子，原来也是个私人小酒厂。他们在这里考察以后，就在这里办酒厂，那时就生产酱香型的酒。1958 年，又把我调到那里去当会计。邹定谦当时是酒厂的厂长，我就在那里搞了一年多。当时，厂的位置就在现在大曲车间后门的底下，厂里有三十多个人。

当时烤酒是计划用粮，给你这个厂，是三万斤也好，五万斤也好，它是计划用粮。1959 年开始粮食紧张，酒厂就基本上疏散了。当时这个片区属于仁怀管，有些人就调到仁怀那边的三元皮纸厂。由于粮食取消供应，到 1960 年，酒厂就全部停产了。

我是在 1958 年 8 月转正时才得的国家干部身份，在参加农村工作组这一个阶段，我还属于社会力量。我是 1958 年到（郎庙酒厂）那里去的，1959 年末又走了。1959 年，酒厂还没停产的时候，就又把我调到周家的硫黄厂，又在硫黄厂做了一年。周家硫黄厂就在周家的街背后，小地名叫生基垮，它是当时的回龙区政府新办的硫黄厂。那里也是没得会计人员，就把我弄到那里去记账，当会计。

其实那个时候，我也是算有点文化，跟我同龄的人很多都没有文化。

到 1961 年（硫黄厂）又垮台了。我又到区里面工作队待了一段时间。1962 年，又把我调在粮管所，搞粮食工作。（1962 年，余林安调回龙区粮管所任营业员。当时的营业工作量比较大，有回龙、永具、翁坪三个乡镇的村民和农村缺粮户的粮油供应工作）记得在高峰期，一天要称两万多斤粮油，收回两千多元的现金，而当时粮食价平均只有一角左右。这项工作真是有点苦头，确实要有点实干精神。这项工作一干就是六年。1966 年"文化大革命"开始，粮管所干部和工人共二十来人，组建了"追躬寇"战斗队，赵以能任队长。在这个运动中，我们的干部、工人坚守工作岗位，确保粮食工作的正常运行。（1967 年回龙区财政所由于工作人员的变动，区领导又抽余林安去财政所干了几个月的会计工作。1968 年，调回龙区郎庙粮站任站长。1973 年，调周家粮站任站长。在郎庙、周家两个粮站期间，主要负责

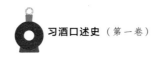

两个乡镇的粮食收购和供应工作。1976 年，调郎庙粮站任站长。1979 年，调回龙粮管所做业务兼统计工作）

我在粮管所搞营业：称粮、收钱，就是搞业务，实际上就是卖粮食。主粮就是稻谷和苞谷。那时是计划用粮，没有票的就拿购粮证来买。当时，非农业（人口）是用购粮证，专用的购粮证（上面写了）每个人的定量多少，按上面多少，卖完就算了。那时候（农村）缺粮户多！农村有个购粮证，是一张纸，缺粮户就发的这个证。

农村的缺粮户，有的从 4、5 月就开始（缺粮）了，一直到 8、9 月。那个时候就是按缺粮的人是啥情况，缺得多还是缺得少，缺粮的人就发个证给他（发证政策是乡政府造花名册，区政府审核，粮管所发证，由乡政府分发给缺粮户）。缺得多的就多供应，缺得少的就少供应。（一年供应）十斤八斤，有些三十二十，（也有三二百斤的），按农户来计算，农户人口有多有少。

我在粮管所干了二十年，到 1982 年。在粮管所苦了二十年，在回龙、郎庙、周家三个地点干了二十年。原来的习酒厂（所在的位置）叫郎庙乡，"文化大革命"开始过后，又取名红卫公社。郎庙这个乡，当时是这个站统管这个乡内的公余粮。公粮价（是按当时的统购价格）好多（价格多少），交粮食来折款（上缴财政）。余粮还要好多？余粮交了以后直接付钱给他（农民）。我们的站就是专门为这个乡办这些事情。

当时，那里（粮管所）还带着桑木、永安的粮食转运，因为当时没有公路。这两个乡多余的粮食，由人工背到下面（郎庙）的水码头去装船。按粮食部门的规定，哪一个乡要调多少粮食、啥子品种。那么，桑木和永安要调出这两处（的公粮），就是由人工背到那点（水码头），又收拢来，打包装，上船（调给指定的粮食部门）。

1982 年，我又被调回习酒厂。当时酒厂是这样一个情景：那一年，是肖登坤，他是原来的区委书记。商业局把他调去习水酒厂，他走的时候就把我邀起走了，把我带到那点去了。酒厂刚刚建立党委会，肖登坤就把我叫上一起去。他当时是党委委员。我跟着进去，组织关系也就转进去了。当时的领导干部有不少是南下干部，还有些军转干部。罗明贵就是部队上转下来的，母泽华也是部队上转下来的。

去了以后，我搞了一段时间供销，是在酒厂设的一个供销股。当时就是买粮食进来，运粮食进来，还买些纸箱——当时不是纸箱，是木箱，那个时代用的是木箱。我当时是供销股股长。当时买粮食，就是去各个区。比如说永安、桑木，我们都去拉过粮食的。当时主要是购买麦子和高粱。木箱是农村群众一口一口打的，他们帮我们定做，自己也三口五口地背来卖。当时，把酒做好了以后，酒是拿木箱装起再运出去。当时采购的粮食数量记不清了，反正上万斤了。1万、2万、10万、8万，这个是有的。从1982年到1984年，我就负责供销这块的工作。当时，习水大曲的生产量才750吨。

1985年，开始扩建习水大曲和习酒，扩建的时候，我到基建又做了一年多。基建就是征土地，搞当地的征收土地计算，计算征收好多田好多土，同时我也负责基建。当时征收的地方，黄金坪（村名）（3000吨大曲酒生产量），大地（村名）有一片。大地当时有3000吨习酒的生产量，现在大地

余林安在二郎滩渡口与同事查看建设图纸，当时余林安负责习酒厂的基建工作

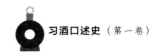

的那一片就是征用过来的土地。征收来的土地，用来建生产房、职工住房和酒库。那时候，工作量还是有点大；当时有个财务科，征收的手续办了过后，（资金）由财务科管去了。当时区政府牵头帮助我们拆迁，专门派了一个区长参加征收土地。那时候，征地的价格相当低，一亩才两三千，山地是200块钱一亩，荒地荒山也一样的价。这个我还记得！

基建搞到1985年。1986年，酒厂又把我调到后勤去管生活、管福利。福利就是为职工办食堂，买粮食、买蔬菜。还是一帮人，去走这点走那点的，买米，买油，买菜。当时的公路又窄、又是石子路面。

1979年，有一条路从马临下来到那个（岔角）滩再到一个大桥那里转过来。当时买菜，甚至要到泸州去，有200多公里，因为当地没得那么多菜园啊！我们去泸州买肉买菜，一天去，一天转回来，基本上是两头黑了。一九八几年的前段还是计划供米，由政府划拨到粮站，我们去粮站取，粮站就在现在的黄金坪，习水大曲包装车间那个位置。那时候厂头的人还不算多，才750吨的生产量，厂里只有几百人。

在酒厂福利科一段时间过后，1987年还是1988年，又让我到组织部，去管组织。当时建立了组织部，我去干了两三年，就是负责厂里党组织手续办理。外面调入的党组织关系，要在我们这里转接，不是组织人员的就不管。实际上，人的调动我们都不管，只管组织人员，还有发展新党员考查和厂里管理人员的任免考查。

90年代，我还当过政工处主任。当时政工处管的工作也不是很多，就是政治工作（分管文教、卫生、环境工作）。我在1995年，担任工会主席，那时候酒厂已经走不动了（不景气）。1995年，公司搞股份制改革，建立股份公司。建立公司的时候，同时建立了工会组织，我又在工会干了几年。

当时是习酒总公司，正是滑坡时间，那几年公司比较紧张。当时因为酒卖不出去，钱收不回来，资金周转不开，买的粮食跟不上，没得钱买粮食。没有粮食供应了，周转不过来。粮食供应不上，生产力就压缩，一压缩很多工作人员就找不到工作安排，就叫（他们先）耍着。就只有这个办法。（工人们）开始有点生活费，年把过后生活费都走不上了（保障不了了），人家要生活费。这批人就要啊！就个人去找生活。那个时候，管理层员工也有离职的，只是说和职工比较起来要少点，因为我们暂时有工作安排。当时陈星国还在，他也没有把我们这些超龄的人放走，我也就没有离开。

我们是后勤人员，没管生产，工作还算好做，管生产的人还辛苦点。1997 年还是 1998 年，那时候有三四千人。那时候要做职工的思想工作，但也只是做到多少算多少，要全部包干，也没得那个能力。我们做思想工作，有些人做得通，有些人做不通，也是尽当时的能力了。

当时还有少量的工作可以安排，但多数人安排不完。到 1998 年，茅台酒厂兼并过后，多的人员就把他刷掉了，没有接收了。刷掉了还是给几分钱（少量的钱），但是当时具体给的标准我也搞不清楚。茅台集团兼并习酒的时候，就把停产这段时间的这些员工，按他们的出勤率（来决定去留）。这个出勤率，应该说不是个人造成。因为停产了，安排不下那么多人。茅台集团来兼并的时候，就来个停产的这段时间，出勤率高点的就收，就留下来，出勤率低点的就甩掉了。这个标准不关个人的事，但茅台酒厂没得办法，这些人安置不下来，接收进来也没得工作安排。1998 年兼并，那时候接收了留在厂里的一千多个人。

兼并过后，我退休手续办了，就出来了。我应该是 60 岁就退休，到 1998 年我都 62 岁了。

就我在习酒厂工作的 20 年来讲，（厂里的）重大变化，按生产时间来讲，1982 年，只有 750 吨的大曲，有 750 吨的生产量，就是现在前门后面的那一排，左面的五个车间。

1985 年，开始建大曲 3000 吨、习酒 3000 吨（的生产车间），那时候人就多了！大曲这边建 3000 吨了，那边建 3000 吨的酱香酒，两个 3000 吨，就是 6000 吨。生产规模就是这样一个变化！一九九几年陈星国在的时候，酱香是 1 万吨，大曲是 3 万吨。陈星国提的口号是发展翁坪、两河生产区这片。当时习酒厂增加了好多个车间。（一开始，政府）给计划，给投资——那时候投资是贷款。计划开工以后，贷款贷不到了，工程就摆

1984 年，习水酒厂获习水县商业局颁发的年度先进企业

下来了。当时修酒厂到二郎的公路，是陈星国计划开始的，县里面专门拿个副县长来管工地，管现场。最后，遇到"银根紧缩"，这个款就贷不到，就停了。

我在酒厂工作 15 年，在这个阶段，我觉得陈星国这个人有远见、有胆量。因为一九九几年，他开始提扩产 1 万吨和 3 万吨，他们也通过很多计算，要实现好多盈利、好多税，（是根据）计算来写了。当时这些工程都是少不了调查报告的。这些报告从县到省，一级一级地交上去，得到了省政府的批复，下面才敢动资金。但最后"银根紧缩"，拿不到钱就停了。我觉得，他这个人对酒厂的发展还是有远见、有胆量。他算的那些工程，现在来看，确实还是实现了。

我在酒厂这些年获了不少奖，不过那只是在当时的那个环境之下（获得的）。我在粮食部门也获过奖。在厂里，我获的奖主要是先进工作者的多，县级多一点，此外就是厂里面的，是干实际工作为主。

基本上说我也算是个"大老粗"，我的文化水平太低了，哪个时代都跟不上。有一点好的就是，干实际工作，跑得、累得。

退休以后，我去厂里面的时间就不多了。前些年，厂里面在搞厂史，又把我们喊去将近两年。那个厂史弄没弄完，我就不知道了。

本书采编小组于 2019 年 8 月 10 日采访余林安

罗淮吉｜多岗位练就不凡人生

　　我啥子都干过呢！我当过出纳，搞过采购，代过统计，管过基建，后来又负责销售。当时，我跟曾前德负责出去跑。当时刚包装酒的时候，数量一大点过后，我就出门去搞采购，到泸州、到遵义，采购纸箱、瓶子。那个时候，（人员）数量少，你回来了过后，没事你就要到车间去（干活），实际不分你我。

　　我希望我们的习酒人，特别是习酒人的领导者和管理者，要不忘习酒初心，同时也要牢记习酒历史。走稳每一步，稍放慢一些，稳步前

贵州茅台酒厂（集团）习酒有限责任公司办公室原副主任罗淮吉

进，这是为成千上万的习酒人着想，不管有什么样的风吹草动，都要不慌不忙，这就需要做好准备，打有准备的仗。

人物小传

罗淮吉 汉族，1937 年 9 月出生于习水县黄金坪村。1958 年，在回龙区粮站工作；1962 年 9 月，在仁怀县长岗林业站工作；1964 年，返回老家在大湾小学任代课教师；1966 年 3 月至 1967 年 7 月，在大地小学任代课教师；1968 年 2 月，正式进入习水酒厂从事烤酒工作，在生产车间，年年被评为先进生产工作者；1982 年 2 月，习水酒厂成立股室，任供销股长，后调基建科工作；1985 年 3 月，任厂长办公室主任；1987 年 3 月，任厂长助理；1988 年 2 月，任劳动服务公司副经理；1989 年 2 月，任供销科科长；1993 年 6 月，任销售公司副经理，同年，代表习酒公司出访东欧和埃及等 4 个国家；1994 年 6 月，任习酒总公司办公室副主任；1998 年 3 月退休。在习酒公司工作的 30 年时间里，罗淮吉曾 4 次荣获县"先进工作者"称号。

我叫罗淮吉，祖籍江西吉安市吉水县。最早大概是在汉代（应为元末）"红巾兵反乱"时搬到这里的。我祖辈过世之后，我老人（父亲）才出世，就剩我老人一个。我有一个哥哥、一个姐姐，我排行老三，还有一个弟弟。

我七八岁的时候就读了过去的私塾，读了好几年。《四书》《三字经》这些都读了，《诗经》《幼学》也读完了。当时，家里请过一回先生，在家头来教。我哥哥书读得多一点，四书五经基本上读完了。解放初期，我在儿童团，1954 年，我又去新学校读了几年书。我是大湾小学六年级毕业的。1958 年，我又由（回龙）区保送到（仁怀）县里面去读了个农业技术学校。当时，建立农校是因为各区要培养农业技术人才，主要是学习栽培种植技术，同时附带初中的课程。那个时候，我已经是小学团支部的副书记，推荐保送，吃穿都由学校里面解决。我当时还在粮站工作，属于边工作边读

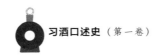

书。我们去的那个地方是县办农场。我们是第一届，有一百零几个人，后头又招了一届，总共招了两届。那时候，我们还属于仁怀的回龙区管。后来，由于情况变化，"大跃进"逐渐来了，学校就停办，还不到两年的时间就回家来了。当时，卫校、师范这些统统都停办了。

我是 1959 年的 6 月份回来的，刚好二十岁左右。回家了过后，那时候弟兄没分家。我哥哥是 1957 年参加工作，在供销社。我到仁怀读书的时候，我弟弟在回龙区粮管所，1958 年我入学的时候，他就当兵去了。当了十年的兵回来，分在遵义的 906 厂（今遵义钛厂的前身），后头调回来，在供电部门。兄弟分家时，我已经结婚了。我们在学校结的婚，是同班同学，当时二十刚出头。

1958 年的秋季，我进粮管所工作，一直干到 1962 年全国清理 1958 年以后参加工作的人员才回到农村，参加第一线劳动。在粮管所那几年，我开头是搞征购，就是秋粮入仓的时候，负责收购粮食。秋粮入仓完了过后就在粮管所做门市部，卖油卖粮。后来，又调在黄金坪粮站，就是酒厂的那个粮站。

当时在粮管所，每年秋征时要收（征用）一部分人。秋征完了过后，根据这个粮食部门需要，它可以留几个，留下来的一般就是粮管所的正式编制。我们当时也是有编制的。但是，那个政策（指 1962 年颁布的《国务院关于精减职工安置办法的若干规定》）一来，凡是 1958 年以来参加工作的人员，基本上是百分之百要回到农业第一线。你从哪里来，就回到哪里去。比如说当时的那个水电系统，还有当时有个比较大的军工单位叫 011（今中国贵州航空工业集团前身），就下放得多了。那个时候，下放主要是因为粮食难关。当时有个"下放证明书"，就是说"当国家一旦需要的时候，可以优先录用"。

1962 年下放回家后，我又去教过书，代了两回课，教四年级。那个时候我已经有三个孩子了，负担重了。那个时候的"低标准"还没有脱体（结束），生活各方面都比较艰难。我在大湾小学代课时是"包班"，一个人教四年级。当时是代课老师，正式教书那个人来，你就必须要走了。后来，我在大地小学也代了一年多的课。之后，又以家庭为主了。

（受访者补充：我于1959年6月返家，9月到仁怀县回龙区粮管所工作。1962年，全国精简下放职工。我于1962年9月到仁怀长岗林业站工作。全国性清理私招乱雇回家后，三次代课，一直到1967年。其中，两次在大湾小学，一次在大地小学）

1965年，家分了过后，分到家的地（少），没办法，我还出去打过工，那个时候叫"搞副业"，找点钱回家来，但先要交给队里面。（大队以）好多钱一个劳动日，（给我计算）得好多工分（当时用工分折劳动日，年终以劳动日分口粮）。

那个时候，人民公社是武装部掌权，这些公社书记都是靠边站。原来，这个公社书记对我很好，他叫付正广——付正广后来调到仁怀（县）的中枢镇去，还没死几年。他就晓得我还是多三少二（多少）能够办些事情。我在大地小学教书的时候，遇到"文化大革命"，他就晓得我会唱歌、会跳舞，会整这些（活动），他就看中了我，一有点啥活动就来喊我。那时候喊口号，喊得跳起来："毛主席万岁！"

后来，武装部掌权的又退了，又把这个公社书记拿出来用。他一出来就走我（家）来。

他问我："是还需要继续在屋头苦呢？还是想出去工作？"我说："有工作当然要出去工作喽！"他说，你既然要想出去工作，有两个地方向我要人，一个是郎庙（水运队）。这里就是赤水河，那时候有个水运队。水运队就是专门负责把木材这些七七八八（的东西），从赤水河里往（合江）、重庆放。当时就成立有个组织，需要个会计。他就说差个会计，问我去不去。还有就是酒厂要移交给国营，要差两个人。"这个地方是搞体力劳动，你愿不愿意去？这两个地方由你自己选择。"

当时，因为曾前德跟我是同学，他又正好在酒厂那里负责。我就说："付书记，我往曾前德那个地方走。"为啥子要往曾前德的那个地方走呢？两个问题。一个是我不愿意到水运队去，因为河边人非常麻烦，我就不想跟这稍（帮）人打交道。再加上（这个工作）一直要从水上走，我不想去。

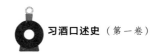

反转来想，（酒厂）虽然是体力劳动，只要有发展，到一定的时候，就算是体力劳动，我还可以安排两个孩子（进厂工作）——当时我已经有三四个孩子了。所以，我就决定到酒厂（受访者补充：1988年2月5日，我进入当时的红星酒厂）。

我摆这个酒厂的历史。曾前德跟我是同学，正正（正当）我在粮站的时候，他在翁坪小学教书，还是个校长。下放的时候，他跟我同一天下放。下放了过后，没过好久，因为他家里跟郎庙供销社的负责人有点关系，就把他弄到供销社，给它管猪儿。当时，食品站和供销社的是合在一起的——供销社跟食品站是后来才分家的。那么，当时为啥子曾前德到那个地方去能整酒呢？这是因为食品站和供销社还合起的时候，当时人的粮食还不够吃，但是猪儿一天有一斤粮食。当时叫饲料粮——苞谷、高粱，就是这两种原料。他就利用这个猪儿的饲料——苞谷和红粱，就到那个地方去整酒，（取酒后就用酒糟喂猪）。在哪个地方整呢？就是现在习酒公司最老的地方，那个地方老房子还存在（罗姓的私宅，习酒公司原址），可能现在窖坑都还在。当时收猪儿就收到那个地方，他就在那里烤酒。

严格来讲，习酒公司的最前期是1957年。当时，仁怀县轻工局就在这个地方来搞了个酒厂（仁怀县郎庙酒厂），就是最老的酒厂。现在为啥子习酒公司这个资料它要写成52年呢？因为1952年，仁怀县工业局为发展酿酒工业，派有关人员从茅台镇沿赤水河顺流而下考察，来到回龙区郎庙乡黄金坪，发觉当地水质很好，气候适宜，是理想的酿酒之地，就初步选定在此地兴办酒厂，但出于人事变动和其他多方面的原因，筹备工作断断续续进行了5年。当时搞的是回沙郎酒，搞了两年过后，酒厂又停了。之后，就搞那个硫黄厂，土硫黄，就是一噔噔（坨坨）那种。当时就搞这个硫黄的砷化，造成粉粉，叫砷化硫黄厂。砷化硫黄厂又垮台了过后，供销社就在那个地方收猪。曾前德才又在那个地方烤酒。

当时，曾前德，还有肖明清、蔡世昌，三个人就在这个地方搞了几年。曾前德这个人脑子管用，他跟当时河对门郎酒厂那边姓邓的、姓沈的又是亲戚关系，就在那边偷师学艺，他学的是郎酒（大曲酒），当时叫"古蔺大曲"。那个时候酒少，比较横销（好卖）。他就在那点学，跟人亲戚关系也好，就在郎酒厂搞来曲子，自己去参观学习，请老师帮助。他利用原来茅台（老厂）的窖坑，就开始试制（浓香型大曲酒）。开始试制的是"习水大曲"。1967年，制出来的酒就往县糖烟酒公司和有关单位送，大家觉得这个酒可以，一鸣惊人！

那个时候，我已经进厂了，就到河对门去借了两包瓶子——瓶子是从泸州过来的，玻璃瓶。曾前德写个条子给我，我就到河对门郎酒厂去，请个人背了一袋瓶子过来。在酒厂老球场那个地方的水井洗了，包了几十瓶酒，就往地区烟酒公司、商业部门等有关单位去送，又打响了，又是一鸣惊人！当时贵州除了茅台，没得好酒。地区过后，又往省里面送，糖烟酒公司也好，商业厅也好，都觉得这个酒有前途，就干开了。

干开了过后，这个酒好了，就不准背出去卖，不准自己卖，就直接交给糖烟酒公司——那个时候是计划经济，糖烟酒公司包销。随便有好多，包销！亏了，由糖烟酒直接拨补，盈了，属于糖烟酒公司。

这个时候酒厂是七个人。有个曾前德，有个方向凯——方向凯是烟酒公司安排在这里的会计，有我，有两个老一点的，蔡世昌、肖明清，还有袁本安、江守怀。这就没分哪个是厂长，会计也好，啥子（身份）都得参加劳动。从那个时候起，因为这个酒厂要发展，就要到地区，要到省里面省商业厅去跑。当时要搞扩建，去要点钱，要点钢材，都必须从县商业局，一级一级地去搞手续，最后到商业厅去。那个时候，就只有我跟曾前德两个跑。跑了回来，在家的时候，你就必须到生产上去参加生产，需要时就必须出去。因为那个时候，我文化虽然低，但是多三少二有点，我跟曾前德两个都是（大湾小学）六年级毕业。那个时候，大部分高小毕业出来的都参加工作了，都被选走了的，因为那个时候需要的是人才。特别是会打算盘的这些人，到处都需要。

供销社（把酒厂）移交给糖烟酒公司的时候（1967年10月，酒厂移交习水县糖业烟酒公司，"中国糖业烟酒公司贵州省习水县公司红卫酒厂"正式成立），供销社那边周家还有三个人，全部移交给这边。那边三个都是老

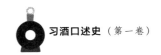

头，都是临时工。这边我们七个人当中，除了我，就等于全都是临时喊的，都不是固定的，也不是正式工。移交的时候，协议上就写好：这些人员以后（如果）有转正（机会），供销社原来的这一部分人，全部由糖烟酒公司负责，由商业部门负责。所以，我们是从哪个时候才转正的？是1972年，通通是1972年"三工转正"一起转的。当时没有现在所谓的"编制"，就是觉得哪个可以，就喊哪个来。当时以我们七个人为主，后来规模逐渐扩大了，用的临工也不少。

当时要背粮食去打，还没有电，也没有粉碎机，要背到水碾房（去磨碎）。当时的酒厂附近有两架水碾，水一冲，就转起来，当时完全是自己整，曲子各人做，人踩。这是酒厂的初步（时期）。

我说我啥子都干过呢！我当过出纳，搞过采购，代过统计，管过基建，后来又负责销售。

当时，我跟曾前德负责出去跑。当时刚包装酒的时候，数量一大点过后，我就出门去搞采购，到泸州、到遵义，去采购纸箱、瓶子。那个时候，（人员）数量少，你回来了过后，没事你就要到车间去（干活），实际不分你我。当时技术主要是曾前德负责。对酒的质量上来讲的话，还有个袁本安（比较懂行）。因为他未进酒厂以前，就是烤酒出身的。肖明清和蔡世昌都是烤酒出身的，但是他俩对酒没得研究，他们只认得干。现在，当时的七个人就只有我一个了。

规模稍微大点的时候，就成立一个供销组。我就负责供销组。供也好，销也好，都由我负责。当时的销售就不谈了，不愁销路！每年到冬季的时候，（省里）会集中开会，下达生产指标。超额完成的，可以自己到市场去卖；没超额的，就说明了指标没完成，它有个奖惩制度。

我又代管过基建。第一次开始搞大点的基建的时候，就是修那一坡车间。当时（仁怀）县长、县财办主任，都在这个地方蹲点。那个时候我就负责抓基建。

陈星国是1969年进厂的。当时安排了十个人，有两个是社青（社会青年），其余都是知青（知识青年）。十个人来报名，有一个叫朱文路的转去就没回来过,就九个人。之前,我跟厂里面讲过,不管酒厂发展到什么程度,陈星国这些人走也好,没走也好,跟这些人在生(在的时候)有一定的关系。这些人为习酒流过汗,做出过贡献,现在酒厂兴旺了,应该是把这稍还在世的人请回来看看。去年,我去贵阳,有个叫李志胜的,原来"八五厂"(始建于1958年的遵义舟水桥铁合金厂)的知青,他老汉(父亲)是"八五厂"的厂长,还请我吃了顿饭。他问我酒厂现在的发展情况,我就跟他讲了。他说:"我想去走一趟,因为不管在这个地方苦多久,它是我的第二故乡。"言下之意,就是叫我转来跟公司的有关领导讲一下。这个事情,原来沈必方当工会主席的时候,我给他讲过,他说:"可以的,来看一看有必要。"

李志胜这个人脑子聪明,酒厂的第一台凉糟机就是他和已经死去的木工吕世全制作的,就是和原主管机械的吕世全一起设计制作的。当时还买了一个45匹马力的柴油机,买过后没人干得了(会用),还把王青镇弄进来专门管理柴油机。柴油机大概是70年代中期开始使用的,后来李志胜和王青镇就专门搞这个柴油机,其他没有技术人员。这个李志胜肯钻,来了过后,他就讲:"逐渐逐渐,这个45匹马力的柴油机也不够用了。还要管照明,凉糟机也要用电。"在他的提议下,后来(习酒厂)又买了80匹马力的柴油机。

当时习水的公路,只从县里面通到土城。到了土城,要用船运来。45匹马力的柴油机,拉到土城过后,就拉到二郎滩,就是到现在那个渡口的河沙坝,就在酒厂下去的那个(黄金坪)浅滩下船,把柴油机下到沙坝上,然后用木棒来搭起,用人来拉。80匹柴油机就大了,长有车子的三分之二,而且也重。后来,专门修了一条公路,刚过得到这个柴油机,也用人拉到这个地方。

当时包装点酒出来送样品的话,人背起从这点走临江(现习水县习酒镇临江村),过马临(现习水县马临镇),一直背到习水县城。那个时候没有公路,都是人背起去,累人啊!在搞扩建的时候,木材拉到土城装船上来,起在河沙坝里头,又请人工搬到这上边来。发展到80匹马力时,也就

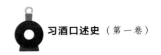

是一九七几年的时候，固定工和临时工加起来有百把人。

之前，原来的七个人是曾前德管起的。我们姓方的这个会计是 1978 年得白血病在遵义去世的。后来，又调来个姓袁的，没好久又调来个姓曾的，叫曾立坤，是曾强的老者（父亲），现在也去世了。到这个时候，县糖烟酒公司就逐渐派了几次领导下来。第一次派了一个当兵回来的，叫陆德新，没干好久。第二个是王德才，北京人，也是当兵的南下干部。王德才过后是王正定，王正定过后又来了个杨德钦，是税务部门调来的。杨德钦过后就调来了罗明贵，是部队上一个营级干部（转业）下来的，他一直干到 1979 年。当年罗明贵调到工商行当行长去了，又从商业局调来个任仕成。这些人当时都是调来做一把手的。陈星国是什么时候任厂长的呢？具体年代我恐怕记不清楚，大概是 70 年代杨德钦在这个地方的时候，他就干起了。后头到了1982 年，还调了个肖登坤在这个地方做书记，陈星国是厂长。这个之前，1980 年调来了母泽华，梁村（现习水县梁村镇）人，是部队上的一个连长，调过来当副厂长。

习酒公司是好久正式建立股室的呢？是 1982 年。股室建设就是（习酒厂开始）正式（独立）编制了。在此之前，习水酒厂属于商业局的一个下属机构，也就是商业局下面的股室。作为党员这一层来讲的话，酒厂属于商业局的一个支部，也就是习水县商业总支委员会的支部。肖登坤调来的时候，习水酒厂已经升级了，改名叫"习酒总公司"。也就是说，肖书记来时，习酒厂跟商业局已经基本上分开了。习水酒厂当时建立股室的时候，有财会股、供销股、生技股和保卫股，实际上供销股当时还没找到人选。

当然，商业局、习水县政府肯定有点想法，意思是陈星国想赖脱（摆脱）习水县的管辖。当时，那块牌牌叫"贵州省习水酒厂"，没要县了，所以习水县委、县政府有点想法。另外，把商业局抹开了，商业局也有点想法。

到 80 年代后期，计划经济就逐渐要淘汰了，市场经济就逐渐围拢来了（时兴）。80 年代，陈星国、廖相培、母泽华三个厂长，包括肖书记，（主管酒厂）。1988 年，陈星国以厂长的名义承包酒厂，那个时候正式"开放"

罗淮吉在习水酒厂工作期间与同事的合影

（改革开放）开始了。沿海一带，它是从 70 年代中期就开始了。我搞销售的时候，在江浙一带就谈起啥子回扣，啥子奖之类的。

那个时候，就是借外面"改革开放"模式，可以承包了，直接跟县政府承包。超产了过后，超产部分属于你自己卖。还有你超产了过后，我给你好多奖金，比如他一个厂长十万之类的。换句话讲，超产部分就属于他给你的奖励，你自己可以卖。那就灵活了，就可以不通过糖烟酒公司，也不通过政府部门。反而，那个时候糖烟酒公司都到这里来要酒，去摆摊了。那个时候，就不是去找糖烟酒公司，而是糖烟酒公司来找你。

在 1985 年以前，我一直搞供销工作。后来供销分开，我就搞销售，同时负责包装用品这一块。当时供应的主要是原材料，粮食——小麦和高粱。到 1985 年，我又调到厂长办公室当主任，一直干到 1988 年初。1988 年初，那个时候我是厂长助理，分管的是小车队、招待所、职工医院，还有一个劳动服务公司。他们三个厂长承包的时候，就干脆叫我把劳动服务公司承包了，（但是我不愿意）。原来有一个人在那个地方，当时我跟陈星国讲："你

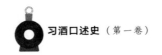

要我在那个地方去，你就把这个人调走。这个人在那里，我就不承包，我宁愿在这个地方做个副职。"当时陈星国就有点冒火，当时在会议上他就批评了我一台。他说："我三个厂长第一次承包，你就要给我讲一下，要拿冷板凳给我坐？"后来，他就跟商业局一谈，商业局下文，就把我这个厂长助理下了（撤职了）。他说："你要去当个副职呢，你就去嘛！"1988年，我就到劳动服务公司当副职去了。

当时，劳动服务公司主要是负责安排这些职工家属，实际上就是当时谈的"第三产业"。当时一是我谈的搞酒，或者去搞粮食卖给酒厂。酒厂每年还拿得有上十吨酒给他们去跑关系。当时的酒紧张，还要厂办批准。

到劳动服务公司的这一年就有点不平凡。原来那个人他晓得我多三少二有点水平，就跟下面的职工有点卡（刁难）我。当时修了一栋比较大的车间，帮补了三百多万，烤"再生酒"。当时有个酒的名叫"习水酒"，就是再生酒，就是拿烤大曲剩下的渣滓，加入速效性的糖化酶，一进来就把酒烤出来，就叫"习水酒"，也就是"再生酒"。这个酒当时还是销得（销路好），河南、山东这些地方就喜欢。车间修好了，我就一天去坐起耍。但是，整这个车间的时候，哥儿们做了个名堂。当时车间修好后要收方，不管咋说，我在那个地方是个副职，他就把收方的那些七七八八的材料拿来，喊我过目。我就在那里整了半天，出入两百多方，我就把各种材料往财务上一交。后来这个事情晾起了，就麻烦了，财务上有点不好处。实际上，当时是这样的，他收方的时候，印（量）了一圈过后，又倒转来印了两个兜圈，这就重复了这两个兜圈。

后来（因为这个事），陈星国把我无奈了（没有办法了）。在厂里来讲，陈星国和我的关系算最好的。我这个人同情下力人。他刚到车间的时候，当时还要背煤烧灶，我们一起去背煤，我背起来放了过后，就转去把他的煤背起来。我们是这种关系。再加上我家里面（妻子）姓陈，他也姓陈，我算是他的老辈子。所以，年底的时候，我给星国写了个信，交给他老汉父亲陈天华，（请他转）给星国。第二天早上，我到劳服司去上班，他也上班，就在招待所门口会到。他就跟我讲："老罗，你交给父亲带去的信我收到了，我准备把你的工作给你调了。"我说:"调不调都没得关系!"他说:"还是调到销售公司去!"就这样,把我调回销售公司的(这个时期,已经叫"贵州省习酒总公司"了)。1989年,刚把我调回销售公司,就喊我走了一回烟台。回来后,他说"销售公司还把这个包装用品再代(管)两年。"我说:"可以啊!"两年过后,供应部门人员落实了过后,才交给供应部门。1994年,又把我调回总公司办公室,一直到退休。那时候总公司办公室已经没得事了。当时是股份制了,(各部门)就分开了。一直到1998年,茅台接管兼并的时候,我就退休了,那个时候我都算超期服役了。

回想起来,当年试制酱香型习酒(应为浓香型习水大曲),那个时候人还不多,基本上我们原来在那里的六七个同志都参加了,只不过年纪大的几个没有怎么参与,只是喊他怎么样干,他就怎么样干。当时主要是曾前德负责,袁本安、我,还有个会计,都在的。在70年代末期的时候,就有将近几十吨了。当时这个酒厂的发展,郎酒厂助力很大。我和郎酒厂又来往得比

佳吉习酒厂生活旧照

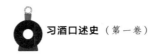

较早。我还在粮站的时候，是一九六二、六三年的时候，我就在河对门粮站经常跑（受访者补充：1989 年，经省、地、县三级考评审查，我被评为酿造中级工程师）。

在我负责供销时，毛装材料用量还不多。最开始是用木箱子，那个木箱比较沉重，老百姓背几块板板来，钉成一个箱箱。装三十八瓶（受访者更正为三十六瓶），一个木箱，用轧丝（铁丝）来捆扎的，后头是用打包机打，用纸袋、（纸箱）。纸袋是从河北那半边进过来的，我们这些地方都没得纸袋。最后他们用塑料袋，也是用打包机打。现在就不一样，基本上是机械化了。

在最开头计划经济的时候，每年到冬季，省里面就召开一个来年的酒的供应计划会，就是把稍微有名气点的这些酒厂管供销的，叫去开这个计划会。报了好多吨，省糖烟酒公司就将计划分在全国各地。比如分得新疆乌鲁木齐好多？哪点好多？这样一分了过后，（进货的时候），各省是糖烟酒公司来人也好，发电报也好。那个时候，可能发电报的时间多，电话还不算普及，计划经济就有这点好处。市场经济过后，就是他到这里来找我的多了，就不是我们出去推销了。我们只能是检查市场，去走访市场，看市场的动向，打点广告。这样就不分给糖烟酒公司了，糖烟酒公司都分成小块，到这个地方求救来了。市场经济就是这样一个道理。都到一九九几年了，邹开良还在茅台的时候，在成都开了个秋糖春交会，当时还摆地摊（卖茅台）。

我跑销售的时候，全国各地基本上跑完了。当时习水大曲最销得好的就是东三省，包括北京这一块，然后是河南、山东，还有西北五省区。真正在华南、华北这一面来讲，高度酒当时的用量要差一点。

酱香型的习酒，最销得好的是贵州这个范围。当时是烤出来的酒，一年千把吨酒，不够贵州这个范围内销。酱香型的酒，在广州这些地方也很吃香。现在，这个酱香型的酒，算是逐渐吃开了！

当时习水大曲在华南的这块不大卖得开，主要是西北和东北销得好。一个是，价要廉一点，那个时候经济上大家都不宽裕。习水大曲就是老百姓喝得多，那个时候一块多钱一瓶——我记得最开始的时候是一块二角钱一瓶。

还有一个，东三省和西北五省区都喜欢高度。浓香型的酒度数高，一般最低是52度，加上当时这个酒，不光是在贵州出名，就是在我谈的这些省区来讲，都比较出名。在华南一带，他们经济来源（要好点），（习水大曲的）包装，（他们）都看不起！（他们）都要高档一点（的酒）。

到90年代的时候，账拖大了。陈星国他主要是啥子呢？排场扯得大一点。他去过美国两次。他一去看了外国那些公司，回家来过后，他就照到那个逻辑干。比如说他一回来就是在全国搞了十大公司，十大公司就开头的投入来讲，办公室也好，他就按照外国的那种模式来干。这个人，就是有点崇洋。他这个人，你说他胆子大，他确实也大。现在好多人还在谈这个事情，如果说陈星国继续在的话，可能还比现在这个模式要大一点，还要实现得早一点。陈星国在这个问题上他不贪，他就是用费上大一点。茅台在这里查账，查了还没得那么多。把在建的有些工程算下来的话，实际上他才几千万把块钱不投数（对数）。

开头他在这外面成立十大公司，就是个大的浪费，可以说十大公司拿走了不少钱。当时搞这十大公司时，我还在办公室，我问陈星国："厂长唉！你这十大公司是不是单独核算？"他说："当然要单独核算！"我说："那么，你二天（将来）就搞成'诸侯经济'去喽！正当要用钱的时候，没得哦！"这十大公司就是搞销售，分别设在北京、广州、西安、山东、贵阳、上海、河南、成都等地。当时是喊你给哪点发酒，你就跟哪点发，总公司这边就只能记个账，由驻外公司的财务跟总部的财务打交道。驻外公司给你发电报来，叫你跟哪个地方发、发好多、发哪样品种，你就只认发，款就由驻外公司负责了，累在驻外公司的身上。所以我当时跟星国讲："你这个成了诸侯经济了！"他当时还问我："老罗，什么叫'诸侯经济'？"我说："这个等于你经济割据了，到时候你要的时候调不回来，调不拢。"等于销售公司的钱就存在那个地方——他也想赚钱，（放在账上）有利息！它漏洞大就在这个问题上。

我举个例子，像原来我搞销售公司的老账没收到的，就交给这一部分人。十大公司在外面除了卖酒以外，要把原来这稍钱收回来。但是，收回来

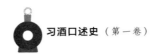

没？收回来好多？这个整清楚没有？有可能收到了，他就存在自己的户头上，跟你说没收到；或许说收到了，他存在他自己的户头上，他可以说这家人都找不到人了，单位也找不到。后头，他还叫我跟一个人出去走了一圈，回来我给他写了个四五篇纸的报告。之后，他就逐渐地收回了一些公司。

当时我到一个广州公司去，三四个人的户头上存款（不对头），除了会计，在那点负责的，还有就是跑销售的。跑销售的到外面去，接触原来的老用户也好，新用户也好，他去收款，他就存在个人的户头上。它就是这样把这个账搞乱套了。你啥子人走哪个地方，走了过后不搞审计，不搞移交，他最大的弱点就是这样。

罗淮吉习酒厂工作旧照

就中转站来讲，中转站就是我们的酒，拿到那个地方去发，拿在那个地方放起。因为你要发的时候，太多，你慢慢再运起去，运不拢。所以，就租库房来在那个地方堆起。泔水中转站存了好多酒？重庆中转站存了好多酒？遵义中转站存了好多酒？你厂里面起码拿个可靠的财务主办人去盘点、办移交，哪种品种差了，哪种品种长了（多了），回报后，要处理。他（陈星国）没干过这种事情，就是这样，大部分的人都把陈星国卡住了。

所以说，当时子校的老师来了一批又一批，干净（全部）往销售公司走了。当然，人才是要用。特别是像我们这种，一个小学生，去坐厂长办公室，去搞销售公司，长期下去不合适。这么大的公司必须过渡，这个哪个都想得到的，但是有些时候，不能一刀切。还有一点，才跟德，有些时候是两码事，有些人有才没得德，有德又有才那才叫两全其美。

当时一是钱收不回来，二是账背大了。比如说，搞那么大的基建，没钱了，没得工资开，就只能停起，后头建立了个股市，就是空头支票。大部分的情况是，你这个工队在我这个地方，承接了好多东西，就给你报个数来入股，实际上兑现的主要是职工这一部分。比如中层以上的干部，一个人一万，这都是兑现的。我晓得大部分的公司，你比如说西安好多这样那样的公司，答应五十万，空的！答应了过后，那五十万拿去报个数。哪里看到个五十万哦！就是这样干起的。

那几年工资都发不起了。开始交养老保险，养老保险交给到了厂里面，给你截留了，没往上交。我们三个老头退休的时候，本来正常情况来讲的话，早一年多两年就该退休的了，就正正（刚好）遇到陈星国遇难，曾前德又死，茅台又接管。茅台来接管了过后，还有副书记，一个母厂长，他要用（的人就）那么两个。当时害怕我们几个老家伙带头给他找难题，就想办法找社保部门，一个人拿一万块钱（受访者更正为两万块）去交了，就把我们几个马上整来退休了。当时接管的职工可能有千把多人。当时像我们县政府无奈，最主要的还是财政空虚，拿不出钱。如果县政府这些委派个人出来承头，我不交我就不交。当时还管几千吨酒，就是酱香型的习酒。当时接管的条件，一是，纳税在习水县这边——这个酒的税高；二是，还有一千多在册职工要安排下去；三是，保留一部分中层干部。

说实话，我们的职工，包括退休了的人员，还有附近的老百姓，也是看重陈星国的那种模式。陈星国在的时候，把我们这坡坡人还是发财起来的。

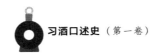

所以陈星国呢，现在我都在回忆这个事情，早些时候人家说他度量大，那确实度量大，但就这个问题上来讲的话，我觉得他度量太小了！

其实，当时茅台酒厂也不想兼并这个酒厂。它未兼并以前，两家的这个关系是相当好的，你去我来的。在办公室当主任那个时候，我经常上去。那个时候还是姓欧的，那些喊欧二的，是办公室主任。每次去，我带的酒再不好，给他拿一箱去，他要回一箱茅台酒下来。季克良、邹开良带起队走这个地方来，不谈观摩参观，就是走耍一起玩。带起球队，我们上去打球，他们带起球队来这里打球。说老实话，关系很好的。你看我们六七个人在那个时候，我们都到茅台酒厂去参观，我们都去打了一场球。那张照片到现在还在，包括陈星国、曾前德这几个，都在高上（上面）的。

我是30岁生日过后，1968年的2月5日进的习水酒厂，1998年的3月份正式退休的，刚刚三十年！这三十年，也没有啥子印象深刻的事。我这个人，从来不贪。一直到现在，好多人都认为以我当时处的环境，这个地位来讲，特别是搞销售，搞采购的时候，都认为我吃了不少的钱。我这个人不贪，我真正要吃起来，我现在确确实实应该说是不愁。在县城来讲，两三套房子我都是有的。人家承认给我修，修了给我，我没有要，我不敢要。有人还修好了一套三室一厅的，现在习水县菜市场，原来的火烧坝球场那个地方，送我，我不敢要。我说："你送我的目的，有个啥子图头？"他公开地说："你开一车酒给我就行。"那个时候假酒厉害了，干假酒。有一个人在习水搞基建，他说："我给你修套房子，挨着我的修。"我说："你给我修套房子，二天要是一旦有哪样情况的话，我这套房子的来源我说不清楚啊！"到外面，也不管是计划经济也好，市场经济也好，我这个人就是，我到你那个地方，你在车站，在机场接我一趟，就是对我最大的尊重。你给我买条烟抽，算不得了了，我不需要什么。一个人你不考虑未来，随便咋个，都会走错路、走岔路的。

回想起来，如果说（家庭）负担不重，我也不会到这个酒厂去的。本来到酒厂去了过后，在这里征地的那个县长，叫袁朝忠，还有一个是当时的财办主任，叫狐云喜，是桐梓人。原来我跟他讲，我在林业部门也干过，在粮食部门也干过。他们那个时候还起点作用。狐云喜主任问我："还愿不愿意往粮食部门走？"还问我："喜欢在县局呢？还是喜欢在区粮管所啊？"他负责给我整。包括袁县长袁朝忠，都是这样给我讲的。我当时幸好没走，走了过后比这点更老火。你看后头粮食部门一垮台，还不如这个（酒厂），林业部门也垮了。

所以，都是生活所迫，哪样干不得？在务川苦的时候，不用说在岩岩底下，那个岩石水滴在胸口上，只得这一件衣服来搭着。几个月苦过去了，还不是苦了。冬天走那河沟头踩，走那里踩过去踩过来的，还不是要干。啥子东西都是逼出来的。

（受访者补充：最后，我希望我们的习酒人，特别是习酒人的领导者和管理者，要不忘习酒初心，同时也要牢记习酒历史。走稳每一步，稍放慢一些，因为我们是消费型企业，稳步前进，这是为成千上万的习酒人着想，即是为全县、全省、全国人民着想。不管有什么样的风吹草动，都要不慌不忙，这就需要做好准备，打有准备的仗）

本书采编小组于 2019 年 8 月 10 日采访罗淮吉

张开刚 | 习酒厂的"灵魂工程师"

　　实际上，现在的习酒公司有很多中高层干部都是从外面先调到子校，再从子校调到企业，包括现在的董事长钟方达、副总经理陈应荣，都是我选出来的，从子校这个途径走向管理岗位。所以，在我们企业内部说，子校就是习酒公司的"黄埔军校"、人才的摇篮、培养干部的基地。

高级教师、习酒公司子校原校长张开刚

高峰时期，企业的中层干部有将近五十个人从子校调出去，包括我在内的六七个（企业高管）都是从子校出去的。前前后后，以教师的名义调进企业去的大概有两百人。

我是一个从农村出来的孩子，上大学这个梦，我都从来没有敢做。但是出于引进人才的需要，我站到了贵州的最高学府，贵大大礼堂的讲台上去了，贵大的校长和校领导都坐下听我讲。这件事，我想起来有几分得意、几分自豪！并且，我作为一名中专生，站到了大学的讲台上，不辱企业的使命，比较顺利地完成了企业引进人才的任务。我觉得这是我印象最深、做得比较好、比较完美的一次。而且，它确实给企业的发展带来了好处。

人物小传

张开刚 字慕白，汉族，1949 年 10 月，生于习水县回龙镇洞湾村，大专文化程度，高级教师，中共党员。

1968 年遵义师范专科学校（现遵义师范学院）毕业后，在永兴学校工作，曾任教师、教导主任；1975 年，调回龙区教育组搞业务辅导，接着被抽派到回龙区委中心工作组搞文秘工作；1977 年，被提拔为回龙中学校长，其间回龙中学曾 2 次被评为县级先进学校，张开刚也先后获习水县、遵义地区"先进教育工作者"称号。1984 年，张开刚调到习水酒厂。在习酒 20 年间，先后任办公室主任、子弟校校长、党委副书记。在此期间，张开刚 4 次被评为县先进个人，1 次被评为省先进教育工作者。2004 年，按国家要求，习酒子校交由地方管理，张开刚随之离开了习酒。

我叫张开刚，生长在农村，我的家乡是习水县回龙区洞湾村，离习酒厂大概有四五公里的路程，不算远。按当时的行政区划分，习酒公司就在回龙区的地盘上，属于同一个区的行政管辖范围。

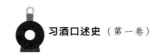

我父亲是农村管理区的一个基层干部，妈妈是个农民。我生长在一个物质非常贫乏的年代，生活非常艰苦。所以，青少年时代的回忆确实也令人不堪，就是没完没了的饥饿、无休无止的贫困，还经历过"三年困难时期"，我们都是从饥饿线上挣扎过来的。

我父亲当时是管理区的主任，那个时候称管理区，后来叫人民公社。我父亲就是一个土改干部，先是农协会的副主席，后来是管理区的主任。他算是初中文凭，读过几年私塾，也喜欢看书，毛笔字也写得很好。

土改的时候，我们家划的成分是贫农，成分算好。我家现在是两兄妹。我是兄长，有个妹妹。还有两个妹妹一个兄弟，都在"三年困难时期"中死去了。

我上学就在我家乡的一所小学，这个小学是我家族的一个祠堂改建的，我们这个家族当时在家乡算是望族。我1956年开始上的小学，上初中就去得比较远了，因为当时按这个行政区划，我们不属于习水县，我们属于仁怀县。我初中是在仁怀三中读的。在我之前，我读的那个学校还没有人考起过中学，我那一届考了两个，我是其中之一。我的家乡比较偏僻，也比较落后。

我上学的时候应该快满7岁了，那个时候要求要有7岁才能上学。我上学之后没两年，就遇上"三年困难时期"，很多娃娃都没再坚持读书，有些老师都把工作辞了，跑回家了。但是我父亲的态度很坚决，他要求我一定要坚持下来，一定要把它读完。

我在仁怀三中读的初中，初中毕业后就考起了遵义师范。当时在我家乡也是算第一个中专生，还算比较幸运。那个时候是包分配的，你考起这种中等专业学校，国家都要安排。我读书期间成绩还算好，我对我的语文老师、数学老师都很崇拜，我喜欢他们那个职业。他们说："你喜欢了，你今后就也当老师吧！"所以，就选了这个学校。

遵义师范（成立时期）早了。实际上，我1965年考进遵义师范的时候，遵义师范的校址是原来遵义师专降别（降级）。"三年困难时期"过后，它原来属于师专，后来因为老师、设备比较缺乏，它就降别了，降为中等师范专业学校。所以，给我们执教的多数都是原来师专下放的大学老师。这一点上我们比较幸运，那些图书资料也都比较丰富，教室和一般中专比较起来都要宽敞、都要好。当时不分专业，中等师范它就是面向小学，培养小学教师。所以，你到小学去工作过后，各个学科都可能让你去教。我1965年初中毕业考进遵义师范，实际上是1968年才毕业。

我1965年考进师范，1966年开始"文化大革命"，我们正规的上课时间也就一年时间。就在"文化大革命"开始后不久，当时山东有两个老师发起倡议，然后教育部就认为他这个倡议很好，就一刀切，把所有的公办学校都下放到大队去办，让贫下中农管理学校。我们这些学校走出来的学生，没有商量的余地，都一律统统回到家乡，回本大队。大队这个行政机构可能你们（指访谈者）这个年龄的人都不知道了，就相当于现在的村，比现在村管辖的范围小一点。

（刚开始在大队教书），那个时候还是属于公社学校，从一年级到六年级都有班级。然后，那个时候也是一种新的改革，为了方便贫下中农的子弟就地读上初中，就在小学的基础上还增设两个初中班：初一、初二。因为那个时候毛主席有个指示："教育要革命，学制要缩短。"所以小学的六年制减少为五年，初中的三年制减少为两年，小学里面也附设有初中班。当时，这个学校叫回龙区永兴公社学校。它原来是称为永兴完小，但就是刚才我谈到的那个改革，又附设了初中班过后，就称为永兴公社学校。

因为在我家乡像我这样的学历还没有——我是第一个，所以学历上有优势，我回去就安排在中学上课，语文、物理、化学这些都让我上。后来因为理化老师特别少，让我把语文让出来，主要上数理化这方面的课程。1968年底回去，一直到1975年，我在这个学校工作了7年的时间。

1975年，我被调到回龙区教办，当时叫教育组，后来改称教育办公室，它就总管这个区的各学校的业务。我那个教育组的领导称指导员，我刚去的时候负责协助他管理业务，叫作业务干部。从1975年到1977年，工作了两年后，我被提为回龙中学的校长。在教育组工作的两年期间，各区都提倡"学大寨"，大搞农田基本建设，就是造梯田。每年进入冬季，农村都是搞

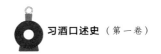

得轰轰烈烈的，基本上是全民动员。因为农业是中心，不光是我们学校，各行各业都得支持。一到农忙季节——所谓农忙季节一般是两个季节，一个是秋收秋种的时候，还有一个是春季插秧的时候，这两个季节各单位都要放假，组成一些工作队去协助农民插秧、收割。而冬季搞农田基本建设，一搞就是半年多的时间，因为冬季的农活相对少一些。

（当时冬季的农田管理是这样的）。因为在农村都是土地多，水田少，一般土地被称为山土和水田。山土就是种玉米、高粱、小麦这类农作物，水田就是栽种水稻。然后，山土里面种的农作物一个是产量低，还有就是经济价值不高。农田多，水稻多，收成就好一点。所以，中央从来就很关心，那个时候的口号就是"以粮为纲"，各行各业都要支持农村，搞这个农田基本建设。各区以公社为单位，选一片地区作为示范点，称为农田基本建设指挥部，又叫作"坡改梯"——这个山地有一定的坡度，原来是一片山地，现在把它改造成梯田，把山土改造成水田。

各机关也要抽调人，我就被抽调到区里面的农田基本建设指挥部从事文秘工作和宣传工作。在这个过程中，我就跟区委的领导有一些接触。后头他们觉得我干事还算认真、还算踏实，就提拔成了区中，也是那个区规模最大、规格最高的学校——回龙区中学的校长。（到中学以后）我接到的课很少，就上一科，课程很少，大概一周就上一两节、两三节课。担任校长过后，我主要的工作就是行政管理。

我去习酒厂的机缘，要回溯到1983年。那时候，习水酒厂产品的销路很好，想购买的人很多，但是产量有限，原因就是除了资金的投入以外，还存在人力严重不足的情况。那个地方很偏僻，比较落后，连村校离这个厂区都比较远，职工的子弟上学都比较困难，而且周围少有的学校规格也比较低，办学质量都不高。因此，职工就有一定的愿望，领导也产生了一个念头，想自己办一间职工子弟学校。当时习水酒厂的厂长叫陈星国，他的儿子也上中学了，就送到我们那里去读。他儿子上学期间，他就同我们学校有一定的接触，对我也就有一定的了解，又加上当时习水酒厂的党委书记就是回龙区的区委书记调过去的，叫肖登坤，我也在他手下工作过，他对我的情况也有一定的了解。当时这两个领导，陈星国和肖登坤就直接和我联系，征求我的意见，问我乐不乐意去习水酒厂工作。他们直截了当地告诉我，如果去了，主要的职务是两个，一个是厂里办公室主任，同时兼任职工子弟学校的校长——当时说兼任是头衔，实际上就开始着手创办习水酒厂的职工子弟学校。当时给我的一个优越条件就是，我爱人在我们学校工作属于临时工，他答应的是，如果我去那个地方，可以给她安排在习水酒厂就业，也是那里的正式工人。这样，我觉得这个条件很优越，很适合，所以我就很高兴地答应他们了。和教育部门做工作，和区委做工作，都是他们去完成的。后面，1984 年 7 月份的时候，我就顺利地调到习水酒厂去了。

我刚开始去时，主要的职务是办公室主任，工作内容也不少，同时挤出一点时间来考虑子校的创办。当时职工要求很强烈，争取 9 月份就要开校，招收他们的娃娃入学。但是因为我去的时候还是一张白纸，什么都没有，我们就去选址，就在二郎滩渡口旁边选一块地盘，建了三间教室的平房，就招了三个年级三个班——就是小学的一年级到三年级，一个级一个班。我清楚记得三个班一共是 135 名学生，就把本厂职工的子弟，凡是在读小学的都接收进去了。这是第一年。在这个过程中，规模比较大的学校另外选了地址，也就是后来正式的职工子弟学校，就开始动工建设，加班加点地抢工期。在第二年 10 月份，学校就建成了，办起了小学和初中。学校规模就扩大了，由原来的三个班就一下子扩大到了九个班。1985 年 10 月份举行的开校典礼，也是新教学楼的落成典礼。

因为学校刚好办起，大家觉得新鲜，也听说学校的教学楼跟其他学校的比较起来要高大壮观点，桌椅这些设备也好得多，老师先面向县内，后面又面向县内县外甚至省外招聘，都是挑选比较优秀的，这样很多家长千方百计都来，哪怕不是习酒厂的职工，都想把娃娃转来读。

办这个正式的学校，我记得当时投资了 60 多万元，这在当时来讲，数目不算小了。因为企业在县内来讲，很被看好、很受重视，也是最大的一家，找了县委、县政府领导反映，领导就跟教育局打招呼，凡是我们看重的

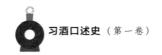

老师，他们也愿意来，一般都要求地方要放行。本县的就通过正式调动来到我们学校。但是，当时我们这样还不太满足，因为县里资源比较有限。所以，我们就面向县外、省外，开始实行公开招聘。那个时候，这个思想还是比较前卫的。因为我喜欢阅读书籍，我看到介绍，有些地方人才已经开始自主流动了，只要你乐意，就是这"几不要"——不要工资、不要户口、不要粮食手续。我们通过当地政府又跟他重新建立这些关系，首先是工资，然后还有户口、粮食供应，县政府都是全力支持，这些方面都做得比较好。所以，我们学校除了本地的老师以外，还有部分来自外地，老师水平都是比较高。第一年三个班的时候，我是校长，正式的老师只有五个人，就只有五个老师。第二年就扩大了，九个班级有二十来个老师。外省来的老师第二年都不多，大概只有两三个人，后面陆陆续续地增多了。

当时，这个学校属于企业办的学校。严格来说，它是属于国家投资——我们是国有企业，但是它又跟地方上办的学校不一样，它的归属不一样。我们的直接领导，包括工资来源，都是企业负责。但是它又跟私立学校有区别，实际上它资金来源还是国家负责，企业的就是国家的。升学就和公立学校没什么区别，如果你要考地方高中，只要你成绩达到了，地方会录取。

我去习酒厂的时候，有三百多将近四百多人，企业职工的娃娃就比较多。我后面当校长到1990年，在1990年初就被提拔为公司的党委副书记。我离开后，校长由当时的教导主任吕良科接任。在此之前，我一直兼任校长和办公室主任。当时办公室分两个，一个党委办公室，一个是厂务办公室。我这个办公室主要是为厂长、厂部服务，从事一些文字性工作，一些协调调动，比如说招待所、小车队，对外往来接待，这些就由厂务办公室来办。中途子校规模大了之后，我同办公室主任脱节有两年时间。1990年初被提拔为党委副书记，开始是专职的。后来企业实行改革，我们属于厂的副职干部，副职干部都要分管几个部门。所以，这间学校我先是专职，后来是兼任，时间都比较长。

习水酒厂在企业的管理改革方面，在省内都是进行得比较早的。通过改革，企业的自主权就增大了，包括工资分配、人事管理。（改革以后）我分管几个部门，这几个部门也包括子校在内，我兼子校校长的时间比较长。当时我兼管了招待所、党委办、宣传、职工教育、共青团的工作，还有福利科。中途建设有一个开发公司，就是在其他方面搞一些投资，比如在地方的果肉食品公司的种植，这都归我们这个公司管。还有房地产开发，你比如跑到北海去联系，购买地盘，搞开发。有一段时间头绪有点杂，想得相对多一些。

当时，招待所就是招待客人，包括一些领导，主要是销售酒的中间商，还有就是供应我们的一些生产资料、物质原料的，包括小麦、包装物品，各种生活设施需要的物品的一些供应商。

职工教育也属于一个中层部门，当时也属于我分管。职工教育就是搞业务培训、思想建设方面的，还有对外进修这些方面。

（开发公司成立）比较晚，它应该是1991年还是1992年的时候成立的，而且它（存在的时间）也不长。紧接着这个企业资金断裂了，这个部门就不存在，也就两年多的时间。成立之初，我们有一部分富余的资金，就觉得除了生产酒之外，还可以搞房地产开发，还自己准备建一个矿泉水厂，那个时候矿泉水刚刚兴起。想要多种经营，通过其他途径，总的目的是赚钱。矿泉水厂后来没有搞成。搞地质勘探，寻找水源花了比较长的时间。这些还在筹建过程中，刚搞出头绪的时候，宏观经济调控的政策一出，资金链断裂了，银行的贷款停止了，就中途停止了，实际上就没搞成。（北海那个房地产项目），去签了一块地盘。当时就是常务副省长张树奎，指明包括当时茅台酒厂，还有我们，还有贵阳钢厂，这些知名度比较高的企业，都派了厂级干部组团，一共去了二十八个人，去考察，然后签订了一些意向性的协议，认购了一些地盘。这些地盘交了一部分资金，后面资金跟不上，最后当地政府就收回去了。（因为前期垫付的钱）是有年限的，你到时间不能继续投资，他就收回了。当时是好几个公司一起签的。（习酒厂是我过去的，认购了）大概有三十多亩地。

宏观经济调控是1992年之后的事了，大概是1993年。那个时候出现了"亚洲经济危机"（通常指1997年席卷亚洲的"金融风暴"），席卷整个国内，银行的资金也给控制了。我们在方方面面投入都比较大，资金缺口很大，只靠企业利润是很有限的，主要是靠银行贷款。那个时候企业产品卖得好，企业信誉不错，银行对我们也比较放心。几家银行都和我们主动打交道，希望我们做他的客户。但是，后面国家搞宏观调控，所有的银行不放贷，我们就走不动路了。还有我们第三期的技改工程，由于上亿的资金不到位，就停下来了。技改工程就是车间的一些设施、规模的扩大，停下来，资金也断裂了。当时整个国家的消费水平也降下来了，购买力也降低了，我们生产出来的酒就滞销，大量地积压在中间商的库房里面，卖不动。有些卖了的，又不能及时回收款项。银行这边也贷不了款，资金一短缺困难，企业就无法正常地运转。老百姓手里面的钱也不多，购买力下降。

那个时候，整个白酒行业的状态，说难听点的就是"发酒疯"，到处都在搞规模扩张，申请贷款。一些酒厂规模扩大，产生了一大批基建工程。我们企业也属于其中之一，成了半拉子工程，中途就停下来，资金链就断了。断了后，一方面是库房里面的酒销不出去，资金不能及时回笼；另一方面也不能贷款，所以资金周转就不能保证了，生产规模就被迫减少。然后，职工也要进行裁员，进行精简，留下来的职工的工资都不能按时发。那是 1993 年底，1994 年达到了极端。宏观调控我都不是很清楚，毕竟是基层干部。国务院第一个措施是"银根紧缩"，为了控制银行盲目放贷，他（国务院总理朱镕基）亲自兼任了中国人民银行的行长，严格地控制放贷。然后，很多企业，很多部门资金跟不上，有些是转产，有些是停工歇业。当时东北一带的大型企业受到的冲击更大，裁员很多，还有很多工厂停产。当时就有很多名词，比如"职工下岗"，实际上就是失业。

（当时招聘老师），我们采取双向选择。一般是他先来了解我们学校的情况，特别是教师的待遇。当时给出的条件是很优越的，具体说就是工资。当时我作为回龙区校长时，我的工资一个月大概就是五十多元，但是我进企业兼职办公室主任后，工资基本翻了一倍多。当时企业兴旺，待遇优厚，有月奖，每个月发奖金，一个季度也要发奖金，还有年终奖。这些加起来，大概是我地方工资收入的三倍。而且，当时我协助办厂子校，我就提建议要把老师的待遇搞好，因为当时老师数量不多，企业规模也不是很大，我跟厂方提出的要求就是："我调进的老师，你必须让他享受副科级待遇。"我是办公室主任，享受的正科级。当时的老板陈星国就很慷慨，爽快地答应了。不光是给进去的老师享受副科级的待遇，还包括其他方面——同时给一套住房，还允许他带一个人进去。一般职工来讲，住房都是单间，套房在习水县范围内少之又少。所以，除了少数人以外，一般人都没享受这样的待遇，多数人住的是一个单间，带有家属的最多是两三个单间。所以，老师到我们习水酒厂去的，除了工资会翻一倍，还分到一套房，也还可以带一个人进去。这对于那些业务水平比较高、工作能力比较强、但有家庭包袱的，包括自己的配偶没工作、无法就业、经济收入比较差的老师来说，就有很大诱惑力和吸引力，所以他就愿意来。我们的招聘，主要就是这一部分。而且，当时我们厂方提出的分析报告就是，这个问题不只是老师工作的调配、充实，还包括企业有关部门的管理干部的调配与充实，都可以通过这个途径来解决。当时我跟厂长和书记见面了，我说："我们这样的企业不算大，所在地理位置非常的偏僻，交通非常落后，这里的就学、就医条件比较差，很优秀的人才不会选择这个地方。我们的招聘对象就面对那些经济上比较困难，特别是那些就业问题长期得不到解决的这一部分人。他来，我们就可以给他解决。他把他的能力、经验、智慧贡献给我们，我们给他一份比较优厚的待遇。"所以，就达成了这个协议了。而且，我跟企业厂长陈星国、书记肖登坤分析了，在县的范围内，我们要去招收其他部门的工作人员是很困难的。比如行政人员、邮电、银行、交通这些部门，他自身的工作条件就比较优越，待遇就比较好，人往利边行，你要去动员他，他多半是不会来的。但是，教师这个系统是县里（人数）最多的一个系统，像当时的习水县就有三四千人的教师队伍，有不少优秀的老师，他们就有不少的困难，我们就选择他们。这一部分人来了过后，就让他们在学校教一段时间的书，如果说他实际的表现除了教好书以外，对其他工作，包括管理、在市场上营销有潜力，就发展这部分人，把他们从子校里面通过观察了解，比较优秀的调到其他部门。调到企业后，他改不改行就是领导一句话，不像地方一样要打很多报告很多字。

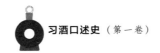

实际上，现在的习酒公司有很多中高层干部都是先调到子校，再从子校调到企业，包括现在的董事长钟方达、副总经理陈应荣，都是我选出来的，从子校这个途径逐步走上管理岗位。所以，在我们企业内部说，子校就是习酒公司的"黄埔军校"、人才的摇篮、培养干部的基地。当然这首先要看他的基本素质，看他责任心强不强，工作能力好不好。假比说他教学有一套，带学生也带得好，再通过当班主任、团委干部或者组织开展中心工作让他去负责，通过交际能力、组织领导能力的考察，他自然而然地就要表现出来。我觉得可以，就跟公司领导反映，需要就调出去。高峰时期，企业的中层干部有将近五十个人从子校调出去，包括我在内的六七个企业高管都是从子校出去的。前前后后，以教师的名义调进企业去的大概有两百人。后来，除了子校留了几十个人外，有一部分去了企业、市场。后来企业陷入低潮后，有些又自动地离开了。

习水酒厂的人才引进，这个地方我谈一下。我是 1990 年初被提拔为酒厂的党委副书记。我去了过后，干部的培训、提拔，这些我都在管。当时企业在飞速发展，规模也在扩大，然后人才的缺口也越来越大，特别需要大量比较优秀的人才。但是，公司地理位置就确定了，当时是个寸步难行的地方，不要说很优秀，就是比较优秀的人才都不愿去那个地方，太偏僻落后了。所以，只在本县的范围内去发现、物色，是有质量问题的。教师大多就在本县就可以物色到了，但是财务方面、生产技术方面、经营方面，有很多人才在县内这个小范围找不到。

当时，我记得我喜欢文学作品的阅读，我就看到一篇报告文学，是写当时广州著名企业白云山制药厂，那个厂长姓贝（贝兆汉）。当时这个厂名气已经很大了，影响广泛，但是厂长还不满足。厂在飞速发展，他也在寻找方方面面的优秀人才，特别是药物的研制人才很缺乏。他就跟手下的人讲，要面向全国去发现、寻找。后来，他们就在上海一个单位里边发现了一个这方面的人才，在全国都是很优秀的。这个人才他也乐意去广州，只是上海方面死死地卡住，不让他走——他本身在那个地方就是很受器重的。那么，后面白云山制药厂方面就跟他们协商。因为他本身也有些困难，当地的部门也无法帮他解决。白云山制药厂就答应他，只要愿意来，我就跟你解决，很慷慨。通过几次的接触后，这个人就下定决心要去，白云山制药厂就跟广州市政府汇报了。政府就说："只要他来，工作没有问题。方方面面，包括家属的安置、子女的就学这些问题，我们全部包下来，解决好。"所以，他受到器重了，就很乐意地开始着手工作。但是，很不凑巧的是，就在这些工作手续快要办完的时候，他患病了。他当时四五十岁的样子，那是一篇报告文学里写的。他一患病就住进医院去了，没有出来。所以，这个事对于白云山制药厂的贝厂长来讲，打击很大。上海方面的工作人员告诉他："没办法，这人都走了。"问他怎么办，他略微思索了一会后，他就说："这个人死了，遗体我们都要。对家属的一切承诺，我们都兑现。他的妻子、儿子、女儿都来我们这里，我们按原来的情况安置好，遗体接来我们这边火化，然后在我们厂区适当的地方划一个地盘，给他建一个墓。"白云山制药厂本身就比较大，它的宣传机构就通过媒体把这个消息宣传出去，这在整个广东省和广州市都引起了全面的反响，影响很大。扩散到外省，人们就传为美谈，认为这个贝厂长"千金买马骨"，后面很多人因此都主动跟这个制药厂联系，它的人才缺乏问题一下子得到很好的解决。

我看了这篇报告后得到了启示。我就跟我们书记请示，我说："我们企业飞速发展的瓶颈问题就是人才问题。这个问题必须快速地解决好。"我的建议也得到当时领导的采纳。当时习酒酒厂已经成为习酒总公司了，总经理是陈星国，他也很爽快，他说："你说的这个有道理，就按你说的去办。"我记得是 1991 年，第一批工人就小打小闹地在本地开始招聘。他同时又让我组建了一个团队去贵阳，大概是 6 月份的时候。（贵阳的）大专院校当时被称为"八大院校"，八大院校的学生都面临着分配。我就带队到这八大院校去做人才引进，就宣传我们企业的优越条件，我们企业所需的人才、各种专业，把我们引进人才的优越条件都告诉他们。

我记得第一站到的是贵州大学，当时的贵大校长祝开成亲自接待我。中午陪我吃饭的时候他说："中午我们饭吃完，你我都休息一下。下午我把应届毕业生组织在大礼堂，你去讲，你需要哪些人，给他们什么条件，跟他们解决什么问题。"我吃完饭后，休息到两点钟，现在的总公司副总经理陈应荣，他当时是我的秘书，就陪同我去。我第一次走上那么大的讲台——这是以前读书时我梦寐以求的事情，想都不敢想。那次校长就说"你自己上去讲"，登上大学的讲台是我人生的第一次。祝校长就坐在第一排的中间，当时看到他后，心里就七上八下地紧张起来，我镇定了一下，因为我事先做了充分的准备，然后按我的原计划，把我的人才引进报告做完。八大院校我走了七间，按原计划都一一完成了。然后，公司人才引进的高潮就掀起来了，那个假期就有不少学生主动与我们联系。

我当时宣讲的内容，主要是介绍我们公司的现在规模与今后的发展前景，还有我们需要哪些方面的人才。我们提供的基本条件：给一套二居室的房子；工资待遇比中层干部略低一点，比一般普通员工优越得多；还有一个很优越的条件，（进入习酒后），可以带恋人。因为公司在发展，在扩招，带来的人可以进车间，从事一般的普通工作。有些从农村走出来的学生，一般就是有一份工作就行了，要求也不高。我们就达成一致，一拍即合，这是第一个人才引进的高潮。现在公司里面的很多人，包括产业部、生产技术部门、市场营销部门，这些骨干都是属于第一批里面招聘进去的。这是习酒厂历史上第一次公开招聘人才，这在贵州所有企业中，都是第一次，走在最前面。

当时，贵大的校长亲自来参加。当时分管职工教育，也跟他们签订了协议，请他们给我们进行职工培训。首先是法律专业、企业管理方面办了两个班。培训费我们也很慷慨，当时签订的是二十多万——20世纪90年代初二十多万不是一个小数字，所以对他来讲也是很有吸引力的，因此他也愿意和我们打这个交道。

当时，这八大院校中，我去了贵大、贵工、师大、商专、农学院、教育学院、财经学院这七间学校。我们给出的工资待遇跟地方比就优越得多。那个时候是20世纪90年代初，在地方上我们同级别的干部，大部分的工资都还不到一百，超过一百标准的都还不多，但到我们那里去就是一百多将近两百的工资收入，就比较吸引人。本科来的话，一般是两居室的套间，办公桌、床，什么都为他整理好。他到其他地方去，还要自己想法找房子，最好的也就是给你找一间宿舍。我太太当时调到遵义，都是住的单间，很狭窄，什么东西都是你自己去解决。

我们招的专业，首先是酿造专业的，然后是财务、环保、市场营销等专业。其中，市场营销是我们仅次于酿造专业来招聘的专业。那一次我们招了将近两百人。有本科生有专科生，专科生多一点。有些条件比较优越的，离我们这些比较远的，他还是不愿意来。后来我们发现了，来的多数是黔南、黔东南、水城这一带比较落后地区的学生，人往利边行嘛。因为我们公司所在是遵义地区，黔北，它的文化、方方面面都不错，而且发达一点，有吸引力。

我们先前也不注重媒体的宣传，我们和新闻媒体的交道也是最近才发展起来的，我们的这些做法通过他们，借助《贵州日报》、电视台来报道，效仿的企业单位逐渐地就增多了，对人才的竞争也开始趋热起来。

当时想到去高校招聘人才，是因为我们人才的需求缺口比较大。想调工作的人，他又总是瞻前顾后，顾虑重重的——他的妻子、儿女、父母，总有一些牵挂。但这些大学毕业生刚踏上工作岗位，他只需要对自己负责，每月工作富余了，支持一下父母这就不错了。他们的顾虑相对较少，而且这种人有年龄优势。同时，他们的思想观念和长期在地方工作的人员比起来，也要前卫开放一些，这是他的一些好处。当时，我们虽然没到外省去搞过人才引进，但是我们是在赤水河边上，与四川就是一水之隔。四川的文化比我们贵州发达，那么，四川的古蔺、合江、泸州、宜宾这一带有不少的人都先先后后和我们联系，也去了一部分。

当时人才引进，大学毕业生一般就是面试，找他谈下话，看下他的档案、在学校的表现，这块就比较简单。你到哪个部门，那个部门就要简单地考察，要求都不是很严。教师这一块相对高一点，首先要试教，要讲课。开始招聘的教师，比如习酒公司原工会主席沈必方这些，是我亲自去招聘的，当时是去贵阳师范学院，现在的贵州师范大学。

我们和贵大合作职工培训，大概是在 1990 年下半年至 1991 年上半年

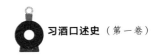

（开始的）。贵工也跟我有培训的合作，主要是贵工、贵大、贵师大。贵大是以企业管理为主，贵工是以酿造为主。师大跟我们办的有法律专业培训班；同时就办有三四个培训班，一个培训班有二十人左右。我们挑选好学员后，关于办学地点，酿造专业是拓展到贵工来接受他们的培训，大概拓展学习两年的时间。现在那些车间班长，还有中层的技术骨干，都是那些培训班培养起来的。其他像企业管理、财务、法律等专业，这些学校的教授大概一个周去酒厂一次，我们负责派车接送，一周上一次课，请他们过来讲，不是脱产，在职。后面培训，每周都安排半天时间，教授亲自讲课。

企业兼并后，我就主要负责学校的工作了。当时的情况，拿茅台来讲，我们的子校和茅台的子校就是两个样。他们讲茅台子校是门可罗雀，没人愿意去。因为他们本身就在茅台镇，地方办的学校本来就比较近，办校质量也比较好，所以大家都选择在地方读。因此，茅台子校招生很困难，每个班人比较少。但是，我们子校一直都被很多家长、学生看好，每个班都是满满当当的几十号人。而且这个单位很特殊，一旦有什么波动，就要牵涉职工家长的情绪。后来，我跟企业反映，企业也很重视。当时子校的教师工资发放都比一般单位高，还有就是企业人员大精简的时候，我要求凡是子校教师带进去的家属，都不能精简，企业也采纳了。企业把这个学校教师的情绪稳定了，就没出现什么起伏。学校一直办下去，都办得比较好。当时茅台的副总经理曾凡玉、办公室主任徐小安，他们的子女都送到我们那里去，从茅台带到我这里。这就说明我们两间学校办学质量的差别太大了。

我们还试图办过几年高中。高中跟初中在教学比起来，难度大得多了。大概第一次办了两年，第二次办了三年，先先后后考取了二十来个大中专学生。那个时候考大学是千军万马过独木桥，相当难的。后来，这个企业经济形势不好的时候，有些很优秀的教师，其他企业也来争取，有的他就走了。所以，高中这一块要得到一个好老师很难，我们只好停办了，着重办好初中和小学。

我们的小学和初中都办得很成功。比如初中，在遵义范围内的这些示范性重点学校，如遵义四中、航天中学、南白中学、师大附中，都到我们那里去争取生源，每年一到招生的时候就要跑来和我们联系。我们每年都要输送将近二十名优等生到这些学校，这在习水县内是没有第二间学校能做到的，有点像以前的兴义八中。我当时在学校确定了一个办学方针叫"全面发展，各取特长"。我在选老师时，音、体、美这些专业的老师，我都挑选很优秀的。除了这几方面的培养，还有围棋、舞蹈类都抓，都在课外活动小组中去培训。所以，子校中我对班主任的要求就是：要努力发现学生的潜质、天资、优点和闪光的地方，看他（她）们适合培养哪方面的特长。至少每个学生要参加一项培训，爱好广泛一点的也可以参加两三项，这个学校就会很有活力，让学生就觉得虽然在这方面不行，但在另一方面还可以，使他（她）有表现自己的舞台，有展现的机会。这一来，他（她）在学校学习就不会觉得自己派不上用场，不快乐。这个对学生方方面面影响都很大。

举个例子，一段时期，许多中等专业的学校都不包分配了，国家为了保证教师队伍的建设，唯独只有师范专业可以包分配，这个持续时间是很长的。当时我们的娃娃们，多数是职工子女，从这种家庭走出来的，有个工作就谢天谢地了，很满足。家庭条件好点就选重点高中，一般家庭除了重点高中，能够考上师范就是很大的满足。就是师范录取人数都不是很多，但是在习水县二十多所学校中，（我们学校）考上师范的学生是最多的。（那个时候，师范比中专生还难考），难考多了，其他中专就比较好考，唯独师范类的中专最难考，因为它包分配，所以大家都来竞争。我们子校是考得最多的。

还有，师范中又有三个特殊专业，音乐、美术和体育专业。这几个专业中，除了看文化成绩要过线以外，还要考察你的专业知识，称为"术科考试"——考美术的你要画画，考音乐的要进行面试。其他地方学校没有办这些培训班，他文化考试达到标准了，但是术科考试达不到。我们在这方面占了优势。每年，这三个专业大概全县三十个名额，我们要占去一半多。另外，就是我们选拔的学生参加地区中学生田径运动，成绩都很好。习水县每年都和我们打交道。为了让地区拿奖牌，争取好成绩，就要选拔尖子学生去参加。我们的体育活动开展得很好，这方面的培训是长期化、规范化的。这

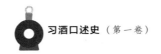

样的话，一去拿奖牌的绝大多数是我们的学生。他们那个代表团三十多个学生，我们就占二十个名额，你可以想象我们学校体育优势有多大。

厂里面曾经有一个人跟陈星国说，他是习水酒厂的第一个文化人。我去的时候，习酒厂只有一个中专生，就是财务的王维。他当时是个副科长，也是我回龙中学时的学生。我是进去的第二个中专生，加上在当校长期间，我一直有阅读的习惯，我看的书籍比较杂、多，相对来说知识面宽一点、视野要比一般人开阔一些。所以，陈厂长和肖书记选拔我去做办公室主任，做这些工作，他也是有一定的了解、有一定的根据。我去了后，做办公室主任一般都要列席他们的高层会议，后提为副书记就更不用说了。当时的陈厂长，在外边是有些财大气粗的傲气，但是和我在一起的时候，他能放下架子。主要是我说道理，他听得进去。在大学人才引进这一块，他采纳了我的意见。我提出的建议要求，他基本都认同采纳。这两方面我都完成得比较好。

子校这一块，我们统计了一下，直接考进大中专学校的就有两百多人。同时，我们那些娃娃，即使没有考起专业学校，去读高中，后来升大学的，他们发展也都比较好。我们这里的娃娃，比地方上甚至比县城的娃娃在包括心理素质以内的各个方面，都要发展得好，因为我们开展的活动比他们多。这样，这些家长三几年后，看到我们学校这样一些优势，就对我们学校都比较重视、看好，而厂方也舍得花钱。老老实实地讲，招聘老师也好，添置设备也好，厂里都是大力支持的，老师工作起来也比较上心。比如春节，公司要发点酒给老师过年，还亲自去看望一下；还有教师节，厂领导也要组织老师座谈。这些都产生了很好的影响。这个学校，它不光是解决了职工的后顾之忧，更主要的是给当地培养了不少的人才，后面在企业就业的也不少，在其他地方就业的也很好。有些职工生活上非常困难，比如像曹庆禄，他的娃娃叫曹彬，两个儿子一个女儿在我们学校读书。他家里边有六口人，他爱人没有工作，他的父母亲更没工作，就靠他一个人，他三个娃娃读书。但在我这个学校，我很有权威，就跟班主任打招呼了：这种家庭不仅不要收他任何费用，而且班上有机会还要补助他。他的几个娃娃学得比较好，包括遵义四中、习水一中都争着要。这个叫曹彬的娃娃，当时考了全县第二名。全县第一名是遵义四中录取了,第二名就是习水一中要去了。当时县委书记王劲松有个扶贫的任务,就点名扶贫这家,给他家的优惠比较多。后来,这个娃儿考起了武汉大学,发挥得很好,是家庭做梦都不敢想的。当然,他自家的娃娃比较聪明,在学校里面受到了良好的教育,他的发展路子就走得比较顺利,这一家人的命运就彻底改变了。

2004 年国家有个政策,凡是企业办的学校都一律交由地方管理。我们也跟随国家的管理,把子校交由县政府接收了。老师归地方统一调动管理,学校的资产也毫无条件地交由他们接收。整个学校的办学时间,大概就是二十年。

我就是在子校交给地方的 2004 年离开了习酒厂。离开习酒厂时,我的心情十分复杂。那是我人生工作时间最长的一个地方,我工作了二十年——我在任何一处地方都没有待那么长的时间,也经历了很多事情,所以感情确实有一些复杂,但是也没大的起伏。首先站在我们当时的情况,年龄也比较大了,考虑的是退休后有份可靠的待遇,这些都是要有保证的。有一点起伏,不是很大。离开习酒厂后,我就到地方担任县政府的教育指导员,大概有四年时间,到年龄就正常退休了。因为我的子女都在贵阳,我就来到了贵阳。

我去到习酒厂的时候,基础条件比我们优越的,不谈省级,就说遵义地区范围内,鸭溪窖酒厂、湄潭酒厂、遵义珍酒厂,都比我们好。首先讲它的地理位置,湄潭酒厂就在县城旁边,鸭溪窖酒厂就在遵义市区,珍酒厂就在城里边。然而,一个企业、一个单位要发展,要看的是能不能得到优秀的人才,要想得到优秀的人才,就要选所在的地方、工作环境。习酒和这些企业比较起来,明显要差很多。但是,当时我去了之后,我感到我们比这些企业发展都要快、要好。

那段时间,第一个重要的原因,就是陈星国厂长胆子比较大,思想比较开放,他带头搞了一个"经济责任制"的改革。所谓"经济责任制",就是企业中的各个单位、各个部门,特别是生产单位,根据你生产的数量、质量来确定你所在单位、车间的工资待遇。你的出酒率高,生产量大,质量也可以，你得到的工资待遇就好。在他实行这个企业改革之前，很多企业都按照国家规定，你工作的时间，你是什么级别的工作人员，就享受什么级别的工资，工资是死的。但是，我们这个"经济责任制"改革后，这一块就活了，把你的工作报酬和工作效果、生产效率挂起钩来，员工的积极性、创造性就释放出来了。这对一般企业来说就无法比。今天说起来是很简单的一件事情，但是在20世纪八九十年代，就是很新鲜的事情。习酒这个企业，由于陈星国的思想就比一般企业的思想要先进、领导力要强，另外，当时的县领导也比较支持，这也是很重要的原因。我认为，这个企业当时在同等企业中，算是跨越式地走出来了。

回忆起来，我人生最好、最风光的岁月还是在习酒厂。应该这样说，我人生中为之奋斗的事业有两件，第一是创办了习酒公司的职工子弟学校，第二就是帮助企业搞人才引进，这两件事情可以说是让习酒公司受益很大。它现在的干部，不管是技术骨干还是管理骨干，有相当一部分是从子校调出去的，另一部分就是从外地招聘的。在办学校中，通过调动教师的积极性，解决了企业的很多负担，包括管理人员、领导人员的需要，后来直接引用那些人才。这个人才引进是吹糠见米的事情，有些一进去就担任了重担，承担了比较具体的工作。20世纪90年代初，很多企业没有那个意识。我们开始带动，走这条路程，所以人才引进都比其他企业超前。

我在习酒厂工作了二十多年，印象最深、最值得骄傲的还是人才引进。刚才讲了，我是一个从农村出来的孩子，上大学这个梦，我都从来没有敢做。但是出于引进人才的需要，我站到了贵州的最高学府，贵州大学大礼堂的讲台上去了，贵大的校长和校领导都坐下听我讲。这件事我想起来有几分得意、几分自豪。并且，我作为一名中专生，站在大学的讲台上，不辱企业的使命，比较顺利地完成了企业引进人才的任务。我觉得这是我印象最深、做得比较好、比较完美的一次。而且，它确实给企业的发展带来了好处。还有，就是我先后办的这两间学校，特别是习酒子校，我觉得办得比较成功。

242

本书采编小组于 2019 年 10 月 31 日采访张开刚

吕良科｜"老习酒人"的不解缘

　　我们苦在酒厂、乐在酒厂。我们的山沟沟里一定要飞出金凤凰，一定要把我们的习酒畅销全国、走向世界！当时那种精神就是自强不息、吃苦耐劳的精神！

　　别人看我的简介，介绍我是"习酒老人"。我说："我是老习酒人。"我跟习酒的感情很深，所以我们的家庭也好，我们的圈子也好，有习酒这个缘。习酒培养了我们，我们对习酒也做过一些贡献。哪怕我今天退休了，都希望我们的企业越来越好。

贵州喜将军酒业公司董事长、总经理吕良科

人物小传

吕良科 1957 年 3 月出生于习水县回龙镇周家乡，大专学历。1984 年 10 月，从周家学校调至习酒厂子校，历任教师、副教导主任、教导主任、校长；1991 年调习酒公司厂部，历任处长、厂长助理、副总经理；1998 年，调贵州珍酒厂任经营厂长；2003 年，任小豹子公司总经理；2007 年，创立贵州喜将军酒业公司，任董事长兼总经理，打造"喜将军"品牌。

我老家在周家（回龙镇周家场），父亲是标准的中国农民，但也是有文化的人，他是以前食堂大队的老会计。我在儿时，他就教我诵读古书、查阅四角号码词典、写毛笔字和打算盘等。他曾是人民公社时期大食堂的会计，后来人称为"老会计"。我母亲石发枝是正儿八经的太平天国名将石达开之后裔。她在旧社会缠过小脚，虽未接受过正规教育，但会算账，乘法口诀倒背如流；善持家，"细水长流"常挂嘴边。母亲"货卖堆山"的观点，后来被我搬上市场营销的讲堂。当年，太平天国经过我们那个地方，全军覆没，我母亲后家石姓的少数族人留了下来。

我祖辈有三种职业——教书、医生和习武。受祖辈的影响，我小时候就向往当老师、当医生。我从小也喜欢练拳习武。我有四弟兄，大哥是医生，我是老二，老三是警察，老四以前在习酒公司，是那时贵工习酒班的副班长，后来是习酒公司的车间班长，再后来就辞职做生意。

我 1974 年高中毕业。当时还没有恢复高考制度，而我是农业户口，就只能做个回乡知识青年。1977 年，虽然国家已经恢复中断了十年之久的高考制度，但我因为多方面的原因，没有去参加高考。但是，我后来参加工作后，有幸进贵州大学学习，获得了行政管理和工业企业管理专业两个大专文凭。

小时候，我很崇拜军人。高中毕业后，我也曾报名参军，体检合格了，但政审未过关，未能圆了我的"军人梦"。

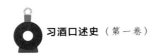

我回乡后，曾在周家公社的社办企业当负责人。那个时候，社办企业就是把整个人民公社的各种企业，包括打铁的、缝纫的、理发的等手艺人集中起来，由公社统一管理，不准搞单干，我就是当时的负责人。后来有政策，把企业解散了，我就去教书去了。

我去教书时是民办教师。民办教师是中国特定历史条件下形成的中小学教师队伍重要组成部分，是农村普及九年制义务教育的一支重要力量。后来我从民办教师考成了公办教师。整个考试（教师编制考试）有 200 多人考，我考了第一名，在习水县考得第二名，才转成公办教师，之后就调到习酒公司办的职工子弟学校。

我 1976 年结婚，媳妇是农村的，也是周家的。我调到习酒公司，媳妇就跟着调来了，我们小孩就多了。现在娃娃的妈妈就是英雄母亲，我们有五个娃娃，其中还有一对双胞胎。我的娃娃都在遵义，都成家立业了。当时，我们整个大队就只有两个高中生，我是其中之一。当时，（农村）都认为高中生了不起，是知识分子！

我记得，我高中毕业回家以后就去插秧了。我小时候插秧非常快。我是我们那个队的扫盲辅导员。农村办有夜校，我们白天要干活儿，晚上就去学文化。这个学文化的地方叫作农民夜校。有一天，周家公社的机关干部到我们青杠坪生产队去支农插秧，当时是牵绳插秧。公社张书记（张宗禹）就在我的旁边一起插，他插秧比我慢得多。我插得很快，噼里啪啦就可以插很多。一边插秧，一边吹牛摆龙门阵。我记得当时张书记头一抬，说："你不是臭老九嘞！"意思是，我秧也插得快，口才还好。第三天，村里就通知我到周家公社去了，就属于半个干部（脱产干部）。当时的大队支书提了两瓶小灼酒到处张罗，就说："吕家的老二提拔到周家公社去当干部啦！大家来喝酒！"那时候我才 18 岁，来周家公社，也没得任何关系，没得任何背景，就这样去的。

我们吕家最先是从江西的吉安到四川的富顺。富顺周围有"富顺才子，内江官"的说法，意思是内江当官的多，富顺才子多。黄金坪、二郎滩一带姓吕的人很多，我老家就是在习酒附近的吕家冈大坡，后来才迁到回龙周家的。习酒厂附近有个地方叫阳雀岩，吕家的祖坟就在那个地方。现在大坡附近都已经成为习酒公司厂区，很多地都征用了，我的老祖坟都搬迁了。

我们吕氏家族是个有70号人的大家庭，曾经教师居多，能够办一所规模不太小的学校。

小时候，我没到过二郎滩。但小时候就对二郎滩这个地方非常向往，有一种感情。小时候，我爷爷爱给我讲，说他年轻的时候，是合江、二郎滩这一带的"袍哥"人家。我爷爷还给我讲二郎滩的故事。他说：二郎滩和二郎庙，隔河相望，两边的人只能靠渡船来往。涨水的时候常常出现船翻人亡的事故。两岸的人民怨声载道，惊动了天神二郎神，它就显灵了，在二郎滩的上边大坡，（挥鞭）赶了一批石头。人们就看着石头在滚去筑桥。二郎神在山腰突然问到一个过路人，说："先生，你看见我赶的那些猪儿没有啊？"这个人就说："猪儿没看见，只看见一些石头在滚。"二郎神长叹一声，重跌一脚："你泄露了我的天机！"这时候（石头）就停止滚动，所以这个桥就没有修成——凡人泄露了仙人的天机。二郎神要修桥的愿望是一种神话传说，实际上没有实现。今天，习酒人"一桥飞架南北"，终于把这座桥架成。

小时候，我听我爷爷讲故事，就比较向往二郎滩。正好，1984年，当时的习水酒厂要创办子弟学校，我就成为习酒的一分子。我调到习酒后，将这一神话故事写成散文《二郎滩的传说》，发表在了《习酒报》上。后来，文化名人谭智勇和佘显录先生创作成歌曲《习酒的传说》，习酒艺术团又将其编成歌舞剧四处演出，习妹郎哥凄婉的爱情故事从此广为流传。

二郎滩这个地方，原来很偏僻，交通很落后，气候很炎热，工作和生活环境比较恶劣。由于（时任）习酒公司的董事长、总经理陈星国对教育非常重视，从全国各地招聘了很多优秀的老师，对教育的投入也比较大，子弟学校办出了名气，成为遵义市的文明学校。尤其在德、智、体素质教育全面发展上，子弟学校在遵义、在习水都是有名的，每年的升学率比较高。

随着企业的发展，习酒公司需要人才，又从子弟学校调出了不少老

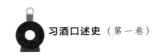

师。习酒交通不便，在二郎滩那个沟沟里面，当时全厂的工人文化素质都不是很高。习酒公司引进人才是从习酒子弟学校开始的。我清楚地记得，当时习酒第一个大学本科生李庆利，就是我和当时的张开刚副书记引进的，他后来当了习酒公司的宣传部部长，现在是习酒公司机关二支部党支部书记。

习酒达到一定的规模及水平后，接着就调了很多优秀的老师充实到习酒厂管理层，像现在仍在习酒公司担任重要领导职务的钟方达董事长、陈应荣，以及担任过习酒公司高层领导职务的张开刚、黄树强、陈长文和我等人，都是从习酒子校调出来的。当时，在习酒公司的领导班子成员中，有六人曾是老师。有人开玩笑说习酒公司是个"校办工厂"，有人说子校是"黄埔军校"。应该说，当时的子校为习酒公司输送了不少的管理人才。可惜后来子校交给地方了。

我在当子校校长的时候，老师们都非常优秀，有相当一部分都是教育专家，有些离开子校后就去大学教书了。我的学历不高，两个大专学历是中途得来的，我们的老师，学历、水平都比我高。我在习酒子校当校长时，我家里就被称为沙龙聚会，是知识分子成堆的地方。晚上在我家里面搞聚会，谈政治、谈经济、谈人生、谈婚姻、谈爱情，半夜三更拍脚打掌的。那个时候，我也喜欢读书，书读得也不少。大家谈到历史上的共同话题，我就到书房去，把书翻来背。那时候，习酒厂有很多人才。

我当了两年校长后，习酒公司发展突飞猛进了，需要很多管理人才，就把我调到宣教处任处长。半年以后，又提拔我担任厂长助理、副总经理、党委委员、董事会董事。我在当副总经理时，分管的部门很多，分管过科研所，分管过生产，分管过后勤，分管过宣传，最后管市场营销。

我在习酒工作了 14 年。在子校工作时的领导是张开刚，在厂里头的领导是陈星国。他们对我的影响，决定了我后来的进步。

我从子校调到宣教处以后，正是习酒公司处于发展得比较好的时候。我先搞调研，一个星期以后把规划拿出来。（推动）成立了几个部门：第一，成立习酒电视台；第二，成立习酒报社；第三，成立职工教育中心。

我把子校从四川招来的一个搞摄影摄像的老师调到宣教处，去当习酒电视台的台长。当时在习酒成立一个习酒电视台，在全厂、在习水县都是轰动的。一个企业要成立一个电视台，每个星期要播出习酒新闻，这个形式在当时还是非常非常新颖的。通过习酒新闻报道，可以让大家了解全厂的好人好事、先进事迹。同时，对全厂有的部门工作不力，甚至一些反面的东西，我们也要进行披露报道。

习酒报上有一个专门栏目叫"曝光台"，是报负面东西的，主要是把各个部门工作生活中落后的负面东西在报纸上报道出来。当时习酒报的记者、电视台的记者到车间去采访，是很有影响力的、很有威信的。

当时，公司在省里办有好多个习酒培训班，都属于我们的职工教育中心来管理。所以，有一段时间，宣教处在全厂产生的影响还很大。我记得，当时我还不是领导班子成员的时候，习酒公司开班子会，都要我列席。

我被提为厂长助理，又分管科研所。1987年，我就把那些学白酒专业的大学生与习酒子校的老师组织在一起，建立一个"科学研究所"。这个当时在全国也是绝无仅有的！第一任科研所所长是曾前德，第二任科研所所长是陈宗雄。今天习酒公司总工程师胡峰，就是当时的科研所出来的，后来的习酒公司总经理助理杨刚仁也是从科研所出来的。科研所的这些人，都是习酒公司技术方面的骨干、中流砥柱。

习酒的产品，最先我晓得的是"红卫大曲"。它是"文化大革命"期间的产物，后来改成"习水大曲"。"习水大曲"当时在全国的知名度是很高的，1988年被评为"全国十大品牌"，是消费者特别喜欢的品牌，供不应求，曾经有句话叫"习水大曲醉天下"。

后来，习酒公司开始试制酱香型习酒。酱香型习酒试制成功以后，1988年荣获"中国银质奖"，就是中国优质产品，再后来才定为习酒。因为有了习酒，1982年8月才成立了一个习酒镇。

1992年，时任习酒公司党委副书记的张开刚到贵州大学等八个院校去招聘人才，去演讲，去招揽大学生，为习酒公司引进了几百个大学生。现在这些大学生都已成为习酒公司的骨干。

法国质量认证专家马瑟尔
与陈星国合影

　　我在习酒公司分管企划时，曾主持完成了一个 VIS 企业形象识别系统（"喜将军"就是当年的企业形象标志 logo，申报并经国家工商总局批准注册）。当时进行系统策划创意的企业，屈指可数，在整个贵州也是第一家。

　　习酒公司有两张证：VIS 系统和国际国内质量认证，这是分管质量的副总黄树强组织完成的。当时整个贵州的所有企业，包括茅台都没有，习酒是第一家。质量体系认证通过了以后，发布会是我主持的。法国一个专家来参会，并颁发认证书。因为之前申报的过程很艰难，得到很多专业人士的帮助，这个国际国内质量认证又很严格，非常不容易，所以陈星国上台领证书的时候都感动得哭了，当场哭了。在一个山沟里面的企业，能够通过国际国内的质量认证，这个也是很了不起的！

后来一段时间，陈星国把所有的副总都赶到市场上去，每个人都独当一面。我是负责西南大区，包括贵州、四川、云南、重庆这一片。西南这一片市场，也是习酒公司最重要的一片。后来，公司又把中南那一片划给我。我管营销市场，还评得了特别奖。时任习水县县长的刘兴国来给我颁奖，还给我发了五千块奖金。当时习酒公司所有分管销售的副总，得到奖励最多的是我。

陈星国的市场意识是非常强的，他为习酒上市做了好多宣传和公关活动，例如：1992 年习酒举行的"西北万里行"宣传活动，组织了近十辆宣传车队，途径十多个省份；参加中国新疆"首届乌鲁木齐边境贸易洽谈会"，并作为该届边贸会首家赞助商赞助了 80 万元；还有，贵州省原省委书记胡锦涛去西藏工作期间，陈星国安排谭智勇牵头组织的"习酒献西藏"宣传活动；组织长江沿岸的各大名人，在重庆做的一次"习酒香飘重庆城"宣传公关活动；等等。我们确实在当时做了很多具有社会影响力的非常大的活动。

我记得当时陈老板（陈星国）讲了两句话，算是金句子。第一句话是"开发市场比建设工厂更重要"。因为市场经济，没有市场，产品只是产品，要把产品形成商品，就必须要拓展市场。第二句话是"光靠二郎滩的人，是建设不好二郎滩的"。为什么陈星国提出"光靠二郎滩的人，是建设不好二郎滩的"？习酒人要有胸怀，要有精神，要走出去，要请进来。陈老板提出来"请进来，走出去"。请进来，就要把外面的专家、学者，有知识、有文化的有识之士请进来；走出去，要派出去学习、培训（和磨炼）。

习酒人"苦在酒厂，乐在酒厂"。那个时候，地方条件很艰苦，交通不发达，从习酒厂到遵义，一天都到不了，有时停车在路上，在车上住，还是很苦的。习酒地处偏僻，交通不发达，信息很闭塞。这个地方，夏天又是最热的，热得不得了，可以说是个火炉，当时又没有空调。习酒人那种吃苦耐劳、艰苦创业的精神，今天想起来都令人肃然起敬！在这样的环境条件下，陈星国提出"苦在酒厂，乐在酒厂"，倡导的就是一种自强不息、艰苦奋斗的精神。

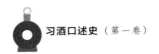

我们的山沟沟里一定要飞出金凤凰，一定要把我们的习酒畅销全国，走向世界！

随着时间的推移，随着习酒、习水大曲品牌在全国知名度的不断打响。习酒的精神就是要走出贵州、走出中国、走出世界。这个时候，习酒人的那种胸怀就不一样。

陈星国对习酒人的影响很大，他当时在遵义酒界、贵州酒界，都是很有影响的人。他在任上把习水酒厂变成了习酒公司，把"习水大曲"这个品牌创造成为全国的知名习酒品牌。"习水大曲醉天下"的时候，还记得我在中央电视台做广告，著名演员李雪健作为习酒的形象代言人，唱响了"习酒是喜酒，喜事喝习酒，习水大曲，老牌名酒"的时代旋律，这在当时是响当当的。

陈老板这个人对企业改革大刀阔斧。习水酒厂没改成习酒公司的时候，公司就提出来要砸掉铁饭碗、端掉铁交椅，就是干部能上能下、职工能进能出、工资能高能低。这"三能"，可以说在全中国都少见。习酒公司把档案

吕良科工作旧照

中央电视台正大综艺贵州习酒方阵，吕良科为方阵领队

工资取消，我们这一批人的待遇是受到影响的。在当时，我们管理是很先进的。国有企业当官的，当干部的，只要上了，就下不了。说你行，你就行，不行也行；说你不行，你就不行，行也不行。陈星国对企业领导干部，能够上也能够下，而且不拘一格起用人才。当时公安处的处长是子校的一个老师，他能文能武，还有文化。原来上任公安处的处长没得文化，"没得文化是战胜不了敌人的"，于是就调了一个能文能武的普通老师，当了公安处的处长。

当时习酒公司学习三九集团的经验，把管理摆在比习水县更大的范围上，很先进，焕发了这个企业改革开放的活力。陈星国在全厂的声望很高，他一声令下，全厂畅通无阻。他的决策也很明确，党委也好，行政班子也好，决策民主，执行有力。

我认为，陈星国是个很了不起的人，他对贵州甚至中国白酒业界都是很有影响的。他曾任国际名酒联合会的副主席，是全国"五一劳动奖章"获得者，是享受国务院特殊津贴的专家。陈星国作为一个回乡知青，到习酒公司去时还是七人作坊。习酒真正的发展，是在陈星国时发展起来的。后来，

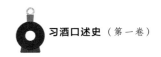

由于诸多原因，特别是 20 世纪 90 年代末期国家宏观调控银根紧缩、国营企业体制机制、企业自身经营管理等因素，资金链就断了，习酒公司遭遇到了前所未有的困难。

我记得，好像是 1995 年，国家政策"银根紧缩"，只收不贷。又正是政府要大办酒厂的时候，"当县长，修酒厂"这句话，就是说"要当好县长，就要修好酒厂"。当时习水县委、县政府要求习酒公司要在习水县起好龙头作用，要把整个习水县破产倒闭的酒厂帮扶起来。习酒公司当时兼并了三个酒厂（向阳酒厂、习龙酒厂、习林酒厂），把包袱弄进来，国有企业兼并国有企业，这实际上是一种有悖经济发展规律的做法。在这之前执行的政策是企业要贷款，尽管贷。当时习酒公司大发展、大修建，甚至修了一条公路，叫黄郎公路。这是解放以前贵州省的省长周西成要修的一条公路，没修成，现在是习酒公司来修的这条路，贷款来修这条公路。

当时企业本身负担就够重了，兼并了两家企业，还要贷款来修工厂、修公路。结果是，因为遇到国家实行"银根紧缩"，银行就只收不贷，贷出去要尽快收回来，没有贷出去，就不能贷了。只收不贷，企业没得运转资金，没办法还钱了！

我们在外边卖酒，如果说是通过账上打给习酒公司，银行一下就从账上去把钱扣了。钱被扣来，连工人的工资都发不了，连我们在外面搞销售的差旅费都报销不到钱。所以说，企业就采取企业行为"体外循环"。哪样叫"体外循环"？就是不通过公对公账号打钱，我们在外面就直接把现金收来提到习酒公司，用来发工人工资和解决销售人员的差旅费。有一次，我在昆明收了 70 万现金。那个时候 70 万是哪样概念，70 万现金，拿个大皮箱装了一个皮箱！我一个人扛大皮箱坐火车，拿一根铁链子绑在我的手上，箱子在火车上就做我的枕头，就是"钱在人就在，人在钱就在"。在火车上，一晚到亮，根本不可能睡得着。70 万就在我的头上，别人不晓得我这里边装的钱！晚上到贵阳，习酒公司才派小车去把我和这 70 万拉到习酒公司去发工资（受访者补充：公司派专车来接，是接钱而非接人！工友们等着工资养家糊口啊）。

那个时候是很困难的，国家不贷款。如果卖了点酒，通过正规渠道去，银行就给你扣了。不管你发不发工资，不管你有没有差旅费。当时的银行行长都还派人到习酒公司来，协助习酒公司去外头收款。款收来，他就要收走。当时企业就困难到这种程度！

后来，遇到习酒被茅台兼并，陈星国陈老板，他自杀了，结束了生命。很可惜！这是一种悲哀，这是企业的悲哀（受访者补充：1997 年，茅台兼并习酒前夕，陈星国自绝于他倾注毕生心血的习酒，这个此话题很沉重，我讲不清楚，也忌讳讲）。

以前，其实我是不喝酒的。我患有严重的十二指肠溃疡，痛了十几年，有几年是点滴酒都不喝，大家都晓得我不喝酒。20 世纪 90 年代中期，我们一班人随陈星国出差到沈阳去，当时的沈阳糖酒公司老总请我们吃饭。那时，沈阳卖习水大曲，38 度的低度酒（简称"习三八"，卖得很好）。北方人那种喝酒法是不得了！陈星国的酒量本身也不错、也厉害，但是在沈阳的那些人，喝酒是一斤习水大曲倒出来两杯，一口半斤，两口就喝一斤。陈星国的酒量虽然很大，但后来我发现他都已经不行了。我就跟糖酒公司的叶总说："叶总，我们老板今天旅途劳顿，今天晚上要回贵阳，可不可以就恰到好处就停止？"叶总正喝到兴头上，他说："你能够替他喝一杯，我就放过你老板！""好！"我说，"叶总，一言既出，驷马难追！"他说："好！"坦率地讲，我是为了保护老板，我没喝酒，很多年不喝的。我把一瓶酒倒作两杯，他抓一杯，我抓一杯，我抓起一口就喝了。我说："叶总，既然这样，只要我老板不喝了，我现在还敬你一杯。"又把第二瓶打开。实际上我喝一斤了。糖酒公司的员工就说："妈耶，两瓶都喝了。"我当时就醉倒在地。这就是我对领导、对陈老板的一种感情。我们习酒团队到哪个地方去喝酒，老板来了，就看你的班子喝酒咋样。我是很多年没喝酒，一滴酒没喝过，结果是豁出去了。一是为了保护老板，二是为了给习酒人争个面子。这是一个小故事。

习酒跟茅台不一样。茅台是老品牌，百年名牌。习酒和习水大曲始终是创造的新品牌，要完全靠自己去打市场、打江山。我们把习水大曲创造成全

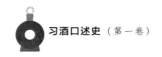

中国知名品牌，当时提出来"国酒茅台，省酒习酒"。除了茅台以外，当时的习酒在贵州基本上是第一品牌。所以，陈星国是个了不起的人！

人嘛，已经成为历史。陈星国以前是有争议的人。他没死之前，他自己就讲："我陈星国是个有争议的人物。过去有争议，今天有争议，将来也有争议。"我们对历史人物的评价，要客观、要公正。茅台兼并20多年，我写的一篇短文，千把字，题目就叫作《习酒二十年，记住五个人》。这就是客观的，作为我自己的一种工作日记来保存就行了。在习酒的历任领导中，张德芹年轻有为，雷令风行，而且作风非常正派。他到习酒，干出了一番事业，所以口碑很好。在以前的基础上，让习酒发展跨了一个大台阶。

张德芹走了以后，现在就是钟方达。钟方达是个很全面、很优秀的人。因为我们同事一起教过书，都是子校教过书出来的。我1998年离开习酒时，我讲过："本土的人要来主持习酒，要来当习酒的董事长或者总经理也好，唯一（最好的选择）就是钟方达，他是最合适的。"

钟方达懂技术、懂市场营销，他也是酿酒大师。其实，他真正最大的长处是管理，而且钟方达情商也很高，他曾经陪伴了陈星国和后来的几任主要领导，他在习酒公司滚打磨炼多年，对习酒公司了如指掌。他的综合素质是比较高的。现在他是习酒公司的董事长，承担了率领习酒走向美好未来这个历史责任。

钟方达提出"君品文化"，实际上就是品牌人格化。君子之品，就是人要有君子之品。君子弄出的产品，就有君子的品格。习酒人的企业文化在不断创新和升华。习酒的辉煌，我相信一定会在钟方达的手头创造，习酒的明天会更辉煌。

1998年，时任贵州省轻工厅某副厅长，是茅台兼并习酒领导小组的主要负责人。习酒挂牌了以后，他又挂职到珍酒厂检备工作处当负责人，抽调工作组来对珍酒厂进行考察。1998年10月，我也被抽调到由省轻工厅组织的珍酒厂解困工作组。当时珍酒厂关门了，停发工资已半年了，生产销售全面停止。我们到珍酒厂考察三个月，过后，工作组到省轻工厅，向厅长、省政府副秘书长张建华汇报工作情况。在汇报时，我讲了珍酒厂的三大优势和三大问题，得到了参会人的认可。这次汇报会后，省轻工厅就把我调到珍酒厂当常务副厂长。

茅台兼并习酒以后，发红头文件任命的习酒第一任销售老总就是我，但我一天班都没去上就调到珍酒厂来了。我 1998 年调到珍酒厂来，别人看我的简介，介绍我是"习酒老人"，我说"我是老习酒人"。今天已经到退休年龄，我的血管里头流的是习酒，跟习酒的感情很深。所以，我的家庭也好，我的朋友圈子也好，都有习酒这个缘。习酒培养了我们，我们对习酒也做过一些贡献。哪怕我今天退休了，我都希望我们的企业越来越好。

调到珍酒厂，就很困难了，我得重新组织人马开干。没有钱，没有人——比如说销售，是重新招兵买马，重新招市场人员，我还在习酒公司抽调了两个人来帮忙。习酒公司在技术上是很过关的。当时酱香酒是不好卖的，浓香一统天下。连贵州人都是喝浓香酒，都不喝酱香酒，而珍酒厂本就是生产酱香酒的。当时的老珍酒，送人都没人要。没办法，酱香没得人喝咋办？我根据市场需求开发了"珍酒遵义号"，当时打的广告就是"我是遵义人，喜欢遵义号"。"遵义号"一出来，很短时间就占领了贵州的大片河山，省外的客户都是络绎不绝的。我还有开发"大元帅"。我去以后，把老珍酒、遵义号、大元帅开发出来，终于有钱可以发工资，可以发点奖金啦。

在珍酒厂，我在企业法人代表颜大建厂长的信任与支持持下，大刀阔斧地进行改革，强化营销管理，不断推陈出新。在老珍酒的基础上，陆续推出"遵义号"、"大元帅"和"小将军"等品牌，很快占领贵州半壁江山，省外客户络绎不绝，取得了极大的市场成功。为发挥珍酒自身优势，两年后我又适时逆势而上，力推酱香酒，提出"正宗酱香，有益健康"的理念，是酱香概念最先的市场传播者，之后酱香风潮席卷中国白酒业界。在此期间，我们用敬业、专业、职业的精神和实实在在的成绩，赢得了珍酒人的认可与尊重，自然成为全厂的灵魂人物。在一次年终总结表彰大会上，一位优秀中层干部登台披红戴花，接受奖赏时他发表感言说："我们珍酒，厂还是这个厂，天还是这片天，人还是这帮人，不同的是省里派来了两个好领导，就发生了翻天覆地的变化。"后来我离开珍酒时，有不少人挥泪难舍。

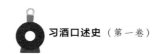

我是内退离开珍酒厂的。离开珍酒厂后，就做习酒公司的特许品牌，当时卖得最好的是"小豹子"。"小豹子"是以前习酒公司销售老总陈长文创立的品牌，"小豹子"也是浓香型白酒。由于对习酒和习酒人难以割舍的情怀，我从珍酒厂提前内退后，应"小豹子"品牌创始人陈长文之邀，一度出任习酒品牌"小豹子"公司的总经理。

我在习酒公司分管企划时，把中央电视台的李强请到习酒公司来指导企业策划，创意了喜将军历史文化概念，现在看来，是可以圈点的创新之作。

中国名酒都是以地名来区别。泸州老窖是泸州的，董酒是董公寺的，习酒是习水县的，鸭溪是鸭溪的，湄窖是湄潭的，茅台就是茅台镇的。策划班子为习酒设计了一个企业标志"喜将军"，当时习酒的企业标志就是"喜将军"。后来习酒开发的"五星习酒"，卖得很好的，叫"喜将军牌五星习酒"。

2007年，我组织了一帮人，在遵义市大兴路成立了贵州喜将军酒业有限公司，开始运作"喜将军"这个品牌。这个品牌到今年12年了。这个品牌为国家交纳综合税金起码也是千万元以上。十多年来，"喜将军"的从业者也有几万人次，都完成或超额完成习酒公司的任务，每年都获得奖励。这个品牌还是比较成功的。

我创立贵州喜将军酒业公司，是颇费心力的。"喜将军"是我在习酒多年用心创意构建的品牌，具有独特文化内涵。我作为公司创始人，将品牌和企业人格化，确立了"惜缘感恩，务实诚信；追求卓越，担当责任"的喜将军品格。前期，我亲力亲为，建立整个营销体系，管理市场运作。后来作为公司董事长，只把控全局，超脱指导，对自己物色并培养的年轻总裁刘飞的不俗表现，很放心，很放手，"老将当避路，让他出一头"。管理企业的目标是：企业要像一支军队，雷厉风行，令行禁止；像一所学校，提升进步，辈出人才；像一个家庭，归属安心，平等获益。我在公司内部，立《军规》，重执行；唱《军歌》，振士气；培养和激励员工，评选先进个人和好家属；员工生日或家里有重大事情，大家积极参与；对员工的70岁以上的父母、岳父母，每年春节要送慰问信和慰问金，有的老人手捧信函礼金，激动得热泪盈眶。喜将军公司独特的企业文化，让员工及家属倍感亲切自豪，曾有家属说"跟着吕总走，不会栽跟斗"。12 年来，"喜将军"年年是习酒优秀品牌运营机构，并获得"贵州省著名商标"、"最受国际欢迎的中国酒"金奖、"最有投资价值的中国酒"等殊荣，整个体系为国家纳税千万元以上，为社会解决了万人以上的就业。

"喜将军"这个品牌有很多文化内涵。我在习酒时就制定了"喜将军"的一系列文化理念——喜将军传奇、喜将军军歌、喜将军的品格、喜将军的战士学员，为企业建立了一系列的喜将军的文化。我为什么要搞喜将军？因为它是有文化的，就是品牌人格化。它是一瓶酒，它是一个英雄，它是古时候的一个大英雄！人们不仅喝酒，而且要喝文化。

习酒的人不管是调出去也好，辞职也好，在习酒公司工作一段时间，出去以后，他的境界、气度都折射出习酒的企业精神、人文品格。

遵义四中有一个老师（张永泉），他大概在 1992 年进入习酒子校，我从子校的校长任上调到公司总部工作后，他接任当校长。后来习酒公司子校解散，他就到遵义四中去了。遵义四中是当地最大的一所学校。现在他已成为遵义名牌老师，是名师工作室的老师了。他讲，他之所以有今天的成就，还出了很多书，包括得出一些教育观念，就是因为有在习酒工作的经历，就是受习酒人的那种情怀和习酒人的那种胸怀感染。山沟沟里面的人，有那种胸怀，有那种气量，这是很了不起的！

习酒公司的工匠精神在全中国的酒企业中都是最典型、最突出的。从习水酒厂诞生以来，就形成了基础。当时习水酒厂规模还不很大时就成立了一个科学研究所。习水酒厂创始人之一的曾前德老前辈，就是习酒科研所的第一任所长，让他担任副厂长兼科研所所长，可见习酒公司对科研的高度重视。习酒公司对酒的每一道工艺非常严格。你看，它的制曲、酿酒车间的每一道工序都是非常严格。习酒公司的总工程胡峰，当时就是科研所最先引进的大学生，他首先到科研所，从基础做起，现在已成为整个习酒公司的总工程师。

习酒公司在技术上、在质量上，坚守得非常好。据我的了解，现在习酒

有一些产品供不应求。哪怕有一些产品供不应求，它在每一道工艺上，在选料上、质量上的要求都不会变形，这是习酒公司一种传统。

当时，习酒在创业伊始作为山沟沟里面只有七个人的小作坊，把酒背到北京去评奖，被评为省优、部优、国优，是完全靠质量去评的。从那个时候起，研究酒的时候，就对质量要求严格，特别是现在的习酒公司董事长钟方达，本身就是管生产出身的，就是酿酒大师。现在的总经理涂华彬，先就是茅台集团的总经理助理、生产管理部主任、党支部书记。他们都是在生产第一线做过长期工作磨炼出来的，具有深厚的底蕴。对于习酒而言，他们是宝贵的人力资源财富，也是习酒得以恪守工作精神、不断提高习酒品质的强力支撑。

我深刻地体会到，企业要走上高质量发展的道路，关键在于领导，在于建立和结合完善的管理，使企业的匠人精神形成一种传统、一种制度传承下去。前几天，我看了写习酒公司总工程师胡峰工匠精神的那篇文章，很感动。作为总工程师，他对全厂每一道工序、每一道工艺把关严格。胡峰是好样的，习酒这个企业有这些工匠坚守的话，习酒的一百亿、两百亿不是神话！

去年，我写了一篇短文，题目叫《习酒二十年，记住五个人》，这只能作为自己的工作笔记，尤其对有的敏感人及敏感事，此处不宜交流。我只能简单交流一下对现任的几位主要高管，也是我曾经的同事的印象——

副总经理陈强，聪慧睿智，务实踏实。

总工程师胡峰，习酒工匠的代表，执着专业，是习酒质量的合格把关人。

副总经理曾凡君，继承了父亲曾前德老先生的优良传统，作风正派，严谨认真。

党委副书记陈应荣，是习酒公司历任主要领导的得力助手，分管过总办、企管办、营销公司、党务系统等，是企业管理比较全面的人才。

总经理涂华斌，是茅台集团选派的管理精英，专业过硬，顾全大局，是一位举重若轻的职业经理人。

董事长钟方达，从20世纪80年代开始即参与习酒发展的全过程，曾任习酒历任主要领导的得力助手。他历任过科长、总调度长、总助、副总、常务副总，直到担任总经理、董事长，对习酒的整个发展付出过不懈努力，做出了重要的贡献。30 年磨剑，30 年积累，终成正果，掌门习酒，众望所归。他作为酿酒专家，品酒大师，企管及营销专家，尤其凭他在习酒的历练与对习酒的情感，我们完全有理由相信，百亿习酒的目标，在他任内不久将会实现。

展望习酒城，但看方达君！

祝愿方达："方兴未艾创伟业，达士通人建奇勋。"

酒令走起：习酒，一、二、三，干！

本书采编小组于 2019 年 8 月 9 日采访吕良科

易顺章 | 一生践行"工匠精神"的习酒劳模

工匠精神，实际上就是精心做事，把该贡献的热和光发挥出来。不管你做哪一行，做一个手术也好，一个成果也好，都是工匠。作为大国的，是大国工匠；我们作为企业的，是企业的工匠。把工作做好了，工匠精神就出来了。

白酒酿造工程师、全国劳动模范易顺章

人物小传

易顺章 1948 年 2 月出生于回龙区郎庙乡大湾村心隆坪组。小学学历，酿酒工程师，中共党员。1966 年 1 月应征入伍，先后在云南、河北、西藏多地服役。1973 年 12 月退伍后到习水酒厂工作，先后任工人、班长、生产技术科科长、厂长助理等职。1988 年，荣获"全国劳动模范"称号。1993 年，荣获遵义地委、行署授予的"先进生产者"称号。2008 年退休。

我叫易顺章，1948 年的农历一月出生。我们家有三弟兄、一个姐姐。原本说我家人多，比如我大哥他出去的时候，我好像还没生下来，他出去了后，就没回来，还有哥哥兄弟，有的死的死。我们是个大家庭，那个年代蛮缺医少药，有几个就夭折了，存活下来的这几个中，我最小。

我们这里最早属于仁怀县，1965 年划归习水县去了。我家里成分好，贫农就是"红"的。我就是个六年级小学生，小学毕业。我们整个回龙区一个中学都没得，当时只有仁怀那边有个三中、二中。1965 年的时候，回龙区办了两个农业中学，区所在地方办了一个，我们郎庙公社办了一个。所以，我去农中读了半年。1965 年的年底，我就去当兵。等于小学毕业以后没事干，就在家干农业。我这个人脾气有点儿犟，那哈（那时候）去当兵，就想走出农村。我家里父母都比较反对，我说话都不官方（不算数）。我们祖辈下来的有几个（近亲），旧社会去当兵的都没有回来。当时我的父母亲说当兵要打仗，打死了怕回来不到，所以很反对这个事情。那哈儿我就想走出去，农村那个时候很苦的。

我们那批当兵的，我们公社六个，在那个年代还是比较多的了，整个回龙区好像是四十来个人。当时当兵不推荐，报名以后要评成分（个人家庭的阶级成分），成分高了还去不到。那个时候征兵也很严格的，它的体检、外表这些都很（严格）。我记得我 1966 年去的时候，我们生产队有一个和我一起体检，他就没有体检上。

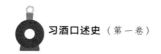

我们那个年代，正好赶上"三年困难时期"。那时候菜饭都吃不饱，正正在饿饭。那几年，1959年、1960年，我才11岁、12岁，菜饭都不得吃，就在想哪一天能够吃上饱饭，或者是哪一天能够美美地吃顿大米饭，这个是奢望。没得东西吃，只能搞蕨根粑、蕨头粑、麻头、枇杷、油构树皮，还有的吃观音粉，就是有些白土，吃了解大便都解不到。记忆深刻，那个蕨头粑，吃了苦得满口！那个时候，只有我和母亲在家。当时，我姐姐已经出嫁了，我哥哥又在铜仁那边漂木头，我父亲当时是个赤脚医师，可以在外边跑一跑。饿饭的时候，很多人生病了，每个大队都组织了一个简单的医院，卫生所那种形式的。他在那点稍微有保证点，我和我母亲在家就（比较惨），那个时候一天二两粮。我父亲那时候也接济不了家里，他那哈是赤脚医师，他那个不属于国家正式的那种医生。

可以说，我父亲他就像是旧社会的江湖郎中。我们背盐巴，从河对门背到马桑坪，或者到仁怀，有的背到遵义的鸭溪。我父亲多少懂一点医术，那个时候的医疗实在太落后，打个针的地方都没得，就只有中药铺——在我们小时候西医都没得，在解放以前就更不用说了。我小的时候听父亲讲，有一次背盐巴到仁怀县，有一户人家姓胡，他家有个娃娃生了病，天已经要黑了，他们有几个人。他就背起盐去住那家，就跟那家人说："老板，在这儿找个住处。"人家就说："家头有病人，娃儿不好啊！"他说，"没得关系的，我们就住。"住下之后，有一个背盐巴的就说："那个娃儿病起的，奶都吃不到。"一起背盐巴的就跟我爸爸讲，他说："你会医，你帮他看哈。"我爸爸给他看一看，给他用点针灸推拿以后，就把这个娃儿救活了。当天下午他们住进去，给他整了以后，就弄点小配方给他吃。吃了以后，这个娃儿到半夜的时候，就可以吃奶了。第二天早晨，他把娃儿抱出来，用生姜给他推拿推擦，这娃儿就治好了。最后，这家人给他打了一块匾——我们现在都还在家头放起的，把我父亲整滑竿，整两根竹子竿竿把他抬起回来，把他从仁怀那边抬起回来。

最后，那家姓胡的一直在我们家来走，跟我们家有来往，这些我小的时候都还记得。直到解放后，饿饭之后才断了这个关系。我现在都想去看看这个人到底现在还在不在。老的都走了，都不知道了，不好查了。

我爸爸他们不是卖盐巴。因为，赤水河这个盐，是从水路用船运上来，上面的河道不好。还有，水一小，这个船到不了上面。所以，就从这个地方用人工背转上去。河对门就有盐仓，在这儿背盐巴到仁怀那边去。好比就是你在这个地方背了多少盐巴，那里就交多少，你背一包盐巴给你一块钱或者两块钱。从这点到仁怀六十多公里，到茅台六十八公里。那个时候不是一天两天，背起又重。你就背个一百斤、八十斤，或者还更多一点，走不到几步就要歇。

我当兵的时候，最先去云南，我们是汽车兵。运气有点好的就是，1965年划归习水县以后，那年习水征兵，又是后勤兵，云南那边招的是陆军——陆海空军种中，陆军是最艰苦的了。我到部队以后就分到汽车团，学开汽车。我在云南待，1965年干到1970年，满四年进五年，最后调到河北，它整了个汽车24团，我们开头是援越抗美，拉物资到越南。我们没得工资收入的，我们属于参战部队，都有参战部队享受的待遇。我们没有（上过前线），但是我们拉物资这些，随时都会……还是很危险的。（最远到）越南的奠边府（越南奠边省省会），1954年，在中国军事顾问团的支援下，越军大破法军，取得了奠边府战役的胜利，我们都去过。

当时，出于一些原因，中央有个叫如何解决西藏的运输问题（的政策），又在总后（指中国人民解放军总后勤部）的汽车部队抽了两个团，组建了77团和78团去支持西藏的交通运输。我们是最后去的两个团。

我们当时运送的主要是大白菜等一般的生活用品。从西宁到拉萨两千零几十公里，就只有这一条线，都是老百姓用。一个单边要跑几天。运输车除了解放牌的汽车，还有那种法国进口的戴高乐，发动的时候要烧排气管，咣咣咣的，比解放牌走得还要慢。你没去西藏看过，艰苦得很。我们内地穿棉大衣，他们就穿皮大衣。车子在路上发不动的话，要用油来点，烧排气管，那个外面的衣服都湿了，就看到他们的羊皮，那些当兵的人简直苦到那个地步。那个时候青藏线都有兵站，要在那个地方接站。我们都住兵站，要自己带行李。1970年去的，1973年退，干了三年。

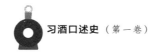

我是回来半年后才结婚的。（我太太）她原来在这点（习酒厂），最后下岗了。当时，我岳父是这个厂的老工人。当时这些领导就考虑，几个老工人每个人解决一个子女在这点就业。所以，我的岳父岳母就喊我在这点做临工。当时是做临工，没得啥子希望，当时干一个班就得一块二角钱。（我岳父叫）肖恒清，（在厂里）没有职务。相当于我的岳父带我进厂。那个年代的人单纯点，在他们的心目中，男娃儿要负责外事，要自己的女儿可以过得好。

易顺章习水酒厂生活旧照

当时酒厂只有几十个人，全厂就三四十个人。当时的领导是王德才。我记得我进来那一年就变为杨德钦，后头是罗明贵。我就是烤酒，在生产车间烤酒。烤酒我是内行。以前不是，以前我没烤过酒，那个时候我一样都不懂。进厂以后才学的烤酒，跟到老师学。我烤酒都干了十年。

从1974年到1978年，我都是临工。我们这些临工干的时间比较长了，手艺熟能生巧。1978年，当时的习酒厂就向政府写报告，要求把我们这二十来个熟练工都转为正式工来长期使用。所以，我们就赶上了这一点。这个问题都谈了好长时间，一直向政府反映。我们那个时候每个月上二十六个班，得三十一块钱，去干了几年。最后，由省政府直接下文，给习酒厂二十个名额的"农转非"指标。我们当时都是临时工，1978 年才转的正式工。

那个时候，厂里没有机器。糟子在窖里头，窖池不是有一两米深咯，就用铁铲，一铲一铲，从窖池里面甩上来。那个工作要劳力，没得劳力，身体不好就干不了。那个时候的工序很不完善，很多都还在摸索当中。我们当时生产的是浓香酒，习水大曲就是浓香型的。

当时，一个班可能就要干到十个小时以上。它还要分是上正班还是上陪班，正班和陪班有区别。假如上正班，我们那个时候是八个人烤一甑糟子，这八个人就要两个人去上正班。那时候用的是那种人工土灶，石头做的，上面安大锅蒸甑子。头天下班要把火压到，把它关起就不通风，就不燃。第二天早上起来之后，又去把火打开，加点煤进去。然后勾火，一勾火，那个灰整得满头发都是。两个人起来要整火，要润料。把这个糟子挖出来以后，每一甑要把它倒进去，翻倒拉转了，和匀称。和匀称以后又加糠，把粮润好，再翻它三次。整匀称之后，把甑子头的水烧开上甑。上一甑就要个把小时——火整得好的就四五十分钟，整得不好，就要上个把小时，或者一个多小时。备料就要半个多小时，上甑要个把小时。你上好之后，蒸馏，把酒取了。好了之后，又要把粮食蒸熟，要蒸一个多小时。这一共就是三个小时。这就是正班，就是两个人干。要开甑了，就要把这六个人喊起来干。上甑取酒之后，交了以后，我们才交得到差。每一甑上甑取酒就要一个多小时，这三排甑子就是六个多小时。再加上我们早上起来多干的，就是七八个小时。如果气候不好，就要干到头十个小时，八个小时都少得很。（正班）都是轮流转，我们两个干了以后，你们两个就来干，所以这个工序要大家都学习。勾兑不属于我们，那是属于酒库。粮食给它整好，整好就发酵。酒呢，我们就只管烤出来交给他就行了，整个糟子发酵周期就是我们的事。

我进厂来以后，当时陈星国当班长，廖相培当副班长，我进来以后就分在他们那个车间，他们两个都是我的老师。一个班八个人，他们（技术）就要好一点。我们来就是学徒，我都一步一步地干起走。

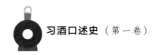

　　这个工作干起来，开始我们也很老实，农村出来的人，反正感觉要老实点。那个时候，在农村干一天十个工分，一个劳动就管几分钱，顶多角把钱。相对来说，这个酒厂工资高一点。这些工序一干，就是几年。

　　我们来的时候只有三个车间，三个车间就是三个班。那时候的产量少，吃饭都成问题，也就是从当时的生产队交的公粮里来（匀粮食酿酒）。那个时候，全厂好像也就是一两百吨（产量）。我们来的时候，每一百斤就是二三十斤（出酒率）。好的时候，旺季就高，可能三四十斤；淡季，这天气一热——当时降温条件很差，用人工降温，出酒率就低。我们来的时候，我们那个车间可以用电风扇了，（用的是）土法的酿糟机，这个降温了以后，出酒率要高一点。但是跟现在比，那个降温条件都要差得多。冬天才是旺季，它容易降温，糟子容易把温度降下去，这个在窖头去发酵温度才好。热天天气热了，它温度高了，发酵温度不好掌握，所以那个时候的出酒率就低。我们通过多年的摸索以后，才逐渐掌握发酵温度与气候的关系。

　　1976年我当副班长，到1979年当班长，都是在原来那个车间。我当班长以后，通过自己这些年努力摸索得到的经验来组织我这个车间的工作。因为我这个人比较较真，说了啥子事情，只要说了的，不会去乱整。领导在，我是这样干，领导不在，我也是这样干。我干工作又不讲价钱，只要是领导说了，我就干了。所以他们看得起我的，就是我这个人实在。我当班长以后，开头的年把效果都不好。从1981年以后开始，我的那个车间连续三年（1981年、1982年、1983年）获得优质高产车间，出酒率第一名，质量是第一名，成本是最低的。连续三年的优质高产车间都评给我，每年都中奖。

　　那个时候，我这个车间有十几个人。我也没得啥子秘诀，主要是能够很好地贯彻这个工艺，按工艺要求去办。根据多年的经验，根据窖池的长短，平时出酒率的高低、出酒质量的好坏来进行分析对比。比如说，我们这个浓香型酒勾兑的时候，不是要有药引子咯，你勾酒的时候就要做双轮底。我们就是选择最好的窖池、最好的操作、最好的双轮底。我做的双轮底窖酒交去了以后，当时的酒师曾前德尝了都是竖起大拇指的，他说："很感谢你给我产出这么好质量的酒！"

出酒率就是一百斤粮食能产好多酒。开头厂里没有规定，是从 1979 年开始规定，拿一百斤粮食要烤四十二斤酒出来。但是，很多没做到。我的出酒率反正最高达到四十五斤。我到生产科当科长那几年，管下头四个车间，出酒率平均都要达到四十三斤、四十四斤之间。那比习酒公司跟我们规定的每一百斤红粮生产四十二斤酒还要多出两斤，就是每一百斤红粮我给他产超了两斤酒。那个时候，我知道整个浓香车间的生产规模是三千吨，三千吨酒就要用将近七千吨的红粮。每一百斤红粮增产二斤，出酒率高，那成本就降下来了。

质量评比有专门的人，比如酒库的人就专门有品酒员。我在这个地方管生产，我车间的人去交酒，酒库有专门的人舀一杯出来尝下什么味道，香味够不够，有泥臭味没得，就给你定级。这个酒可以拿来大曲酒里储存，就给你装到大曲酒的酒坛里面。交来的第二个酒，假如说只能够达到二级酒的标准，他就拿在二级酒的坛子储存。

从 1979 年到 1983 年，当四年班长，我四年就有三年拿第一。

最后，由于我管的效益好，就把我调到领导岗位，到生产技术股当副股长，管浓香型酒的生产。到 1985 年，又改为生产科，就在生产科任副科长。1987 年，当厂长助理，兼生产技术科的科长。

当时我们管理什么？因为浓香型习酒在我们贵州是比较有名的，我们的管理是整个贵州省搞得最好的。我们的浓香型酒生产车间，特别是场地卫生搞得好，我们的工艺管理系统也是比较细致的。茅台酒厂当时都来参加我们的现场工艺操作——他们的管理跟不上我们。1986 年，我还作为全贵州省浓香型白酒的生产代表，参加贵州省的质量大检查。

所以，1983 年，遵义地区行署和遵义地区党委授予我遵义地区"先进生产者"称号。我们整个习水县好像就只有两个还是三个人，习水酒厂就只有我一个。当时就发了一张那种证书，都是手写的，印出来以后手写名字那种。

我管生产管得比较好，这个就是我和老廖（廖相培）、老陈（陈星国）接触得比较多，因为他们两个在管理上都比较严格，所以我基本就是按他们

国务院决定
授予易顺章同志
全国劳动模范称
号

第 02304 号

中华人民共和国国务院

一九八九年九月

1989年，易顺章获全国劳动模范称号，于人民大会堂领奖

热烈欢呼我国社会主义现

的要求，用那种管理方法来要求下边。我们对下边严格，下边那些人对我们就没得意见。我退休当平常老百姓以后，那些人看到我都是打招呼的，最起码没得人骂，没得人说我们过分的。那些人都认为我很公道。

谈到习酒质量的突破，我们作为生产者和管理人员，就是如何把工艺做细，都是从这个原料的投入蒸馏、糊化，到发酵管理，这个整个生产流程上把工作做细，把卫生做好，把分级入库的工作做好，加强双轮底的生产管理。拿出这个酒，交到酒库以后，又由酒库管理储存，勾兑调味出产，这又是酒库这一段的组合。

对习酒质量影响比较大的，主要是现场管理，它这个工艺里面，现场管理是最重要的。现场管理，比如说从原料投入开始，把红粮粉碎以后，到每一次蒸酒、烤酒、馏酒、蒸晾，出来再现场收温和入窖的管理，每一个环节都要把卫生联系上。如果说像没正规化操作以前，现场要好脏有好脏。现场的卫生不好，这些杂质就带进去了。再比如说，你在外面走一转回来，鞋上有泥巴，带得有啥子脏东西，它就会在里面。如果说现场管理好了，外边去了回来以后，要对你穿的东西进行处理，或者场地卫生，有一点脏的，你就要把它整丢了。浓香型酒，它涉及用泥巴来封窖，它这个泥巴在现场的卫生，用水，还有糟坯的温度、酸度、糠壳的比例，都要把它联系起来。

说起习水大曲在全国浓香型酒的位置，这个我可以给你举个例。它除了是优质酒以外，1979年我们国家的作家，叫徐怀中，在《人民文学》写了一篇文章（指发表在《人民文学》1980年第1期上的短篇小说《西线轶事》），讲的就是那些参加对越自卫反击战的战士喝了习水大曲之后，就说是"二茅台"。还有徐怀中在文章中写有习水大曲"气死茅台"这句话。我不赞成也不提倡这个说法，因为酒香型不一样，那只能证明这个酒相对有卖场。那个时候，买酒买不到习水大曲。在全国，我们的消费市场主要是在东北、华东一带，要买点酒确实不好买。我们在这点工作，自己要买两瓶酒，都要去找领导写批条。那时候不存在销的问题。

我干出这些成绩以后，我的出酒率在全国都挂得上号的。一百斤红粮四

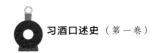

十二斤的出酒率，是习酒厂定得比较高，可能其他厂都没有定这么高。我在它定的这个基础上，每一百斤粮食都要超两斤多了。每一年生产，就是淡旺季加起来，厂头跟我定这个标准，我都是超过，不只是达到。一个人一个车间可以，我们四个车间，那么可能就有的高一点，有的少一点，有的达不到的也有，拉高扯低这样来平均计算出酒率。

要提高出酒率的话，就是对糠、水、温、曲的准确掌握，主要是它的配比。那个就是根据这个操作工艺的比例来配料。你一百斤红粮要配好多糠，配好多母糟，粮食蒸熟到啥子程度，拿出来降温要降到啥子程度才入窖，这个入窖的温度要掌握到好多，在这点上我可以讲细一点。第一，窖底糟的温度要比地温高 1~2 度，比如说今天是 18 度，那么窖底糟我可以升到 20 度；第二，第二甑、第三甑就要比这个窖底温度低 1~2 度，争取每一甑之间的温度要达到平衡。假如说我从第二甑开始，我只收了 18 度，那么我第二甑、第三甑可以装到十几吨，这其中这八九吨糟子，就是要掌握它不要有悬殊。虽然有温度计，但是还要有个责任心的问题，关键在你要求得够不够。如果你不要求它，你管得松一点，有些人还不是图耍？人的观念不一样，思想不一样，有的他能够偷一点懒就偷一点懒。如果说你要不偷懒，就要多捡些工作做，很多人是不愿意多找工作干的。

我刚才讲这个是单纯工艺操作上的要求。我们这个浓香型和酱香型酒不一样，是每一甑都要打水。酱香型酒是润粮的时候才用点水，平时用的水都很少。烤浓香型酒，除了丢糟以外，我们入窖的粮糟都要打水，打水的比例是按你投粮的多少，按百分比来计算。除了这个以外，你作为一个管理者，就要平时根据出窖的这个糟坯的含水量的多少，这个酸度的轻重、淀粉含量的浓度来掌握这个入窖比例，就是你该用好多曲，该加好多糠，该投好多粮。好多糠、好多曲的这个比例，就要靠管理者自己掌握。

酸不用投，只要是发酵酒，它都要自然长酸。还有这个浓香型酒用的是中温曲，在生产的时候就有一种自然的酸。这个是用冷热水来润粮、来踩曲，它在发酵的过程中，温度从低到高的时候，它就生成自然的酸出来。那么，它在发酵的时候，那个入窖温度在正常的范围内，它在发酵的过程当中这个升温的幅度是正常的，酸度就是正常的比例。如果说你有的收温不好，有的高有的低，那么它的发酵温度就不一样，它就过猛或者过慢，它就形成了一个发酵不彻底。或者说升温过高，它的酸度就高，它的各种杂质，就是有害的微生物、二氧化碳或者其他的那些生长就多，所以对酒的质量就有影响，它的纯度就要差一些。

曲子和质量形成有一定的关系，蒸粮和质量是没得关系的，主要是入窖发酵，从这个降温开始，现场操作、糟坯出道、晾堂以后，你打水进去，到收温的现场管理的这一部分。按这个要求，它在下窖的时候把温度控制好，就是你把各方面的温度整好了以后，把它封在里边。封下去的这几十天的发酵，这叫发酵周期，不存在说加酸度进去，封好了以后还要通过现场操作处理。这些你做好了，质量就没得问题。

谷壳，简称叫糠。它实际上就是起到疏松作用。就是我讲的，你上正班的时候，就要把它加进去，它加了这些东西进去之后，就起了个疏松作用。没得这些东西加进去，它下甑去就压紧了，对这个出酒率有影响。二呢，就是对这个酸度也有影响。这是个系统工程。

酱香型曲子也是专门做的，等于酱香型用的是高温曲，浓香型用的是中温曲。它这个曲子是发酵的温度，不是加进去的温度。它的这个制曲的整个过程基本是一致的，只是控制的温度不一样，翻曲温度和现场管理的不一样。香型的区别很大，它主要一个是工艺操作，另一个主要是用曲的温度，现场温度的管理不一样。浓香型酒的制曲温度要求要低一点，酱香型酒要高一点。我给你说细节一点。假如说要翻三道曲，踩曲成块以后，推到库房去堆放起来发酵，这个过程就叫作制曲的发酵过程。这个发酵，它要升温升香，都在整个发酵过程当中开始繁殖。浓香型酒，你第一次翻曲子——你如果长期不翻它，它上下的温度就有差距，你就必须要翻；翻曲的时候要把底下朝上翻，温度高的往外面翻，温度低的朝里面翻——第一次温度你掌握在好多度，开始翻。第一次翻了之后，又堆放好，盖好了，等待第二次的温度达到了，才翻第二次。第二次翻了，才翻第三次。第三次翻了以后，在库房继续发酵。完成整个发酵期以后，进入成品曲。成品曲再转到成品库房储存

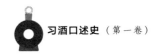

半年，让它逐渐地老化，让它的香味继续增加。这半年以后，才能拿出来作为原料使用。

酱香型和浓香型曲子的区别就在于，这两个曲你掌握在好多温度去翻，主要是靠管理人员个人的技术水平。三次翻的时候，温度不一样。比如说按操作工艺，茅台酒要求它的高温曲要达到 60 度 ~65 度，这是酱香型酒；浓香型酒是 55 度 ~60 度。那么实际上，在实际操作过程当中，茅台酒也达不到 65 度，浓香型酒也达不到那么多。要么，就是最外面的和最中间的可以达到。但是，如果说你超过了这个温度，温度过高，整个曲子就烧成白块块。让曲子自己自然堆起来发酵，酱香型酒曲，它的颜色是成酱黑色的，浓香型酒曲是褐色的。酱香曲子的颜色为啥子是黑色的？因为它的曲子看起是黑沉沉的，有点像酱油那种形式的。那么，温度低了就达不到这个颜色，温度高了就成了白块块。

它那个菌，就是这个曲药里面的微生物，就是所谓的菌丝。比如说，整个的大曲里面，它的微生菌群总的有很多，实际上就只有三个大的微生物，三大酶，这三个菌一个管糖化，一个管发酵，一个管生香。酵母菌、霉菌，还有个叫乳酸菌还是啥菌（应为生香酵母，或称产酯酵母）。霉菌是管糖化，酵母菌管发酵，啥子菌管生香。主要是这三个群系，当然也不单纯就是这三个。

就刚才谈到出酒率的高低，这个就要讲原料各个方面的因素。比如说，红粮里面，它要分支链淀粉、直链淀粉。支链淀粉，它的出酒率高，直链淀粉它的出酒率就低，这个就复杂了。假如说整个浓香型酒能够把我说的这些把握好，那么你对这个已经钻得比较深刻了。我可以跟你这样讲，我管理的那个出酒率，在我没干了以后，出酒率上他们没有超过我，直到现在没得人超过我的。每年习水酒厂浓香型酒这块，没得哪个敢站出来，说他超过我的。

在这些方面，反正我是有影响的。《贵州日报》原来的记者刘庆鹰，他在 1989 年 10 月写的那篇《不断总结探索——全国劳模易顺章出酒率创行业先进水平》报道，在《贵州日报》头版头条的那个位置刊登。还有谭智勇在 1989 年的 11 月在《人民日报海外版》上写的一篇《愿做一棵红高粱》，这两篇文章，在全国都有的。那年我去参加全省的质量管理，我到安酒去，一谈，他们说："哦！你就是那个全国劳模啊！"

评劳模，它是看上面根据你这个地方发展的情况、效益来给名额，来评的。当年，我们遵义地区是六个还是八个？整个贵州省是四十来个人。茅台酒厂是邹开良书记，习水酒厂是我，这两家酒厂就我们俩。那个时候是厂头推荐的，推荐上去了以后，根据你的工作业绩，看达不达得到。我感觉是很幸运的。邹开良他先是仁怀县的县委办主任，又当过县长，那个时候还在茅台酒厂当党委书记。像我这种的还比较少，到这个地方打临工，就是一个打工仔出来的。

我们是坐火车到北京去领奖。1989 年 9 月份从家头起身到那点，整个活动，我们在那点住了几天。有一天是大会发言，交流经验，授奖的时候在人民大会堂。我们还参加了北京举行建国四十周年的国庆观礼，我们在天安门观礼台的第二台，我和邹开良俩站在一起。

我们得的这个奖是国务院颁发的，我们那个时候没得奖金，国家只出了个文件，可以给你晋升两级工资，那时候工资五块钱一级或者十块钱一级。

厂长助理我只干了两年多一点，最后我在技术中心那边去当技术员，去养老去了，一直到退休。

我来习酒就是从临工平台干起的，但是，我还是要感谢习水酒厂。实事求是地讲，没得习水酒厂这个平台，我就没得今天这个生活。

要说当兵和当工人的区别，当兵是保卫祖国的责任和义务，到地方来以后，加入企业就要以企业为主。在部队作为军人，在地方就是工人。地方要比部队复杂点，部队都是统一的，地方各种关系不一样。还有，作为地方，在我这个角度，我认为，企业拿了好多钱给你，就要为企业干好多事，要对得起企业，才能说对得起国家。

不管是当兵，还是当工人，我一直没得其他想法的。就是我开始谈的那个，习水酒厂给了我这个平台，我要对得起习水酒厂。它整个习水县就拿20 个名额来解决我们这些人，给了我这个"铁饭碗"。作为当时的话，20

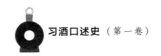

世纪 70 年代给你一份工作，对我们来讲还是不敢想象的。你没得任何关系去求人，那是很不容易的一个事。我们应该要算老的，因为我进这个厂的时候就只有二三十个人。

我们那一代人的观念不一样，我来习酒厂那时候，只能算作小作坊，一年到头就是一两百吨，最后发展到三千吨的生产规模。从企业的土法干起，一铲一铲地去搞，搞到用到行车、晾糟机，降温（机械）、锅炉，到习水大曲在全国的辉煌。当时走到了哪个地方，人家都很欢迎。我作为一个农民的儿子，文化又很低，当兵回来以后能够走到最后，能够获得遵义地区、贵州省、全国的奖，是离不开习酒公司给我的这个平台，还有过去的领导对我的关怀。真的，要不是他们手把手地教，我也不可能有今天。因此我要感谢习酒、感恩习酒。

过去的人，像我们，就是只要有一个工作，那么这个工作就是自己终身的依靠。不像现在，不行了，我们就重新换个工作就行，另外发展。以前没有这一个条件，我们那个年代不一样。我们那个时候的人要老实点，这个时代的人要聪明点。我们那个时候文化低，现在的文化高。各有各的长处，各有各的短处。

我过去在我该干的时候，我把工作干好，做我该做的工作，达到领导对我的要求就行了。实际上要弘扬习酒文化，必须要全厂大家都团结一起，把这个工作做好，能够紧紧地站在一起，形成一个集体的力量，把工匠精神都发挥出来。现在习主席都提倡工匠精神。工匠精神，实际上就是精心做事，就把该贡献的热和光发挥出来。不管做哪一行，做一个手术也好，一个成果也好，都是工匠。作为大国的，是大国工匠；我们作为企业的，是企业的工匠。把工作做好了，工匠精神就出来了。你比如说我，开始一样都不懂，就是一个打工仔，在历代的基础上，把酒酿好了，做到最后，企业能够把我当成技术人员来使用，破格晋升为工程师，也是工匠精神的体现，也是企业的培养，要没得这个平台我也不会这样。

作为一个习酒人，虽然已经退休了，但我一直在关注习酒的发展，比如说前几年企业搞什么活动、宣传，我们都积极参加。现在我已经老了，希望企业兴旺发展，现在的发展势头也是很好的，也希望企业多多关心我们这些老同志。

本书采编小组于 2019 年 11 月 14 日采访易顺章

徐 强 ｜ 背靠茅台，习酒的未来不是梦

茅台兼并习酒，新习酒成立了，我们从生产经营停止的状态，慢慢一步一个脚印地走，每年都有增长。……从 1997 年到 2010 年，13 年的时间，基本上年年增长，2010 年已经增长到 15 个亿了。

茅台集团人力资源处原处长徐强

人物小传

徐　强　1962 年 4 月生。贵州省仁怀市人，大学文化程度，中共党员，经济师，高级人力资源管理师，高级管理咨询顾问，高级职业经理。

1982 年 7 月参加工作。1994 年 9 月，任贵州茅台酒厂人事劳资处副处长；1998 年 10 月至 2010 年 5 月，先后任贵州茅台酒厂（集团）习酒有限责任公司办公室主任、公司总经理助理、副总经理；2010 年 5 月，调茅台集团任人力资源处处长。

2004 年，荣获国家质监局、中国质量协会授予的"2003 年度全面质量管理基本知识普及教育优秀推进者"称号；2005 年，被评为"贵州省企业管理现代化创新先进工作者"；2005 年，发表的论文《浅析企业家与核心竞争力》，获得"第六届全国中心城市企业家论坛二等奖"；2007 年，荣获中国贵州茅台酒厂（集团）有限责任公司党委授予的"优秀共产党员"称号。

我是 1962 年的 4 月出生的。我的经历比较特殊。我是生在茅台、长在茅台。茅台的几个学校，我都上过学，小学 4 年在茅台一小。茅台修起家置房，我又搬到家置房来，在二小读的五年级。后来，又到二中读了一年的初一，初二在茅台酒厂子校，一直读到高中毕业。因为家搬了，就跟到家长走了。1979 年，我考起水电八局技校，到桐梓上学。我在桐梓水电八局技校毕业后，在水电八局工作了两年时间，1985 年元月调到茅台酒厂。水电八局属于技校，我学的是船舶专业。到茅台过后，我就在茅台酒厂人力资源处工作。

1997 年，习酒公司生产经营出现危机。陈星国提出建设"百里酒城"的规划，当时这个步子大了点，资金链断裂后，就听说习酒不行了。在兼并习酒以前，我没有到过习酒公司。我到习酒公司前还有个插曲。当时，茅台准备兼并的企业，一个是鸭溪，一个是习酒公司。我首先走的是鸭溪。我在鸭溪工作组。当时，鸭溪也走不动，销售不景气，但是鸭溪比习酒还好一

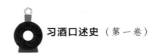

点，它人不多，还有它的工资是发起走的。但是为哪样没搞成？主要的因素是，兼并工作领导小组内有个姓何的人，他当时是遵义南白县的经委主任。当时南白县确定了由他来鸭溪当企业法人代表，但是鸭溪厂里头就不干，说我拿钱兼并，法人代表却是你的人，再加上其他方面的一些因素，茅台对鸭溪的兼并没搞成。

那么反过来，我们的工作组就正式进入了习酒公司，我也加入了习酒工作组。1997年9月9日，工作组来到习酒公司。

我们到习酒公司，那一年特别奇怪，天气特别热。我们住的地方没安空调，特别热。茅台镇已经够热了，感觉习酒这边更热。我们到习酒公司后，感觉天气也热，人也躁动。当时习酒公司生产经营已经停止了，还有点销售，大概在几千万。当时的习酒公司，已经没得做生意的人了。刚开始，我们住在招待所里面，看到的都是来催债的人，没得做生意的人，就觉得心里面空落落的。因为生产经营停了，员工也回家了。在习酒公司，看不到大家摆龙门阵的场景，大家都是你走你的路，我走我的路，也没得几个人。看到的都是收款的人，没得做生意的人。萧条！只听得到鸟叫声，听不到人的声音。当时就是这样一个场景。

我到习酒公司的人事处了解情况时发现，习酒公司兴盛时，有4000多人。按茅台兼并习酒的方案，新企业只接1500人，另外2500多人就要失去工作，矛盾特别集中，工作难度特别大。大家晓得，做哪样都好做，做人的工作最难。你说你要把2500多人的饭碗断了，难度可想而知。跟大家讲点小故事。习酒公司当时办公大楼上班的保安是背着枪站岗的，人进出都要登记，因为当时的矛盾比较集中。有一天，有两口子躲在办公大楼，我在四楼上班，下班了，其他人都走完了，他们两个都不走。那个男的一直都在问，他的老婆为哪样不能来上班。他的手一直在怀里掏，我就看到这里头有硬硬的东西。我就跟他老婆讲："你是来要求工作的，不是来斗气的，要管好自己的老公。"我跟他磨了起码两个小时，他才从四楼下到一楼。我就喊保安把他招呼到，我才走脱。这个算其中的一个有惊无险的小插曲。

这期间，未被接收的员工群情激奋，聚众围攻办公大楼，我们都出不了门，无法进行正常的办公。当时办公大楼这一块，员工已经把它围死了，到处都是人。我们放起绳索下来，提方便面上去吃，都遭他们中途拦截了。还有一个故事是，2006 年以前，习酒公司都没得招工。2007 年，随着生产经营的提升，公司状况好转过后，就开始招工。我去习水县跟人事局的领导谈招工的事情，这些人晓得以后，就开始围攻我。我那段时间出不了门，吃东西没问题，上厕所没问题，但是没得自由。他们就是要解决他们的问题，他们 2000 多人，我在那点是从早上困到晚上。后头大约到晚上八点钟，还是习水县的防暴大队站两排，我才走出去的。我在习水县跳窗逃跑就有几次。

当时工作组的主要目的，就是制订人事的补偿方案，要对这些人进行补偿。我还有个小故事。有次，我在贵阳出差，正好在习水县驻贵阳办事处，办事处的主任请了几个习水的老乡来陪我，来的老乡正好有几个人是当时不准我吃饭、不准我上厕所的。来后，他们说："徐总，当时我们站在不同的角度，对不起你了，让你受苦了！"我跟他们讲："这个是不存在的问题，当时我来习酒公司的时候，口才没得这么好，就是因为经常和你们座谈，我的口才也变好了，水平也提高了。现在喝酒呀，吹牛呀，很自然！"到了习酒公司后，一年的时间就干这些事情。

当时，兼并小组从茅台酒厂这边去的有我、彭云、张廷星，就我们 3 个人。组长是当时贵州省轻工厅的郭处长，他是轻工厅人事处的处长。但是，主要的基础工作都是我来做。当时我下去的时候，是茅台集团人事处的副处长。当时工作小组（人事组）面对几个问题。一是要处理 4000 多员工（压缩）到 1500 人的问题。要恢复生产的话，必须要把骨干员工留下来；同时，要把这 2500 多个不需要的员工安抚好、安置好。对这 2500 多员工，要制订补偿方案，还要给他们交在职期间所欠的养老保险——以前好多时候都没交养老保险的。这是主要的一个工作。第二，1500 人要重新签订劳动合同，把留下来的人也安抚好、安排好，尽快地恢复生产。第三，要重新制定工资标准，让他们觉得重新留下来了还是有希望。我们做的就是这几项大的工作。

当时分成了几个工作小组，有人事组、营销组、生产经营组，还有就是

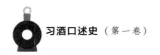

资产组。分了四五个小组，都有专门的负责人在同步进行工作。因为习酒公司当时是两个牌子，一套人马——习酒总公司、习酒股份有限公司。当时，对这些持有（股份）的股东要进行清算。

其实当时从茅台到习酒，我们工作组是特别辛苦的。我算了一下，从茅台到习酒，有8条路，条条我们都走过。最近的一条路，是从茅台到习酒河边的一条路，现在修成了公路。但是当时的桥是没通的，所以说有些时候就得绕。而且，这条路当初刚修好，到处都在滑坡，一下大雨，就马上垮山、落石头，特别危险。所以，从茅台到习酒的8条路，条条我们都走过。第一条最近，沿赤水河走，大约55公里。第二条是通过桃风滩，到仁怀最边远的乡镇共群乡，当时共群乡有条乡道到富桃，通过郎酒厂再到习酒公司，这条路有90多公里。还有一条是从合马到三合，再转到习水。还有一条是从沙滩转到三合，再到习水。还有条从茅台通过古蔺石宝镇到习酒公司，这条路有99公里。还有条是从仁怀到习水，再到习酒公司，这是老路，是最远的，大概有150公里的样子。有一条是从桑木直接转到向阳生产区下去，这是7条。还有一条是从二郎，就是黄郎公路，到习酒公司。

以前的公路不像现在，因为茅习公路经常垮山，不能走这条路。当时的桥是没通的，是属于那种吊桥，车子开不到上面，人得走过去。加上两河口大桥未修通，只有一座简易的吊桥，还不能通车，人走过去都是摇摇晃晃的。我亲自看到，有个人在上面过桥，（一不小心）就摔下河去了。我们经常要横跨过去，每走一次手心都是捏一把汗，有些年龄大的要牵过去。这么宽的桥面，甩来甩去的，很可怕。当时的两河口大桥正处于施工阶段，很多时候不准通行，只能走其他路。还有，这条路有几个地方，只要一涨水，马上就会淹桥，就不能通行。在合马有个地方，小地名叫罗村，一个大弯，一涨水，就把那条路淹了。还有马岩滩有个出水口，经常涨水，冲坏公路是常态。这条路经常都在中断状态。

走这几条路，长的要几个小时，有四五个小时的，有时候赶一天都赶不到。就是只要一下雨，公路就不好。我们家都在茅台这边，当时好像是两个星期回家一次，就因为路不好。

要裁掉这 2500 多人，当时茅台兼并习酒，就有这个条件。你的生产经营停止了，最大的负担就是人员的负担。当时，茅台集团和省、市、县政府反复磋商，最后达成了共识。这 4000 人，茅台兼并习酒以后，收 1500 人，剩下的 2500 人，按工龄进行补偿，一年补偿一个月工资。对于前面所欠的养老保险，一次性补清。有个具体方案。第一，一家有两个人在这个企业的，要留一个。第二，当时是国营企业正式工的，必须留下来。还有合同制员工，班长以上的，肯定要留下来。

在裁员的过程中，让我感动的是，4000 人压缩到 1500 人，90% 的员工是含着眼泪离开了习酒公司，但大多数人没有来找习酒麻烦，来找麻烦的人只有 10%，百把两百个人。其实很多员工，真正为习酒做出了贡献的，他们没有找习酒的麻烦，就出去了。习酒公司从高潮到低谷的过程，他们都见证了。而且，企业差的时候，他们很多工资都没有发全。其实，他们对陈星国意见不大，只是感到有点遗憾，就是觉得他很早离开了大家。其实大家对陈星国的评价还是很高的，这是一个很好的现象。而且，习酒的员工都有很强的承受能力。以前企业经过了由低谷到有点起色，又走到低谷，又有点起色，这样一个过程。这些员工的工作方式都比较灵活，你上一半，我上一半，我回去要一段时间，他又来上，他们轮换着上班。所以，习酒员工在这方面，很有承受能力。对企业裁员，他们自己也有心理准备。所以，当时方案一出台后，除了少部分心里有些波动以外，大部分员工没得大的问题。我就感觉，习酒员工对茅台兼并习酒，和新企业成立过后，为新企业做出贡献方面，还是做得很好的。

当时我感觉是压力如山大。我是不能随便走哪里的，只能够在房间，就是在办公大楼这一圈，在吃饭、住宿和上班的地方转，不敢走出门。在兼并前，我没有到过习酒公司，对这个地方不太了解，一上来就遇到这么棘手的工作，感觉责任很大。看到员工离开，心里面在滴血。他们也不容易，感觉很可惜，也很无奈。因为确定了，你是操作者，看到有些一家一家的离开习酒公司，心里很难受。习酒兴旺的时候，听说是很热闹的。我们去的时候已经不行了。后来，大家背起铺盖走了，还是很伤感的。

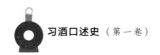

他们不愿走的员工的诉求，就是想解决就业，不想要补偿，要留下来为企业服务。但是，那时候生产经营停了，要不到那么多人，要把新企业做强做大的话，不做出一点牺牲的话，那肯定就没得发展。当时经营团队确认的就是只留 1500 人，就是为了给企业减负。

另外有个特殊情况，习水县除了习酒公司，就没得哪个像样的大企业。很多员工在习酒生活了几十年，已经有感情了。从进厂以来，他们一直在企业工作，也没有其他生存能力，主要问题在这里。现在来讲的话都很沉重，看他们离开的时候，我们确实内心很不好受。为习酒辛苦了一辈子，走到今天，就因为生产经营的需要，要做出牺牲，他们也很无辜。后面，随着时间的延长，他（她）们的子女长大了，我们就优先录用。还有，该给的待遇我们一分不少地给他了。他们的子女进厂，我们可以优惠，慢慢就把这个问题消化了。这部分人，年龄也大了，也感觉到无望了，进来也干不动了。

我们从 1997 年 9 月 9 日到习酒公司，一直到 1998 年的 10 月 25 日新企业挂牌，我任办公室主任。办公室主任当时管的是招待所、办公室、人事科、小车队、企管、法规、审计等工作。

我觉得当初的选择也没错。茅台兼并习酒，新习酒成立了，我们从生产经营停止的状态，慢慢一步一个脚印地走，每年都有增长。这一届班子根据公司当时的实际情况，明确发展目标是：一年打基础，二年上台阶，三年有起色，四年大发展。从 1997 年到 2010 年，13 年的时间，基本上年年增长，2010 年已经增长到 15 个亿了。速度不是很快，有几个因素，其中有一个就是员工接受茅台文化有一个潜移默化的、慢慢渗透和融合的过程。

因为茅台和四川这边的文化很相近，茅台是属于码头盐都文化。以前，川盐是从四川运过来，通过茅台码头中转，再运到贵阳、遵义，覆盖到其他省，它就形成了码头盐帮文化，人的思维方式、思想境界这些，要舍得开点。习酒那边，基本上就在二郎滩这个狭小的区域内，与外界没有太大的交流，形成了习酒人纯朴、率真的性格。他认可你，就认可你；不认可，就不认可你。当初，陈星国老总在那里领导了这么多年，员工已经接受了他的管理模式，如果要搞民主管理，搞一些大的举措，员工还不一定理解。员工的要求，就是要平稳地过渡，能够有固定的收入，慢慢地发展这样一个理念。如果要想把速度加快，员工还不一定能够支持。他们是"一朝被蛇咬，十年怕井绳"了，已经是不能再走回头路的了。就是要平稳地过渡、慢慢地发展。如果要员工接受这种快节奏的方式，当时会有难度。

茅台兼并习酒后，集团一度限制习酒只能生产浓香型酒。茅台的战略意图是习酒公司生产浓香型酒。但是，当时浓香型酒在除贵州以外的其他地区，已经慢慢地被酱香型酒取代。当时，五星习酒是最出名的，是主导品牌。说老实话，当时，习酒不算全国品牌，就是区域品牌，就是省内品牌，它上升为全国知名品牌的路还很漫长。但是，我们回过头看习酒的这段历史，选择也没错。当时只准习酒搞浓香型酒，酱香型酒是茅台的强项。当时兼并习酒时，我知道当时习酒酱香型酒有 8000 吨库存，都是老酒。那么，茅台兼并习酒，那 8000 吨酒基本上都要拉回茅台集团总部。因为它的战略初衷，就规定了习酒公司只能生产浓香型酒。

后来到 2003 年，对习酒来说是一个转机。当初五粮液集团利用泡粮工艺生产酱香型酒，第一次就搞了 5000 吨。泡粮工艺，等于是红粮在水里头泡了过后，拿起来再蒸。当时我们心里面没底，它一下搞 5000 吨来泡了，生产的酒要比我们好一点，还是差一点？当时，听到这个消息后，习酒公司主要领导就给茅台总部汇报，茅台就委托习酒公司去做调研、核实，了解竞争对手的第一手资料，然后根据情况采取措施。

经茅台同意后，当时几个主要领导，包括我、曾凡君等几个人到五粮液去考察泡粮生产酱香酒。回来就跟集团公司汇报，集团公司同意我们习酒公司做泡粮工艺，尝试生产酱香型酒。这样才给习酒公司开了另外一条路走，可以生产酱香型酒，实施浓酱并举，习酒的发展才慢慢地加快起来。

因为习酒公司已经没得老酱酒了，所以后来又拿钱到集团公司买了一些。严格意义上来说，当初习酒公司确实属于区域品牌，当时在贵州占的份额就是最大的。当时，在贵州起码占了 70%，省外只有 30%。后来，公司又搞了两个对营销特别有利的事：一是加大了营销人员，在省外市场、空白市场的提成力度；二是公司已经定了，每年集中精力打造一个上千万的大市

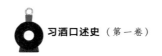

场。这两个方面，一是加大营销人员的提成力度，二是加大对省外市场的扶持力度。

营销人员的提成增大了，还有市场的投入也增加了。销售人员跑省外市场，给他们更大的职权。在省内卖一瓶酒，可能是 1 块钱，省外就给 2 块。如果开拓了省外市场，企业就加大力度支持你。如果省级市场可以搞到 1000 万的话，公司可以给投入，根据省外市场，两者结合。就是你如果找到大的经销商，愿意做习酒，那么对方投多少，我们公司投多少，大家共同把市场做起来。

我们还对产品进行改良。习酒的品质是没得讲的，但是它的外观、瓶身设计涉及大家的审美观。对所有的品牌，这些方面均要有改良和升级。这对习酒的美誉度是很有帮助的。这一段时间的新产品，最主要是"窖藏·1988"，还有金质、银质习酒这三类品牌。

兼并后，茅台集团公司对习酒的技术扶持是肯定的。茅台兼并习酒以后，每次下去都有技术人员。他们去了后，都把茅台工艺引入了习酒的生产当中。还有这样一个插曲：大概在 2009 年，习酒公司专门安排酱香车间生产酱香酒。当时 201 厂（茅台集团基酒生产厂）也在生产酱香酒，201 厂生产的酱香酒比我们的数量、质量好很多。"不识庐山真面目，只缘身在此山中。"主要领导就喊我去调研，为哪样他们生产的酱香酒比我们好呢？我调研回来，提了三项意见：第一，把那边的负责人和酒师调到习酒公司来，让他们把茅台工艺贯彻到习酒公司的生产工艺当中；第二，把现在的酱香车间的主任换了；第三，如果都还不行，就派一个副主任到 201 厂去学习，回来再主持推广。因为 201 厂的生产工艺和茅台是一样的，我看到，他们现场管理比我们好得多，现场定置管理的规范要求比我们要严。还有，他们的环境的清洁比我们做得好，它的工艺细微之处也比我们做得好。这些都不是说一两句话就行的，要亲自去做。后来，领导采纳了两条：把车间主任换了；从茅台那边调了个酒师过来当副主任。后来，慢慢地产量、质量就抓上去了。

习酒从低谷走向今天的良好态势，主要的因素我觉得是对营销队伍的建设抓得很紧。我们招普通员工，是从 2007 年开始招的，但是我们招营销人员，是从 2005 年就开始了。通过面试专门的营销人员，充实我们的营销队伍。生产是我们的强项，但营销是我们的弱项。企业要做强做大的话，没得人才是做不到的。当初，习酒公司的营销队伍，接收的都是合同制员工，年龄都偏大。为了补齐这个短板，公司从 2005 年就开始招营销人员。这一批人现在很多在营销队伍中被委以重任，第一批中有好几个，都在公司当市场经理和销售公司副经理。像现在销售公司的副总经理李冰，在企业发展中就发挥了相当重要的作用。

我对习酒的期望值也很大，这里头还有一个小的插曲：2011 年，新领导班子专门开了一个战略研讨会，叫每一个领导班子的成员必须要根据企业的情况，搞一个战略规划。当时，新领导班子的主要领导为习酒制定的战略规划是 15 亿，与我做的规划不谋而合。当时分管营销的副总陈长文就觉得定高了，做不到。当初，我、他还有钟方达在招待所吃饭时，我讲："这个事情今年你一定完得成，不信我们两个就打个赌！"当时开会，钟方达还拿笔记本写下来。我就打个赌："如果完成了，你就拿 5000 块钱，请在座的吃饭。如果完不成，那么我请大家吃饭。"当时，钟方达的笔记本上，我也签了字，陈长文也签了字。最后，任务超额完成了。

经过这个过程，说老实话，我个人的水平和以前是不可同日而语的，见效很快。其实，我在离开茅台时，也不过就是个大专生。但是，到了习酒后，走了两条线。从学历上来讲，从大专到本科。我在习水县委党校学了法律专业的本科，读了两年半。后来，又去读 EMBA（高级管理人员工商管理硕士）。2009 年到 2011 年，从大专读到 EMBA。至于资格证书，在习酒公司这 15 年，我考了很多证。习酒公司这个地方，除了上班以外，是没有什么更多的娱乐活动的。这里就是一个山区，可以说那大山已经把视线挡了，要想去看外面的世界，很难。通过这几年在习酒公司，该取得的职业资格我全部取得了，考人力资源管理师，从初级、中级到高级，后来还考国家注册人力资源管理师。当时还搞了个管理咨询师，也是从初级、中级到高级，后来搞职业经理人，也是从初级、中级到高级。后来到茅台后，他们（考评机构）经常都在找我，我说："这些都不用了，我全部都有的。"

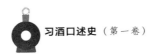

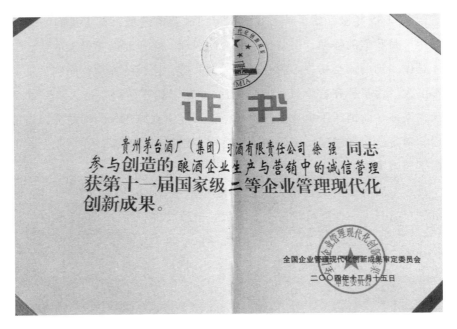

2004 年，徐强获第十一届国家级二等企业管理现代化创新成果

2018 年，徐强获习酒"优秀员工"称号

因为我们住的地方紧靠球场坝，生活比较枯燥，就只有锻炼身体——走路、打球，包括爬山，身体就锻炼好了。大脑通过不断的学习，水平提高了。所以说，这 15 年虽然看着很辛苦，但是我觉得还是值得。在这条道路上，和别人走的不一样。因为功利少了，在那个地方接触的都是当地人，看到的都是山，就没得好多功利。后来我总结，功利少了，人就变得轻松了、开心了，就是上班、下班、锻炼身体、看书、学习。

可能目前来说，集团里我的职业资格是最齐的。那时候能干啥子？那个地方接触到的人和事，就是那么一些。习酒公司这边有一座大山，郎酒厂的那座山，两山夹一谷，把视线全部挡了。不走出去的话，啥子都不晓得。只有通过不断的学习、充电，不断地完善自己。这个是条件的限制，否则过多的精力没地方用嘛。

开始的那几年，我的主要精力是处理未接收人员的安置问题。那个时候，政府座谈都搞了好多次。他们在习水县搞了多次上访，在遵义市，政府也接待他们多次。在省里头，我都参加过几次。为了社会稳定的需求，企业要配合政府去接人。我的办公室主任当到 2005 年、2006 年，然后就当总经理助理。2007 年开始，当副总经理，一直到离开习酒回茅台，在茅台当人力资源处的处长。

谈到企业文化，当时，领导班子就提出了"无情不商"的经营理念。这个理念是从新企业成立后就有的，补充完善了十几年的时间，形成了习酒独特的"情商文化"。后来，新班子成立过后，到 2010 年 5 月，又提出了"君品文化"。

习酒的企业文化是打下了时代精神的烙印。从新企业成立，提出"无情不商"理念，都是有所指的，就是因为当初看不到做生意的人，只有收款的，习酒公司当时差的外债也比较多，是这种情况下提出来的。在特定的时期，"无情不商"确实也发挥了重要的作用。企业能够一步一步往前走，就是有这一批忠诚于企业的供应商队伍和经销商队伍。当然，还有忠诚于企业的员工队伍。这三者缺一不可。"无情不商"在当时为企业的发展壮大打下了坚实的基础。"君品文化"也是企业发展到一定时期的需要。根据后期

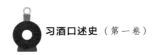

的情况来看，"君品文化"在全国的宣传推广力度越来越大，效益也不错。通过几年的打造，确实逐步地显现出"君品文化"在市场扎了根，已经产生了效果。那么，新的班子延续了"无情不商"和"君品文化"，形成一套企业文化建设的体系。这个体系将伴随着新企业从50个亿、60个亿、80个亿，到100个亿。我一点都不怀疑，在新的领导班子下，一定会实现。习酒的未来不是梦，一定会梦想成真！

本书采编小组于 2020 年 5 月 22 日采访徐强

胡　波｜我与习酒的邂逅

　　习酒把"窖藏·1988"这一产品作为一个类似"飞天茅台"的产品来打造，确实是一个很有前瞻性的发展战略思维。其实，很多企业最怕的是每一个时期栽一棵小树，最后是漫山遍野的杂草和小树，经不起风浪。但是，习酒的战略清晰了——我们需要围着一棵树，哪怕这棵树从育苗开始，一代代的人围着这个树子浇水、施肥，最后就会长成参天大树。参天大树，树子越大，根扎得越深，就越能够经得起风浪的洗礼。所以

贵州茅台酒厂（集团）习酒有限责任公司原董事、副总经理，
总经理助理兼销售公司经理胡波

说，在这个时期，习酒把它的未来战略清晰，就是清晰到一句话：将来不管怎么变化，任何一代领导者怎么变化，他（她）不会也不敢去把这个"窖藏·1988"放在旁边，重新去打造一个产品。这个风险太大了，没办法去做。一年卖50个亿，如果做得好的话，完全可以做100亿、200亿。茅台酒一个单品卖2000块钱一瓶的话，它一年可以卖七八百个亿。但是从中国消费结构来讲的话，越往下边走，市场会越来越大。那"窖藏·1988"完全是将来的希望所在。就算它的价格是茅台的一半，茅台卖800个亿，"窖藏·1988"完全可以卖400个亿。在数量相等的情况下，茅台要卖850亿，"窖藏·1988"也可以卖850亿。这就是未来习酒的希望所在。尤其在这一个阶段，习酒的战略思路清楚，未来的一代代人会围绕"窖藏·1988"这个产品浇水、施肥，产品的品质会越来越厚重，品牌的文化内涵会越来越好。习酒未来会一直这样走下去，而且会越来越好。

人物小传

胡　波　1972年9月出生，仁怀市茅台镇春树村人，中共党员，中欧国际工商管理学院工商管理硕士。1992年至2000年5月，在茅台酒厂制酒五车间任技术员；2000年至2002年，任茅台酒销售公司青藏片区销售员、片区经理；2003年至2007年5月，任茅台酒销售公司山东片区经理；2007年至2010年5月，任茅台酒销售公司市场部经理；2010年至2014年，先后任贵州茅台酒厂（集团）习酒有限责任公司董事、副总经理，总经理助理兼销售公司经理。

我家就是茅台镇的，我是出生在茅台，长大在茅台。在茅台工作了23年，我的整个生命融入这片乡土和酱香酒。我今年48岁，小时候，从背得起东西开始，我就在茅台酒厂背酒糟了。

那个年代，我们在茅台酒厂开始背酒糟，喂过人，也喂过猪，穷的时候都喂过人。背酒糟回去，把里面的谷壳筛干净，晒干以后，再打成面，加上野菜一起吃。我是1972年的，在十一二岁时，就开始去背东西了。那时候就背少点，背箩小点。所以，从小就对那里有很深厚的感情。

1992年，我从学校毕业就来到茅台酒厂。其实，我进来还有很多故事。我是凯里农机学校中专毕业，没得资格进厂。当时我给邹开良书记写了几封信，表达我对茅台的热爱，讲我从小经历的一些事，比如说背酒糟来吃。在1995年之前，茅台酒的酒糟基本上是扔了的。那时候车间还小，酒烤了之后，酒糟就丢了，周边的村民都可以背，都不用给钱。这是我们对茅台的感情。第二个感情，就是在我很小的时候，具体是在20世纪70年代末，在我五六岁时，农村没得条件杀猪，因为杀猪要跟国家上税，一头猪要上5块钱的税。因为要上这个税，所以我们的猪都要送到食品站，食品站统一杀完之后，再给你回一半。那时候穷，农村杀一头猪来就吃一年。我小的时候，周边的这些村就只可以杀一头猪、两头猪。从小接收的信息就是，茅台酒厂帮我们周边的村民把屠宰税给上了。所以，在我的心里面，我们这地方有茅台酒厂是我们的福气，心里就很热爱它。我觉得，有这样一个企业，应该进去。所以，在我毕业时，我就给邹开良书记写信。没有回信，就反复地去找他，表示希望到茅台酒厂工作。我们读书的那时候包分配，一分配就对口，从农业机械学校毕业的一般就分到农机站、农机厂类似的单位。

我记得茅台现代馆下面对到的最大的一栋房子，是邹开良书记的老房子。那时候还是木墙瓦房，周边还是农田。那时候的路少，车间也还是原来的老车间，就在茅台下边的大门的那个位置。一般，邹开良书记下班，要么走路（回家），要么公司的车送他到那个地方。到那个地方，还要走很多的土地、农田才能到他家。所以，那时候我去找他，就在厂区路边等他。那时候没得电话，没得联系方式。

我去找他，他跟我说，我写的信他都收到了。他说给我介绍到仁怀，当时的人事局局长叫王云端，他写封信，让我去找王，王给我安排工作。我就觉得我这种精神还是可以，就没用他的信，死活要进茅台酒厂。我就把我对

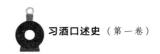

茅台的这种感情给他讲了。当时我看到他在杂志社被评为优秀企业家。大概是1991年，我还在学校读书，我看了采访他的文章。所以，我就跟他讲："我想在您的这个企业工作。"那时候年轻，19岁，所有的东西都代表一种真挚的感情。后来，邹开良书记也收了我，把我介绍给了茅台的组织部。所以，我就这样进了茅台。

进来之后，我在茅台酒厂的动力车间做了两年时间。1994年，成立茅台酒厂五车间，1994年9月份开始投产。所以，1994年我就被调入五车间当技术人员，一直工作到2000年。1998年，茅台的销售遇到了困难，当时酒卖不出去。为此，茅台在1998年首次组建了营销团队，开始在整个企业内招考管理人员进入营销队伍去卖茅台酒。但是1998年我没有去考，当时没这个意识。1999年去考时有身高的要求，要达到1米65以上，我1米65都没得。到2000年第三批招考营销员，没有这个要求，因为当时反应很大，认为是歧视政策。2000年5月份招考，我是在6月份进入茅台酒厂的销售公司，在那里就做了十年。在茅台酒销售中心的这十年，我在青海和西藏当过营销员，当过青藏地区的经理，当过山东地区的经理，在茅台销售市场部当过经理。2010年，我离开茅台销售公司。当时我是从市场部经理到习酒公司，我是2010年5月17日进的习酒。

我在茅台销售公司这十年，见证了茅台的几个发展点。第一个点，那时茅台推销产品，就是我们要主动出去推销茅台酒到别的城市。到2005年，茅台开始从复苏走向发展，我也开始走向了市场销售这一行。这个阶段我们有几个变化。第一个变化是渠道，以前茅台酒经常由一些省糖酒公司经销。这十年间，茅台把渠道下沉，大量发到很多以个人或集体为单位的专卖店和经销商。再一个变化，在这个时期，通过邀请大家对茅台文化的了解、对茅台酒的品鉴，还是培养了很大一批喝茅台的忠实消费者，很多人重新去了解茅台。其实在20世纪90年代，大家喜欢喝的是浓香型酒，对酱香酒的了解还是不够。第三个变化，是把茅台的文化准确地提炼出来。当时茅台提过很多理念，比如提出"茅台喝出健康"的理念，但这些都没有准确地把茅台的文化表述出来，没办法和茅台酒匹配。然后在这个时期，茅台提出了

"酿造高品位的生活"的理念。其实，高品位包含了很多国际的元素，将它作为一种生活方式提出，就从功能的东西上升到了精神层面的东西。因此，在这个时期，我觉得茅台是奠定了未来作为中国最好的酱香酒的一种精神文化诉求的追求。第四个变化，从结果上来看，到2000年，茅台酒的销售才十一亿两千万，也就是茅台从零到十个亿，历经了49年。到2008年，茅台真的跨了一大步，为今天的茅台打下坚实的基础。这是这十年间我见证的茅台发展。

到了2010年，茅台的市场开始活跃，经常可以听到一句话："我们现在是马放南山，刀枪入库。"以前我们很忙的。我在山东当经理的时候，四年多的时间，我跑的里程将近四十万公里，就是我们一年将近要跑十万公里的路程，出去跑市场、拜访客户，去做活动。但是，到2010年的时候，茅台酒确实火了，我们感觉确实没得像以前那么忙了。这个时候对我们以前忙惯了的人来讲，感觉还是有点不习惯。

2010年4月，一个偶然的机会，我得知张德芹要从茅台调去习酒任董事长的消息。他当时是茅台的总经理助理兼酒库车间的主任。因为酒库也是茅台的一个重要资产，是茅台的核心，勾酒、倒调整个都在酒库。当时张德芹在茅台的时候，在生产管理和经营上确实也是茅台的核心骨干之一。当时他来问过我一些事情，但是没谈去习酒的事情。当时只是说，他是搞生产技术的，搞质量的，确实在营销上面也没有太多的了解。那么他要去习酒，就和我讨论关于习酒未来营销怎么做，那段时间我们接触就比较密集。他的办公室在14楼，我在17楼。有一天，我就说了一句玩笑话。我说："干脆我跟你到习酒去算了，反正我现在也没得太多事情可干。"他说："真的假的？"我说："真的。"按我们地方话来讲，我说这句话时有点半开玩笑半认真的。当时茅台的销售公司确实是个比较好的单位，因为茅台酒好卖嘛。我说了后，德芹总专门去跟袁总做了汇报，说想带我到习酒公司去。当时我们袁总都不相信我会想到去习酒公司，他说："他咋会想到去习酒嘛？销售工作干得那么好！"可能这也是一种命中注定，他们谈完这个事情的第二天早上，我上班来迟了，袁总也来迟了，我正好在电梯那里碰到袁总，进去以后

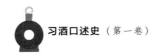

一电梯人，袁总就在电梯里面对我说："听说你想离开茅台销售公司？"我说："去你办公室说嘛！"后来我去他办公室，他就问我："你真的想离开销售公司？"我说："我很愿意，想追随德芹总去干点事。"德芹总原来进厂时，也是在五车间。我是1994年到五车间去的，他是1996年来五车间的，他刚来时其实我们两个都不认识。茅台的办公室都是一间一间的，两个人一个办公室，我们两个正好在一个办公室。那时候好像是7月，当时我们车间在茅台首次获得了全国QC成果奖（即质量控制奖），我就和他聊了几句。从那个时候开始，我对他就比较了解，他人比较正直、比较好。所以我就跟袁总表示，我愿意跟他到习酒去干。他对人也是不错的，而且也有领导能力。袁总就说："我晓得了，我们再研究。"这样过了几天，张总很快就去习酒公司了。去的时候，他就跟袁总汇报，他说："我今天就要把胡波带起走。"袁总也没得认真思考这个问题，就说："可以啊。"于是，他就喊我跟他去习酒公司。

我们到习酒的第一天是5月17日，开欢迎大会时，当时，刘总经理主持活动并欢迎我们。习酒公司的人没得任何人知道我是到习酒工作的，都认为我是送张德芹老总来的，所以当时安排在习酒的三楼开欢迎会时，把我的位置安排在了后面一排。茅台的领导，当时去的是刘和鸣，他是茅台集团党委副书记，分管人事。他们在组织宣布这些事情的时候，都没谈到我。后来，袁总在讲话的时候说："有个事情，我跟大家说一下。"他说："我们茅台销售公司市场部经理这次也随到习酒来工作，今天文件没有下，回头我们补上。"就这样宣布，然后大家才反应过来，我是去工作的，不是去送德芹的。下午开大会的时候，才给我安了座位牌和位置，才给我宣读工作任命。我当时去习酒公司，按道理说不符合组织程序。按程序上来讲，要先在茅台开会讨论。这个事情摆在那里了，也没得给我下文，我所有的工作关系都挂在茅台这边。比如说，通讯录都还写的是销售公司市场部经理，一直到过了将近一年的时间，才给我解决这个事。我到习酒去，还是有点好玩的！

我到习酒之后，身边就有很多的茅台朋友不知道，因为这个事情都是很小范围的，毕竟没有下文嘛！后来慢慢有些人知道之后，就问过这个话：

"为什么要到习酒公司来？"主要是他们觉得当时茅台的销售市场好了，但我觉得我也不是那种闲起的人，我更喜欢打仗那种感觉。当时市场部就相当于一天坐起做政策研究，市场部相当于公司的参谋部门，这一块的文字工作多一些，我感觉不是很喜欢。我就毅然地去了，也没想那么多。前些年我们感觉习酒公司在茅台集团的子公司里是最好的。为哪样呢？其实我们茅台的一些子公司没得自己的生产基地，习酒公司有自己的生产车间，品质上还是比较过硬，我对习酒还是带有一种好奇心，就感觉习酒是很有前景的一个企业。

那时，还是敬佩德芹总的人格，因为当时在车间时我们就在一起。我们家里边都是在农村，都很穷。后来工作以后，我们买房子都是买在仁怀最贫困的小区。那个时候我买了一个四十几平方的房子，他买了一个六十几平方的房子。人都有感情，大家都见证了这种过程，都是干实事的人。他人也很正，大家愿意去做点事情，我更多还是在这种情况下去了习酒。

我去的时候是总经理助理，但是我去了一两个月之后，我又多了一个职务——习酒销售公司的总经理。所以，我的上班地址转到了贵阳中华中路三联大厦。开会的时候要回习酒，平时都是在贵阳的时间多。

我来到习酒，有几个印象比较深刻的事情。第一个是刚刚接触的时候，我想了解习酒的销售情况，比如说每个星期卖好多。那时候我们在茅台都已经是用电脑，可以随时查到这一分钟卖好多、哪一个地区卖好多、老品种卖好多，但是习酒没得这个系统。当时习酒完全是手工账本，以前是一个月统计一次，后来要求到十天。2010年，习酒的销售确实还是受到了很大的挑战，受到很大的影响。我记得当时管仓储的经理是王其放，也是销售部的副经理兼物流部的经理。有一天，我去到他的办公室，他拿个账本给我看。那个账本都翻烂了，后面拿皮纸来贴起。他就跟我讲："胡总，这个账本最好是拿皮的来做，不然的话，天天在这里翻，就烂了。"我说："你为什么不上（电脑）软件呢？"所以，当时我在习酒干的第一件事情就是找茅台酒厂，把销售系统给习酒。从那个时候开始，可以说习酒进入了系统管理销售时代。

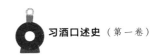

第二个印象比较深的是，到了 6 月底，我看数据，我们才卖 3.9 个亿，而 2009 年是 8.7 个亿的销售额，到第二年少了几个亿。我去看了过后，感觉太可怕了！半年过去了才卖 3 个多亿，这要咋搞嘛！把数据分开来看，最老火的是它不集中，没得哪样品种销得集中。茅台兼并习酒之后，我把习酒想作"起死回生之十年"。这十年习酒靠啥子翻身？其实就靠"五星习酒"。"五星习酒"当时在贵州卖得很好的，是浓香型的产品。公正来讲，我觉得上任领导难的是哪样呢？茅台兼并习酒以后，茅台给习酒的定位是茅台的浓香战略基地，只准习酒做浓香型酒。当时习酒刚搞了个"茅台液"产品——五粮液有五粮液，我就搞个茅台液，也来竞争一下。上十年，其实习酒也很艰难。只能在茅台授权下面做浓香型酒，而且它整个市场又是在贵州，省外的销售基本上没有，可能一年有几千万销售额都是靠 OEM 品牌（贴牌酒产品）来支持习酒的这个品牌。

这个时候，贵州已经开始在全面转向喝酱香型的酒。包括郎酒，那时的郎酒都要卖几个亿，就是红花郎、老郎酒、精品郎酒系列在贵州都要卖三四个亿。那么，习酒浓香产品在之前就已经开始有点走下坡路。那时候我看到那半年的数据，就很头疼。为什么头疼呢？第一，浓香的销售都在萎缩，利润太低。习酒的销售平均单价很低，当时"五星习酒"就百把块钱，习酒最高端的产品也就是百把块钱。比如说"三星习酒"、老习酒这些都是很便宜的产品，金质习酒都才五六十块钱。整体价格都是偏低的，利润就受到很大影响。这个时候，德芹总就带领我们反复开会来研究究竟我们该怎么办。在下半年，我们是一边在抓销售，一边想方设法把今年度过，想习酒能闯出什么样的局面。我说从 2010 年到 2015 年，就是张德芹时代，是让习酒从一个地方企业到贵州省企业，走向全国企业的一个关键时期。这个时期，习酒打造了这个基础。

第三印象深刻的是习酒的环境。我后来和大家开玩笑，我去习酒的时候，习酒那个地方还是三轮摩托车，生产工人大部分没车，偶尔有个把工人骑摩托车。我在茅台的时候，员工骑的都是五羊，广州五羊，8000 ~ 10000 块钱一台。到习酒，偶尔看到个工人骑摩托车，可能就是两三千块钱的摩托车。习水镇街上就只是一些旅社。我说旅社和宾馆的区别，旅社的话可以两个不熟悉的人在一个房间住，有床位；宾馆是开个房间，不可能有两个陌生人同住这种事情。2014 年我离开习酒的时候，我看到习酒最大的变化是第一，习酒镇上起码有三家以上的商务酒店，都还不错。我去的时候就没得这些宾馆，就只有习酒公司的一个招待所，很小，可能就能够住二十来个人。十几个房间住二十多个人的一个招待所，这算习酒镇上最好的了。我离开的时候习酒开了两家夜总会，每天晚上歌舞升平。这个就是镇上变化最大的标志。现在很多工人是开着轿车来上班，停车场还停不到，有些骑摩托车，都是骑好的摩托车。后来我讲，其实我们德芹总在习酒的过程，实际上是习酒高速发展的一个开端，应该说是习酒从一个地方企业走向全国性企业的过程。

我觉得德芹总在这个时期，就公司大的方面来讲，首先是他对企业的愿景和使命做了新的规划。从习酒的使命上来讲，我们更多地想为整个茅台集团争光，同时也是为习酒地方的发展和复兴做出贡献。

从大的战略和使命来讲，那个时候提出了"敬商、爱人"，在这个理念下，推出了"君子之品""东方习酒"。在这个架构梳理下，就指明了习酒未来要做什么。习酒整个的发展战略，就从浓香战略基地转到浓酱并举。"浓酱并举"承认了浓香还是存在的，更多地要去做茅台的酱香酒。当时德芹总带我们分析我们应该做什么产品，后来我们整个班子讨论的结果是我们要做酱香型酒，提出要做酱香酒第二。当时酱香酒第二是郎酒，其实郎酒已经在酱香的第二个板块当中开辟了一个新的价位，就是卖四五百块钱的酱香酒。当时的红花郎十五年打的就是 500 多块钱，红花郎十年就是 300 多块钱。所以，我们就提出了要更有文化底蕴、历史积淀，因为习酒存有 20 世纪 80 年代的酱香老酒，更具备去做这个事的能力。把战略定位清楚后，我们最终落定了产品和品牌，就是"窖藏·1988"。1988 年习酒获得了金质奖章，就以这个事件去做一个产品，叫习酒"窖藏·1988"，同步形成系列。这是我们当时在品牌上定的一个事情。这个时候，就要做品牌战略——我们怎么把它做出去？于是就有了习酒首次上中央电视台。

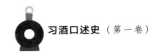

这个时候，我们定位习酒要创造贵州区域品牌、走向全国的知名品牌，再从全国的知名品牌到全国的强势品牌。当时规划的是5年，一直持续到2015年。当时落地的就是"窖藏·1988"和"1998"两个产品。后来，我们在重新打造的时候，其实跟郎酒做了一个战略的区别点。郎酒打的是"红花国色，酱香典范"。我们分析，它打的是一个系列，还是低端产品"红花十年"卖得比较好。因为（考虑到）差异化，我们就集中精力打了"窖藏·1988"。当时，我们在办公会上发生了激烈的讨论，为什么不打"窖藏习酒"？为什么一定要打"窖藏·1988"？我们也可以学郎酒去宣传。如果这样，我们肯定没办法和郎酒比，不能（仅仅）比别人做得好一点，比别人做得好没意义，要做的是和别人做得不一样。我们就反过来，就是"砸钢板原理"，选一个点来砸，或者选一个系列来砸。那么，我把所有的精力放在"窖藏·1988"上。这些定位设计出来以后，我们是2010年的12月28日在贵州饭店召开产品上市发布会。2011年就卖了将近5个亿，2012年这个单品卖了15亿，也就助推习酒到2012年实现了30个亿的销售额。

我个人认为，它还不是一只超级大单品的概念，它其实是一个品牌的概念。像今天的"飞天茅台"这款产品，可能我们厂的人觉得它是一个超级大单品，但实际上"飞天茅台"代表茅台品牌的内涵。它就相当于大家谈的，"飞天茅台"酒就代表茅台酒，谈茅台酒代表的就是"飞天"。那么，现在大家出去谈习酒更多谈的是"窖藏·1988"，但是其实大家谈到"窖藏·1988"的时候，大家谈的是习酒这个概念。

这中间（发生了）难忘的一些事。第一是在浓酱经营问题上的一些细节。比如当初我们去了习酒初期三四个月，我们在宾馆更多喝的是浓香五星习酒，而我们在茅台都是喝酱香酒。到习酒去转为喝五星习酒时，我问过德芹的感受，他说还好。德芹这个人有点拼，他原来在茅台时，其实酒量还是不行。那个时候，我们到习酒时，来个客人他就去接待。他酒量不行，前半年，大部分是在桌子上就喝倒了，背起回去的次数占多数。我们那个时候，晚上一来客人，反正都是在招待所，就是喊"习酒！1、2、3，干"，天天喝。他人本身是很拼的，来了很多领导，不管酒量大小，先喝了再说。当时我们去的时候，习酒的销售其实很难。四川有个开发商叫刘兴禄，他主要是做我们 OEM 品牌。德芹总就给他讲，喊他年底实现一千万的销售，年底只要刘兴禄实现一千万的销售，他就一百万敬他一杯，就一百万喝一杯，喝十杯。后来刘兴禄卖了两千万，他还真的是喝了。所以，大部分时间，他是在桌子上喝倒的。

在这个时期后，我们就开始研究"窖藏·1988"的事情了。可能习酒老的一些销售团队、老的管理人员就觉得，是不是因为我们原来在茅台喝酱香型酒，习惯喝酱香型酒，来了以后就要做酱香，就搞"窖藏·1988"，动不动就提酱香酒，包括我们接待的时候也开始喝酱香酒。有年开职代会的时候，就有很多职工代表提出来，说助推习酒起死回生的是浓香五星习酒，不能弱化这个产品，应该要更加重视。这是第一。第二，从全国的市场来看，酱香的份额只占少数，浓香还是占绝大多数销售群体——当时，起码 90%以上的销售是来自浓香酒。这个时候，职工代表意见大。

但是从公正的角度来讲，我们确实也不是在茅台喝酱香喝惯了，喝不惯浓香。那时候德芹已经带领我们大家对这个行业反复分析，从全国的趋势来看，如果习酒不去做酱香老二这个品牌，拱手让郎酒去做，习酒将失去一次很好的发展机会。对于茅台集团，也会失去它的发展机会。习酒应该去承接这个任务。第二，通过做这个会让习酒整个品牌得到很大的提升，原来卖100 块钱的酒，现在卖 400 块钱。品牌的定位都不一样了，成了头部企业了！茅台那个时候大概是卖六七百块钱一瓶。那么，开始卖 400 块钱左右，是茅台 60% 的价格体系。

当然，员工提的东西，始终还是很朴实。我们正面地回答了员工：第一，我们不会放弃浓香酒，会认真去做这个事；第二，我们在销售战略上的处理，就把酱香和浓香分成了两个事业部，有专门做浓香酒的事业部，又有专门做酱香酒的事业部，而且还把浓香事业部的投入加大了。比如说，酱香事业部我投入 20% 的话，浓香事业就是 30%。

这样运作下来，市场也（还是）没办法。（浓香酒）始终还是在走下坡路，但是酱香酒增长速度非常快。过了两年，到 2012 年，大家就没得说的

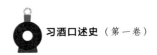

了，就觉得习酒应该是要走这条路。所以，德芹总规划的这个路径是对的。就是我们要从区域性品牌到全国强势品牌，要靠什么去实现呢？第一，走靠"窖藏·1988"的资产去实现这个路径，在 2012 年，这个路径和战略通过市场检验，基本上就按照这个路子去走了。

就管理层的障碍来说，我觉得茅台集团还好，因为我们去时，习酒的战略已经从浓香战略基地转向在做酱香酒了。但是，它当时主要是做金质型（习酒），100 块钱左右的。习酒从区域品牌走向全国性品牌的过程中，实际德芹总还是有很大的压力的。特别是在 2011 年，当时我们带了 3000 多万去做了央视晚间新闻的插播广告，还是被茅台领导批评了。2011 年底，我们参加了中央电视台的招投标。当时我们在北京参加招投标的时候，没人听说过这是哪家企业。当时招投标的广告是 3 个亿的样子，实际上是我们跟西凤酒两家各摊（一半），一家出 1.5 个亿。后来在消息传回来的时候，茅台的领导也很紧张，说："习酒这样一个企业，还去招投标，打广告?!"那是一个很敏感的事情！集团领导后来把德芹总狠狠地批评了一通。后来事情已经成型了，也就没有深究。虽然受到了批评，但是茅台对习酒还是支持的。当时批评我们，是因为办这种事情没有先跟茅台汇报。

习酒在央视打广告的压力，最大是在 2010 年底到 2011 年初。"窖藏·1988" 2010 年 12 月 28 日在贵州饭店开上市发布会，我们在央视做了晚间新闻的插播，大概全年的投放是 3000 多万，但是我们不是一次性就去做完，而是一个季度一个季度地做，每个季度 800 万的样子。当时，第一次跨出这一步，还是做了很大的（决断），也很纠结。2009 年，整个习酒的年净利润才 4000 多万，2010 年比 2009 年多了几千万，在做七八百万的投入这样一个决策时，大家都还是很谨慎。从这件事开始，整个班子，包括德芹总，还是觉得要去走这一条路。习酒已经规划了要从一个地方企业到全国企业（的蓝图），要去发声嘛！这几百万出去，整个招商结果还是比较吸引人的，来跟习酒发生业务关系的很多，业绩增长了，有钱进来了，就继续投。2011年，我们有 16.7 亿的销售额，在 2010 年 10 个亿的基础上多卖了 6 个多亿，而且这 6 个多亿中，"窖藏·1988"就占了 5 个多亿。从 0 到 5 个亿，这一年的时间基本上实现了，再加上它是高端商品，实现的利润还是很可观的。到 2011 年 11 月份去参加招投标的时候，其实就没得这么大的压力了，整个班子都认为应该去做。

2013 年开始，习酒也受到了（大环境的）影响。2013 年卖了 26.7 亿，在 2012 年的基础上下降了 10%。（销售）是在 2013 年开始走下坡路，2014 年降到低谷。这些年我也在总结为什么习酒在 2015 年、2016 年、2017 年能够快速起来？第一是它那些年打下了很好的基础。虽然行业受到了影响，习酒有很多东西是坚持下来的。习酒这么些年在中央电视台的宣传，以及一些主流媒体上的宣传（没停过）。哪怕 2014 年进入低谷，包括 2015 年恢复时，虽然说可能也减了一点，但它并没有停掉。做品牌的持续宣传很重要，到后面就爆发了。我觉得习酒的领导班子，不管德芹总也好，方达总也好，在那个时候，虽然面临困难，面对危机，大家的整个思路还是比较清晰、比较稳重的。第二，就是员工的收入，基本上销售人员还是没有太大的波动，降肯定也降了，作为销售人员来讲，大多数都是和业绩挂钩，多卖就多拿点，少卖就少拿点，基本层面还是保着的。那几年，人才的流动很少，基本上没得人员流失，而且还在进人，进些大学生进来，为后来的人才储备打下了基础。第三，就是习酒在这个时候还是能够稳健地经营，没有去乱弄。稳健地经营当中最主要的还是抓产品的品质，所以，那几年还是把它核心的主线保住了！一个是产品的品质，二是整个团队人才队伍的建设，第三是整个品牌的打造、宣传这一块，没出现大波动。

本身习酒的品质还是可以的。方达总本身也是技术人员出身，也是我们国家级评酒委员。整个"窖藏·1988"的品质，比如口感定型、品质的确定上，一直都是方达老总在抓。这些年，方达总在他的位置上就没有变化，最开始去的时候，他是常务副总，抓品质，后来当总经理，到今天的位置，整个没哪样变化，所以习酒产品的品质是越来越好，就是他抓得越来越好。这个也是我觉得习酒不管是上去还是下来，后来又爆，始终和品质这个东西有很大的关系。

一个产品，特别是白酒，茅台为什么这么牛？是茅台的品质，是坚持、

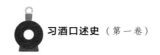

坚守。我觉得，习酒坚守的工匠精神，首先体现在基酒的生产上，管控得很严，它要完善整个的管理体系。加上习酒的主要领导德芹总是做质量和储存，钟总也是做质量，还是全国的评酒委员。在理念上，这个是高度一致的，品质好是第一要素。第二，可以说当时是除了茅台，习酒在酱香酒的生产规模上是比较大的。酱香酒始终还是要有规模，有规模以后才有更多的酒去做。第三，习酒在 20 世纪 80 年代就是生产酱香酒的，所以它有足够的老酒来保障习酒的品质。当时我们在茅台，季总就提出"不卖新酒，不挖老窖"。"不卖新酒"就是（储存）时间不到，不要拿去卖，因为酱酒至少要储存 5 年。"不挖老窖"是哪样意思呢？"不挖老窖"的意思是，酱香酒从生产到上市有个过程。基酒酿造是一部分，基酒酿造完了过后，酒放在陶瓷罐头储存的过程当中，前三年是脱新期，就是把新酒变成老酒，脱新完以后，要加上老酒、调味酒去养它，养完过后还要加上老酒去定型。比如像"窖藏·1988"，肯定得有十几二十年的老酒去勾调，勾调了还要存放一段时间。茅台今天为什么牛呢？就是因为茅台现在已经储备了几万吨上千种老酒和调味酒，几十万吨优质基酒，它才能保证茅台的品质能够稳定、品质那么好！除了茅台以外，谁能做得好呢？就是习酒。第一，习酒从 20 世纪 80 年代起就积累了很多老酒和调味酒。第二，习酒本身有很大的生产规模。当时我们在习酒，德芹总他们从 2011 年、2012 年开始就大面积地扩产了，增加了酱香酒的产量，储备了大量的基础酒。第三，人才的培养，每年培养很多优秀人才。我算过，习酒现在起码国家级评委都有好几个了，有很强大的技术力量。这些就保证了习酒的品质。

习酒人比起茅台人，从某种角度看，市场化的落地能力更强。包括吕相芬老总、方达老总，他们在上一个十年挂帮过市场，他们跟消费者接触比较多。一方面，他们能够对厂里面的工艺比较熟悉；另一方面，他们对消费者比较了解。不像茅台，真正在茅台的销售体系里面，有我这个经历的人很少很少。我在生产上干了 8 年，又做销售，做了几十年的业务员，像这样的人很少。习酒历来就有这个文化。

在工艺方面，其实谈不上工艺改良，习酒的工艺始终都是这样，就是更加精细化而已。德芹总原来在茅台就是从生产基层起来的，接受了茅台严格的工艺管理的熏陶。在他那个时期，习酒在生产过程中的细致化程度要求肯定很规范、很严。

我觉得，茅台兼并习酒之后，把它定位成茅台集团的浓香生产基地，其实对习酒而言也是面临很大的转变。毕竟在 1998 年兼并之前，习酒是浓香、酱香并举的。茅台把习酒的发战略定位为浓香战略以后，习酒为了要生存下来，加上公司的定位，他们开发了浓香型"五星习酒"。当时，我们做的主要还是传播渠道，主要就是批发商和民间的消费者。到了 2010 年，更多的还是抓知名度、品牌，要把品牌的知名度做上去，让大家都参与购买。但到了新时期，可能 2017 年之后又有了新的分水岭，就是抓消费者、抓用户。就是我们更多的企业转向去抓用户，渠道就只是一个提供服务和资源的方式。企业更多还是要通过解决用户中的消费人群，就是我们讲的领袖消费者，解决这些领袖消费者需要什么。其实就需要深度体验，通过深度体验，形成口碑传播，最后来带动整个的消费体系。

在我们去习酒的那个年代，它的营销、品牌和宣传的打法，我们叫"倒金字塔型"，或者叫"漏斗型"。我们把中央电视台的广告打出去后，面对的是一两亿受众——看到这个广告的人，可能有两亿人。在这两亿人当中，真正能够看了又想去尝试的，最后形成购买力的、形成忠实粉丝的，它始终是漏斗型的。这就是做漏斗！但是，在今天这个时代，就是钟总提出来的这个体验的时代，它是倒过来的，是"正增长型"。我一开始就做金字塔顶尖，我们行内把它叫 KOL（Key Opinion Leader），其实就是消费领袖。比如说，谁是你们圈子里的消费领袖，我只需要让他来体验，如果他说"窖藏·1988"好喝，就会形成口碑。他们就会跟人家讲，最近上了个新产品，这个酒怎么怎么好。他用他的口碑来传播，就形成购买（行为）。它其实是倒过来做的，先做顶尖上的一个人、两个人，形成裂变，最后到最底层，形成普通老百姓的购买（行为），最后形成认同以后，买得起"1988"的买"1988"，买不起"1988"的买金质、银质，形成全系列的购买。

这个时代和我们过去所处的时代相比，已经发生了很大的变化。（这背后）最大的促因，其实还是消费者说了算，就是消费者的自我价值实现。为什么是消费者的自我价值实现呢？我们把 2013 年后与此前多年划为一个分水岭的话，在此之前，公务接待政府是买酒的。更多的时候，其实喝哪样酒不是自己说了算，可能政府买了哪样酒，单位买了哪样酒，或者领导安排买哪样酒，就决定我们这群人喝哪样酒。在此之后恰恰相反，从文化认同的层面让消费者回归到一种自我理性选择消费的状态：这个时候，我喜欢喝哪样酒，我认同喝哪样酒，我就买哪样酒。当然，（刚开始）可能我是好面子，我就购买茅台系列，一旦我们熟悉了，选择就多元化了。就像今天你们到贵阳来，我接待你们，我不晓得你们的偏好，我就请你们到贵州的最高级的馆子去吃饭，上瓶茅台酒，等你们第二次、第三次来，我们熟悉了，我就知道你们对这个东西不在意，你们在意的是能去贵阳的哪个巷巷头吃清水烫，整点我们当地的酒，兄弟们一个干一点，高兴。不像第一次来，整个消费完全不一样。再往下，比如你们今天从北京来，我们是朋友，我请你们吃贵阳最有特色的菜，喝我认为值得喝的酒，不一定要讲哪样排场。

习酒提出"君子之品，东方习酒"的品牌诉求，还是从习酒原来是贵州区域品牌站位的需要出发。为什么叫"东方习酒"？因为东方代表中国。第二，为什么我们叫"君品习酒"？"君"不是皇上的意思，其实是指一群人的画像。"君品习酒"是哪一群人去喝的？首先"君子"是指一群人，是有责任、有担当的人，是社会的中坚力量。那习酒就是这一群我们国家、社会的中坚力量，或者是社会有担当、有责任的人去喝的酒。它倡导的其实是一种正能量。德芹总提出这个规划，就落脚到"君子之品，东方习酒"，提出了"气节"的文化理念，叫"敬商、爱人"，尊重我们的商家，爱护我们的经销商、消费者及企业的员工。整个习酒为什么要提出这个理念？其实，单从对待企业员工这个角度看，从陈星国那个时代开始，带领习酒人们在这样一个贫穷落后的地方，从无到有、从小到大、由弱变强地把企业做起来，是不容易的。因此，要懂得珍惜和爱护我们的员工，要爱这一群可以说把整个一生都奉献在习酒的员工。这是整个提出这个文化理念的动因。我的理解，它也是发展的需要，它和习酒走过来的这一条路密切相关。很多习酒人非常朴实，非常热爱这个企业，非常热爱习酒。"君品"，实际上是整个习酒人精神风貌的缩语。再者，将来习酒是哪些人去喝？我看，应该是价值取向相匹配的一群人！

当时，"君品文化"的提出，既是说自己，也是说他人。这也是习酒未来的行为准则。习酒要做什么事情？首先要从消费者的角度来讲，要去担当责任。对习酒人来讲，既然要提"君子"，就要讲诚信，就要把酒做好，不能以次充好。这也是习酒人做人做事的一种规则，这样的习酒才能走得远，才会走出"百年习酒"。

我是 2014 年的 12 月 31 日离开习酒的，在习酒公司待了四年半。当时，我到中欧工商学院读书，读了两年的研究生。我们学校做互联网创业的氛围比较浓，我想到我在国企干的时间也比较长了——干了二十几年了，我就想下海，就相当于走出国企去过不一样的生活。我是在这种背景下离开习酒的。

离开这几年，我觉得习酒的发展总的来说非常好。据我了解，习酒去年80 个亿的销售，其中窖藏系列占到百分之五六十的销售额。如果说窖藏这个产品能做到 50 个亿，它就已经像航空母舰一样了。很多人也问过，说德芹也好，我也好，我们去习酒这几年对习酒做出的东西，做出的贡献。甚至，有的人会夸大一些说，多么多么重要。我想了一下，习酒发展的重要意义在哪点呢？是习酒的发展战略清晰。真的要讲重要的话，是德芹带领我们这个班底，把"窖藏·1988"这一产品作为一个类似"飞天茅台"的产品来打造。其实，很多企业最怕的是每一个时期栽一棵小树，最后是漫山遍野的杂草和小树，经不起风浪。但是，习酒的战略清晰了——我们需要围着一棵树，哪怕这棵树从育苗开始，一代一代的人围着这个树子浇水、施肥，最后就会长成参天大树。参天大树，树子越大，根扎得越深，就越能够经得起风浪的洗礼。所以说，在这个时期，习酒把它的未来战略清晰了，就是清晰到一句话：将来不管怎么变化，任何一届领导者怎么变化，习酒不会也不敢去把这个"窖藏·1988"放在旁边，重新去打造一个产品。这个风险太大了，没办法去做。一年卖 50 个亿，如果做得好的话，完全可以做 100 亿、

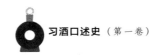
200亿。茅台酒一个单品卖2000块钱一瓶的话，它一年可以卖七八百个亿。但是从中国消费结构来讲的话，越往下边，市场会越大。那"窖藏·1988"完全是习酒将来的希望所在，就算它的价格是茅台的一半，茅台卖800个亿，它完全可以卖400个亿。在价值相等的情况下，茅台要卖850亿，"窖藏·1988"也可以卖850亿。这就是未来习酒的希望所在。尤其是这一个阶段，习酒的战略思路清楚，未来的一代一代人会围绕"窖藏·1988"这个产品浇水、施肥，产品的品质会越来越厚重，品牌的文化内涵会越来越好。习酒未来会一直这样走下去，而且会越来越好。

以钟总为首的新班子，重品质、重品牌。只要品质越来越好，品牌就会越来越好，产品就会越来越好。当然，随着时间的拉长，中国的消费者都会了解，可能除了茅台，就是一句话："窖藏·1988"是中国酱酒最好的品牌之一。

我觉得在中国，还是大家把酒做好，酒做好自然就有市场。在消费升级上，我们现在对酱香酒的文化宣传还是不够。现在大家介绍的信息，更多是"一二九八七"，什么一年一次生产周期、两次投料，什么七次取酒、八次发酵、九次蒸煮，就讲这些东西。第二个概念是"大师"，就是大师很重要，被吹得很神。有一次，我听到一个吹得很厉害的说，当年某某大师为了不让手艺传到一个人手里面，就收了8个徒弟，每个徒弟掌握1/8的工艺技术，然后再集齐了8个徒弟来勾调酒。

其实，真正的酱香型酒，经历了5个板块。第一个就是生产，就是基酒的生产。基酒的生产里面就体现出工匠精神，比如说选粮，包括用的粮食和工艺管理。粮食现在用的是红缨子糯高粱，但是哪个去到田里面看到？现在哪个去？只有像茅台、习酒可能做到了。说的是从派种子开始，就派的有人监督。好多去做到了？没有。第二，就说工艺管理。酱香酒是"三高"工艺。在高温工艺下，有些对人体有害的低沸点物质，比如说醇类物质、杂醇就挥发了。有些企业在管理的时候，循环水的温度就比较低，一开始接就放水使劲冲，水在循环，这就是十几度二十几度的水，哪会到四十几度呢？这些是没有做到的，吹的和做的是两回事情。这是在整个基酒生产环节。

第二个是选酒。为什么现在的酒比原来的好喝？为哪样习酒越来越好喝？我可以告诉你，今天的茅台酒比原来的茅台酒好。为哪样呢？那个时候穷，烤出来的一到七次酒都装在一起。没得粮食，穷嘛！哪个还分好坏！过去我们出去推销时，说"前三口酒很难喝，我们必须要让消费者喝三口，喝三杯"，前三口不要换酒。我们刚开始推销茅台酒，喊客户去喝酒，喝到第二口、第三口，就不喝了，就喝五粮液了，就不愿意喝这个酒。酱香酒开始入口，有酸、涩、苦、煳味，煳香味重，那时候就是把一到七次酒装在一起。现在不一样了。现在是选过的，选中间段位的好一点的基酒，入口就没得那么难受。第二个环节就是选酒。生产出来的一到七次酒，选哪些酒来做"窖藏·1988"，哪些做金质，哪些做银质，这些都是有讲究的。

第三个维度就是存放。把酒选来，组合在一起，要存放几年。在存放几年当中，不是简单的装在那里不管它。前两三年脱新，脱新之后要用调味酒去以酒养酒。第四个板块，养了五年或者几年的时候，要加些十年二十年的老酒进去定型，再让它跟老酒充分融合。不融合，酒喝起就不醇和。第五个板块，把老酒加起过后，还要把它拿在陶瓷坛养一段时间，让老酒和新酒充分融合，就会更好喝一点。

当真的把这几道工序做到以后，这种酒就叫"醉酒度低"：第一，别的酒喝半斤就醉了，喝这个酒可以喝个六七两；第二，醒得快；第三，对人体的伤害少。因为在整个存放过程中，陶瓷有个吸附的功能，能够把酒的有害物质吸附走。真正好的白酒，第一个就是入口的时候感觉好，第二就是喝完之后感受好。喝完之后感受好，就是第二天早上起来，整个人很通透，有种神清气爽的感觉。喝到差的酒，第二天整个人都是闷起的，头昏脑涨，很难受。但是，要把这两个维度——入喉的感受好，第二天的感觉好同时做好，很难。

所以，如果我们能够把文化宣传出去，白酒就已经上升到另外一层高度，已经不是简单的酒精和水的关系了。茅台酒的一个分子里面，不搭酒精和水，还有一千多种香味物质和微量元素。这些是酒精和水能有的吗？就像一个人一样，人是哪样？就是脂肪和水。拿去化验，人有思想，能化验出来

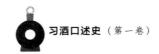

不？化验不出。我个人觉得，中国的白酒已经上升到新的精神物质的高度。我们有的时候需要生活，生活不光是每天吃饭解决温饱，生活还有情感，生活还有过程。如果说我们不讲出生活的过程，我们何必去吃饭？我们去找点营养液，或者去找两个药丸就完了，能够保证能量就可以了。不然，和机器有什么区别？人要享受吃饭的这个过程，吃饭的这个感觉，入口的这个感觉。白酒正好是一种精神物质。至于白酒对人的伤害，喝水喝多了都有伤害，吃饭吃多了都有伤害。关键看怎么去把握，都在于你个人。

我们身边有很多案例，50多岁的老人家早上起来就开始喝酒，身体还健康得很，没得别的问题。为什么？因为他是一种高兴地喝酒、快乐地喝酒。为什么我们提倡健康饮酒？其实健康饮酒不是喝多喝少来体现，而是一种精神上的健康，就是喝酒方式的健康。什么是健康喝酒？我高兴喝酒就喝，不高兴喝就不喝；身体舒服就喝，身体不能承受就不喝；酒量大点就多喝点，酒量不好就少喝点。每个人身体的适应性能不一样，今天有的人身体状态不一样，喝一斤酒没事，那就喝一斤；酒量不行，可以喝一两，那就喝一两。不是说今天喝一斤酒，那大家就跟你拼一斤酒，它就失去了喝酒的快乐。

有人说酱香酒的时代来了，我觉得是好酒的时代到来了，或者说"好人经济"的时代到来了。好人经济就是做好产品，商业模式是短暂的。因为我们做企业、做经营，追求的价值是什么？使命是什么？其实就是在推动经济社会往前发展的过程当中，让人们过上越来越好的生活。什么代表好？吃的品质要越来越好，穿的东西要越来越舒服、越来越个性化。两大方向就是高品质和个性化。历史往前发展，大家不可能再倒退说："我们今天去吃个差的东西。"原来小的时候家里穷，买米的话，老妈带起我们从茅台镇街头走到街尾，看哪家米卖得便宜点。到今天，不能一上街就去看哪家米在搞促销，买两斤送一斤，要去看哪个米好点，或者是哪点产的大米，是不是质量好一点。所以说，整个发展的方向都不一样。那么，整个白酒，未来谁能把品质做好谁就能占据市场。很多人今天谈的观点我很不认可，品质这个东西，有几个懂酒的哦？大家都知道说喝了醉，我不认。我说："真的好酒是有好的精神的！"

我最近悟出很多道理，或者说去研究一瓶酱香酒，它从烤出来到可以喝，我把它比喻成人的灵修之路。刚刚烤出来的时候，又酸又涩，又辛辣又暴烈，但是到最后它变得醇和，喝起这个酒很柔和，感觉很舒服。这个变化的过程，跟我们一个人由年轻到成熟、到成功这条路是一样的。为哪样我们讲灵修之路？你想你20岁的时候，你走向这个社会的时候，天不怕地不怕，充满了能量。到你30岁的时候，像选酒一样，不停地折腾。到你30多岁的时候，我们叫"脱新期"，这个时候，人可能会开始沉寂几年，我们把它叫"沉寂岁月"，这个时候可能会几起几浮。往往越成功的人落难的时间越长，普通的人可能就普普通通在某个单位一辈子，每个月几千块钱，从20岁到60岁退休，都是单位一个普通的工作人员。但是，要成为真正的有成就者，像酒放在酒坛里的头三年，没人管它，是不是就是它沉寂的岁月？到了30岁、40岁的时候，是以酒养酒的时候，就要有贵人的点拨，或得到一些名师指点，一有开导，加上自身的学习和提升，就开始走向了成功。到你50岁左右，这个时候开悟了！就像一瓶酒，达到了老酒的状态，就是人开始成为一个成功人士的时候。

所有的东西看似很平淡，但是整个的内涵是从心里面生发出来的，充满内容。茅台酒厂的胡静诗，我大爷，曾经说："喝茅台酒，有如和大家闺秀彻夜长谈。"这个什么感觉？就是说，跟一个很有内容的人聊天，就是聊一晚上，彻夜长谈都不觉得累，觉得越聊越有意思。这就跟喝一瓶好酒一样，一瓶好酒天天喝，今天喝了明天想喝，明天喝了后天还想喝，喝了是一种享受，是一种舒服。现在很多人搞一些乱七八糟的，什么酒精窜酒、萃烧酒，以次充好。老百姓认为酱香酒颜色越黄越好，他就搞些颜色在里头；说挂杯越好，品质越好，就给你搞猪油泡酒；说酒有甜味最好，就添加蜂蜜。开始喝酒的时候，入口感觉是不错，喝多了第二天早上起来难受，昏昏欲睡，整个人都不舒服，还觉得生活毫无意义。当那么大的官，挣那么多钱搞哪样？每天都在毫无意义中度过，没得意思！我觉得我们每个企业，把酒做好，一定会有销路的。消费，也为我们提高生活质量提供帮助，肯定有市场。

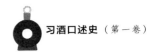

在我人生的路径选择当中，我还是想挑战一下自己，做一些不一样的东西。当初我离开茅台时，也有人提出一些观点，比如说当逃兵。我说："我离开茅台，不代表我不热爱茅台。"我到今天为止都很热爱茅台，甚至说我有事没事都会跑去跟茅台原来的那些领导交流，跟一些消费者，我也会正面地去宣传茅台。包括我到珍酒以后，在每一次招商会上，我都会给大家讲，茅台是我们最好的酒。我们这些企业，在短时间内怎么超越？现在茅台积累了几万吨、上千种调味酒，现在的这些中小企业达到那种规模需要几十年的积累。茅台从 0 到 10 个亿花了 49 年的时间，哪个企业能够耐得住这个寂寞？从 0 到 10 个亿，花 20 年它都不愿意。大部分都巴不得 3 年就上市、上 10 个亿了，5 年就上 100 个亿。现在整个酱香酒的生产、存放，包括战略，它都是一个很漫长的过程。

离开习酒后，我下海做过互联网公司。那个时候就是充满梦想，想在互联网的大潮中淘金，但做失败了，破产了。我做过的事情不少，还卖过衣服。在茅台酒厂上班的时候，就自己开过服装店卖衣服。那时，开店的初衷是很简单的，就是为了养活家庭，因为刚刚进茅台酒厂的时候收入比较低。

我这一生就是几个阶段：茅台 18 年，习酒 4 年多，珍酒有 4 年时间，中间又下来创业。2015 年，我搞了一年互联网。同时，我自己在做波波酱酒。我定位的就是，做一个小而美的企业。这个企业是在习酒出来的时候就想做，在做珍酒之前就已经开始的。

在 2015 年之前，我更多的时候是去研究营销模式。2015 年之后，我更多的是研究酱香酒——怎么把酱香酒的文化整透，把酱香酒的一些东西搞清楚。比如说，一瓶茅台酒，它现在为什么存在（信息）不对称呢？真正的酱香酒代表是茅台酒厂，茅台酒厂技术人员很少走在前面去讲，讲的话，消费者听不懂，太专业了！现在这些营销人员讲，他讲不清楚，他都没得在生产上干过，就算他在生产上干过，简单烤过酒也不行。现在很多酱香酒公司都面临一个问题：销售人员出去，比如说跟消费者喝酒，都是端起杯子说："来，喝！"喝了以后，不行就上"小钢炮"，很少有人能把酱香酒，喝这杯酒说成是一种精神享受。

前段时间，我还专门让他们写了一篇文章，我说叫"做好一瓶好的酱香型酒，就像炒好一盘回锅肉，也要分 5 个步骤"。第一个就是要养猪，就像生产基酒。养猪有很多种养法，很多是拿生饲料喂，那种是最难吃的肉。其次是两个月以前都是拿生饲料喂，两个月以后才开始转猪草，玉米面煮熟来喂。最好吃的猪，就是从小喂猪草，玉米面煮熟来喂。这样猪就长得慢，就不容易卖钱。很多人现在都是崇尚经济利益为中心，想的是三个月把猪催肥，把它卖了。猪催大了，肉不好吃了，那就喂半个月、二十天的猪草。就像现在去吃鱼一样的，都是河鱼，但它都是在池塘养大，然后去河里生活二十天，再捞回来卖。

第二就是猪杀了要选肉。猪身上，我们说三节肉才符合炒回锅肉的要求。第三步骤，把肉选回来之后，还要拿水煮。我们做回锅肉是把皮子拿来烧煳，洗干净，刮了再拿到汤头去煮。煮的过程中还要加姜、花椒。就像这个酱香酒一样，第三个阶段要以酒养酒，储酒储了几年，还要去养酒。第四个阶段就是开始炒，就像我们要拿老酒来盘勾。要炒回锅肉，要提前把那些菜备好，拿豆瓣酱来炒，还是拿生海椒来炒，还是拿干辣椒来炒。炒的时候就比较考厨师的手艺，就像勾酒的时候就比较考勾酒师的手艺。炒好之后，再把火调小一点，再拿到锅里面闷上几分钟。就像我们的酒勾好以后，再拿去养它半年。

我把步骤分化，让大家能够轻松理解。作为一瓶好的酱香酒，不是简单讲的"一二九八七""大师"就完了，过程是很复杂的！酱香酒，要准备几种酒库、几种酒坛，烤出来（的基酒）分轮次存放，一个轮次酒放一种酒坛。然后选出来存放的过程中，要有一个新的酒库加酒养。养完了之后，又倒到另外一个酒库去加老酒来存，存了又加调味酒。这就叫四种酒库、四种酒坛，不能混装，混装的话，酒就变味了。这是一种非常珍贵的工匠精神。为什么茅台酒厂那么多酒坛？为什么做好酒的少呢？确实，巴掌那么大点地方，用那么多坛子来放，甚至有些人都不懂，烤了就把那些酒堆在一起；好点的稍微选下，一二六七放一边、三四五放一边，就算不错的。甚至有的人说，他在茅台酒厂请了个车间主任，请了个班长来给他当老师。那个班长懂

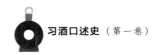

好酒吗？烤完酒都还是第一步，后面还有很多个步骤要做。

珍酒原来的微信公众号专门开了个"黔酒大师说酱酒"专栏，写了一系列的东西放在上面。我觉得，对酱香酒文化我是很热衷的，我觉得也是一种责任，把它当作一种情怀来做。我在茅台镇做一个小酒厂，定位就是小而美。小到哪种程度呢？我去年大概有三四千万的销售额。到2022年，我计划生产1000吨酒，卖500吨酒，做2亿的销售额。这个就是我定位的"小"。这和我过去走过的企业来比，太少了。我过去走过的企业，花3年的时间都可以从几千万个把亿做到头10亿。我自己定位的是3年的时间做2亿。"美"是啥子美呢？我觉得是酒美。酒美不是光说嘴皮子。我们以前负责生产的8个工人，还有一个女工，总共9个人，现在增加到15个人，主动增加成本。我不是那种为了省人工成本，搞个自动化酿酒器（的人）。我觉得酱香酒要传承的就是手工的东西，不用担心人员数量大、人工成本高。成本高有哪样关系嘛？酿酱香型酒，人工成本才5块钱一斤，我发3倍，15块钱；将来卖几百块钱，没得哪样影响嘛！那么现在上班辛苦，我花3倍的人工成本，他们上两天休息两天，一个星期7天，他们只工作3天。将来大家要想工作，想在我那里酿酒，我让你来两天，锻炼身体。现在大家都是AI——人工智能，就是人找不到事情干。人找不到事情干，就懒。我不让你很累，你说原来5块钱一斤，我现在投15块钱一斤，后来卖几百块钱一斤，这个还占好大的便宜。所以，我是一个班配15个人，每一个班都要配一个大学生，要么就是贵州理工大学的，要么就是贵大的。我就做小点，把酒做好，就行了。好的东西一定少，但少的东西不一定好。

现在的江小白，它定位很年轻，是做给年轻人、大学生喝的。它原来有个理念，就是"人生的第一瓶白酒"。像原来我们大学毕业也喝过酒，它做的定位是（年轻人）走向社会喝的第一瓶白酒。那么，这第一瓶白酒都不好喝。走向社会，第一瓶酒拿茅台酒给你喝你都觉得不好喝。酒这个东西，没得习惯之前就是觉得很难喝。他现在更多是玩的文化。现在这个社会又发生了很多的变化，现在消费者对这些东西的透明化，就是口碑传播快。第三就是未来的许多商品（强调价值认同）。原来我们划分人群时说这个酒是好多岁喝的，比如 30 岁喝的、50 岁喝的，这个酒是年收入 100 万喝的还是 10 万喝的。未来这个不行，未来就叫价值认同。现在很多 00 后、90 后的，他们已经颠覆了马斯洛需求原理。原来一出来，先要生存，高不高兴再说，现在他们一出来，就是要改变世界，就是要自我实现。现在很多家头的，像你们这些娃娃，房子都几套。老的把房子都给你买好了，不担心买房，而且老的每个月还要倒拿点钱来用，安安心心地上班，单位发 5000 块，老者老妈还要再发 5000 块。他们不担心钱的问题。他们的价值认同是，有 10000 块钱的工资，茅台酒 2000 块钱一瓶，这个月先买一瓶，喝了再说。他们认为，这个月喝一瓶（茅台）都可以，就不像过去，搞瓶江小白也行。整个消费理念和人们的整个思想还是有很大的变化。所以，为什么江小白在增长上是反的，前两年很红火，这两年增长上有点（缓慢）。

在传统的意识当中，我们自己都觉得，酱香酒就是老头喝的，是四五十岁的人喝的。我们自身在这个边界上把自己禁锢了。这个不用担心！2000 年我们去搞市场营销的时候，80 后的是 20 岁，那时候我们就讨论：是不是 80 后、85 后的人成长起来就不喝白酒了，就喝红酒、低度酒？今天 80 后的人在干什么？还不是喝白酒的主力军！因此，不用担心，人在这个变化过程当中，该干哪样就要干哪样，该是一种什么样的思想、该是什么样的生活方式，就是什么样的。还有就是民族自信，像日本在历史上也有这个阶段，很多人不喝清酒，就喝国外的红酒、洋酒。中国还不是这样的，现在 50 岁的这帮人，前两年还不是喝国外几百块钱一瓶的威士忌、几千块钱一瓶的红酒，现在开始喝白酒了。他们自己都觉得奇怪，他们以前觉得白酒喝多了伤身体，现在，他们喝了，就回归民族文化了。原来他们喝高度酒，很多都是劣质酒，喝法也不对，为了搞业务拼命喝。今天已经成为另外一种场景。今天喝酒，说："我今天身体不行，少喝点。"没得哪个逮着，必须喝！

本书采编小组于 2020 年 4 月 26 日采访胡波

吕良典｜历史熔炉铸就习酒文化

　　在兼并后，有一个重要的课题，就是两种文化如何融合。两个企业的文化不同，一开始会有矛盾，会有冲突。如何融合在一起，还是很考人的。但是，我觉得兼并过后，当时的领导班子在这个问题上解决得非常好。

　　就茅台文化和习酒文化而言，没有产生冲突。我觉得是因为它们以前共同的基因要多一些，所以没有冲突，或者说很快就融合了。因为习酒人很善于创新，而且学东西非常快，就把茅台文化的一些优点，比如

贵州茅台酒厂（集团）习酒有限责任公司企业文化部部长吕良典

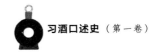

精细算账这些作风引入了，把以前算账比较粗糙甚至不爱算成本这些坏的习惯改掉了。另外，我觉得另一种改变是自信，就是对于品牌、企业文化的自信。以前习酒人的自信心还是受影响的。茅台兼并过后，习酒人的这种自信心有了很大的提升。

茅台兼并过后，唤起了这种自信。兼并以后，有茅台强大的品牌背书，也解决了曾经那些包袱，于是把习酒人的那些积极的基因唤醒了、那种活力唤醒了，带领企业不断地走出困境，再创辉煌，走出了一条振兴的路。

人物小传

吕良典 中共党员，1966 年 11 月出生。1984 年毕业于习水县师范学校；1984 年至 1985 年，任习水县岩寨小学教师；1985 年至 1987 年，就读于贵州广播电视大学遵义分校中文师范专业；1987 年至 1988 年，任习水县柑甜小学教师；1988 年至 1991 年，任习水酒厂子弟学校教师；1991 年至 1994 年任习酒公司宣教部职工教育干事、房地产开发公司办公室主任、宣教处副处长；1994 年至 1996 年，任习酒公司西安分公司副经理；1996 年至 1998 年，任市场部市场开发科科长、市场部副经理；1998 年至 2011 年，任贵州茅台酒厂（集团）习酒有限责任公司市场部副经理、经理和销售公司副经理（兼任市场部经理）、经理；2011 年至 2014 年，任习酒公司工会副主席。2014 年至 2017 年，任《习酒志》编辑部执行主编；2017 年任习酒公司企业文化部副部长，2020 年任部长。

习酒公司所在地黄金坪这个地盘，在明末清初就是我们吕家的地盘。我们的祖先大概在顺治元年时从四川往贵州搬。实际上，那个时候还不属于贵州，还属于四川，仁怀厅还是属于四川管，从区域行政管辖历史变迁看：清雍正八年（1730）改仁怀县置，属遵义府，治所即今贵州省赤水市。乾隆四十一年（1776）升为直隶厅，属贵州省。光绪三十四年（1908）改为赤水厅。据家谱记载，我们是从富顺（今四川省自贡市富顺县）那个地方搬过来的。富顺那个地方人烟稠密，好像因为动乱，我们的祖先才搬过来的。当时属于政府组织的移民。第一站搬到吕家岗、大坡，这是大华祖一支。吕师岩实际上就是"吕四岩"。我们老祖宗"大"字辈是四弟兄"荣华富贵"，迁到吕师岩一带的祖先就是老四吕大贵祖，因此这个地方就取名叫"吕四岩"。慢慢地，大家觉得"吕师岩"可能顺口一点，"吕四岩"好像是要绕口一点，所以就都叫"吕师岩"。

我老家离这里（习酒厂区）不远，就是马临（地名）方向，小地名以前叫蔡家寨。我们从吕家岗搬到蔡家寨，是到这点来后的第三代。我们读初中时，就在这上面（的学校）读过书。那时候就是公社的一个"戴帽中学"，所谓"戴帽中学"，就是"文革"中农村教育特有的现象，目的是解决农民子女就近读中学的问题，即在小学的基础上增设初中甚至高中，有点类似给人戴了个帽子。它是个小学，但是办的有一个中学班，所以说叫"戴帽中学"。我原来是在土城的习水三中，后来转到这点来读。

那个时候，农村学校管得不严，我们就经常逛到习酒厂来看露天电影。以前的酒厂在现在的水井那个地方，就只有两三个车间，这边一排是包装楼，前头有个大门，这上面下去有一个小门。厂里经常放电影，但是放电影时就把小门关了，厂里的人自己看。后面，当地的老百姓就反映："我们也要看电影啊！一大个厂，自己整起看啊?!"然后，再放电影时就把小门打开了，当地的老百姓就和酒厂的人在一起看，那时的娱乐生活太少。那大概是1978年、1979年的事情。我是1981年毕业的，我那时考师范，就是在这个地方考起的。所以，对这个地方很熟。

师范毕业之后，教小学，也就是在这旁边一个叫岩寨的地方。然后，我去遵义脱产读了两年的广播电视大学。回来之后，正好习水酒厂职工子弟学校需要进教师。第一年是1987年，没有来成，因为那一年（县里）把全部的人事冻结了。第二年，他们还需要教师，我才进到了习水酒厂子校。当时和我一起进子校的有个大学本科生叫李庆利，他是习酒后来的宣传部部长。

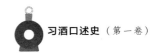

他是我们公司当时引进的第一个大学本科生。当时他一进来，大家都知道我们公司进来了一个大学生，都要看一下。特别是领导开会时，这些女生们（习酒厂女职工）都要来看一下这个大学生。子校还有一个专科生，他是学理科的，叫陈宗雄。当时他教的是化学，后来在科研所做了一段时间所长。后来辞职了，现在在安酒公司。

我当时读电大，是在职脱产，准确地讲，就是带薪去读书，毕业后必须回原单位。当时我到习酒厂，是调动，也必须是调动。像刚才我讲到的李庆利，他原来是定向分配到黔东南那边，后来改派到习酒公司，公司还给他付了八千块钱的培养费，这实际上就是他的违约金。这在当时也是不容易，一般单位肯定不行！因为习酒厂当时需要人才，就出了这个价。

我在小学教书时，什么科目都要教，有语文、数学、音乐、体育、美术。有些课程没得老师，就必须要上。那时教师缺乏，特别是音体美方面的教师。中等师范学生就是万金油，课程里面，哪样都要学。以前中学都要分主科、副科，在师范学校没得这个说法，每一科都是必修，我们必须按照它的教学大纲完成之后才能毕业。读中等师范有个好处，哪样都懂一点，哪样都不一定很懂。读师范的经历为我后头的工作，特别是在企业工作打下了基础。从子校出来后，到宣传部来，（工作上就需要）样样都懂一点。当时宣传部（负责的）不仅仅是宣传的事情，还要组织很多活动，要求对各种知识都要掌握才比较好。后边在市场上、在销售公司这些岗位也一样，什么都懂点，还有一个好处，就是适应性强一点。

当时来习酒公司还真是一种双向的选择。就我个人来讲的话，在隆兴教书时的氛围我不太喜欢，觉得自己的才干不能得到充分发挥。隆兴当时是区，我教书的地方当时是隆兴区岩寨乡的一个村小学。我1987年从电大毕业以后，分到隆兴区柑甜乡的一个"戴帽中学"，觉得工作环境包括生活氛围等等都不好，老是觉得没有发展前途，个人才干不能得到发挥，于是就想另找一个地方。这时，正好习酒厂子校需要招教师，我就联系了。当时，子校的招聘程序还是很严格的。酒厂子校的校长张开刚先要向教育局要人，教育局决定给人后，他们就考察人选。我一来，他们就组织试讲，试讲过后，觉得还可以，我就进了子校。

当时，酒厂子校的待遇比地方的学校肯定要高一点。尽管我根本没有考虑待遇问题，但确实有不少福利待遇。进来过后马上工资上调两级，还有效益工资，以前叫奖金，有月奖、季度奖、半年奖、年终奖，加起来有时候还超过工资。和地方学校工资待遇相比，可能有一倍的差距，而且还不包括其他福利待遇，比如还会发点酒以及一些杂七杂八的补贴，比如班主任津贴，它就比在地方上当班主任的津贴多得多。子校的教师进来后，还有一个待遇：如果没有结婚，是单身的话，可以解决两间一厨，就是一室一厅；结婚了过后，还有三间一厨。当时习酒公司修房子，十一栋专门是给引进教师的，相当于是教师楼。它有四个单元四十套房子，两间、三间各占一半。另外，还可以带一个亲人进厂。我有一个妹，我还带她进厂了。

尽管我享受了这些待遇，但是我进厂真正不是冲待遇来的，而是想个人在工作上应该有更大的发展前途。当时，我最大的理想就是成为一个著名的教师，我的目标就是成为习水县最好的语文老师。当时我的一个标杆叫裴声鸾，他是一名老一代的语文教师，是解放初的贵阳师院毕业的。他是习水县最高水平的语文教师。我一直对教育教学不反感，一直非常热爱这个职业。我当时进子校，也就是想认认真真地做一个好老师。后边就为了这个目标去做准备，比如说，去读贵州师范大学的函授，我的本科学历就是读师大函授得的，专升本。又跟到我们子校的余应文老师做一些教研，他教学经历相当丰富，我跟着他学一些教学方法。经常搞教研活动，我积极参与，还出了很多教研成果。我就想不断掌握教学技能，为成为一名优秀的语文教师做好准备，可以说是心无旁骛！

企业慢慢地发展以后，子校就成了一个人才的摇篮。企业发展壮大需要人才的时候，就从子校不断地抽人出来。以前我们企业的平均文化水平比较低，有一些员工甚至是文盲，以前叫"劳动密集型企业"。子校是知识分子成堆的地方，肯定要从那点调人。这样就不断地调人出来，特别是年轻的老师。比较早被抽出来的，就有现在的党委书记、董事长钟方达，还有一个是现在的副书记、副总经理陈应荣。当时和他们一届的还有曾为习酒公司分管

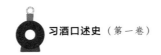

质量的副总经理黄树强，他后来当了贵州湄窖酒业公司总经理。这些人当时调出来，有负责生产的，有在办公室的，当秘书的。子校不断地出人，可以说在习酒公司的各个部门都有子校的人。有些人戏言说"习酒厂是个校办工厂"，我们也是属于年轻这一类，所以说当时就出来了。我算是从子校出来比较迟的一个，好像是有人不断地推荐我，他们也就把我调到了宣教部。

我在宣传教育部时是职工教育干事，负责职工教育这一块。我在职工教育干事这一岗位上做了大概三年，从 1991 年到 1993 年。这段时间很充实，精力很充沛。那个时候搞宣传，没得专业的美工，要搞幅标语或者做宣传，就要到地方上、县城去请人。像当时的袁照湖、何启洪等这些人，他们来做的话，代价是比较高的。我记得袁照湖是五十块钱一天，还包吃包住，而当时我的工资是七十四块。他干两天，就可以超过我一个月的工资。

但是，有些很急的活，来不及请人，就自己上阵干。我学师范还有个好处，还多少有点三脚猫功夫，用毛笔来写标语，写楷体，一个赶一个。要慢慢地学，自己还得到点锻炼，慢慢地对写那种榜书还有点体会。这相当于给我提供了一个练书法的机会。写得很多，还到处找人来贴，比如说"热烈庆祝贵州省习水酒厂荣升国家二级系列"或者获啥子奖，反正就要写很多宣传标语。我记到有一次做"纪念中国共产党成立七十周年"会标，这是很隆重、很庄重的！以前会标都是请人做的，这个时候请不到人，因为下午才接到任务，明天早上就要开会，就要凭我自己的力量把这个会标做出来。没得办法我就自己上阵写，还请很多助手来给我刻，刻好了就用别针别在红布上。半夜三更请动力车间的人把这条宣传条幅挂上去，一看还不算丑！松了一口气。那是加班加点地干啊！那时候就是能干什么就要干什么，反正也不谈什么加班费，因为企业需要我们，我们不可能让这个会等着，推迟开。

我们一方面给企业做贡献，另一方面也锻炼了自己。对我来说，也是一种学习的机会，还给我提供材料、提供条件学习。公司还让我们出去考察，比如说，派我们到水城钢铁公司去看职工教育是怎么开展的。我们也在借鉴别人的经验，再结合自己的实际思考如何开展职工培训。这是我的本职工作，在这段时间内，我把习酒职工教育培训的一套基本架构搭起了。首先是订立制度，然后是对职工状况进行整个摸底调查，建立档案。有些宣传上的工作，由于人手少，我们只有综合利用。庆利部长和我整理了一套宣传资料，内容很多，当时打印设备少又差，打字又不方便，几十页先打出来，再复印一些备用。比如当时有哪个记者来采访，我就要提供资料给他（她）看，先看资料再采访，然后再放到媒体上。虽然有些报道是有偿的，但是大多还是媒体的新闻报道。

1994 年，公司改制，成立贵州习酒股份有限公司，在以前贵州习酒总公司的基础上进行了公司机构改革，企业分"五部一室"："一室"是总经理办公室，"五部"是经贸部、生产部、财务部、质量部、公关部。那时，我任公关部副经理。当时公关部管得有点宽，设有六个科，主要有宣教科，房产科也在公关部名下。这时候为什么要改制呢？因为习酒公司已经有些问题了，实际上在 1993 年就有苗头了，1994 年就已经"银根紧缩"了，说明公司体制有点固化，所以要改制。当时我们的出发点是如何做才能更有利于企业的发展，找出路，以期扭转局面。

改制没有多久，就做了一个人事上的调动，我就不再担任公关部的副经理，改去西安分公司当副经理，就进入市场销售系统了。这一调整，相当于是降了我一点职级，分公司副经理属于科长这一级，我之前算是副部级。不过，当时我们根本没得这个概念，喊我去我就去了，反正服从组织安排，需要我干什么工作我就干什么工作。但是，当时我老婆就不乐意。娃儿当时才两三岁，她就觉得接受不了这个事情，还哭着找领导反映，意思是不要安排我去西安。当时，吕总（吕良科）亲自找我谈，说服我去。他当时是公司副总经理兼公关部经理，我是副经理。然后，我们当时的副书记张开刚，以前我们子校的校长，他跟我讲："年轻人以后可能多半都要搞经济工作的，这个时候出去学习一下，也是可以的。"

其实，我在宣传部期间还有一个插曲：成立贵州习酒总公司时，还成立了一个房地产开发公司。张开刚副书记就兼任房地产开发公司的经理，他就把我调到房地产开发公司当办公室主任。实际上，我调到宣教部也是因为他，从宣教部调到房地产开发公司去也是因为他。我到房地产开发公司搞了

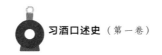

一段时间，反正做了一些还是不情愿做的事，但是还算是一种历练。没待好长时间，1993年我又回到宣教处，被提为宣教处副处长。这时候，为了动员我去西安，他就说，以后你们应该都要搞经济工作。有了这些经历，到西安的时候，我还真的就抱着学习经济工作的态度去的。

之前，我是不屑于干这个工作的。当时，我整体性格上有一种传统的观念，就是觉得搞销售的这个事情，不是秀才干的事情。当时我是不屑一顾的，没想到后面还搞得乐此不疲。我自己当然想得通，我就去学经济去了。这一去就开始面临难题，因为我也不懂，以前也不感兴趣。还好当时我在宣教部受了一些感染，在培训的时候受了一些培训观念的影响。就是说，人要发展的话，在整个职业生涯过程中，要做些准备，比如说管理学、营销学知识，要先学点。所以，我还找了一些教材来，自己先学了一下。当然，那是了解一下。后来，一下子进入市场了，一下子就要接触营销了，就要开始恶补了。我个人在工作过程中间养成一个习惯，就是我要干一件事情，还是要把它干到最好，起码是我认为的最好、我能够做到的极致，不要留不好的东西。那么，我就要研究，以一种学术态度来把事情搞懂。为此，我还狠读了一些有关营销管理、品牌、公关、传播这一类的书籍。

后头我进入销售系统以后，我觉得还是有用。比如说我捞起一本书，管它读得懂读不懂，读得懂多少。首先，要把菲利普·科特勒的《营销管理》这本书读懂，起码他说的销售的几大要素要明白，否则搞什么销售呢？那个时候，起码这些基础知识还是晓得的。然后，跟销售有关的一些东西，经典的一些案例，总要了解一些。然后，在实际营销中间来模仿、来借鉴。我们做的一些东西，既分析我们自己的状况，然后又用一种适当的观念来（指导），我觉得还是比较有效。

我在西安还没弄到好长时间可能半年不到的时候，公司这边就要调我回来在公司办公室任秘书科科长。说老实话，当时真的不想干秘书科科长，好像对营销这个事情有点感兴趣了，觉得这东西有点意思，于是就直接不回来了。我就说："谢谢领导的好意，让我多锻炼一下。"由开始不想去到最后还想多锻炼一下，半年多的时间就发生了比较大的变化。我在西安也就工作了一年，满打满算就一年，但是跨了三个年头，做得最满的年头就是1995 年。

作为一个分公司的副经理回来后，我在开工作会时提出一个什么建议呢？撤销分公司。当时就是根据我的观察、我的体会和我的思考，觉得应该把分公司撤销了。分公司有什么坏处？当时设立的时候，我觉得也有道理——大家进入市场经济过后，没得精力（直接管市场销售），肯定要设分公司，要进占市场。但是后面发现，这些分公司根本就没有解决好市场建设问题，而且它还把一些（原来的）客户关系处僵了，增加了各种费用。其实有一帮人在那里驻起，距离市场无非就是五十步和一百步的关系，我觉得它根本就没有贴近市场，而且还有很多法律上的风险。举个例子，去注册一个公司，这个公司又远离公司本部，当管理能力达不到时，对它的管理实际上是没有效果的，就是鞭长莫及。有这个权力以后，公司又有章粑粑（公司印章）给它贴起，如果它整一些违法的事，哪个来买单？所以，应该把它撤了。

设立分公司也发挥过一定的作用，又要把它撤了，要说服人的话还是不太容易。我在 1996 年开营销会时提出这个建议以后，会议一结束就定了，调我回来当市场开发科的科长，就是要回来干这些事，就是要撤分公司。这个时候，习酒公司已经算是跌入谷底了，非常艰难。当时，陈总（陈星国）提出来一种精神：“困死不如斗死！”因为要找出路，我们提出的这些改革建议，他觉得也有道理，于是马上就干。

1996 年上半年，我们就从体制上把机构撤了，不再设分公司，改设片区，设了几个大的片区，片区下面设省级市场，省级市场有可能是单省，也有可能是几个省合在一起，这个布局上跟以前相比有些调整，主要是运行机制不一样。（改革以后），一切战略上的决策权力都收到销售公司（当时的市场部）。当然，市场决策方面，片区有些权力，但是跟以前比小了。过了一段时间，陈总又提出“市场决策在市场”，就是说总公司的决策一定要来自市场。那个时候，陈总除了长时间在市场上奔波外，又派了几个副总级领导去市场上蹲点，直接进入市场管理，不是遥控，不是分管，是直接进驻市

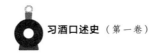

场，就相当于当这个片区的经理。当时，吕良科负责西南这一片，钟方达负责华东这一片，陈应荣负责东北，黄树强负责华北。母泽华是当时的监事会主席、习水酒厂时期分管销售的副厂长，就负责华南。华中的这一块，就是当时销售公司的副经理陈长文代为负责。

改革之后，发挥了市场的重要性，提升了它的地位，一切向销售倾斜。这个也是没得办法，必须通过市场解决生存问题，挽回颓败的局面。到1996年之后，我们这几个市场部的副经理，兼任的都是几大片区的经理，等于这个片区就是公司的一级待遇。再之后，陈总带了一帮人，就到全国各地到处转，我就像他的工作秘书一样，随时跟班，他一走哪点，我就走哪点。所以1996年以后，我们大半年的时间都是在外面。

当时确实很困难啊！我们跟着领导跑倒是无所谓，还感觉不出来，当时（员工）工资都很困难，只发一半。当时的工资也就是两三百块，中层都才是三百多，发一半，也就是一两百块钱。那时候，作为总经理，他亲自跑到北京去，等我们那个副总到市场上去收钱。收的是啥子？有的是支票，有的是现金。要过年，拿起回来发工资。当时，我们在吃饭的那个地方一直坐起，等到黄树强到市场去收起款来了以后，我们才吃。那时候的交通、通信又不方便，所以特别心酸。他们一来以后，觉得收到一些款，就很高兴！一高兴，喝了点酒，就喝醉了。那一次收了几十万。那时候弄到十万、八万都高兴得很，不要说几十万！几十万是算比较大的数字了！那时候本身产品的价格也比较低。

当时采取的一个比较重大的举措是什么呢？我们推出了星级系列产品，主要是五星习酒和三星习酒，靠这个解决了一些问题。1996年，我们开始选择一些市场重点的来推这两款产品，这个算是公司在营销战略上的一个重大决策。当时推出的三星、五星习酒，是我们公司改香型的一个结果。"习酒"是一个酱香型的品牌，我们把它改成浓香型。"习酒"这个品牌一出来，就是一个价位比较高的品牌，而且市场上大家对它的认知还是不错，还算是高档的。当时也可以选择"习水大曲"，但为什么没选呢？因为当时"习水大曲"给人的印象，虽然知名度非常高，但它是一个价位很低的品牌。我们的出厂价在 1996 年的时候才五块几，而"习酒"这个品牌一出来，厂价就是十几块，接近二十块。在价格认知、品牌认知上，后来大家的意见是要走高档路线。当时有两种意见，一种就是重创一个品牌，不叫"习酒"，也不叫"习水（大曲）"。当时江苏有一个品牌改换已经在搞，就是"今世缘"，原来叫"高沟大曲"。另一种意见就是把"习酒"弄来改香型。最后，选择用"习酒"这个品牌来改香型，所以就有后来浓香型的五星习酒、三星习酒这一类产品的出现。这个战略的选择，是之前"四高两限"的战略方针的体现，"四高"就是高质量、高装潢、高投入、高价格，"两限"就是限制投放量和限制投放渠道，一句话，就是我们要走高价、高端、高品质的路线。"习酒"这个品牌是酱香的，为哪样要改香型呢？因为当时的酱香，除了茅台以外，并没有那么宽的市场。浓香占的市场份额是绝对最大的，应该是 90%。所以为哪样选择改为浓香呢？就因为市场面宽一点。

1996 年就开始执行这个政策，这是习酒公司的一个重大转变，这个转变应该说是后面挽救习酒的一个重大砝码。因为，我们后面推浓香习酒这个品牌，特别是五星习酒，把它打造成了一个独立的品牌，应该是比较成功的，当时广告词叫"习酒五星，液体黄金"，这就是当时埋下的伏笔。

96、97 年那时，我作为市场开发科的科长，跟老总一起跑市场，差不多成了他的（专职）秘书。我把公司文件头子一背起，陈总他说要发一个什么文，谈一个什么事，我稿子一拟好，他一签字，当时公司办公室的主任，他就给我一个文号，我那里直接就发出去。当时我们公司发文不需要盖章，总经理签名就行，他一签名，我们就开始发了，再给公司发一个存档，这样就开始执行了。所以，有很多决策非常快、非常高效，也对当时市场推广的成功起到很大的作用。而且，设置的这个策略和政策都非常实际。（决策）来自市场，再通过对市场调研不断地调整。比如，我们当时定的价在市场上是比较高的——我们定的那个五星习酒的价格是六十九，这在当时很少的。当时茅台是一百六十多，五粮液的价格也是一百多。我们的价格直逼"剑南春"，就是二类阵营中最高的一个价格，也就是腰部

产品的最高价格。

当时，我们设的政策是可以返（经销商）几块钱，这个我们是向卖保健品的厂家学的，当时酒类行业很少有人这么干，当时市场确实时兴这一套。当时我们向哪个学的？你们可能都不一定记得，是武汉某保健品公司。它当时提的一些市场推广的策略我觉得非常有意思，所以我们还借鉴了它的一些经验。这些都是来自市场，通过调研看人家的经验，觉得有效就拿来，还真的有效。

当时返现不能直接在酒盒里放红包，那是违规的。但是，可以返给烟酒店、给经销商，视情况而定，给哪个（对我们最）有利就给哪个，而且在这个标准内可以调整。当时我们给的返现比例还算比较高的，促销力度比较大。当然，跟当时的"标王"——央视白酒广告中标第一名的酒企业，那些"亡命"的（酒企业）还是比不上。

另外，当时我们寻找出路的时候还给政府提了一些建议，比如我们当时就提出"打贵州牌，走市场路"。实际上，我们后来就是这样做的。第一，我们要上品牌，"打贵州牌"。打的是哪种牌呢？实际上就是茅台的这一张牌。当时希望茅台起带头作用，建立以茅台为龙头的大型酒业集团。而且，这种建议通过内参的形式曾经报到过国务院，省政府就不用说了，国务院还有领导批示过，有个批示件的，当时我看到过，好像是一个副总理批的，意思是先转哪个部门研究。

当时陈星国想的不是兼并，而是一种"强强联合"的形式。当然，任何事物转化都要具备一定的条件，条件不具备的时候，想法再好也只是一种愿望，不能变为现实，只有条件成熟的时候，才能瓜熟蒂落、水到渠成。

当时提出"打贵州牌，走市场路"，实际上就和我们如何认知市场有关。当时，我们坚定不移地认为，第一，靠铺天盖地的广告来塑造品牌、靠高额的促销费用来占领市场的营销方式是不长久的。我们曾经支付（的促销费）也很多，只是当时我们必须顺应市场，也做了些这样的事情。那种支付高额的进场费、买断场所（的方式）实际上是把双刃剑，有些甚至是挖坑埋自己，有少数干成功了，但是绝大多数的企业都是上当的。我觉得，当时这种竞争是一个乱局，肯定不可能长久，真正的长久首先要靠品质。因此我们才提出要走高品质、高品牌的道路。

另外，我们认为，企业参与市场竞争除了要合法以外，也要有合理性和科学性，它的竞争力应该是越来越有科学性，而整个市场竞争应该是在法治环境下的一种有序的竞争。当然，竞争是残酷的，所以在这个过程中间，肯定要付出很多东西。1997年，对企业来讲，应该说有所好转，但是从整个的格局上来讲，公司债务越来越多了，数额越来越大了，而且管理上很多的问题也得不到及时有效的解决。虽然我们在不断地改进，但是有些东西你解决不了。比如说那些债务，它总会成为负担，让我们喘不过气来，就像背个包袱，不能够轻松上阵，怎么发展啊？到1997年，情况显得比较严重，艰难得很。那时出差，差旅费都要到市场上去找客户借，先给我们垫付。所以，那时就没得那么多资金来投入市场、推广品牌。

1997年，政府在决定要茅台兼并习酒之前，习酒公司和三九集团谈过兼并。严格来讲，当时采取的叫"资产托管"，就是资产关系转移到三九，享受三九的政策——像这种大型集团，可以享受（一些优惠）政策，比如挂账停息。最终，省委、省政府不同意。因为三九是深圳的企业，这就有国有资产的隶属问题了。茅台来兼并习酒，就不存在这个问题，它是本省企业，事情就好做得多了。当时相对有点转弯的无非就是，茅台属于轻工系统，我们（习酒）属于商办，是商业系统的工业企业，当时无非就是这个障碍。

茅台兼并有点好的是在（国有）资产这方面比较延续，另外也有个很不好的东西，当时大家都没得这种（兼并的）经历，就用"休克疗法"——就是把你的工作都给你先停住了，就像把这个钟摆停住了，然后再来做兼并的事情。所以，这段时间我们就找不到事情做了，只能在家头待起。那个时候传言也多，沸沸扬扬、莫衷一是，也不晓得哪个说的是真的。

这个时候，我就觉得应该要出去回避一下，于是跟吕良科申请，我说我要到市场上去帮助做些工作。他管西南市场，他就讲："这样吧，你到重庆去帮我整一下。"因为他管的地盘也宽，整不过来。1997年的下半年，我就

到重庆，一去就待了小半年。当时一去，我就对整个重庆市场进行了一个调研，然后对我们的市场进行诊断。分析过后，我觉得重庆市场很有希望，但是也有很多问题要解决。比如说，当时主推的一个产品"精品习水大曲"，我们的出厂价十多块钱，建议零售价二十块。我调查的结果是，在重庆市场，这个价位的产品几乎是一个"死档"，就是非常尴尬的一个价位——差不多没得人消费这一个价位（的产品），要么就高一点，要么就低一点。我认为应该要改变，但推哪一款好呢？我认为就主推"三星习酒"，然后要推进市场，怎么办？

1996 年，公司在重庆搞了个活动，评选习酒重庆形象小姐，选了一个形象小姐。当时，大家投票先海选选出了 30 个入围，然后在 30 个入围选手中圈定了几个，再选。最后选定了两个，二选一的时候由陈总去定，最后定了魏文佳，她就成了我们的形象小姐。当时我去重庆的时候，虽然选出形象小姐，但也没有搞什么活动，因为到 1997 年兼并过后，搞"休克疗法"，这个就丢了。我当时就说"形象小姐"实际上是很好的，要把这个形象小姐重启，再为我们的宣传做点服务——当时形象小姐的服务期还没满。所以，我就围绕这个形象小姐做了一个策划。当时就去找一个广告公司，给我们做一个方案，再找媒体看怎么样来发布。再通过我去说服客户，客户答应，首期打一百万的承兑支票。那个时候非常兴奋，因为之前他们重庆市场从来没有见到过一百万（的单子）。

整个方案，客户认可了，然后才开始实施。一般情况下，我们做广告都是由客户垫付。这个时候，为了体现我的个人能力，让客户相信我们不让他垫广告费我们都干得起，我就采取另外一种方式，由广告公司给我们垫付（广告费）。我和找的这家广告公司从来没有打过交道，素昧平生，他们在重庆做得还可以，有一些案例还可以。我找到这家广告公司老板，慢慢地给他讲，要他垫费用，最后谈成了。后面他答应给我垫费用，因为他相信我这种运作是有前景的，而且我答应他，后面的广告都交给他做。然后，我们发布的广告一出来，地面的活动一开始，效果非常好。

这家公司叫新海广告公司，因为我和他有这次交道，后面就成为我们的供应商。当时的广告费好像是十多万——当时十多万很多了，给你垫付已经很了不起了。一开始接触，他就同意垫付广告费，我开玩笑地讲："还是要有点人格魅力的！"后来，我们五星习酒的设计也是交给他们做，而且当时的设计费都是他们支付的。这也还有个故事。当时，我们去找到一个设计师，叫金乔楠，他在川渝还没分家的时候，是个四川的著名画家，后来他搞设计，比较成功的作品就是泸州老窖特曲以前的包装。当时，那个包装是花十万块钱公开招标，谁中标谁就获得十万块钱。当时的十万块钱是很吓人的。时隔多年以后，我们去找他设计。他设计的那个初步方案一看，我们觉得确实可以，当然，我们也提了一些打磨意见。这时候，要拿钱他才肯继续做，他的要价好像是二十万，我们付不起，最后是新海广告公司去谈的，好像是八万就把最后的设计方案买下来了。那个方案，说实话，如果当时有钱的话，就给他二十万都是愿意的，但就是没得钱，只好请新海公司垫付。

但是，这中间出现一点小插曲过后，客户答应给我打的一百万就改了，他反悔了，只打五十万。为什么呢？不晓得他当时是怎样了解到的信息，说我们供不出货来。实际上，我们当时是能够供货的，只是我们是按计划供货，分四次供货，要一次供那么多货肯定不行。我也没有欺骗他。我安排办这个业务的人，在洽谈的时候言语不慎，让人家误会说我们供不出那么多货，因此，客户就不愿打那么多款。他的意思是"你给我那么多货，我才给你那么多款"。其实，我谈的是一个阶段，不是某一个时间点。当然，这没有影响我们后面的一些操作。

在重庆搞了半年，还没有到年底，但是已经接近放假了，营销组的马应钊副总经理就喊我赶回来做第二年的营销方案。当时的电话不方便，都没有先通知，就直接把车子开起去，喊驾驶员来通知我。车子都去了，（就只能）马上走。兼并以前，我开始是市场开发科科长，后边是市场部副经理兼市场开发科科长。这些市场决策最后形成文字，都是从我发出来的。由于这个原因，就喊我回来做第二年的营销方案。

虽然现在我们的营销（模式）已经做了很多的改变，但是基本的构架

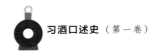

也就是当时我们在销售公司时做的。我想说的是，虽然我们不是专业的营销人，没有学营销专业，最早的工作也不是做营销，我们是半路出家，但是我们是习酒公司的营销方式由粗放变到专业化的过渡者，相当于是摆渡人。之前是粗放的，我们就慢慢地把它变为精细的、专业的、科学的，我们就是中间的一个过渡。

我就觉得企业困难，对企业、对个人都不是好事，但是它有一个好处，能够锻炼一个人的心志。"苦其心志"有一个好处是什么呢？它会让人专注，可以让人只做事，不想别的什么东西。在那一段时间内，想也没用，不如抓住工作，不去想别的事情。我在兼并过后成为专职的营销人员，后来又当销售公司的副经理。我做的这些工作，首先是一种苦难迫使我必须要努力，而且努力是有效的，尽管这种努力的效果可能是缓慢的。因为，一个企业在濒临危难中刚刚得到一根"救命稻草"，迅速翻身是不太可能的。我们这些改变，可能是微小的、缓慢的，但是在那种情况下，我觉得已经很了不起了！我们这帮人，首先就是很专注。

以前销售公司的人少。后面，都是不断从各个车间（部室）里面抽人来。兼并过后，也慢慢通过考试，用抽调的形式弄人过来。2000年兼并后第一次招人，招了8个，都是营销专业的，我觉得这些人就是宝贝。现在销售公司的副总李斌就是那时进来的。兼并以后，公司内部的其他部门很多年内都没有招人。那时候，就只有销售对外招聘。2003年，霍娴、王麒麟他们这一批人才进厂的。当时企业也招不起好多人，又要在企业内部调整。

兼并前后的销售工作区别还是很大的，体现在一些重大的改变上。兼并之初，面对的就是一个问题——销售状态很不好，销售量很少，市场占有率很低。从金额上来算，1997年当时有个七八千万，但是应收账款就有八千多万！这有啥子玩法呢？那时候销售又少，市场占有率低，产品价格、市场都没有竞争力，投入也低，销售人员力量也薄弱，缺乏人才，所以我们后面都成了销售人才。就是在人、财、物哪样都缺的情况下，我们的销售额还必须增长，因为当时公司定的目标是"一年打基础，两年有起色，三年上台阶，四年大发展"。当时，我记得一谈市场大家都要谈困难，说的都是你看人家哪个企业又如何如何。刘总当时就说了一句话："如果我的产品价格又有优势，品牌影响力又够，各种促销政策投入又高，我还拿你营销人员来干啥子呢！"

另外，兼并以后就有一个硬性规定、死的规定，叫"先款后货"，不是现款现货，是先款后货。跟以前比不同点是哪样呢？以前发货出去，就没有注意货款回收的问题，现在是"捉到鱼儿放巴豆，不见兔子不撒鹰"。你必须是款已经确定到我的账上，我才给你发货。因为当时公司没得钱，而且要（资金快速）回笼才能运转。对销售是先款后货，对供应商则是先供货后支付，而且还要分成四期支付，最少是三期支付。四期，一期付你25%，或者是三二三二（的比例）。

当时，刘总在执行这个规定上很坚决。但是，要让人家接受也要做说服工作，所以当时就提出一个营销理念，叫"无情不商，诚信经营"。"诚信"，既是对我们的要求，也是对对方的要求。当时，提出来的这个营销理念，是一个很好的创造，它对我们的营销工作是有决定性作用的，对后面推动企业复兴起了很大的作用。在提出这个营销理念的同时，还提了一个"企业精神"。这个"企业精神"一提出来，大家认可以后，由当时的季总用书法写出来，叫"励精图治、求是创新、高效守信、服务社会"。当时，这个提法是比较高的，也比较好，要求大家都要勤奋，求实创新。可以说，习酒人在"求实创新"这一块做得可以。这些都是逼出来的，我觉得有一些创新是逼出来的——老路子走不通就要走新路子，那就是创新。"高效守信"就谈的是诚信的问题。

在兼并后，有一个重要的课题，就是两种文化如何融合。两个企业的文化不同，一开始（肯定）会有矛盾、会有冲突，如何融合在一起还是很考人的。但是，我觉得兼并过后，当时的领导班子在这个问题上解决得非常好。第一，从观念上，我们既有享受以前的荣誉的权利，但是我们也要为以前犯的错误付出代价。如果光是谈习酒人以前取得了如何的辉煌是不行的，还要承担责任。这是必须要明白的东西，所以，这也是为哪样叫"荣辱与共""厂衰我耻"。第二，不否定前面的贡献和努力，也不谈论前面的过失，

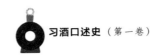

有些东西让历史去评判。而且，茅台派来的这些领导很快融入了这边的人群。当时，要是遇到哪家要办酒席、红白喜事之类的，领导都会去。就是一种沟通，让大家就觉得是一家人。所以，这个过程还算比较快，茅台文化和习酒文化本身没有产生冲突。我觉得是因为它们以前共同的基因要多一些，所以没有冲突，或者说很快就融合了。因为习酒人很善于创新，而且学东西非常快，就把茅台（文化）的一些优点，比如精细算账这些作风引入了，把以前算账比较粗糙甚至不爱算成本这些坏的习惯改掉了。当时刘总会算账，铁算盘，精算师。企业要脱离困难，精打细算是很重要的。

另外，我觉得另一种改变是自信，就是对于品牌、企业文化的自信。以前习酒人的自信心还是受影响的。败军之将啊！都到了差不多要破产的这种境地，在当时这种情况下，自信心不足是难免的。茅台兼并过后，习酒人的这种自信心有了很大的提升。当时领导做得比较好的是，他说："习酒的员工比茅台的还要优秀。"当然，他说的是能吃苦。没有哪个人先天想吃苦，但是有客观的苦的存在，我们吃过苦，所以我们就不怕吃苦，就有一种吃苦耐劳的品质。习酒本身从无到有、从小到大，都是在一种艰苦环境里面自力更生、艰苦奋斗的结果。当时习酒人在受到现实打击的情况下，有点缺乏自信是正常现象，茅台兼并过后唤起了这种自信。兼并以后，有茅台强大的品牌背书，也解决了曾经的那些包袱，就把习酒人的那些积极的基因唤醒了、那种活力激发了，带领企业不断地走出困境，再创辉煌，走出了一条从复兴到振兴的路。

关于兼并，我后来也在思考，为什么是茅台？为什么是习酒？茅台当时也和其他企业谈了兼并——跟我们在一个文件上的是两家（酒厂），但是茅台为什么没有兼并别的那家，而是习酒？我觉得，习酒被兼并，首先是因为有优势。我记得当时在谈兼并的那个文件上面，罗列习酒的优势的时候，列了几大条，规模优势、质量优势以及品牌优势，还有就是我们具有的人的优势。因为这几大优势，所以茅台才会兼并习酒。

从形式上看，兼并只是把习酒变成了茅台旗下的一个子公司，而真正的内涵在于文化的融合，这才是最关键的。我们后来来看，它融合得非常好。

而且，后头通过努力达到现在的这个境界、取得这些成绩，我觉得各方面的因素都有。第一，习酒（人）的创新（能力）。我觉得习酒人的创新能力，刚才我也谈到，是逼出来的。第二，（习酒人）也确实是实实在在干事，有很多大大小小的事在国内都是走在前面的。比如刚才我谈到的酱香型改成浓香型，很多白酒企业都改过香型，改成功的就只有习酒，其他跟着改的都不成功。比如说 D 酒，它也是改成浓香型，还有省外的一些企业，也是改得面目全非。习酒就有一种审时度势、因势利导的品质。俗话说，君子相时而动，后面我们又主动地改回来，即从最初的以浓香型为重点，转向以酱香型为重点。

实际上，茅台兼并初期，是不让我们做酱香酒的。因为茅台股份公司是上市公司，股东会提出意见，避免同一个集团里面出现同质化竞争。我们说："这个哪点有同质化竞争？我跟茅台是两个档次的东西，而且我们做好了，还有利于茅台扩大市场！"当时我们倒是想发展酱香酒，可就是集团公司不准做。开始的时候我们是"浓酱并举"，后来不准做了，我们就只有一条路了，就是做好浓香酒。但后来，酱香的风吹得过大了，就像有些人说的"风大了，老母猪都吹得起来"。当时的领导敏锐地察觉到，必须把习酒原来的酱香酒品类优势恢复起来。其实，以前陈星国他就说了一句话："酱香才是高雅艺术，才是美声唱法；浓香只是通俗唱法。"在习酒人的心目中，酱香、浓香都要做得好，这是习酒的优势，这个优势是很少有的。所以，我们当时就想赶快把这个优势恢复起来。

后来，（我们公司的领导）就专门去了解四川某知名酒厂的酱香新工艺，研究人家怎么做。如果人家怎么做你都不清楚，你怎么参与竞争？后面说服集团公司领导，才允许我们重启酱香，才有我们今天的局面。这个创新，就是"相机而行，因势而动"，这是大的创新。那些小的创新，小到我们当时标贴的酒度。我们当时是拿即时贴和不干胶贴上去，46 度、52 度区分在这点。这样很费功夫，为哪样还要这样？因为当时我们去采购供应材料的话，每个品种至少要下三千箱——三千箱就是人家开机的基本量，低于三千人家不会干，可能会亏损。因为当时第一没得钱，第二不知道下一步要用

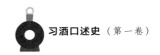

好多量，所以都是三千三千，或者五千五千这样下单。因为其他地方都是通用的，只有度数不一样，就用贴。我觉得虽然事情小，但它也是创新，不去想这些办法，就解决不了这个问题。没得钱怎么采购？积压很多材料在那里，就造成成本高，成本一高就要亏损。所以，我觉得没有一种专门所谓的为创新而创新的东西，只有根据需要来创新的东西才是真正的创新。

兼并过后，我一直在销售公司，我的感受是，第一，每年都保持了不低于两位数的增长。当然，那个时候基数很小，两位数的增长也就是在百分之十几、二十。当时，我们有一个理想，就是搞到三个亿的销售额。我们在历史上最高的销售额没达到过三个亿，最高的时候是两个多亿。如果能实现三个亿，我们的比喻就是，就像当官到副处级一样，就过了一个坎了。这个三个亿的目标大概是 2003 年实现的，超过三个亿以后，它增长的幅度就自然而然地增大了。同样是两位数，就变成百分之四十、五十。基数变大了以后，它的增长率、增长度反而会高，这就是一种强者愈强、弱者愈弱的"马太效应"。

当时，我觉得如果企业达到十个亿（销售额）已经算步入一个快速发展的健康轨道了，所以我说，大概这个时候我就可以退出来了。最后，达到十个亿，我还没有主动请退，正好公司换领导了就把我们换下来了。2010 年的时候做到十个亿是很不容易的，为了这个目标，真的是很艰辛，真的需要很多智慧，在这中间考验的也是人的定力。

当时兼并十周年的时候做的一个册子，叫《振兴之路》。兼并以后这十年，习酒公司大概就走向了一个全面振兴的这条路，具体可以分几个方面来回顾一下。

首先一个，就是营销的战略上。当时确定的"四个坚定不移"，就是我们的一个战略目标。当时要（把习酒公司）打造成茅台集团的浓香酿造基地，不准搞酱香，所以习酒就确立了打造"高质量、高效益"的发展道路，坚定不移地打造习酒的浓香品牌，随之比较大的一个动作，就是 2002 年的时候把销售公司迁到了贵阳。因为，确实我们习酒这个地方交通、通信相对比较闭塞，为了更贴近市场，反应更快一些，就得把销售公司办公这一块迁到贵阳，在 2002 年 11 月 11 日设立了销售公司的贵阳办公区。

刘总在职时期讲市场决策，明确了一个做法，就是要更接近市场。他很多精力是放在市场营销方面的。实际上，当时销售公司的经理一直都是他担任，因为当初注册公司法人代表的时候就是他。他三分之一的时间是在厂里，三分之一的时间是在茅台，三分之一的时间是在市场。我们还专门有个会议，叫营销例会。以前的决策经常要在党委会、办公会、党政联席会之类的会议上讨论通过，决策显得非常缓慢。改革以后，营销上的就是通过营销例会来解决。所以，在很多决策上，就非常快了。当然，后来还规定"三重一大"的议题都必须要上办公会或党委会、党政联席会讨论。通常情况下，参加营销例会的主要是公司领导，总经理、营销副总、销售公司的中层领导。当时销售公司的机构不多，开始就只有办公室、市场部和财务部，后来市场部还分为一部、二部，后头还有个企划部和产品开发部。因此，我们销售公司还承担除了销售以外的其他一些功能，就有点像中国当时"建设三线"一样。当时公司的精锐全部上销售市场，销售这一块就成了人才高地。我们销售公司的班子，那一段时间还是比较强的。刘总接任销售公司的经理之后，先后配了几个副经理，除开我，还有王齐放、简长青、陈顺禹、罗安泽，包括后头提拔的陈忠强、周春，另外还专门配了个专职党支部书记李庆利。当时，这个班子还是比较有战斗力的。我觉得我们这个班子比较风清气正、团结奋进。

销售公司搬到贵阳办公，对我们销售公司管理上有很大的促进。因为我们重点的市场都是在贵州，省外的不多。那么，我们先把省内的市场做好之后，再往省外发展。贵阳是全省的中心，走哪点都方便。我们在调查了解市场的时候，确实比以前方便多了。这是整个销售战略上的一个大举动。

从品牌的角度来看，比较成功的就是把"五星习酒"打造成了一个知名品牌，让习酒获得了"驰名商标"的称号。当时我们的"五星习酒"是个什么概念呢？我们做到一年十个亿（销售额）的时候，百分之六十以上都是来自"五星习酒"，还有一部分特许品牌。实际上，从销售的规模，整个产品的知名度、影响力来看，（五星习酒）绝对是当之无愧的贵州浓香

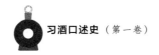

第一。

我们当时提出了"黔派浓香，习酒领创"的品牌概念，重点就是打造"五星习酒"。以前有个说法，"四川的酒，云南的烟，贵州有好酒又有好烟"。贵州的烟酒很有优势。就像黔菜一样，虽然好，但是没有把它做成品牌，知道的人就少。所以，当时我们做"美食贵州"的时候，就是要把黔菜打造为全国第九大菜系，我们的黔派浓香的品牌"五星习酒"也要这样来打造。为了打造这个品牌，在品质提升上，当时公司有省级技术认定中心，就是我们的习酒技术中心；在工艺方面，我们发展了浓香酒的一些关键技术，称为"三大法宝"的复蒸、黄水截留和架式发酵，这几大工艺特点，保证我们黔派浓香独特的风味。当时浓香五星习酒相当的好喝。

在产品开发方面，我觉得，我们当时做得比较好的是坚持了辩证法，也就是多和少的问题。后面我们发现，我们的产品有个消费市场不稳定的问题，不像茅台，它是个单品，有个很稳定的消费市场。当时，我们很多基本的市场都是重新开发，就没有稳定的市场，而且各个市场的情况还不一样。因此，要有不同的产品来满足市场的不同需要。所以，当时我们开发了几大系列产品，像春之系列：六合春、三元春、满堂春，陈酿系列：15年陈、8年陈、5年陈、3年陈，甚至我们还针对专门的市场开发相应的产品。我们当时调查重庆这个市场，发现它有个很独特的特点：崇拜英雄。因此，我们当时专门开发了一个系列产品，就叫"英雄系列"。重庆是一个比较崇拜英雄的城市，我们调查这个城市过后，就准备以这种文化为切入口。正好当时我们三星习酒那个标志也是个英雄的形象，我们就以此作为出发点，开创了个"英雄系列"，最高等级是真心英雄，其次是欢乐英雄和激情英雄。

有一段时间，我们还是做了不少的产品。在做的时候，我们整个有一个核心，就是始终围绕"五星习酒"来做，以"五星习酒"为品牌核心来进行产品投放。这个辩证法处理的是多和少的关系。为哪样这样说？有一些企业，有一段时间内狠命开发产品。但是，产品一多反而找不到要占领的市场。一个产品不可能同时占领各个层面的市场，所以既要赚富人的钱，也要赚那些穿草鞋的人的钱是不可能。和别人不一样，我们还是坚定地走高端市场，我们很好地处理了品牌和产品的辩证关系。

另外，在品牌转型升级方面，在酱香的氛围兴起以后，我们又恢复了酱香酒的生产，开发了汉酱、"窖藏·1988"，以及金质习酒、银质习酒这一系列的产品。整体上，我们酱香产品的开发是非常慎重的。开始产能比较小的时候，我们不去追求所谓的销量，那个时候是销多少算多少。我们不去推广，不去促进销售，没有花一分钱的促销费。当时想的是，这个东西既然好我们就要凭它本身自然的销售力来销售，为哪样要去支付促销费用？当时，就连我们让那些客户品尝一下酱香酒的申请，都得不到领导批准。那个时候，公司接待用的一定是"五星习酒"，因为我们当时的规矩是"卖什么喝什么"。不像有一些企业，它本来是做浓香酒的，但因为它是茅台集团的子公司，他们自己喝的时候，就喝茅台酒。对自己的产品都不爱，都不喝，怎么做得上去呢？由于前面就埋了这个伏笔，后面才有我们的酱香品牌"窖藏"系列，特别是"窖藏·1988"现在已经成为除（飞天）茅台以外全国酱香酒的最大的一支单品。目前来讲，如果说（飞天）茅台是最高端的话，它就是（飞天）茅台以下的第一大单品。这就为后面这十年的快速发展奠定了基础。

当时不坚持多卖也是为了保证品质，因为产能不足，不能降质。打个比方，就说遵义师专某家羊肉粉卖着卖着就卖不下去了。以前是要排队吃的。原因是物价上涨了，它不涨价，就降质。实际上，这时候它最聪明的选择就是涨价。物价上涨了，产品就要往上走，宁愿提价都不能降质，因为提价消费者可以理解，降质消费者就不能原谅，他就会抛弃你。当我们五星习酒比较成熟的时候，我们就把它从六十八块一下子提到九十几块，就提了三十多块，这就叫顺时而动。这个时候，你不提它反而不行。有些东西不是便宜就好卖，你的质提上去，价位不上去，反而要遭抛弃。1988年、1989年，第一轮白酒转型的那一段时间，那一次洗牌过后，凡是提价的企业，后来都成功了。我们就错过了那一段时间。比如说习水大曲，那一段时间是什么概念？出厂价一瓶才六块，只要你得到一张条子（提酒单），马上就地就可以卖成十二块。那个时候，谁要得到一张单子，得到一车的"习水大曲"（一

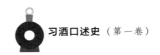

车是四吨），马上就变成万元户了。酱香型习酒当时的成本也就是二十来块，也是只要得到张条子，马上拿去就可以卖三十几。那时候整个物价都在上涨，消费水平也上去了，消费者自然的选择是受市场驱动的，不提价，就被他抛弃了。在第一次行业洗牌的时候，如果习酒提价，可能就没得后来的那些故事了。那个时候，提得最高的，就是"茅五剑"，即茅台系列、五粮液系列和剑南春系列，提得最多的就是最成功的。这是 1989 年的事，我刚刚进厂，还有点印象。

当时，我们基本上没有营销这个概念，那时习酒是供不应求，是稀缺商品。我们那时候不懂价格背后这些奥妙：产品价值是通过价格来反映的，提升产品价值，价格就应该提高。像茅台，它的出厂价是没得变化的，是市场驱动的。如果茅台只卖三百、五百，那还喝它干啥？就是因为它贵，它代表品牌身份，有钱人才喝它。它不像功能性的产品，比如五星级酒店，定价二百一晚的话，好多人依然会住。但是，非功能性的这种产品，它不一定。

从品牌上来讲，我们前期做的探索，在浓香上做的探索和在酱香开发上做的探索都是非常有意义的。当时我们做酱香，一开始在策略上是交代给翰酱公司。它的设定，我们是全盘介入的，包括公司的名称，都是我起的。我们当时的设想，就是要把它打造成为我们的第二销售公司，它是我们另一片天地。我们这些搞主业的就专业搞浓香，让翰酱公司去专业地搞酱香。我们就想要真正地在品牌上、品种上以及市场营销上，都做到"浓酱并举"。当时，我们觉得"浓酱并举"是我们企业的一大优势。当时就有这种策略：最早是以开发翰酱作为酱香品牌，然后习酒完全变成一个浓香品牌，一个浓香的高端品牌，中低端的就是习水（大曲），就是这样的一种规划。

当时的策略，除了刚才谈到的"浓酱并举"，还有个叫"主特兼顾"。"主"讲的是主体品牌，"特"是特许品牌，合起来就叫"浓酱并举，主特兼顾"，这相当于是我们的一个原则、一个战略方针。当时，我们的特许品牌为习酒在解决销量、利润的问题上帮助我们渡过难关做了巨大的贡献。当然，为了规范品牌的管理，我们对特许品牌也有很多规范；它提供的品牌都必须无偿转让给习酒公司，这是一个。第二，它只能在我这里生产，不能在其他地方生产。在它的销售区域方面，我们也有限制。比如说有的就只能在东北销售，当然也有全国销售的，这要看它的能力是否达得到。还有，对他们在产品开发上也有限制。应该说，在执行茅台集团的品牌管理规定方面，习酒公司是做得最好的。

在市场的布局上，当时有一个"无贵州市场不稳，无省外市场不大"的提法，就是首先要稳住贵州市场，在巩固、深耕贵州市场的基础上，逐步向省外市场拓展。那么，在规划上有一阵是"遍地开花"，因为没啥子收获，我们就收缩了。具体到当时的一个规划上，叫"环贵州五省市场"，就是以贵州为圆心，画一圈，周边五省区是我们的重点市场，我们优先开发四川、重庆、湖南、广西、云南五省区。然后，在这几个省做得差不多的时候，再沿长江顺流而下。这个时候，如果有机会，就在华中和华东的富裕地区大力发展。（当时的策略就是）收缩，但不放弃，有组织地来固定市场，因为凡事要量力而行。如果布局占得太宽，在投入上，对市场的开发能力、管控能力实际上没有达到，就要失败。任何一种东西都有一个规律：功到自然成。

还有一些创新的举动对习酒的发展有重要的贡献，比如"习酒·我的大学"。最开始，是由私人带头捐赠助学。后来大家就想把它扩大一点，以企业的名义来做。后来又想，要搞就把它搞成一种品牌，搞成一个有一定规模的持续性的社会公益项目。所以，最后才把它策划成"习酒·我的大学"这个项目。这一个称呼的确定，当时就是我们的营销副总陈长文敲定的。当时，我的意见是叫"习酒·甘泉"。当时我正在看美国传教士考门夫人的散文集《荒漠甘泉》，我就想是不是可以叫"习酒·甘泉"。当时，我个人的想法就是不仅限于助学。后来，我们的共识是先集中在助学方面，从小做起，因为当时我们实力有限。定了"习酒·我的大学"这样一个品牌名称后，就跟贵州省团省委青少年基金会合作，得到了很大的支持。团省委在这方面还是很有经验的，他们做的"春晖行动"就是贵州的品牌。我们搞第一期"习酒·我的大学"，出资 100 万。当时 100 万对于习酒来讲已经是很大的数字了，那个时候习酒规模还很小。

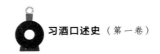

我们做这个项目，从现在发展的规模和影响力看来，非常成功，而且我们这个回馈社会的行为后来得到了回报。第一，我们当时资助的一些大学生，他毕业后进入我们习酒公司，有些现在已经是我们公司的中层管理人员了。第二，我们这些年在社会上的品牌影响力提升，跟这个项目也有关系。大家一谈起"习酒·我的大学"的时候，都说做得好。这个项目要继续做下去，它的影响还会扩大、深入。

另外，就是我们做的一个企业活动，叫"红色之旅·探秘酱香"。这个活动我们现在办的规模比较大，而且已经办成一套成熟的体系。最开始，它相当于是一种客户和消费者回馈活动。我们当时在市场上评选荣誉员工，评了过后，组织他们开展旅游活动。第一回搞了个荣誉员工金秋之旅，往梵净山去了。后面做大了，就成了现在针对经销商或者是核心消费者代表的商务考察活动，很有成效。现在是先参观遵义、贵阳景点，游览赤水河旅游区，看美酒河峡谷，然后到习酒公司参观我们的工艺流程。换句话讲，就是先参观贵州这条红军长征旅游线路，然后再体验"习酒，1，2，3，干！"这个还有个笑话。我们的经销商到茅台集团来搞活动的时候，在茅台的宾馆吃饭，然后喝茅台酒的时候喊："习酒，1，2，3，干！"很尴尬的！在茅台的宾馆，吃着人家的饭，喝着人家的酒，结果喊"习酒，1，2，3，干！"幸好茅台和习酒是一家人，不然要生气。

还有一个活动我们也做得很成功，有一定的影响力，为我们当时的市场推广起到很重要的作用，这就是"美食贵州"这个活动。这个活动办得很早，2002 年我们销售公司搬到贵阳以前，我参加过。当时是和贵州电视台合作的，我们既是主办方，又是冠名商，我们发的奖牌上都要落名"贵州省商务厅、贵州茅台酒厂集团习酒有限责任公司"。2006 年，这个活动差不多就定型了，变成"习酒杯·美食贵州"，后面再加相应的主题。当时，我们搞的"习酒杯·美食贵州"金牌黔菜大赛，每年都有一个主题，但是核心主题就是围绕"习酒杯·美食贵州"推广贵州的菜系、美食，有好吃的，有好喝的。在传播上，就是通过贵州电视台；在推广上，我们做的是配合媒体选择比较可以的酒店，它也愿意跟我们一起合作，我们一起来推广它的菜，同时推销我们的酒。这样就一举多得，酒店也高兴，我们厂家也高兴，市场消费者也高兴，几方都乐意。参与者品尝了黔菜，品尝了美酒，他们都很乐意参加。看起来我们投入很大，但是在市场上，另外也找不出来更好的策略了。比如说以前的那些企业，很多品牌要进酒店，要开进场费，甚至有些（花大价钱）买断之类的。我们不买断，我们从来不挖这种坑。当时，搞这个活动过后，我们就不需要进场费了，我们有这个影响力，自然就进去了。这就是我们在酒店开展这个活动的原因。同样，如果在超市开展这个活动，就自然进到超市了。当然，（活动）主体上是在酒店（开展），我们在大的一些酒店都搞过。比如说贵州当时最好的就是雅园酒店，我们在雅园做效果最好，因为我们企业跟雅园有紧密的合作关系。我们当时都是和大的酒店合作。我们进去不要进场费，但是酒店也没有吃亏——它有补贴，有很多费用，它也挣钱。它的生意变好了，它也乐意干这个事情。当然，最大的收获，我觉得是把贵州的美酒、美食作为一种品牌有意识地推广了。但是，后面没做了，非常可惜。这个活动做下去，可以做成一个食品方面的品牌。

我们还有一个重要的举措：开经销商大会。这种方式，可以说习酒厂还是比较早采用的。像比较大的酒企，五粮液、茅台，他们要比我们早一点，但是在二线的酒企里面，我们是最早的。我们（2008 年）第一次在乐山开经销商大会。之所以选择乐山，是因为当年的全国糖酒商品春季交易会在成都举办，我们又把乐山作为重点打造的一个市场。前面已经有一定的基础，我们准备再给它烘托一下，让它有个大的起色。因此，在春交会期间，我们就在乐山召开习酒的全国经销商大会。当时，我们在乐山选择了一个叫芙蓉园的五星级酒店，邀请了乐山市的党政领导，邀请了乐山电视台等媒体，让乐山电视台直播，活动的主持就是乐山电视台的两个主持人。当时我们整了走红地毯（仪式），请模特来走秀。整个活动搞下来，效果非常好。由此，就开出了一套每年开经销商大会的模式，而且越开越厉害。这在融洽和经销商的关系、激起经销商热情方面起到很大的作用。而且，它本身对当地市场氛围的营造也有积极的作用，因为市场需要大量宣传与传播。我们每一届经销商大会都换地方开。实际上，我们不是为开会而开会，是要充分发挥它的

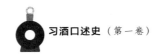

传播作用。现在，公司想把它搞成申办制，哪个地方想开就申办，我们就在那里办，像开奥运会那样。郑州经销商大会就有点这个意思，当时郑州的经销商就说："在我这儿开。"我们就给他们营造氛围。

在培养核心消费者这方面，我们也做了一些工作，很有特色。比如说，在贵州省的两会期间，我们做了一个活动，专门开发一个盒装的产品，有两瓶酒，一瓶浓香，一瓶酱香，做成一个礼盒。就在两会期间，我们向所有的代表赠送这个礼品。而且，在送的同时，我们写了一封信给这些人大代表和政协委员，因为他们多数是各行各业的代表人物。两会结束都有一个会餐，我们就在会餐晚宴送礼品酒。

实际上，这个礼盒就是送酒，我们的人要去守着，把它送出去。然后，书信里面就向这些代表汇报我们的经营情况，以及发出一种请求，请求他们从各方面关心、支持习酒的发展，比如给我们介绍一些客户、推荐我们的企业和我们的产品。这些代表很多可能不在乎那一盒酒，而是它代表的意义，他们多少会受点感动。我们这个礼盒不是送礼，是提供品鉴酒，希望他们给我们提点意见，我们好改进、提高。同时，请求他们在生产经营上给我们关心、支持。至于信的内容，中心意思是祝贺大会成功，感谢他们作为代表为人民所做的事情，感谢他们对习酒的关心支持。我相信他们多少都会受感动。这虽然只是一个小事情，但对习酒的深入传播，效果还是可以的。

第二个小事，是给合作伙伴写信、送东西。习水麻羊很好，习水羊肉有名，冬至是吃羊肉的好节气，我们就每年整一些习水羊肉密封包装，做一个很漂亮的礼盒，给我们的经销商、合作单位寄过去。这里头也写了一封信，是我写的。当时，刘总就喊我写封信。我在酒后微醺的状态下一气呵成写完，第二天拿给刘总看，刘总说："相当好！"以后，逢人就夸这封信写得好，既渲染了冬至的氛围，又夸了羊肉之好。"一包羊肉虽轻，聊表千里鹅毛之意"，是"千里送鹅毛，礼轻情意重"的表达，是"无情不商"真正的一个体现。首先，这封信内容文白夹杂，写得还算可以；其次，我们用书法的那种便签，竖排，感觉还可以。后来，还专门制作了一个信封。这些经销商，凡是收到过羊肉的，都要吹捧："吕总你写的那个信，非常感动！"虽然是一个小举动，但是发挥了大作用。

另外，2006 年的小坛酒也是个创新。当时，我们希望包装形式要新颖，想用紫砂工艺制成的酒坛。这个坛子是我们去江苏宜兴做的，紫砂的，坛子本身就要几百块钱。定样的时候，是我跟刘总一起去的。当时，我们看他们的打样过后觉得比较满意。把我们的修改意见给那个宜兴彩陶厂讲了后，做得还是可以的。我们住在宜兴国际酒店，就（在酒店）开会商量。所谓商量，就只有几个人，就是刘总、我、左智弘（产品开发部经理），还有个客户是珠海华侨实业公司的林总（林永泉），他是卖茅台液的。他喜欢收藏酒，听到（我们要）开发坛坛酒，他就说："我要买、要卖。"他就跟着我们一起去参加我们的会，给我们提意见。当时，谈到定哪种价格。我一句话："定高！"他们当时说一千零点，一千二百八之类的，后来谈到一千六百八，就觉得很满意了。当时六公升的酒，十二斤，才定一千多的价格。当时我说："这个价格不行！要定就定到三四千，不定就算了。我们一般的浓香五星习酒，都卖一百多，你这个算下来才百把一斤，这个不行。我们的价格要对照茅台，反正一句话，两瓶习酒（抵）一瓶茅台，价格上就是它的一半。我的定价就是茅台的价格的一半。"领导说："高了！"最后，因为上面标了个 1992 的年份，我就说："那就按这个，就定价 1992。"这样，当时小坛酒的第一个出厂价就是 1992 元一坛。我个人认为，是必须要在两千以上，定到三四千是最好的。最后，小坛酒上市过后，他们（指消费者）疯狂地买。他们觉得一两千块钱有十二斤，太划算了。一看到这个情形，刘总马上就后悔了。如果我不坚持的话，定价还更低。定价是门学问，不要认为便宜就好卖。

这一款小坛酒我都没存得有，只有一个坛子，就是打样送过来的那个空坛，是这个产品的第一个坛子。后来刘兴禄顺着我们的思路，他也去开发了一个三升的小坛酒，叫"经典玉液"，卖得很好，赚了不少的钱。不少人都误以为他的小坛酒就是我们的窖藏小坛酒。实际上，它是我们的一个特许品牌，它不能叫习酒，只能叫"经典玉液"。

所以，品牌的形成，它是我们通过长期不懈地努力点滴积累的成果。当

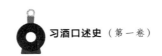

然，这也和刘总个人的作风有关系，他这个人喜欢交朋友。当时我们遵义的经销商江久林，是贵州第二大经销商——当时的第一大是贵阳的晋承毅。为了鼓励他多完成任务，刘总就给他多下了点任务，他就有点为难，有点情绪。刘总就跟他说："如果你今年完成了，我就用三十年的陈酿茅台给你拜年。"后来他完成任务了，刘总自己掏钱去买了一盒三十年茅台给他拜年。因为，一方面他提出"无情不商"，他要兑现这个理念；另一方面要讲诚信。当时，大家对习酒有点意见，通过这样一些举动，大家也能够理解。当时，我们说的是："慢慢来，习酒有困难的时候，要大家支持。习酒长大的时候，一定回报大家！"所以，后面习酒慢慢壮大，我们的经销商也跟着壮大。以前，在当时的那种情况下，业界主营经销商一般不选择你，他不跟你合作，因为他卖茅台那些成熟的产品，又轻松又赚钱，他卖你的这个产品，既费力，又不能赚钱。所以，我们在设定经销商的时候有一个原则，就是要能够让经销商赚钱，否则哪个给你干？我们在贵州选的经销商，都不是体制内的，都是自己出来创业的人，他们都是伴随着习酒壮大起来的。换句话说，他们都是习酒培养的经销商。当然，他们为习酒的壮大也出了很多力，做了很多贡献。因此，我们跟经销商的关系非常紧密，经销商对习酒的感情也非常深厚。

习酒在 2007 年获得"驰名商标"的时候，我们请了全国酒业的很多专家来做了一次品鉴会。像沈怡方、曾祖训、高景炎、于桥，都是行业内比较牛的人物。当时，他们在习酒的战略影响上确实起到重大作用。像沈怡方——这个老专家已经去世了，他说过："如果说其他酒你可以喝半斤的话，习酒你可以喝八两。"

茅台兼并以来的十年，习酒从转折到振兴，这条路非常艰难。但是，后面通过我们自身的努力，习酒走上了健康发展的快速大道。现在取得的发展是名副其实、当之无愧的，也是来之不易的。而当时的领导在习酒这些年，是有功的。否定功绩的存在，我觉得是不客观的。我们要实事求是，就像刚才我谈的这些东西，我既不夸张，也不说假话。

很多人问，如果是三九来兼并习酒，那情形会不会比茅台兼并更好？

特别是一开始的时候，有些人认为如果是三九来兼并可能会更好。但是，后边的实践证明：第一，没有如果；第二，茅台的兼并是成功的。它这个成功不是偶然的，起码它有茅台强大的品牌背书。茅台的这个品牌背书，肯定比三九要强大得多。事实上，茅台很聪明的一个点是，它一直说它是茅台，没有说它是酱香型酒，除了在标香型的时候要标为酱香。所以，我们当时在兼并之前做酱香型酒，我们都是标的"茅台香型"，我们的策略就是"借茅攀升"，包括五星酱香和三星酱香都是这样标的。那个时候的酱香型还没有那么"疯"，很多人甚至觉得酱香型酒还不怎么好喝。那些人喝的是茅台，不是酱香。如果要谈规模的话，我们在80年代末形成三千吨酱香酒规模的时候，茅台还没有三千吨呢！我们那时的规模比茅台还大些。我想，习酒有自己的一些传统，但茅台的品牌背书是很重要的，我们不能去否认这个事实。我们要依靠茅台发展，这是很长时间的一个战略问题。

从兼并前的七八千万到十个亿，关键就是我们的初衷和我们一开始走的路子，就是我刚谈的话题——品牌和市场。品牌要看什么？看品质。所以需要你坚定不移地做品质、做品牌，不是靠你去做广告。要是靠广告的话，跟其他企业比起来，习酒算最少的。当然，那几年有个客观情况是：我们投不起，想投也没有东西去投。这两年情形变化，我们反而投入多了。酒这东西就是完全靠品质。酱香这个品类之所以能够走出来，完全靠茅台的品质坚守。作为我们这种大企业，更应该靠品质取胜，坚定不移地做高品质，因为高品质就意味着高端。

品牌是要靠长期积累的。以前讲啥子原子弹，我懂不到那个科学（原理），但是道理是懂的。比如说聚变和裂变，当我们把这些东西积累到一定程度的时候，就是以几何倍数来增长。为什么我们要坚持把品质做好？因为品质是品牌的根本保证。

同时，品牌另外有个东西是文化。这个"文化"不是说出来的，而是在企业经营的过程中间形成的健康的、积极有益的财富——物质财富和精神财富。"文化"这个东西，真的是干出来的，为哪样我们现在谈"君品

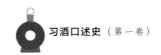

文化"、君子精神？虽然，这个"君品文化"是后面才梳理、提炼出来的，但是，君子的这种精神、这种本质，我们在之前就是这样行事的，就是这样思考问题、这样办事的，我们遵循的就是这种原则。孔子说过："能行五者于天下为仁矣。"这是他对仁的解释，"恭宽信敏惠"（即恭敬、宽厚、诚信、勤敏、普惠）。我们在发展过程中，就执行了"恭宽信敏惠"的原则。企业文化，就是为大家所喜欢并且普遍接受的（精神要素）。这种文化的力量就是真正的品牌的核心竞争力。文化它看似软的，其实它是硬的。

习酒公司企业文化部相当于是 2018 年成立的，因为它发文的时间是 2018 年的 1 月份。但是，做"企业文化"这个事情就很早了。在 2011 年，我还没有回到总公司的时候，就成立了一个企业文化研究会，我就是秘书长。我回到公司以后，就是以秘书长的身份干事的。后面，我变成《习酒志》编辑部执行主编以后，成立了一个企业文化部——最开始叫企业文化科，后头叫企业文化部。这个企业文化部是"两块牌子一套人马"，挂在党委宣传部，既是党委宣传部又是企业文化部。很多事情我一直在干，没有中断过。我在《习酒志》编辑部，干的都是企业文化的事情，包括梳理、提炼"君子文化"，第一个员工手册就是我统筹整理出来的。

企业文化部的工作很细，说起来好像这个故事还不生动，我认为，生动的那些可能不是企业文化，而不生动的这些可能才是真正的企业文化。那些实实在在的、点点滴滴的，才是企业文化的内核。兼并之后，我们在以前的企业文化的基础上，提出了战略目标，提出了营销理念，提出了企业精神。当时还有一个战略方针，就是四个"坚定不移"。这些都是企业文化的内容，就比以前更进了一步。"无情不商"这个营销理念，作为企业管理创新成果，还获得过贵州省的一等奖、全国的二等奖。这些文化为习酒的复兴和振兴提供了精神支撑。换领导之后，张德芹董事长来以后，更加注重企业文化的梳理和企业文化的建设，公司第一次相对完整地把企业文化做成一个体系，标志性的东西就是员工手册。这个手册把我们的理念，比如说企业愿景、使命、价值观提了出来，企业的质量方针、营销理念都做了一些调整，然后提出人才理念，包括企业核心竞争力是哪些东西。后来，我们又找了一个载体，叫"君品文化"，一个人格化的载体。"君品文化"提出来以后，2013 年获了一个全国企业文化优秀成果奖。当时我们报的是两个项目，一个优秀成果奖，一个优秀人物奖。最后，优秀人物奖没有通过，但是获了优秀成果奖。

这几年，我们又在这个基础上不断丰富完善，比如后头又改版的企业文化手册。2019 年 6 月，公司获"贵州省省长质量奖"的提名奖。去年，公司获得全国质量奖。今年，我们又申报省长质量奖。那些评审专家来评审时，都把我们的企业文化作为一个优势项来谈。企业文化，不光是做成体系，而且是卓有成效，就是它已经有产品、有成果。比如说，"君品文化"出了一个"君品习酒"，一个高端的产品。它已经有文化成果了，这种成果才是我们真正追求的。

比较欣慰的是，这一路我一直在干企业文化这个事情。这几年，我们一直在围绕丰富和完善这一套体系在努力。第一，是把内容做得更丰富、更硬，更有科学性、先进性、代表性；第二，把形式做得更生动一点，重要的是把成效做出来。做效果真正要达到什么目的呢？文化为市场服务、为营销服务、为品牌服务，把它转换为成果，直接转换为钱。光好看，不赚钱，没得用，因为企业是要赚钱的。我"不看广告，看疗效"。从文化的角度来说，就是实现价值的转换。我可以毫不夸张地讲，习酒的企业文化肯定是在以前的基础上，更规范、更专业、更有水平。

这个企业文化做得好不好，就是看它能不能成为企业的战略支撑。因此，我们就围绕这个目标来做。我们在做时，既看讲企业文化的那些书，还要做出习酒文化的特色。总的来说，要离开书本，更注重实践。像现在我们要做的这个"习酒文化城"项目，虽然请了设计公司，但我就要给他讲我们要做些什么内容。而且，我的态度就是，我讲的内容，我规定了一个字都不能动的就不能动，我们希望要创新表达的就要创新表达，该你发挥的空间你就要发挥。习酒文化城，它像博物馆，但它不是博物馆。搞博物馆，哪里

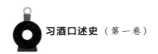

有那么多文物来展出？所以，我们就是要求用现代的手段把以前的东西展示出来，然后向大家介绍。文化城的主要功能就是展陈，展陈功能做出来了，其他功能才能发挥。展陈就要展内容，把内容给我做好，展得有意思，让大家看了有印象，夸这个"习酒了不起，确实是好酒。习酒公司确实能够出好酒，名不虚传！"

这个习酒文化城项目，主要是针对外面的经销商和消费者，我自娱自乐有意思吗？没有！

我们的文化要实现价值交换转化，不然的话，它就不叫文化。如果你给我整了一些东西，大谈我们企业的发展历程，纯粹就是自娱自乐，哪个愿意听你穷孩子讲你的故事？"忆苦思甜"那些内容少说一点，不能"厚古薄今"，要讲的是那些有意义、有价值的东西，那些能鼓舞人、激励人奋进的精彩的东西，要把这些东西摆出来让人家看。不要杂七杂八地整一大堆，不知所云，人家看完了也就完了，不晓得谈的什么东西，留不下一点深刻的印象。

对习酒口述史这个项目，我的期望值非常高。口述史是我们做企业文化的一个有特色的形式。有一种意见认为公司出的书和报刊多了，但是，企业要传播，不弄书弄什么呢？现在抖音都可以干，为哪样不能出书、出杂志呢？不去搞这些，哪个会学雷锋给你搞宣传啊？这个东西，我们是要花大价钱的，而且要花很大的精力。我觉得，这本《习酒口述史》完成后，起码在业界是创新的，就像茅台那么大的企业，他们的文化搞得那么好，也是靠大量的书和报刊支撑。我们就要搞点创新的东西，要出精品，不创新，我们宁愿不搞！

本书采编小组于 2020 年 5 月 22 ~ 23 日采访吕良典

胡建锋　陈　甜｜因酒结缘的国家级评酒师

　　胡建锋：销售我不懂，其他的我不懂，我现在要钻研的就是怎样把习酒的质量做好。在习酒人身上都有这样一种精神，都要追求习酒的品质。那这种思想在心里头的话，这就需要不断地提高自己，不管是吃苦耐劳也好，还是去不断地提升自己的专业水平也好。

　　陈甜：我觉得就应该学老一代的吃苦耐劳，还有对习酒不离不弃的精神，不管是她发展壮大也好，还是她遇到困难的时候，我们都应该对她不离不弃！

评酒师夫妇胡建锋（右）、陈甜（左）

人物小传

胡建锋　经贵州大学化学与化工学院发酵工程专业学习，获硕士研究生学历、工学硕士学位。2011 年，进入贵州茅台酒厂（集团）习酒有限责任公司，成为制酒三车间员工，先后任技术中心副主任，制酒五车间党支部副书记、副主任，制酒八车间党支部书记、主任；2013 年 2 月，荣获茅台集团 2012 年度"先进员工"称号；2016 年 3 月，获得 2015 年贵州省青年职业技能大赛"白酒品评（青年一组）"项目第七名；2016 年 4 月，荣获 2015 年度中国酒业协会科学技术奖一等奖；2016 年 7 月，荣获习水县"优秀共产党员"称号；2017 年 2 月，荣获茅台集团 2016 年度"先进员工"称号；2017 年 5 月，荣获 2017 年习水县"贵州工匠"称号；2018 年 10 月，荣获"习酒加入茅台 20 周年优秀员工"称号；2019 年 2 月，荣获茅台集团 2018 年度"先进员工"称号。

陈　甜　1988 年 12 月出生于习水县习酒镇，本科学历，中共党员，一级品酒师，习水县政协第十届委员会常务委员。

2008 年 9 月至 2011 年 5 月，为习酒公司包装车间员工。2011 年 6 月至今，在习酒公司质量检验部尝评班从事白酒品评工作。被评为中国贵州茅台酒厂（集团）有限责任公司 2013 年度"先进员工"。2014 年，荣获贵州遵义"茅台杯"首届职工技能大赛白酒品评项目三等奖；被共青团贵州茅台酒厂（集团）习酒有限责任公司委员会评为 2014 年度"优秀共青团员"。2015 年，获得第二届贵州省白酒行业职工职业技能大赛第一名，荣获"贵州省五一劳动奖章"称号和"贵州省技术能手"称号；荣获中国技能大赛第三届全国白酒品酒职业技能竞赛决赛优秀选手称号，同时被聘为国家级评委；荣获"中建杯"贵州遵义第二届职工技能大赛白酒品评项目比赛二等奖；被评为中国贵州茅台酒厂（集团）有限责任公司 2015 年度"先进员工"；所在班组被评为中国贵州茅台酒厂（集团）习酒有限责任公司 2015 年度"工人先锋号"。2017 年，荣获中国酒业协会举办的"酒城论剑品酒争霸"白酒品评大赛"优秀选手"称号。

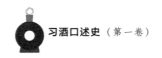

胡建锋：扎根习酒的山西人

我叫胡建锋，1984 年出生。我是 2011 年进厂的。2010 年，研究生毕业之后，在浙江工作一年。一年之后回来就在习酒这边工作，到现在，进厂也有八年多快九年了。这八年多，我经历了几个岗位。刚进厂的时候，我在制酒三车间做酿酒工，在这个岗位待了半年多。大半年过后，技术中心当时急需相关专业人员特别是酿酒方面的人员，我就被调到技术中心。我在技术中心一待就是六年。在 2017 年的 10 月，我被调到制酒五车间。这也是酱香制酒的一个车间。2019 年 10 月，又调到制酒八车间。这是一个新成立的车间。到现在，我们这个车间有八栋厂房，边交付边投产。这段时间，确实天天在加班。

她（陈甜）进厂比较早，是 2008 年进厂的。我们从 2011 年开始就认识，结婚是在 2018 年，现在有一个小孩，快半岁了。我爸妈来这个地方（帮忙照看小孩），他们应该说不适应，一个是气候，一个是饮食，主要还是语言上（的障碍）。他们在老家有亲戚朋友能经常在一起聊聊天，在这里只有带小孩，其他的沟通要少一点，这毕竟有地域差异。

我还有个哥哥在太原工作，也没在老家。我们兄弟两个都离老家比较远。

当时，我考上国家级评酒师，公司就分配了一套房。当时考上的，每个人都可以选一套。这是一个套房，拥有居住权，免费住四十年，还挺不错的。房子就在附近，因为是公司修的，我们只拥有居住权。房子是2013～2014 年修建的电梯房，负一、二楼还可以停车。应该说，现在我们的居住条件在习酒镇这个范围内算是比较好的。除了我们，住进来的还有这几年招聘的研究生、本科生。我们那一栋楼基本上就是研究生和本科生，都是相关专业的，有酿酒的，也有其他管理专业的。从贵州师范大学、贵州工业大学毕业来的也不少。外省的，每年都有（进来的），但是也不算多。像我们现在厂里面，外省的有甘肃的、湖北的、山东的、山西的，都有。

　　就我的工作内容而言，车间与车间之间的工作内容变化不大，但是技术中心跟车间的工作内容相对（差异）就比较大。技术中心的工作更侧重于：一个是产品的分析，对产品的分析就包括产品的食品安全分析；再一个就是对酒体的感观和酒中香味（成分）的分析，这个酒不光是成品酒，从基酒到成品酒，包括基酒在储存过程中的一些变化，我们都在做研究；另一个是微生物研究，研究在生产过程中微生物的数量和种类是如何变化的，相当于是做微观的这种科研。这是技术中心主要的工作内容。到了生产车间，那主要的任务就是把我们的粮食转化为酒，转化为好酒。生产车间简单地讲，就是粮食给你、曲药给你，最终你要做成好的基酒交给公司。"基酒"是基础的"基"，或者叫新酒。这个新酒生产出来之后，我们要交到酒库，酒库要验收，会划分等级。储存酒，就由酒库来储存。我们的任务就是酿酒、交酒。

　　我读本科、研究生都是在贵州工业大学，后来被合并为贵州大学。我学的专业是生物工程。生物工程的方向有很多，我读研究生的专业叫发酵工程，就是生物工程的一个分支。发酵类的专业有很多，不光是酒，包括醋、酱油，还有其他食品，都属于发酵类。实际上，当时在贵工读这个专业，我们的老师在贵州这块对酒了解最深。所以，我们每门课，细胞工程也好，生物工程也好，蛋白质工程也好，他更多就是偏向谈白酒或者酱香酒的酿造。在上课这几年，我耳濡目染地对白酒和酱香酒认识更多，可能是因为贵州产好酒的原因。毕业之后，我在贵州待了七年后，就想到沿海去工作、去看一看。当时，去一个生物制药的企业工作了一年。那个工作它不光是生物制药，还有化工制药，工作环境对身体不好。因为我患有气管炎，身体会不舒服，不适合长期待下去。基于前几年在学校里对白酒的认识，后来我就说，还是回到贵州。我在贵州毕竟待了七年，虽然出去了一年，还是很想念贵州。后来还是回到了这个地方。我有一个本科同班同学，他现在是习酒生产管理部主任。平时我们也经常交流，他说："要不来习酒工作？"本来我也有想回贵州的想法，然后，刚好，就来了！当时，招本科生应该招完了。我来了之后，找到公司主要领导，我就说我想来习酒这个地方工作。他看了我

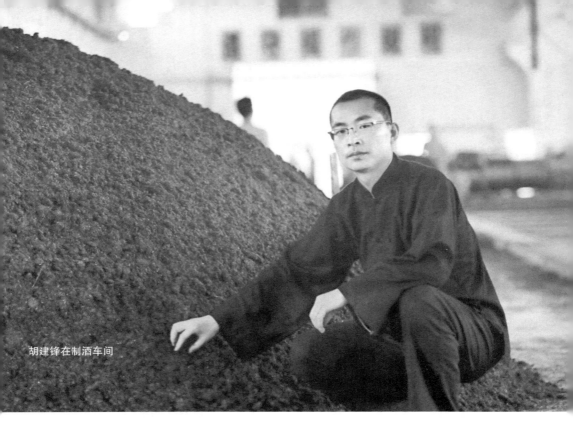
胡建锋在制酒车间

的简历后，就说："你自己想好了。"我说："我想好了。"后来就去体检，就过来了。

　　开始来，就做一名一线的员工，这是每一位大学生进厂都要参与的。第一天进车间就脱鞋，光着脚丫子，然后要铲酒糟，要去上甑。作为一线员工的话，这个肯定都是要做的。这个工作，我是做了半年多。后来，到技术中心，我就从事另外一个工作了。现在主要是管理，时间允许，也会和大家一起去实际操作，但主要的精力还是在管理上。因为，现在我们八车间人员到齐了的话有四百六十多人，有这么多人要管理，所以有很多事情。

　　实际上酿酒这个工作，对专业的要求虽然比较高，但是从一线来看的话，各个专业的人都可以从事。一线体力活占一大部分，另外就是操作技能，技术中心那个专业性要强一点。一九八几年之前，应该是没有这个部门的，最开始是习酒科研所（习酒技术中心的前身）。一开始我们的工艺还不是很成熟的时候，部分的这种实验就放在科研所。虽然现在检测技术这么发达，但是对于白酒，检测它的好与不好还达不到，还是要靠人工来品鉴。生产，它靠的经验更多，因为它本身是开放式的生产，它不像其他的一些流水线受外界的影响小。比如说气候，每天的气温不一样的话，对生产也有影响。我们每天都会关注，因为它是微生物，开放式的微生物，气候会影响微生物的生长。

现在新建的车间在洪滩片区，规划是十五个厂房两个车间——一个是制酒七车间，另一个是制酒八车间。七车间是一期工程，已经建好了，现在已经投产；二期有七栋厂房，到现在都还没建好，但是有两栋最近两三天就要交付使用。我们这两天正在做前期的筹备工作，一交付马上就投入生产了。另外五栋也会在一个月左右陆续交付，一交付我们马上就生产，人员都全部到齐了。因为生产的原因，我们把一半的人分在七车间下沙投粮，等我们的厂房交付之后，就在这边下粮食，陆续搬回修好的新厂房，人员也会移过来。前期搭伙在一起干，因为厂房没交付，必须搭伙干。不搭伙干的话，错过了这个季节，相当于我们一年的投粮时间就错过了。但是，那里毕竟只能容纳一半，剩下的一半还要靠我们自己，靠厂房尽快交付，我们自己去干。

我们的员工，新工人和熟练工都有。（我们）每年招的新工人接近一千人，这次招了八百。这八百新工人进来，是平分到所有的车间。我们七、八车间虽然是新成立的车间，也会从老车间把熟练工抽过来，最终所有的车间老员工或者是熟练工占的比例是一样的。如果全是新工人，这个活就干不下来。新进来的，主要是体力上还没有适应。再一个，操作技能上，马上教，教不会的，一定是靠老员工边带边讲。工人文化程度一般要求达到高中以上，大专更好，至少是中专。去年以前都是以习水户籍的为主，今年是其他地方的户籍，应该是省内的占到一定的比例，但还是以习水为主。这是人力资源部（负责），他们招聘好了，分进来。

公司现在总共有八个车间，一车间属于生产浓香型酒，其他七个车间都属于酱香型的。新建的两个车间都是生产酱香型酒，最近三年新建的都是酱香车间，因为现在我们的重心在发展酱香，所以，最近三五年建的厂房都是以发展酱香为主。

对于车间的负责人，公司会下达生产任务，也会对产质有要求。每年的董事会工作报告也会有一些其他方面的要求，除了生产，对安全、环保、人

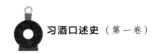

员的培养，都会下达指标。下达指标后，从车间这个层面，我们会把指标逐步分解，落实到各个班。像我们四百六十人的话，成立了二十八个生产班，这些产值任务，我们会逐项分解到各个班。对各个班的管理，就是我平时的日常工作。我把任务分下去后，平常的工作就是管理这二十八个班。每个班划定目标、指标，每一天我都要看他的进度，每一天都要看生产现场。最终一年下来，能否完成公司下达的目标任务，是靠管理这二十八个班。有些车间，像我们有八栋厂房，七车间也有八栋厂房，但是二车间只有五栋厂房。根据实际情况，不一定每个车间都一样。应该说七个酱香车间没有一个一样的，各有各的不同。

我们这里生产出来、刚酿出来的酒属于新酒。我们（将它）交给酒库，也叫勾储中心。他们负责验收酒，负责储存。我们第一步的（工作就是生产）新酒，然后交给他们储存。好酒要储存三到五年，以后再盘勾、勾调，完了之后，才包装。我们有一个专门储酒的地方，有很大一片，有罐房、有坛库，是一个专门的区域。我们是陶坛储存，大多数是一吨的，就是看到照片上有一排排房子那种小窗户那种地方。

作为一个非贵州人，在这个地方还是有些不适应。一开始主要是在语言上，我本身没有语言天赋，虽然来这么多年了，贵州话也不好，习水话也不会说，所以融入当地需要点时间。大家聚在一起沟通交流，比如当地话的有些词听起来还是不容易理解，但是现在基本上都适应了。以前他们说什么都听不懂。刚来的第一年会有这种情况，如今又在贵州待了这么多年，习水话、贵阳话相差不是很大，现在基本上都听得懂了。

从我进厂到现在，习酒这几年的变化还是挺大的，应该还是公司的快速发展催促我们80后这一代去成长。因为我们属于新成立的车间——在10月份以前还没有制酒八车间，和上年就没有对比。但是2019年，预计我们有三千多吨的新酒出产。我刚进来的时候在三车间，那个时候的产能和现在的产能不能比，这个变化是非常大的。记得我那时刚进厂，总产能只一万吨，现在的产能已接近三万吨。现在三车间的产能跟以前比要增加一些，因为管理更加严格、操作更加精细，出酒率得到一定提高。增加其他酱香车间后，现在产能达到了三万吨。

浓香相对稳定一点，酱香一直在增加。现在浓香也是两三千吨，比巅峰期要少一点。我们在另外一个区域还有一个浓香生产车间。当时这个车间是二车间，后来改了，也没有改酱香车间，就是那边停产了，然后二车间这个名字就没有用了。现在，浓香只有一个车间。

国家评委就是"国家白酒评委"，这个称号是从 1952 年开始的。历史上，国家有过五届评酒会。在新中国成立以后，全国各个酒的种类有很多，但是谁的酒更好，要评比一下，是由国家相关几个部门组织的。那么酒来了，怎么评？政府官员可能喝酒可以，但是品酒、酿酒不是很专业。那么，他们就从各个厂抽调做技术的这帮人员组成一个团队，由他们来评从全国收集来的酒。那么，这个团队就慢慢演变成国家白酒评委。从一开始不需要考，到后来进入这个团队就需要考。组织者出一些题，出一些酒样，考上了，就被称为"国家白酒评委"。

现在，有国家白酒评委，也有省级白酒评委，算是两级。最开始只有国家级，应该是从二零零几年之后就有省级了。最近这几届，就先考省级的，省级考了以后，成绩靠前的才会有资格被推荐去考国家级，每一届名额有限。五年考一次，竞争很大，贵州每一届也就是七八个（名额）。全国都在考，它有考评委，就比如说你考上了，五年之后要换届，换届后要重新考。这种相对容易点。新加入这批的话，上一届有二百多人被录取，录取率百分之五六十。上一届录取率要高一点。我们那一届，录取了一百人，再上一届才五十人。

它有两个单位，一个是 1981 年经国务院批准成立的中国食品工业协会，这个协会是最早的国家评委组织单位。一九八几年之后，成立了一个叫中国酒业协会（原名为中国酿酒工业协会，1992 年成立，2009 年改名至今），它也在评选国家评委，相当于两个组织都在评国家评委。陈甜是酒协那边评的，我是食协这边评的，两边是独立的，性质是一样的。

考试的内容简单地讲：第一，全国有十二种香型白酒，那么十二种香型来了之后你要区分出来，这是最简单的一种；再一个，就是抽一种香型，比

胡建锋正在评酒

如说酱香型，某一个厂的酱香型有五种质量等级，需要通过感官尝评区分出来五种等级，最好的是什么、最差的是什么、中间排序是什么。有时候它考的只上来两个等级，不告诉你，这个里面考的就比较难了。现在的考法越来越难，可能是五杯酒上来以后，有可能有酱香的茅台，有可能有其他厂的酱香型酒，让你区分——首先区分哪个厂家的酱香酒，再一个区分质量等级。主要是考实际操作，笔试只占百分之五到百分之十，因为它本身就是考经验。

这个东西练起来，成本是蛮高的，要买很多酒样，并且这些酒样只有在单位和单位之间才能购买。比如说，我想买茅台质量差的这种（酒样），（它有）五种等级的酒，它不卖给个人，只有企业去对接才可以卖。接受培训要花时间、花精力，因为本身都有自己的工作。真的，还是靠一个企业、靠一个单位提供这样的机会。否则的话，像在一般小企业的话，它不买这些酒样，领导可能也不重视，那根本就连这些酒样都没接触过，考的时候就过不了。

2011 年，公司就制订了一个三年培养计划。因为在 2010 年以前，公司的国家白酒评委只有两个，人数比较少。那么 2011 年、2012 年，就制定了一个三年培养计划。一开始是海选，先在各个车间让员工报名，之后公司会出一些酒样来考试。考得好的，进入一批一批的筛选，最后筛选到大概剩五十来个，就重点培养。最后，可能就只有二十几个比较突出的参加考试，不断参加考试。真正从接触到对品酒有点感觉至少要三年时间，因为它不是每天都尝。虽然是三年时间，但是每隔一个月才组织一次这种培训，就是品酒师来教我们。

考这个品酒师，一方面是对你品酒的能力、品酒水平的一种认可。即便不拿这个评委，作为一个品酒人员，现在的工作有几个岗位都需要。比如，像成品酒的把关，一个白酒产品质量好坏，其中一个指标就是口感。说口感，大家就觉得酱香的口感比较突出，口感细腻，这个是靠品酒人员去品的、去把关的。另外一个就是勾调，比如说新酒储存一定时间之后，各种香型、各种风格的酒要勾调综合，勾调的时候也要品，勾调得好与不好也要品。考上国家评委，更多的是对其品酒能力的认可。再一个，一个企业，国家评委多与少也是企业技术实力的一种象征。所以，各个企业到换届的时候，都会花大力气去培训、培养国家评委。

现在习酒公司有九位国家评委，每五年都有一些人员会退出，有些是因为年龄到了，有些可能转岗。但是，每年最难的就是跨进这个门槛。跨进来的话，保留这个资格是相对容易些。

我感觉，老一辈的习酒人——应该到陈甜这一代，虽然她是"习酒二代"——自公司1952年建厂，真的比现在能吃苦。现在的年轻人，包括职工子女，实际上从我们的角度来评价的话，当然我也不是一概而论，可能职工子女真的是不如父母那一辈能吃苦。现在，可能是时代的发展，也不止我们企业出现这样的情况，可能其他地方也是一样的。他们那一代人对习酒的感情深厚，可能是他们那么多年在习酒，也可能是现在的年轻人在习酒的时间少了，还没有体会出来，可能要工作十年、二十年才会有感触。还有就是这些年的发展快，引入的新人很多。以前我们每年有几百人进来，最近二三年，每年有接近一千人进来，仅是大学生招聘大概就有三百人，而社招高中、中专以上的有七八百人，还有职工子女、土地工，总计下来有一千人左右。

反过来看，我们这一代人应该就是上学要多一些。以前，这个地方交通不方便，更多的就是周边的人在厂里上班，然后一家人更多的是靠这个厂养家糊口。现在是大多数在外边上学，又回到这个地方，他们相对来说读书多一点。反而就是读书多一点，有些还不一定能吃得了苦。比如说本科毕业生在一线的话不一定待得住，本科进来的岗位就是在一线，茅台现在也是这样了。我当时进来都是一样的，本科生、研究生进来就在一线。一线虽然全部是体力活，但里面有技术、有技能，需要你去发现。本科生现在留下的还不是很多，就是在一线，更多留下的是中专毕业的、高中毕业的和大专毕业的。当然也有一些优秀的留下来了，总的来说还不是太多。一线还是辛苦，毕竟是有体力在里头，但待遇应该还是不错的。总归他们觉得读了这么多年的书出来还在干体力活，心里难以接受。但是，我认为学这个专业的，比如说食品的、发酵的相关专业的，我认为选择了酒厂，那么真的要在一线踏踏实实地干，因为这就是和你的专业对口的。你用心去做的话，将来公司会提供给你平台。对于其他专业的话，我认为在酒厂工作还是要在一线。我们是制造企业，肯定是以生产为主。简单举个例子，比如说你是学财务的，如果不在生产一线干，直接去了财务部门，那财务部门在核算车间人员工资的时候，可能很多术语、很多工作方式你都不清楚、不知道怎么算，因为你没有在一线待过。比如说轮次是什么，需要几个员工，投粮是多少，你如果没在一线干的话，直接坐在部门核算是算不出来的。你只有又跑到车间去，重新学，才算得出来。

总的来说，公司现在这种制度是非常好的，每年招聘的大学生全部放在车间，后期需要的再内部竞聘。你愿意留在一线就留在一线，都是自愿的。基本上，大学生工作一年就可以竞聘副班长了，再过一年竞聘班长。我身边的例子是有的，进厂两年就是班长。

这几年，对我来说，每年变化都挺大的。因为这些年工作比较忙，占用了大多数时间，尤其是现在生产上，一年的休息时间也很少。这几年，考上国家评委，我还是非常争气，不管是为个人来说，还是为公司来说，还是非常高兴的。

我进厂两年就提干，相当于我没有经历过正班长和副班长这两个台阶。

一般来说，要经历副班长、正班长才能升为中干。我是 2011 年进厂的，2013 年就提干，然后这几年隔一两年职位上也会上升。我觉得自己在付出，公司也对自己的工作认可。我觉得自身责任和压力也是比较大的。考上国家评委后，今年我就评副高级工程师了，这些都是一种压力，也是一种动力。在这个地方我更多的就是把工作干好。在这个地方实际上也挺好的，以前我觉得大城市好，现在我觉得这个地方好，上班很快，不堵车，虽然偶尔会堵一下。然后休息的时候爬爬山，空气也比较好，现在觉得整个工作和生活都蛮好的。

在技术中心工作有一年，有一件事情带来的成就对我的工作有所推动。那一年就是 2012 年。这年，白酒行业发生了一个"塑化剂事件"，最先是"酒鬼酒"被曝光，所有的白酒企业都防备这个事，虽然这是外部的。那么，这个事情曝出之后，所有的白酒企业都要建立检测方法检测酒里面（塑化剂）含量到底是多少，然后习酒的塑化剂的检测方法是我牵头建的。当时是茅台开始建。我们是一个集团公司，当时派我在茅台学了三天之后，我们就开始建。之后，把公司所有的酒样，酒库里所有的酒样全部取来普查了一道，找出塑化剂的来源后，公司也做了改造。所用的检测方法是我牵头建的，包括普查的大半年时间，我都是加班加点地去检测。可能在这一块，我们公司包括我们分管领导觉得我在做实验、做科研方面还是有思路的，然后刚好有机会，这个位置缺一个人，就提拔我了，机遇比较好。

说到"习酒精神"，不知道从何说起，但是从我个人来讲，我觉得作为一个习酒人，在这个地方，我们经常在开玩笑——在我们这个地方，如果没有习酒，今天这个地方就是国家精准扶贫的对象。因为习酒，你看，现在的习酒人，不能说一半，至少 1/3 都开上了小轿车。那么，从我个人来讲，从山西到这个地方，也是因为习酒，在事业上也好、家庭上也好，都发展得不错。

我现在跟随公司提出的目标，从我的角度来说，就是把习酒的品质做好。销售我不懂，其他的我不懂，我现在要钻研的就是怎样把习酒的质量做好。在习酒人身上都有这样一种精神，都要追求习酒的品质。那这种思想在

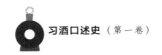

心里头的话，这就需要不断地提高自己，不管是吃苦耐劳也好，还是去不断地提升自己的专业水平也好。

我想，习酒现在六千名员工都会有这样的意识，把习酒的品质放在心上，那么整个习酒整体的品质水平就会上升，到那一阶段，习酒真的要走向全国，走向酱香的中高端，就有个基石。因为，一个产品的品质肯定是靠人做出来的，所有的习酒人都有这样的意识、这样的追求在心里头，这个时候就会上一个台阶，到那个时候，习酒应该说会比现在更受消费者欢迎。我们的成就感就体现在这个地方，包括现在我们去习水的时候——我刚进厂的时候还没有这样的感受，这两年我逛商场，他们首先会问："你在哪工作？"我说："酒厂。"他们就觉得酒厂收入高，然后又会问："今年酒厂还招人不？"你会感觉到作为一个习酒人会有一种荣誉感、一种骄傲感，这是靠每一代习酒人打造的坚实基础，也需要我们这代人不断地为这个品质去做贡献。我们一直举一个例子：茅台为什么现在发展这么好？因为这么多年，它没有说去跨越式发展或怎样，它就是一步一个脚印走到现在。所以，我觉得不管是老一辈的，还是现在刚进厂的新员工，我个人认为，要在酒厂上班，就要有这样的意识在心里头。

陈甜：青出于蓝胜于蓝

我有一个兄弟，我就住在酒厂里面。我从小学到初中是在习酒职工子弟学校上的学，一直就在习酒镇上。妈妈在这儿，我爸他不在酒厂上班，但也在这里居住。我妈好像是 1988 年进厂的。她最开始是在制曲车间，制曲待了有十年左右，然后就到了包装车间，包装可能待了十几年吧。最后几年，她要退休的时候，到了勾储区转酒。

我是初中毕业就去读的大专，在重庆永川学电子方面的专业。当时我刚好毕业，还没开始找工作，公司里面正好在招工，职工的子女可以进厂，我就报名进来了。当时我没有参加考试，直接进厂的。我弟弟他是通过环宇公司进厂的土地工。土地工就是占用土地那种，他进厂的时候，好像也是公司第一年通过环宇公司招聘员工。

我刚进厂时，主要负责包装酒。最开始的时候，包装车间里面大多数是女工，男工比较少，有很多体力活。它没有现在这个流水线，以前还是靠体力劳动多一点，所以当时比现在要辛苦得多。比如要干搬酒这些活，刚毕业可能也没干过什么重活，就有点吃力。

现在男的工人要多一点。（胡建锋：包装它这个岗位的话需要一些男工，但是更多的那种活路相对来说，它要轻松一点。只是说相对制酒，其他岗位要相对轻松一点，比如她坐在那儿就是装下盒子）

以前那个贴商标是人工贴的，现在有贴标机。贴商标是手上的活路，需要巧劲。（胡建锋：还有，女生要细心一点）

在包装车间做了两年多我就出来了。当时尝评、勾兑这些技术岗位在招聘，我就去考。第一次我没考上的，是第二次招的时候我再去考，才考上的。最一开始初试的时候主要就是考酸甜苦咸鲜，就是基本味觉，然后第二轮复试的时候，就考酒样，就要复杂一点。（胡建锋：在酒厂上班的话，品酒这个岗位、勾调岗位，都是对公司来说是比较特殊的岗位，算是技术含量比较高的一个岗位。如果最后一道关把关不好的话，前面做的工作，可能就因此受到比较大的影响）

我考上以后就分到尝评班里面去，我们有三个月的实习。三个月以后，再对我们这一批招聘的人员进行一个考核。如果考核不过的话，也要打回原单位，就是退回包装车间。考核就是考实操，分酒样。

我当时就是每天把所有的酒样都倒着，都品，翻来覆去地品，来来回回地品。我一般不喝，如果每个酒样都喝的话肯定会醉的。但是，闻香就要占很大一部分。我是进到尝评室，对这些酒怎么去品，才慢慢开始了解的。最开始的时候，我们品的都是公司自己内部的酒。现在公司注重培养品酒人才，比如制订三年计划，才开始把外边所有的各大白酒厂的酒样、标准的酒样买回来自己品。

我们评酒班，现在的工作就是，勾储中心勾调好酒以后，就发个申请给我们。我们自己的人去酒桶里面打，把酒样取回来以后，就对它进行一个暗

在工作岗位上的陈甜

评。暗评以后，如果这个酒和我们的标样酒，还有一个对照酒，与这两个酒样相差不大，我们就判定它合格。标样酒就是这个酒的一个标杆。（对照酒）也是一个标杆，它和标样酒差不多，两个酒是在一个平行线的。（胡建锋：实际上，标样酒和对照酒它可以互换的。只是说这个样它定的时间不一样，然后选这两个样跟要尝的三个样放在一起，提高准确率。实际上，像茅台的话，它只需要一个标样和待尝。它是两杯样，我们是三杯样，只是品评的方式不一样）

它一个罐就是一个批次。我们每一个罐是有大小的，有一百五十吨的、一百二十吨的、六十吨的、十吨的。

现在我们这个尝评班有八个人。他（胡建锋）刚才说的这种酱香车间生产出来的基酒，我们不尝。我们只品出厂的待装酒，还有浓香的基酒、成品酒也是我们来尝。就是公司里面所有的成品酒和浓香的基酒是我们尝评。酱香，他们勾储专门有一个新酒验收的综合班，由他们去评。（胡建锋：实际上，原先评尝室对公司所有的成品出产的，不管是酱香还是浓香，还有新酒，都负责。后来因为酱香发展大了，就分了一部分人到勾储中心，这帮人专门负责酱香新酒的验收，因为酱香量很大）

那个全省的"五一劳动奖章"，是2015年贵州省的白酒技能大赛里面评的。（胡建锋：当时规定给第一名"五一劳动奖章"）当时是几个单位，包括贵州省总工会等几个政府部门组织，实际的组织者是贵州酿酒工业协会。当时在贵阳、在省军区的一个酒店举行的活动，就是把贵州省所有酒厂里面推选出的品酒师聚在一起去比赛。那次请了一些专家来考试。他们先培训后考试，考试和考国评都差不多。反正出很多酒样，有十几个人参加考试，考完谁的分数最高，谁就是第一，也就是考白酒的实操。（胡建锋：就是评酒，理论占10%。考酒度，几杯酒上来之后不告诉你是多少度，你尝一下，觉得是多少度，你就填一下。再一个考香型，香型鉴别，上来香型，比如清香，清香里面有大曲清香、麸曲清香、小曲清香，然后就让你填，你觉得是哪种香型就填。然后再一个就是分酒，排等级，排顺序。我们当时是一块儿去的。理论，我考得比她高一点，但是实操就落得比较远了）

这个实操主要靠嗅觉。实际上，个人对酒样的认识，还包括口感的天赋，比如说嗅觉、味觉，会有一点在里面。有些可能他领悟得也慢一点，这可能和对酒样的领悟有关系。关于酒的年代，品过之后会有一个大致的判断。比如说十年的酒或八年的酒拿上来，要区分八年和十年可能还是有难度的。储存年限差距越大就越好判断。还有跟拿的厂家的酒也有关系，比如像我们对习酒就比较熟悉。比如说外省的酒，本身就尝得少，只有对它送来的香型，可能要稍微熟悉一点。（胡建锋：她是我们那次培训的第一名，当时考试的第一名。第一名就直接给了"五一劳动奖章"，当时下发的通知就是这么写的，就是为了激励大家去评选。第一名是"五一劳动奖章"，前几名好像是贵州技术能手）

他现在挺忙的。我也挺忙的，只是稍微比他好一点。我们是生产辅助部

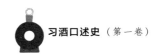

门，如果包装车间对酒有需要的话，我们就要加班给品出来，然后他们去包装。实际上品一批酒的时间很短，但是准备的时间长，就是要等他们勾调。（胡建锋：他们勾兑了之后，她们派人去取样。取完样之后，比如说夏天，酒的温度还比较高，那还要稍微冰冻一下，达到温度要求才能尝。它要组合、要调味。好的时候，快的时候，一天时间要不了一个酒样就能出来。有些酒，它提前就组合。调味，它先做小样的，小样做好了要放大。放大可能需要点时间）

进酒厂这些年，值得骄傲就是，我 2015 年考起了国家评委。

对于一个习酒人，我觉得就应该学老一代的吃苦耐劳，还有对习酒不离不弃的精神，不管是她发展壮大也好，还是她遇到困难的时候，我们都应该对她不离不弃。

胡建锋、陈甜：品酒师的工作

陈甜：全国范围的评酒会现在好像没有搞了，1988 年之后就没有了。因为 1988 年之后计划经济转为市场经济，再评选的时候，人为操作因素就太多了。第五届之后就没搞过了，那五届都是在计划经济时代。现在也有这种（类似的），像他们酒协的话，今年是在江苏组织国家评委来评酒。他们每年从市场上（买来）一些成品酒，之后就请人（品酒师）来尝，尝了之后就排，会排一个序。但是，他不公开，因为现在公开的话，对于一些排到后面的厂就（不好）。

食品协会和酒协的国家评委，这个实际上都是评酒。说白了，两个协会的国家评委都是评酒，只是说组织者不一样，每年开展的活动可能就有所差异。但是，都是围绕评酒来开展工作。

除了日常工作以外，作为品酒师，公司内部不是有"我是品酒师·醉爱酱香酒"嘛，可能会喊我们去跟消费者沟通一下品酒的知识。我们已经做了三五年了。一个消费者体验活动，相当于在市场上，多半都在酒店，邀请很多消费者和潜在消费者来了之后，我们会有几轮酒样倒出来让大家尝，尝了以后，就告诉他们每杯酒是哪种口感，就和他们沟通一下，也是让他们认识好的酱香酒和不好的酱香酒。

全国范围内都在搞这个活动，习酒公司组织的这个活动，就是我们的销售公司组织的。因为我们的销售公司是分在各个省，各个省提出需求——每个区都有经理，他们提出需求，即在这个地方要搞活动。提出申请之后，公司就会派我们去。酒都是我们公司制作的，另外也在市场上买一些酒。百分之七十是我们的，另外百分之三十，比如说茅台、郎酒，从市场上购买。消费者更多的时候就尝一杯，比如说，他们仅仅喝习酒，或仅仅喝郎酒。我把这几杯酒样放在一起，让他们细细去品，可能这种体验在平时生活中，也很少有这种机会。

本书采编小组于 2019 年 11 月 13 日采访胡建锋、陈甜夫妇

杨翠兰 ｜ 有一种不舍

　　我当时感觉到这些职工真的很了不起！屋头背（带粮食）那么多年，倒贴那么多年，也能够坚持下来，能守着习酒公司。他们也不是说出去就找不到事干。能够留下来的员工，有很多都是本地人，也有很多是外地人。他们是对习酒的这种爱，这种热爱，还有一种不舍。

　　我想走的话，也是有一种不舍。我有时候会感觉到老公的鼓励和精神，还有那种话语啊！就感觉到他经常性地在给你说一些话，（一些关于我）要留在习酒的话。我要走的话，真的还是舍不得。

贵州茅台酒厂（集团）习酒有限责任公司包装车间一班班长杨翠兰

人物小传

杨翠兰　汉族，中共党员，本科文化，助理工程师，高级技师；1993年进入习酒公司，26年来一直在生产一线从事包装工作，现任习酒包装车间一班班长。

我是湖南邵阳岩口铺人，今年48岁。家头现在还有爸爸妈妈和两个妹。我是最大的一个。两个妹妹都在打工，一个在老家打工，一个在深圳打工，都没得正式工作。家头的条件不是很好，爸爸和妈妈是农民，没得好多收入。

姑妈家在黔西（毕节市黔西县）县城，她有工作，在黔西客车站里面上班，条件稍微好点。她们家也没姑娘，再加上当时还考虑到考试高考录取分数稍微矮（低）一点，所以才把我带起在贵州。我11岁来挨（和）她们在（一起），我是挨到姑妈长大的。

我读初中时来到贵州，在黔西读初中、高中。高中毕业后，考大学悬殊（差）几分，没进到大学门。我当时跟着我一个表哥同时考的学校，他也没考起。复读的时候，也是因为家庭条件的关系——如果两个都复读的话，感觉到压力比较大——我表哥去复读了，我没去读。

人生中有几大事情，升学考试也算是一个转折点。我当时就差几分，如果报考志愿稍微低点，可能还是进去上大学了。但是报考的志愿不是贵州院校，是四川和上海的。没想到差了几分！当时不可能（有这种情况）：这一批录不了，可以填第二志愿。填了就填了，填了没有得去，就没有去处。没有考起大学还是比较难过的，差得多一点，心头还没得遗憾，就想到差几分没有去到，反正就感觉心里很憋屈的那种。就觉得自己还是有点心气太高了，贵州院校都没有填。

我后来就在一家乡镇企业（碳化硅厂）工作。习酒招聘，搞人才引进的时候，我爱人来习酒公司，我跟到爱人一起过来的。那是1992年，我还

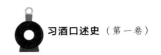

在乡镇企业工作，他喊我一起过来。我是 1993 年辞的职，5 月才跟着爱人一起到习酒公司。过来时，我才跟爱人结婚。我跟爱人是高中同学，他是黔西的，在贵州民族学院中文系读大学。他是陈星国老总他们到大学里面去招聘，搞人才引进时引进来的。我爱人来时就被分在宣教部。

当时从大学毕业时，本身他家也是农村的，也没得哪样社会关系，想留在一个好的事业单位也是不可能的事，所以他就选择走企业。他是中文系毕业的，进来时通过测试的。公司引进时，感觉爱人的文采还是可以，所以他过来时还比较受重用。

在 2004 年，他去香港考察学习时意外过世了。我高中毕业以后，面临的就是社会，在选择伴侣的事情上，当时家头比较反对。因为他家头的状况确实太差了，真的是家徒四壁。所以回想起来，你说后悔吗？也不存在后悔，因为毕竟是自己的选择。你说不后悔呀？来了以后，他又走了。走了，丢我一个人在这里，还是感觉到有一点心酸。

在贵州那么多年了，说回（老家）去，那个地方的人啊、事啊，都已经变了。回去就感觉找不到你很想找到的那些东西了，已经找不到那种感觉了！回去就是探亲，陪老人吃两顿饭，关心一下。

现在，我重新组建了一个家庭。我自己就得一个儿子，现在已有 25 岁，已经工作了，在外边的一个建筑公司给人家开车。我爱人的儿子在制酒车间当班长。

娃儿的选择，也算是比较难的。因为职工的子女是可以进公司的，但中间出现了一个小插曲，娃儿不争气。我感觉到自己没有尽到责任，就觉得对娃儿有亏欠。娃娃以前读小学时比较听话，成绩是可以的。他爸爸喜欢写作，他写文章方面还是可以的。他爸爸过世以后，我一个人无法管他，就把他送在仁怀的封闭式学校。因为没有大人在身边，娃娃的自控能力比较差。如果在我身边的话，不会像现在这样。倒是说都是工作，找钱吃饭。最普通的老百姓的想法就是这样：娃儿能够工作，能够找得到他维持生活的基本的费用，也算是比较欣慰的。我感觉对不起娃儿，他没有受到良好的教育。

现在事情已经过去了，凡事都要向前看，往好的方向想。

我平时就在厂里面上班，要么就是回习水。我在习水有房子，但多数都住在酒厂，一般周末不上班，就回习水。平时，我们下午都有事情，每天下午下班都在车间里面加班。这几天有个灌装知识的考试，茅台集团要来领导，车间领导要去接待。所有考试的工作，由我跟着七班的班长承头。

我的工作开始是有点乏味，感觉很枯燥，每天好像就是一条线的工作。每天就是上班下班，然后就是回家。有些时候就是去跳一下舞都感觉到成了一种奢望，特别是最近这一两年，工作一忙起来，感觉就真的成了一种奢望。因为最近这两年，我们在倒班。我们是在上通班，从早上8点上到下午4点钟就可以下班，但是长期都是晚上七八点钟都还没有下班。这两年，跳舞都成了一种奢望。

以前我们是上通班。工人一下班，我们就下班。现在是两班倒，这个班走了，另外一个班又来接班。还是有事情，反正总感觉有干不完的事情，是有点枯燥。酒厂没得好多可以耍的地方，不像城头可以去逛街，或者在广场上去看别人跳一下舞。现在我们公司有图书室、阅览室，还有一个锻炼身体的健身房。以前公司还有一个歌舞厅，现在歌舞厅好像也没有开。还有一个下棋、打羽毛球、打乒乓球的地方。

我进厂时，如果是社招的话，都要单独应聘，但是当时我有一个优越的条件，爱人是大学生，就可以带家属进来。当时习酒公司的大学生很少很少，高中生都少得很。在车间简直找不到几个高中生，当时在车间里我还是稍微有文化的。

我进来时，开始是分在制曲车间，因为我的身体状况，在制曲车间不太适应，后来就到包装车间。20多年一直都在包装车间，到今年26年了。

我在制曲车间前前后后就是两天时间。第一天去报道，第二天就回来了。因为我周身皮肤过敏，特别是对灰尘过敏。现在我对酒都还是过敏的，我只要一沾酒，就周身通红。我进车间那天最深的印象就是，蛾蛾满坡飞，飞来眼睛上都撞得是。就是制曲车间有那种曲蚊，曲蚊飞到身上就是咬。本来我皮肤就过敏，曲蚊来的话，一抠一个大泡。这个环境还是不是很适合我，我就申请回包装车间。

贵州茅台酒厂(集团)习酒有限责任公司包装车间

　　我进公司时，灌酒一直都是手工操作，手工操作啊，记忆最深的就是用输液管来放酒。从大的酒罐将酒接在另外一个有一米六七的坛坛上，上面就焊一些龙头，把输液管笼罩上去。笼上去后，就不停地扭。反正放酒那个动作，是看眼快手快，真的是眼快手快！因为一次性要放六七根管子。为了少洒酒，就必须在要满时，把六七根管子捡了。捡了，重新插在另外一个瓶瓶头去。一天就是不停捡管子、提酒，捡管子、提酒。这个动作，在有些时候，就是用手直接接酒。酒直接泡在手上，泡来，像个泡粑一样。这个手掌的纹路啊，深得很。很简单，没接触过酒，你接触过水嘛！比如说一天洗衣服洗多了，水会把手泡白，会泡一些路路（痕迹）。那个酒咬来，就更老火了。

　　没得灌装机，酒放出来以后，就三百瓶一堆堆好。堆好，就贴标、沉淀、打包、封箱、堆码，全手工！那个时候不像现在是六瓶装的小包装，那时用木箱箱来装。毕竟当时这种成品酒又笨重，是十二瓶装啊，而且清一色都是大木箱箱，特别笨重。

　　真的！当时很伤心的就是我怀得有娃儿。怀起娃儿，抱个纸箱箱，顶到肚子上都不舒服。何况那个木箱箱，又重啊！就只能夹到腰杆上，腰杆夹起走。不像现在怀起娃儿，就可以申请不排轮子。我们当时反正是分工，今天要把三百瓶酒打包完，就要把它打完。自己把它干完，从头到尾，没得人帮你。感觉还是比较辛苦。

　　洗瓶时，三口不锈钢池摆起。第一道，把外壁抹干净。抹干净以后，再洗第二道。第二道就是用传统的毛刷来搅。搅了以后，放在不锈钢池里面再清洗。清洗完以后，就拿箱子装好。然后，人工把它提到放酒的地方去。酒瓶倒出来以后，就拿输液管滴一点酒在里面涮干净，再涮一道。洗完以后直接就装箱，虽然是扑（倒立）起的，但是里面毕竟难免有点水。为了不让它降度（降低白酒的酒精度数），都必须要拿酒涮过，然后进行灌装。

　　洗瓶过后，就是灌装。灌装必须要用输液管去灌。输液管灌了过后，把酒提到台子（一个专门的不锈钢操作台）上。提到台子上以后，就把它榨沉淀，再压盖。盖子压好以后，再推到场地上去，一堆堆地摆好。当时好像

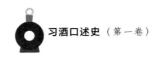

是三百瓶一堆。下班之前，把盒子折放好，第二天就去打包。这一堆酒装完，装完就打完。

整个过程没一样是机械化的东西，全是手工操作。所以说整个过程还是比较辛苦。

当时一个班没好多人，还是手工操作，一个组就是二十几个人。因为是分段来干，把这一段干完了，又去干那一段。在这个岗位上需要一个人，就必须要配比一个人。没得这个人的话，就要乱，就干不走。就是这样！我们流水线上的定员是五十个人。流水线上，根据包装不同的品种，来了就在你的位置上，必须要干完。一条线上有五十个人，管的人少，相对来说，工作就没有那么复杂。现在，包装线上，像我这个班有两百多个人，按两班倒的人员来配置。一班是两条线，两班倒，相当于四条线在包装。所以说，现在管人的压力还要大一点。

之前就是产品质量的风险要大点。现在环境好点，各方面都用机械，相对来说，出来的产品质量风险要小点。特别是用全自动的冲瓶机，产品内在的质量得到很大的保证。

你干得多，就有多（薪酬就高）。你没干，就一分都没得。比如机械设备坏了，在车间一天一瓶酒都没包装到，一分钱都没得。

在 2002 年，车间有一条最简单的流水线，2004 年开始有半截流水线，最后才慢慢把场（地）改善。以前成品都是堆在车间里面，场地就很窄。现在成品酒堆在库房，虽然材料还是堆在车间里面，但是成品酒已经挪开。条件一改善，流水线也逐步改善。

作为基层管理员，我们更重视质量和安全，还有就是员工的思想问题。这些才是要抓的重点。追求产量，要根据包装的品种来。包装简单点的品种，不追求产量，产量也上得去。但比较复杂的工序很受限制。比如不能上线，还有就是工序比较复杂，想追求产量也追求上不去。不管哪时，都以质量为重，安全为重。至于产量，基本上是要看公司怎样来调配。

流水线工序还是一样，唯一不同的是可以一条线弄走，当天全部就打包入库。手工包装当天打不到包。当天只能把酒放出来，把所有的工序整完后静置，第二天来才可以打包。因为手工包装通过静置后，还需要一个检验的过程。现在流水线上包装，线上就检验起走了，一旦有异常就马上停下来，停下来必须要调试好，还会对前期包装的酒做抽查。根据抽查的情况来决定是否要返工，决定酒合不合格、能不能出库。

我们对关键岗位，比如说内在质量的灌装岗位，管控力度是很大的。在灌装之前，灌装人员要几次抽检。抽查以后，容量、浓度都达标了才能够批量灌装。进行批量灌装以后，现场的管理人员有组长、班长、副班长，还有质量监管员、质量检查的专检员。从组长到副班长到班长，质量分管员，还有就是专检员，整个循环检查。每一个工序，都是循环检查。抽查密度、检查的力度都是比较大的，这样能够确保内在质量。

我们线上的管理员随时都在抽查各个工序的运行状况，包装出来的质量状况都抽查。现在管理人员配比的力量能够满足线上的需求，能够全方位地监控产品的质量。质量监控职责是不是履行起来都是有记录的。我们要求组长每隔两个小时所有的工序都要抽查一道。抽查一道，是从前到后都抽查完，需要半个小时以上。班长每半天要抽查一次，质量监管员随时都要抽查，随时都要监控，质量专检员也是随时都要监控。

我们抽查的力度就没有那么大，一天抽查一次。线上在生产的时候，一天的规定动作就抽查一次。要想多抽没得意义，随时都可以抽。没事时，我们随时都在线上抽查。

质量是我们的工作重心，用考核机制、返工机制和连带机制来监控。连带机制就是在这个岗位出问题，不仅仅是你的责任，整条流水线的人都要负责任。当天岗位出现的不合格是人为造成的，或者是因为操作不合格造成的，对当天的工分要进行考核。这个考核事项列入年终绩效考评。我们每个月都有一个星级员工评定的考核机制。受到"考核"的星级员工就取消。考核机制关系到当月工资的问题、当月的星级员工评定，还牵扯到年终绩效等级评定。

我管辖车间里的这几个班，在我管理期间没发生过安全事故。我们是循环起当班长的。2008年之前，我是在大坡那面当班长。2008年之后，我才

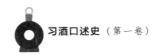

调在这个包装一班。2011 年时，我又在包装二班。2012 年，我带的这个班获得"全国质量信得过班组"（全国性的评选活动，要求以行政班组为单位，以质量工作为中心，注重工作和服务现场管理，搞好班组建设，各项基础管理工作健全、落实；坚持"质量第一"方针，全班组职工质量意识强、班组产品、服务质量达到同行业、同工序先进水平，做到"自己信得过，用户信得过"；班组运用全面质量管理的思想和方法，遵循 PDCA 循环的科学程序，运用各种有效的方法和手段（如 6S、TPM、精益生产、可视化管理等）开展活动，近两年内质量有明显提高，有当年活动成果，在本地区、本行业名列前茅；班组成员积极参与 QC 小组等群众性质量改进活动，并获得省、行业级以上的优秀成果）。它考察的主要内容就是质量合格率。我是在整个习酒公司第一个推行 5S 管理的。5S 现场管理法，是现代企业管理模式，5S 即整理（SEIRI）、整顿（SEITON）、清扫（SEISO）、清洁（SEIKETSU）、素养（SHITSUKE），又被称为"五常法则"。

杨翠兰在包装车间检查习酒包装情况

我们首先规范员工的头饰。开始时头发扎起就可以，戴的帽子就是空姐帽，根本就不能把头发罩进去，后来通过买发网夹把头发全部罩进去，但是效果不太好。我就跟公司建议，把它改成缩筋的形式，就把前面的所有妹妹头都罩进去。这既改善了员工的形象，又能防止质量事故的发生。以前，酒里面有毛刷、头发呀，我想到的这个办法，在质量管控方面有很大的帮助。

我们还规范水杯放置。就是用水杯柜来专门装水杯，用统一的水杯，包括杯子怎么摆放，员工的服装怎样穿，反正有一个标准化的东西。就是立一块牌牌在那里，就讲硬是要像这样子才行。

真正实施后，员工也不太习惯。就感觉到："哎哟，天！随意点好不好嘛！"但是一段时间过后，慢慢规范，大家还是觉得："耶！这个东西还是蛮有用的！以前这些公共用具，随意放在哪个旮旯角（角落）的话，别人要去找的话，哪个晓得你放在那点嘛。"现在，就买个工具柜放那，工具就放在里面，就感觉到很实用。每个人，就包括新进员工，一看就晓得要去哪里找东西。

全公司的班组来争"全国质量信得过班组"也还是相当激烈。制曲、制酒，每个班都在争。我这个班就比较有优势一点，包装的环境比制曲、制酒稍微好点，加上当时我们正好在打造实行 5S 管理，感觉到整个生产现场看起来要规范得多。包装二班获得"全国质量信得过班组"也还算是比较困难的，因为当时班组比较多，大家都是比拼线上管理、质量、安全啊，都是经过指标比拼出来的。

和大家要比的，就是一个精细化概念，实际上就是模式化、精细化管理，相当于是在 5S 管理上面的一种提升。注重的就是精细化，包括一点点小东西、小事情，都必须要按规定动作来。就像我们在开会时的坐姿，两个脚必须要并拢，两只手必须要在上边，那不能把脚跷起、歪起。

我们包装车间有七个班，只有我这个班坚持每天早上开班前会、质量例会。他们要开班前会，就是在办公平台上发通知内容。我要求开班前会是为哪样呢？第一个目的是点名，看员工到没到位，才好安排今天一整天的工作；第二个是要总结头一天存在的问题，要提醒操作时可能会出现的问题，或者是昨天出现的问题还会不会出现，加强监控。

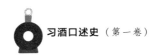

　　我们包任何一样新品种，都会开一个生产前的会议。生产前的会议主要就是交流这一款新产品有哪些需要注意的事项，生产过程中管理人员着重要监控的东西是什么，哪几个岗位应该注意些啥子。不管是三分钟也好，五分钟也好，做一个简单的分享以后，所有的工人才晓得怎么做，东西做出来才是合格的。包装时有些东西必须要放进去，比如说很多产品有配件，配件可以放、可以不放。但是如果公司要求必须要放，消费者、经销商要求必须要放，就必须要放进去。有很多东西，在生产之前就要做好、要安排好。

　　我们每周一中午一点开质量例会。质量例会上，针对上个周的工作，每个人都发言。不可能一个周生产下来，一点问题没发现。如果没有发现问题，就证明你没有认真工作。员工思想问题也好，生产过程中一些小小的质量瑕疵也好，或者是现场管理上存在的一点问题也好，针对这些情况所有的班组长都必须要发言。随时都有可能存在方方面面的问题，不可能工作一个周了没有发现。一个周好多个小时啊？四十个小时，四十个小时，你一点问题都没得发现？

　　不管是安全也好、质量也好，员工思想动态也好，还有现场管理的一些动作也好，总有一些问题。那么，你把它列出来，每个周都必须列出来，在开会之前做一个通报。通报完以后，这条线存在的问题，有可能这一条线存在，有可能那一条线也存在。还有就是相互做一个提醒："哦，以前这一条线在包装这个产品的时候出现问题，那么我们在下一次包装时，要注意。"统计员会做一个统计，把每一周出现的问题梳理出来，在每一个班组管理群里做一个通报，大家来共同改进：能够在班里面改进的就改了，如果不能改的，我们打报告，或者写工作函来改。

　　做思想工作，要注意观察员工的面貌。每天开班前会时，喊她站起，就看心头是不是有事。心头有事就是蔫巴巴的，一点精神面貌都没得。早上来，精力是最充沛的，但是她走进车间老是心不在焉的、心情不好，有点精神不好、脸色有点不好，那可能就要多注意一下她的操作、身体状况的问题。开早会的时候，把人召集来，名一点，就听她答应那一声"到"，答应的那一声"到"，有些时候能够听出一些情况。如果能够及时发现，就好沟通。要善于发现，发现后主动沟通。看她心情不高兴，可能家里面有哪样事情。脸色不好，可能就是身体不好或者是没休息好，主动做一个沟通，多关心她们。

我管的员工不存在不支持工作的问题。当然现在很多新上任的副班长每天都哭兮兮地说员工不支持她工作啊，安排不动啊。很小的事情，最开始就把它做好，能够扫清工作中的很多障碍。她本身心头就不高兴了，你再吼她，或者考核她，就会越糟糕。如果发现她精神不好，要多关心她操作上的问题，多提醒，她就不会犯错误。犯了错误，在制度面前人人平等，肯定要考核。一考核，她心里更不安逸。多注意她，多提醒她，就不会犯很多错误，能够起到预防的作用。员工有诉求，能够帮她争取的应该尽量给她争取。

应该主动帮助员工解决力所能及的困难，员工在干工作的时候很舒畅，就不会存在质量问题。员工的思想也是很重要的，关乎质量、产品的好坏。质量都是生产出来的，不是检验出来的。那么多人，那么多手脚，要靠一个人去盯住的话，这是不可能的事情。

所以说，做好工作，全靠把员工兼顾好。她如果心情不好的话，一天都心不在焉，没心思在这个工作岗位上，肯定会出问题。员工的思想动态也是很重要的一个方面。从关心员工这个角度去管质量，也是一个很好的方法。

我刚刚进公司时，条件还是比较艰苦的。那个时候，连电风扇都没得。几个大学生住在一起，厨房里面东西大家搭伙用，感觉啥子都没得。

反正就是一张凉板椅子，白天是椅子，晚上就是床，生活必需品都没得。没得电磁炉，没得电饭锅，就是一个煤油炉，用煤油炉又煮饭、又炒菜。反正感觉条件还是比较艰苦。

我们进来的时候，恰逢1994年公司在走下坡路，开始不景气了。国家的经济状况对酒厂的影响还是比较大。

我们进来时每月工资就是几十块钱、百把块钱，反正也没得好多钱，经

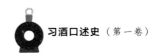

济状况也不好。没得好多钱得，生活必需品没得，经济情况也不是很好，感觉生活啊各方面还是比较艰苦。

我老公进来，工作年限稍微长点以后，一个月大概就是三百块钱。因为包装车间是计件单位，要做才有工资，不做就没得工资。我进来时，基本上没得拿到几百啊，每月工资清一色就是一百多块钱。

公司先前还可以，就是少一点，都还可以把工资发给你。但是在 1995 年、1996 年，慢慢地就连工人基本的工资都不能发放出来。比如说这一个月，你有一百块钱，能发给你的就是百分之四十或百分之六十，剩余这一部分就集资入股。我是 1993 年 5 月份进厂的，进厂过后，我就感觉到经济很萧条，不是很景气。

跟到我家老公一起来习酒的好多人都调走了。有些调到平坝酒厂，有些回当地考公务员，好多都是考起走了。我爱人的文采比较好，公司大会、小会的发言稿基本上都是我爱人起草，习水县相关的县领导都还比较欣赏他。当时还是有好多机会可以走，陈总（陈星国）舍不得他走，所以他一直就坚持下来。

我就感觉，他还是对习酒有很深的感情。当时我也是想过调走，因为毕竟又拖起娃娃，两家的大人又帮不到忙，而且他们家所有的费用基本上是他在开支，所以我们压力特别大。我能够留在习酒公司，还是我爱人鼓励，他还是想留下来。

应该说，在兼并之前，我个人还是感觉比较沮丧，因为经济条件老是很不好。我高中毕业的时候，在一个化工厂工作，当时多少还是有存款。来这里几年下来，不但没挣到钱，之前存的钱还全部花光了，我心头还是有点沮丧，感觉前途很渺茫，就是感觉没希望，没指望。当时还是很想走，只是很多原因，我还是留下来了。

1998 年公司裁员，很多员工遭裁了。天！五千多人，裁下来只有一千多点点。你算嘛，当时下岗好多人？五千多人，留下来只有千把人！一家人只能留一个在习酒公司。我周围很多同事为了这一个名额，争啊！一家人兄弟姊妹都在争这个名额，闹得鸡飞狗跳。

当时我们只有两个人在这，我爱人又是中层干部，所以就是无条件留下来。我们留下来也是很幸运的。以前有好几个员工，现在在菜市上卖菜或者做点小生意，要么就是在外离乡背井给人家打工，工资也不高。在习水范围内给人家打工也就是两三千一个月，所以我觉得能够留在习酒的员工们还是比较幸运的。

我留在习酒公司是因为爱人的鼓励，也算是生活所需。爱人走时，我已经三十几岁了。三十几岁要在外面找个什么事情，也不是那么恰当。

兼并之后，他们新领导层来了，带领习酒走得比较艰辛。1999 年，虽然有点好转，但是总感觉会不会回到发不起工资的那个时候，总是有这种担心。2004 年时，公司的效益起来了。最艰苦的几年都过去了，现在慢慢好起来了。我想走的话，也是有一种不舍。我有时候会感觉到老公的鼓励和精神，还有那种话语啊！就感觉到他经常性地在给你说一些话，（一些关于我）要留在习酒的话。我要走的话，真的还是舍不得。毕竟在习酒也待了十一二年了，要走哪里去的话，就像是走不开的那种感觉。

我觉得，习酒员工的思想是很好的。我进习酒公司二十多年，员工的爱岗敬业精神是真的很了不起的。

在 1995 年、1996 年时，条件是很艰苦的。生产不景气，大家的工资很少很少。身边有很多员工在屋头背起米、背起面，把铺盖背起来，以厂为家，真的是倒贴的。因为每个月拿不到工资，每个月工资很少，就一百多块钱，就发百分之四十，就几十块钱！几十块钱能够干啥子嘛？连基本的生活费都保证不了。所以好多员工都是自己在家头背起米，背起面条、鸡蛋、油啊，能够干几天就干几天。我当时就感觉到，这些职工真的很了不起！屋头背那么多年、倒贴那么多年，能够坚持下来守着这个习酒公司。他们也不是说出去就找不到事干。

我们也是状况不好，所有的积蓄用光了。因为我隔家远了，找不到背的，就只有买，只有买！当时也是为了节约一点点钱，就是走十几公里，长期就是走回龙走起去买米买菜。因为那个地方没有工厂、没有这些单位，卖的菜和米就比较便宜。在这个地方，始终有这些酒厂、有这么多职工，你不

访谈过程中，说到生命中最难忘的一些事，杨翠兰禁不住落泪

买，他要买，东西就相对要贵一些。

像我老公的那种敬业精神，真的是少见。那时县里头从习酒公司调很多中干在乡镇去任职，当镇长、乡长，很多很多跟我老公同时进厂来的，都被调出去了。习酒员工的爱岗敬业的精神真是非常可贵的。"不管是习酒公司是好与坏，反正我能够坚持下来。"当然对最后能够坚持下来的这一部分人，公司给予了很好的回报。好多坚持下来的，现在都是公司的领导、中层干部。

习酒的这些员工很淳朴。不像现在，有些人三下不对头，工资矮点点就想要跳槽。真的，以前的那些员工好淳朴！能够跟习酒同发展、共命运。当时能留下来的，有很多都是本地人，也有很多是外地人。他们对习酒的这种热爱中有一种不舍。刚进来时，公司领导对他们都是比较关心的。公司领导都不是高高在上，而是对员工比较关心，拿员工当家人看待。所以他们不离开，除了他们爱岗敬业的精神以外，还是跟公司领导的关心离不开。

张德芹在开生产大会时说，习酒能够发展到今天，有几个发展优势。第一就是员工很淳朴，很爱岗，对习酒有很深的感情。第二就是习酒不景气的

在工作之余，杨翠兰也在不断提升自己

时候，有很多优质老酒都是窖起的。习酒一旦发展，这些都是现成的。

这些领导比较敬业，带领习酒在短短几年内扭亏为盈。习酒公司现在是二三十个亿的利润，有这么大的利润，跟这些老总艰辛创业的过程是分不开的。他们跑市场，在市场不景气时出去拉顾客、拉销售商，是很艰辛的一个过程。听他们说有些时候真是想哭的感觉。在外边，喝醉了，要想有人照顾，根本不可能。有些时候，就在车里头睡一晚，也就过了；有时候撅（蜷曲着身体）在公交车上的凳子上睡，也是一晚上。就像叫花子的那种生活，在外面风餐露宿。真的，摆起还是感觉很心酸。那两年习酒能够发展起来，真的跟这些领导是分不开的。那么多领导出去，真是全员营销的。好多领导都是亲自出去跑市场。我觉得真的很感人！

照目前这种发展势头来看，习酒的发展还是很好的。公司正在推出一款高端酱香酒，基本上跟普通茅台的价位差不多。新的物流园区建成后，整个包装、物流整合在一块，包括生产流水线、库房、物流都会向高端白酒品牌运行模式接轨。新建的物流园区面积比较大，流水线都是120米长的。现在整条流水线40米，新的流水线上，操作比现在要高速得多，生产的效率会提高很多，劳动力会大大降低，各方面的产品质量

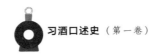

都会有一个新的提升。很先进的设备用在流水线上，对产品质量会有一个保障。

习酒的未来是很好的，发展的潜力是很大的。公司提"百亿习酒"，我想按照今年的这种发展势头，应该是在 2020 年就可以实现。现在我们要冲一百个亿，这回推出来的这款"君品习酒"包装比较高端，看起来比较大气。未来习酒会不断推出一些高端酱香产品，这对习酒的发展推动是很大很大的。习酒的未来是比较乐观的。

我们集体获得最大的一个奖项，就是 2012 年获得的"全国质量信得过班组"。2013 年还有一个"贵州省质量信得过班组"。我个人也获得过集团层面和县里面的奖项。"先进班组""五一巾帼标兵奖""先锋号"，获奖还是多。我个人获得最重要的奖项，就是"贵州省五一劳动奖章"，今年"五一"节在贵阳领的奖。去年，我得到公司加入茅台二十周年的杰出人物奖，这也算是我获得的比较大的一个奖项。还有公司加入茅台十周年时，有个突出贡献员工奖，这是比较难得的。因为像这种突出贡献员工，整个公司里五千多人评二十个人。

集团公司的优秀共产党员、优秀员工和习水县的"五一巾帼标兵"，我都得过。从 2012 年实行评等级，就是绩效等级工作以来，我个人都是拿最高等级 A 级。班级管理就是 ABC 级（习酒包装班绩效等级分 ABC 三级），我拿的相当于是班级层面等级里的最高等级。

我在习酒能够获得这些奖项，得益于领导比较重视，跟其他部门不敢比，在包装车间这个小范围，就是领导的重视，加上我也还算比较用心的。不管是领导安排的也好，自己在这个岗位上总想把事情做好也好，自己还是付出挺多。出于一个最基层的管理人员，要把事情做好，要引导员工共同进步，我自家还是花了不少心血。获得"全国质量信得过班组"，如果不把 5S 推行起来，可能想有别的竞争优势，还是没更多的可能。

在管理方面，我在整个包装车间里还是比较前卫一点。我今年创全国质量奖。我们的指导老师就问："你们包装车间在整个推行生产的过程当中，有没得啥子班前会啊？或者啥子质量联会啊？"之前，在我手下工作过的副班长参加过全过程的质量奖的创奖活动，所以他就谈了一句："反正我在这几个班里面待过的，我晓得的，就只有包装一班的杨班长推行过，其他的没推行过。"他说了一句实话。

我是 50 岁退休，还有两三年就退休了。我也没有想到，在习酒公司五千多人的大家庭里我能获得"贵州省五一劳动奖章"，也算是意外的惊喜！感到自己那么多年的付出得到公司领导的认可，是比较难忘的一件事情，也算是比较高兴的一件事情。

王建宏｜"习酒"公益行彰显企业大担当

　　"习酒·我的大学"做这么多年，从一开始尝试，做到现在，不仅是在贵州，在全国都是具有一定影响力的，是真正的公益品牌项目。第一年做只是尝试而已，但是做了到一定年份后，有时候在基层去调研考察，一问到"习酒·我的大学"这个项目，大家都知道是团省委的一个助学品牌。

贵州省青少年发展基金会财务部部长王建宏

人物小传

王建宏 中共党员，布依族，1979 年 12 月出生，贵州镇宁县人，采矿专业大学本科学士学位，法学研究生学历；1999 年 9 月至 2003 年 7 月，就读于贵州工业大学采矿工程专业；2003 年 8 月至 2006 年 7 月，任关岭县乡镇企业（煤炭）管理局工作员、科员；2006 年 8 月至 2009 年 10 月，任中共关岭自治县沙营乡党委委员、沙营乡人民政府副乡长；2007 年 10 月至 2009 年 10 月，在共青团贵州省委宣传部挂职锻炼学习，挂任副主任科员；2009 年 11 月，调贵州省青少年发展基金会工作，任副主任科员；2012 年 8 月至 2019 年 10 月，先后任贵州省青少年发展基金会办公室主任、希望工程实施部部长、财务部部长兼实施部负责人；2014 年 3 月至 8 月，选派到贵州省委组织部干部监督处、举报中心跟班学习，多次参与干部考察工作；2013 年至今，主要负责组织实施"习酒·我的大学"项目。

　　贵州省青少年发展基金会是在 1991 年经省人民政府批准成立的，主管单位是共青团贵州省委，接受省民政厅直属的贵州省民间组织管理局的工作指导。

　　我们贵州省青基会在 1996 年经省政府批准，增挂了一块"贵州省希望工程捐助中心"的牌子，广泛寻求社会各界爱心人士的捐赠，在教育、科技、文化、卫生、体育等方面提供帮助和服务。

　　作为一个社会公益组织，贵州省青基会除了专门负责全省"希望工程"的组织实施，还积极参与了各级政府开展的"扶贫攻坚"工作。

　　贵州省青基会从 1991 年成立至今，已累计募集资金 20.14 亿，用于建设希望小学 1989 所，资助贫困家庭中的大、中、小学生 30.54 万人；实施"希望童园"项目，建立"希望食堂""希望宿舍""希望厨房"等，加起来共有 524 所；还为 2197 所农村小学配备了"希望书库""快乐体育园地"，为农村学校改善了教学硬件设施及体育器材。同时，我们还组织开展

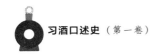

了对长期扎根农村从事教育的优秀教师的评选表彰活动，受到表彰的教师达4159多名。

这些年来，我们贵州青基会由于在参加各项社会公益活动中取得了显著的成绩，多次受到省政府的表彰及社会各界的一致好评。其中包括：2012年12月，经全省第一批社会组织的评定，被省民政厅评为第一家5A级单位；2006年在贵州"两基"攻坚中，获得省委、省政府颁发的"先进集体"称号；2010年获得省政府颁发的"全省抗旱救灾集体一等功"奖牌；2017年又获得全省"脱贫攻坚"先进集体称号；2018年获得省职机关工委和省文明办颁发的"贵州省文明单位"称号。我们获得的荣誉很多，还有一些奖牌陈列在办公室柜子里没有拿出来，在墙上只挂了四个重量级的奖牌。

2006年，我还没有进入青基会。但据了解，当时习酒公司也想参与一些公益活动。青基会本身就是在贵州从事青少年服务的公益组织，在贵州来说是做得比较好的，又是共青团的组织，有一定的组织动员优势和社会动员优势。所以，他们对青基会的项目有一些了解，就跟我们交流想开展一些针对青少年服务的公益项目。双方还专门对学生资助这一块进行了深入讨论，通过反复的斟酌，后来就一起做了"习酒·我的大学"公益项目。这个项目一开始也是尝试性的，投入资金是比较少的。第一年捐赠的是十万，主要针对的是当年考起大学的、家庭贫困的大学新生，解决他们从家门到校门的这一部分困难。第一年做下来效果不错，后来每年年初双方都会在一起商量出方案，然后在4月份到5月份做启动仪式，对外发布一个信息说这一年"习酒·我的大学"又要开始了。启动仪式完后，每年的5月份，我们就签订协议，开始走流程。签订协议后，习酒公司这边按协议负责提供资金支持，向青基会捐赠资金，项目主要是由青基会在组织实施。

每一年高考前，以前是7月7日高考，我们就会在6月份下发文件，通知各市州团委希望工程办公室，然后通过各市州到各县，到各乡镇，这样层层把通知下发下去，让各地贫困家庭的孩子都知道这个项目，做到家喻户晓。大家可以按照文件的要求，积极地向各地的县级团委进行申报。后来高考改成6月6日，我们5月份的时候也会下发通知。然后下面申报到团县委，团县委按照文件要求对学生的材料进行初步审核、公示。

材料包括几个方面。第一是家庭贫困的孩子。第二必须是考上全日制本科的孩子。因为资助量比较少，受助对象选择在全日制本科中优秀的、家庭贫困的孩子，比如单亲家庭、孤儿这些是优先考虑的。通过团县委对材料进行审核后，我们要求在各地的媒体上公示。以前是传统媒体要多一点，比如报纸。后面就是新媒体比较多，比如在地方的网站进行公示，一般会公示三天。三天后，如果没有人举报，团县委就把材料上报到团市委，由团市委进行抽查。如果抽查下来有问题，我们就通过志愿者到具体的学生家去核实。核实下来没问题就报到我们省青基会这儿，有问题的就把这个学生的材料打回去进行更换。最终材料报到我们这里，我们会进行一定比例的抽查。最终审核肯定是一一进行的，习酒公司也要派人来共同审核。并且，我们还会以电话的形式对申报的材料进行审核。我们的优势就是层层有组织。我们从市州、县团委，都是有组织的申报。因为获得资助的人每个县相对比较少，所以在审核的时候相当严。我们做这么多年，也没有出现优亲厚友的情况。因为团县委的同志们都比较年轻，做公益项目如果违反规定审核，一旦举报被查，基本自己的政治生涯就算结束了。包括后来开展的很多公益项目、资助项目都是这样。

所以，"习酒·我的大学"做这么多年，从一开始尝试，做到现在，不仅是在贵州，在全国都是具有一定影响力的，是真正的公益品牌项目。第一年做只是尝试而已，但是做到一定年份后，有时候在基层去调研考察，一问到"习酒·我的大学"这个项目，大家都知道是团省委的一个助学品牌。开始是做贵州，后来又覆盖到外省，现在省外的十几二十个省都有"习酒·我的大学"这个项目。省外的话资金相对来说比较少，因为习酒是贵州的本土企业，再加上贵州是全国比较贫困的省份，所以"习酒·我的大学"每一年总的项目，不管是资金，还是资助的学生，贵州都占绝大部分。但是，为了扩大我们品牌影响力，"习酒·我的大学"也在外省做了资助，主要也是习酒公司这边的考量。

"习酒·我的大学"从开始到最近，中间捐赠额有变化，到最近这两三

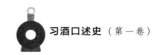

年才确定每生每年资助五千元。比如，有时候是三千五千，三至五千不等。后来，按中国基金会的相关标准，在跟习酒公司对接商量后，最近这两三年才确定为五千。

从 2006 年捐赠十万，到 2007 年捐赠六十万，其中二十万元用于志愿者公益服务事业，另外用于资助一百名考上大学的品学兼优、家庭贫困的孩子，每人四千块。在十几年前，2006 年、2007 年，四千块也是相当大（的资助）。2008 年我们停了一年的合作，因为 2008 年汶川的地震，当时习酒公司把原用于"习酒·我的大学"项目的钱直接捐给汶川灾区了。当时，习酒公司向地震灾区捐了一百万。2008 年，除了汶川地震，贵州也遭遇凝冻灾害，习酒公司在贵州捐赠了二十五万的资金。2009 年，"习酒·我的大学"项目又恢复了。这一年，习酒公司捐赠了一百五十万，其中一百万用于资助当年高考考上二本及以上的家庭贫困生，资助了两百名。当时每名学生有一点变化，提升到五千元每人。另外，三十五万用于资助已经受助的大学生，综合一学年的考察，从中选取五十名来继续资助。相当于一百五十万，其中有四十名学生给了一次性的资助五千，另外十个人每人一万五的资助，分三年发放。2009 年，团省委为习酒公司颁发"爱心企业""希望工程贡献奖"。

2010 年，资金在逐年上升。习酒公司通过开展"习酒·我的大学"项目，从 2006 年到 2010 年，已经形成了社会公益品牌，对他们来说宣传效应比较好。它要花钱打广告，还不如做公益。"习酒·我的大学"的公益品牌，他们觉得这样一种方式是最好的，所以在 2010 年，他们捐赠两百万。2010 年就开始走出去了，"习酒·我的大学"的品牌，不仅仅在贵州，还延伸到省外。当时就资助了除贵州以外的重庆、云南等三个省的学生，总共四百名。2011 年，习酒公司大手笔捐赠了一千万，资助了将近两千个学生，又再次延伸了资助的范围，除了贵州，云南、广西、湖南、河南、山东都有一定的比例。2012 年，捐助了一千五百万，当时捐助了将近三千个孩子。

2012 年，习酒公司与我们团省委创业中心合作创办了"创业起跑线"项目，当时在贵州电视台《百姓关注》上都有报道。

贵州茅台酒厂（集团）习酒有限责任公司 2011 "习酒·我的大学" 项目捐助仪式

2013 年，习酒公司捐赠了一千二百万，开展"习酒·我的大学"这个活动。2014 年，习酒公司捐赠一千万，资助了 1787 个孩子。习酒公司在2014 年，就不只是公司内部在做，还号召习酒的经销商和一些爱心人士参与到"习酒·我的大学"的公益项目中。在 2014 年，我们专门把"习酒·我的大学"项目推送到中国青少年发展基金会，获得了中国青少年发展基金会颁发的"希望工程贡献奖"，也是对习酒公司在贵州公益事业的肯定。

2015 年，习酒公司捐赠五百万。这一年开始有一些变化。捐赠的钱除了一部分用于"习酒·我的大学"以外，还参与了青基会打造的创新品牌，叫作"希望童园"项目（即 2014 年由共青团贵州省委主办，贵州省青少年发展基金会发起的"贵州山区希望工程基金——希望童园计划"）。一个童园需要资金四万，他们认捐了二十个"希望童园"项目。

"希望童园"是 2014 年贵州省共青团、贵州省青少年发展基金会开创的一个独立的公益项目，专门针对农村贫困地区三至六岁、没有条件上幼儿园的孩子。在村里面，基于原来的村级小学闲置下来的校舍，再选一个教师。每个童园用四万元的资金，聘请志愿者，招收村里面三至六岁的孩子，让他们在里面健康快乐地成长，不让孩子因为父母在外打工做事（而）跟

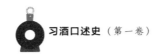

爷爷奶奶、外公外婆在家，（只能在）山上放牛、打猪草。早上，孩子就到童园里面来，老师和他们一起成长、一起玩。下午，家长再来接。这样，爷爷奶奶、外公外婆中途有更多时间去做自己的事，孩子、孙子在那里也是比较安全的，又可以学到一些东西。一些小朋友没上"希望童园"的时候，见陌生人都是很恐惧的，也不会跟任何人打招呼。但通过"希望童园"后，他会养成很多好的行为习惯，性格会变得开朗、大方，会跟你打招呼。当时，习酒公司觉得童园项目蛮好，也参与了这个项目。

2016 年，习酒公司捐赠六百万，也是单独做"习酒·我的大学"助学金。2017 年，"习酒·我的大学"捐资七百六十万，当时就基本固定了每个孩子是五千。在 2016 年，都是每个孩子分三千至五千不等，就是申报上来的同学，看家庭贫困程度，有可能是三千，也有可能是五千。到 2017 年，就基本统一为五千了。

2018 年，习酒公司捐赠七百六十万，主要用于"习酒·我的大学"项目。我们与习酒公司交流后，尝试性地开展了"习酒·我的大学——乡村振兴"项目：七百一十万捐赠给学生，五十万用于"乡村振兴"。当时，我们做了五个项目参与"乡村振兴"。有一些优秀的青年在农村搞创业，我们就用五十万元来对他们进行支持，每个项目大概是有五万到六万。这个项目，是一些优秀的青年在基层做得比较典型的公益项目。他们通过地方团委向我们申报，申报材料由我们跟习酒公司一起审核。我记得 2018 年"习酒·我的大学"启动仪式时是在遵义会议会址，当时还把"乡村振兴"几个项目的负责人都组织去参与启动仪式，给他们颁发了责任状，要求要达到什么效果。

2019 年，习酒公司捐赠了七百五十万来做"习酒·我的大学"项目。

到目前为止，"习酒·我的大学"捐赠总额将近一亿元，资助近两万名学生。"习酒·我的大学"实际上除了资助学生，跟我们合作的还有其他一些项目，都是列入了"习酒·我的大学"里面，比如"希望童园""乡村振兴"这些项目。

学生申请资助，实际上有几种渠道。团县委在收到团市委的文件以后，通过县里面的电视台、新闻媒体，第一时间把文件对外进行发布。另外，还会把这些文件发布给各个乡镇团委，由各个乡镇团委通过村委会、村支书到村里面去宣传。有一些县是通过村支书在本村宣传，然后报到乡镇，乡镇报到团县委；有一些县是先直接发出去，由孩子自己来团县委申报。我们申报也是本着自愿的原则。我们做工作也涉及这种情况：有些孩子家庭比较贫困，但是他（她）不想让人知道，或者是他（她）自尊心比较强，不来申报这个项目。当然，也不排除学生不知道申报信息这种情况。因为基层面太大。这几年交通信息好一点，十年前交通不好。

除了通过村里摸底之外，团县委还会把这个文件传到高中团委那去。高中团委书记也是在他的学校（进行宣传）。像我们做的"中国茅台·国之栋梁"（指 2012 年，由茅台集团发起"国酒茅台·国之栋梁"大型公益助学活动），一年可以做一万个。我们采取这个模式，团县委把通知、需要申报的材料给高中团委。班主任会在高考前给孩子说："我们县里面有这样一个项目，同学们符合条件的，可以进行申报。"现在，我们都是用这种模式。

2018 年 5 月 17 日，钟方达董事长代表习酒公司向贵州省青基会捐赠 760 万元，用于 2018 "习酒·我的大学"圆梦奖学金和"习酒·我的大学——乡村振兴"项目建设，共青团贵州省委副巡视员唐生建代表省青基会接受捐赠

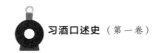

"国之栋梁"，意思是将来同学们大学毕业，成为国家的栋梁之材。今年以前，我们都叫"国酒茅台·国之栋梁"。现在"国酒"这个词不能用了，才改成"中国茅台·国之栋梁"。为什么起这八个字？也不是凭空的。我们搞了两三个星期才最终定的这八个字。我们只资助优秀的寒门学子进入大学校门。为什么没有对大二、大三学生进行资助呢？因为贫困面比较大，需要资助的孩子比较多，所以只能管从家到学校这一段。到学校以后，作为当代青年，应该要自立自强。我们国家提的也是"自力更生、自立更强"。所以，进入大学以后，学校会提供一些勤工俭学的平台，同学们可以通过自己的努力，参加勤工俭学也好，参加社会实践也好，都是有补助的。

"习酒·我的大学"公益助学金颁奖现场

"习酒·我的大学"，从 2006 年到 2017 年，当时叫作"助学金"。2018年，才变"助"为"奖"。（"中国茅台·国之栋梁"）助学金，从 2012 年开始，每年茅台酒公司资助一个亿。我们贵州从 2016 年开始，每年一万个学生，总共五千万元。所以，习酒公司跟我们商量，能不能变"助"为"奖"？因为他们的名额比较少，所以他们就资助成绩好、家庭贫困的。如果说你家庭贫困，但成绩不怎么样，他们可能不会资助。但是，只要你考上二本，家庭贫困的，有茅台的项目可以申报。

团省委的项目，特别是青少年发展基金会做的项目，不管是"中国茅台·国之栋梁""习酒·我的大学"，还是"阳光学子""芙蓉学子"等社会公益项目，受资助的学生都不能重复申报。例如：你得到了贵州省宏立城公益基金会（宏立城助学金）的资助，就不能再申报享受习酒和茅台创办的公益项目资助；你得到了"习酒·我的大学"奖/助学金，就不能再申报茅台"中国茅台·国之栋梁"助学金以及"阳光学子""芙蓉学子"这些项目的助学金。现在资金基本上都统一了，都是五千。包括我们的"阳光学子"项目，每一年是一百个，每一个同学也是五千。"芙蓉学子"项目每一年是不等的，今年是三十五万，每一个同学五千，七十个人。只要从我们口上出去的，它就不重复。但是，我们是允许它和其他单位的项目进行重叠的。比如，工会有一个项目，妇联有一个项目，他们资助了，我们也可以资助。

我们捐助中心在每年高考完以后，会专门请各市州统计他们的高考人数和录取分数的上线人数。通过这些统计，我们这边会根据他们的一些情况来分配可以资助的名额。比如这个市州考上二本的、贫困的有五千人，那个市州四千人，另一个市州一万人，那我们分配一万个名额时，就会倾向性地、有比例地提出分配方案，上报团省委党组会，经同意后分给各市州。

县里面、市里面收到三百多、四百多份学生的申请表，是要一一审核来对比的，最终确定哪些能列入资助名单。对于得不到的也要说出一个一二三来，不然媒体对外公布时，人家就会到团县委来询问："为什么我没有啊？为什么他得了？"我们肯定要有解释的。在学生家庭没有别家贫困的情况下，可以是变"助"为"奖"。比如说两个学生都考了 600 分，而又都贫困，那就要看了。他是单亲家庭，你不是，整个县只有十个名额，你就得不到。但是，得不到没关系，我们还有茅台项目。茅台项目就是助学金，这个"习酒·我的大学"是奖学金。

建档立卡户会优先考虑，但不是肯定入选。比如"习酒·我的大学"公益项目，全省有一千多个名额，在九个市州八十八个县中，有些县可能就几个人。一个县的建档立卡户一般有一百多个人，两百多人的也有，那这些

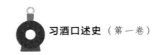

建档立卡户全部都申请以后，能保证每一个人得吗？不可能！那十个名额后，没有得的人怎么办？我们就调剂到茅台项目、"阳光学子"、"芙蓉学子"这些项目，肯定要在这一百多个建档立卡户里面来挑选。

填表的内容很简单，要有村里面的证明，村里面要盖公章，如果弄虚作假的话，村里面要负责的；还要走访每家每户，志愿者都要到家里面去确认后才资助；不仅是团委，还要邀请习酒的经销商一起去走访。这些材料报到我们这里以后，我们也要跟习酒公司一起来共同商定资不资助他。

6月6日高考，我们在高考之前就双方做发布。在高考完的一个星期左右，文件就会下发下去。大概在6月底，学生在网上查询录取情况后，才可以申报。因为之前申报，材料审核通过了，他没考起学校，肯定也不行。加上助学金申请表上有一栏必填，就是高考分数和考起哪个大学。并且，他的材料中要有录取通知书的复印件；若没有，就必须要有网上查询系统"恭喜你被某某大学录取了"的截屏。这几个是硬性的材料，有了我们才审核你的材料。

关于项目成效，我们做过调研，应该说是比较好的。因为我们每年搞发布会、搞捐赠的时候，都会挑一两个受助学生来做分享。后续的跟踪还是有的，但是没那么全。我们在持续性的数据库建设方面可能欠缺一点。不过，我们对受助的同学建了一个QQ群，便于后面的跟踪管理和服务，多数学生愿意加入，我们会对他们开展思想引领，引导他们听党话、跟党走、感党恩，向他们传递党和政府的温暖。比如说，有一个学生叫龙水维，通过资助，他毕业以后开了一个公司。后来，他参与到"习酒·我的大学"的项目里面做公益，这个学生是松桃县的。有一年，我们在成都搞发布的时候，他还作为一个受资助的学子，参与"习酒·我的大学"爱心捐助的发言，并受聘为"习酒·我的大学"公益助学的首批爱心使者。当然，也不是所有的孩子都愿意参与进来，有的学生拿到资助后，不会主动与我们沟通，包括我们做"中国茅台·国之栋梁"这个项目。比如他（她）毕业后，你打电话问在哪个单位工作，他（她）就觉得："拿了你五千块钱，你就要跟踪到底！"还有个别学生说："哎哟！我当年才申请五千块钱，你天天打电话问我，问这学期考得怎么样，好像成绩要拿给你看，给你审一下。人家大三、大四在哪实习，你又要问。"表现出一种厌烦情绪。当然，从我们的角度上讲，我们是为他们服务，不管他们的态度如何，只要我们尽到了责任，就问心无愧。

说到社会影响，实际上，"习酒·我的大学"项目在省领导这个层面，也是比较被肯定的。每一年，我们都会请省领导参加活动。还有奖项，除了团省委颁发"希望工程杰出贡献奖"以外，团中央下面的中国青少年发展基金会也颁发"希望工程杰出贡献奖"。2009 年，习酒公司就荣获共青团贵州省委颁发的"爱心企业件"奖、"希望工程贡献奖"，以及 2014 年获得中国青少年发展基金会颁发的"希望工程 25 年杰出贡献奖"。实际上，这两个奖分量是比较重的。我们每一年的活动，除了团省委、青少年发展基金自身的网站进行宣传之外，都会邀请省内外的一些媒体，如《贵州日报》、贵州电视台，还有《中国青年报》等进行宣传。所以，它已经形成贵州团省委基金会在全国范围内自创的公益品牌项目，取得了很好的社会效果。

本书采编小组于 2019 年 10 月 17 日采访王建宏

赵鸿飞　曾德军 | 扶贫，彰显习酒大担当

　　赵鸿飞：我首先是一名党员，也是县里的一个干部，扶贫这项工作，也是党员干部的一个责任。作为企业，要承担社会责任，也需要参与扶贫工作，并努力把它做好，把这份责任担当起来。在我看来，企业效益好了，应当要反哺社会与人民群众，帮助那些还在贫困境地中的部分群众早日脱贫致富，这是一种担当，也是一种社会责任。

　　曾德军：一桩桩的实事，都已落地生根。按我们群众的愿望和公司的要求，全部都完成了，所以老百姓对习酒公司的帮扶都比较感谢，确实也使我们永胜村的脱贫攻坚获得比较大的改变。

人物小传

　　赵鸿飞　汉族，中共党员，本科学历，酿酒工程师。1992 年 7 月进入习酒公司，先后任车间班长、副主任、主任、公司纪委副书记、监察室主任、战略部副主任。2015 年 3 月，被习酒公司党委派到习水县醒民镇红岗村驻村，担任村党支部第一书记；2016 年 4 月至今，在桃林镇永胜村任驻村党支部第一书记。

　　曾德军　汉族，中共党员，本科学历。2012 年 11 月，经公务员招考，到习水县桃林乡工作。2016 年 8 月，下派到桃林镇永胜村任支部书记至今，多次获得习水县桃林镇"优秀干部"荣誉称号。

赵鸿飞：驻村扶贫，担当责任

我叫赵鸿飞，今年有 51 岁了。我老家是仁怀的，但是我在习酒厂工作已经有 27 年了。1992 年，我从贵州工学院大学毕业后，就到习酒公司工作。我大学时学的是轻工技术食品工程。因为专业对口，当时习酒公司搞人才引进的时候，我就到了习酒。

贵州茅台酒厂（集团）习酒有限责任公司驻永胜村第一书记赵鸿飞

刚进习酒厂时，我从事的是科研所的技术工作，然后到生产一线，算是生产酿造的管理人员。直到 2014 年，我才从生产管理岗位被调到公司纪委监察室。

1993 年，因为宏观经济调控，企业生产经营受大环境的影响。当时习酒上班不正常了。由于生活压力，有些人就辞职到其他单位，寻求新的就业。因为我是仁怀本地人，回去可以直接进茅台工作。但是我想，既然选择了习酒，再困难也要坚持下来。当时父母也比较支持，哪怕再困难，也坚持了下来。1996 年那时候企业只发生活费，生活最困难了。这件事大家坚持

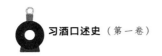

过来了，现在比较好了。自从茅台兼并过后，更是逐年好转了。实际上，茅台集团的大力支持，也是对子公司习酒的帮助。

我是 1995 年结的婚，我夫人也是习酒厂的，她稍微迟一点，是 1993 年进的酒厂。儿子是 2018 年进厂的，大学毕业就来了，他也在生产车间。现在，工资待遇、生活条件，比原来好多了！

我在大学里也就学了酿酒。酿酒是几大部分，跟微生物专业是相通的。当时的白酒属于食品专业选学的一个内容。由于在生产上锻炼了多年，我把酿酒的技术掌握得相对较全面，后面才能进入管理岗位。根据公司的需求，各类中层管理人员工作达到一定年限，需要轮岗。所以，我轮岗到纪委监察室任监察室纪委副书记。我在纪委监察室待了一年之后，被公司党委派到当时的醒民镇红岗村去驻村，担任党支部第一书记。后来，省委和市委对挂帮单位进行调整。2016 年，我被调整挂帮桃林永胜村。2016 年的 4 月 20 日，我又调转到永胜村来担任党支部第一书记，至今还在这里工作。

下村帮扶，算是企业承担社会责任的一个方式。按照组织的要求，作为国有企业，要担当这个社会责任，补齐帮扶村，需要派遣一名中层干部、党员来驻村，担任最基层党组织的第一书记，具体帮助指导他们开展脱贫攻坚工作。现在除了永胜村以外，道真县的文家坝村，也是习酒公司的对点帮扶村。

2016 年到这点来当第一书记，我先是走访群众，包括这个村的老党员、历任村干部。首先是了解这个村情，还有就是脱贫攻坚过程中群众存在的困难和村里存在的困难。然后，根据这些实际情况，和公司一起进行对口帮扶。从 2016 年起，主要就是在居住设施方面进行了帮扶。

2016 年，从垭口坪到四坪坝的公路开挖，习酒公司帮扶资金十万元。把这个毛路挖通了过后，也把上面四坪坝原来开挖的毛路进行了清理，做了硬化。通过公路的接通，四坪坝村民的生产生活条件也有大的改变。最开始的时候，根据数据报告，四坪坝这个自然组只有一家修了砖房。这个公路接通了过后，现在上边九户人家，差不多有 1/3 新修了住房，改善了他们的生活条件。

贵州茅台酒厂（集团）习酒有限责任公司向桃林镇永胜小学捐款

在教育帮扶上，主要针对学校的教学实施，还有我们的留守儿童。一方面，我们帮助改善学校的基础设施条件，比如说留守儿童的住宿保障，还有学生的文具，学校办公桌椅、教学音响设备，等等。另一方面，就是对困难学生的帮助。从 2016 年以来，通过"习酒·我的大学"社会公益活动对我们村的重点倾斜，到现在，已有 19 名大学生得到了资助。

另外，在脱贫攻坚期间，我们还帮助解决村民的一些实际困难，比如说饮水、修路等。

而在产业帮扶方面，针对我们村的养殖户，解决了酒糟（作为饲料的问题）。减少养殖的投入对养殖户的增收起到一定的帮助作用。这里养牛户比较多，除了种植酿酒所需要的红粮，主要还是养殖业。结合当地条件，适合养殖肉牛，5 头以上全村有 65 户。到了冬季，因为这儿饲草比较少，农户就要买饲草来养。所以，公司根据自身的资源条件，（帮助村民）解决了 200 多吨的酒糟，缓解了冬季缺饲料的情况。

另外，今年在产业方面，我们主要通过打造猕猴桃示范基地来带动当地

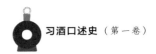

经济发展。因为乡镇的产业推动必须要有示范带动作用，所以习酒公司大力帮助永胜村，在四个组中选了将近50亩的地进行了猕猴桃的种植示范。

当然，我们最主要的还是建设红粮产业园。全村现在种植了3300多亩，在桃林镇，我们村的种植面积排在第二。每年，红粮创造的经济收入要达到五六百万元，使务农户的收入达到1万元以上。所以，红粮产业对农户增收能起到了一定的帮助作用。

每年，红粮收割后，由红粮办粮储公司统一收购，这个粮储公司当年收购的红粮，要储存1年，第二年才拉出去投入酿酒生产，不用新红粮。因为，新红粮的水分较大，还有其他东西也难以控制。红粮储存1年后，水分问题和其他的一些属性（包括杂味）就可以避免了。从技术层面上来讲，就是根据当年粮食的（收成）情况来确定来年的投产量，保证茅台酒和习酒酿造需要的有机红粮的正常供应。

有机红粮跟本地的糯高粱一样，属于红心子，和外地高粱不同。外地的高粱是大高粱，属于本高粱，也就是本地说的饭高粱，它没糯性。从技术上

桃林镇永胜村种植的本地糯高粱

来说，大高粱和小红粮的区别在淀粉的利用率上，还有就是酒的口感。这种小红粮酿出的酒口感要好一点，但是成本要高一点。

算起来我在这个村已经3年多了，虽然驻村扶贫工作比较辛苦，家庭也照管不了，但我是这样想的：我首先是一名党员，也是县里的一个干部，理应承担这份工作。作为企业，要承担社会责任，也需要有人把这份工作做好，把这份责任担起来。所以，虽然辛苦点，但也是党员干部的一个责任，也是公司、组织上对我的信任。既然被安排到这里来，受组织的委托，代表的就是公司，要承担社会责任，把公司的帮扶工作推进好。

至于家里面，没有想法是不可能的。但是，爱人也好，子女也好，也积极支持我做这个工作。因为这既是一个公司的责任，也是我们每一个人的责任。

在驻村的过程中，多多少少会遇到困难。个人的困难，我一般情况下都是自己想办法解决。在工作上有些大的困难，都是寻求公司的帮助。每一年，公司主要的领导，包括分管脱贫攻坚的领导，都要到挂帮的村寨进行调研。调研过后，针对村里的实际困难，对一些项目进行具体帮扶和工作上的指导，以解决实际困难，帮助巩固提高脱贫攻坚的成效。对我而言，最大的困难还是工作上的一些推行。群众普遍性的困难，还是要寻求公司的帮助才能解决。包括基础设施这些，需要及时向公司汇报，要和村干部共同研究。能解决的我尽量解决，解决不了的，通过书面或者公司领导来实地调研时进行汇报，寻求公司的帮助解决。

在驻村的几年时间里，我印象比较深刻的，是从垭口坪到四坪坝这条公路的开挖和连通。这条路也是群众期盼很久的。四坪坝虽然只有二三十户人，但是在家的都是些老年人。小康路的开挖全靠群众自己想办法。首先，在劳力上、资金上就没有办法。所以，当时这条路挖通的时候，四坪坝的群众也比较满意，他们也感谢习酒公司。如果不是习酒公司，这条路不知哪年才能挖得通。还有就是路通了过后，我看到了四坪坝群众生活条件的改变，特别是住房条件的改善。这点最快乐！

另外一点，就是路灯亮化工程。今年解决路灯亮化，主要是针对四合

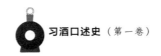

组、阳光组。路灯安好过后，这两个组的群众也比较满意，对习酒公司评价也比较好。群众比较满意，我们就高兴了。

驻村的工作在今年8月份做了调整，但我要继续干到2020年底。因为根据公司工作的需要，我还要继续驻村挂帮扶贫。

至于后期的工作，主要是脱贫攻坚的巩固提升，也就是补短板，对有些存在的实际困难（进行帮扶）。有些实际困难是动态的，比如说有些是因病，或者是受自然灾害，还有一部分是因学（致贫）。现在农村考起一个大学生不容易，考起了过后，他的上学资金也有问题。所以重点就是扶危济困，主要是考虑从这方面来做工作。另外就是在产业帮扶方面要重点推进，包括猕猴桃种植基地和牛羊养殖业的扶持。公司今年计划帮扶解决群众养殖所需500吨的饲料酒糟。目前牛的销售市场比较好，现在毛重都要达到13块多一斤，一头牛就要卖10000多，比原来的时候就要高多了。一般情况下，一头牛的纯收入至少都要达到2000元以上。

从2015年到现在，4年多的驻村经历，最大的收获也就是和群众的接触。主要是他们对于我这个干部、党员的思想观念上的一些改变，还有对挂帮单位承担社会责任的认可。首先，是对干部思想的改变。前些年，说句不好的话，过去因为监管不到位，我们基层干部在作风上，在小的私利上，难免犯错。通过驻村加强了基层组织的建设，干部的工作作风也好，还有生活作风也好，得到了大的改变，群众的认可度在提高。因为哪样呢？村委各项工作比原来更透明了，更直观地体现在了每一项工作上。所以说，这是对干部观感和作风（的认识）的重大转变。包括我们自身下去的时候，特别是脱贫攻坚工作在2018年验收过后，更是深有体会。在脱贫攻坚期间，基本上每周都要下去几次。过后突然离开了个把周，我下去走的时候，也像好久没来了，实际就是一个周的时间——脱贫攻坚工作验收了过后，全县干部可以轮休一个周。我感觉到干部经常去的话，群众他有困难或者有哪样想法，可以及时跟你沟通。包括现在下去的时候，群众有哪样困难，他都会找干部。很多的群众比较诚实，也比较善良，包村、包组、包户的干部，工作上能得到他们的认可。

贵州茅台酒厂（集团）习酒有限责任公司党委书记、董事长钟方达视察永胜村扶贫情况

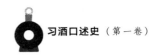

我在这里驻村，也算是为习酒厂尽一份社会责任。在我看来，企业的社会责任，也就是社会担当。企业效益好了，就要反哺人民群众，帮助群众早日致富，这也是一种社会责任、一种担当。企业力所能及地帮助群众，也就是响应了党和国家的号召，做到国有企业对社会的担当和帮助，也就是承担社会责任。

等包村工作结束以后，我就回原单位好好地上班了。驻村这几年得到公司和同事大力的关心、支持与帮助，作为企业的一分子，只要利用好驻村这几年得到的收获，把自身的工作做好，就是继续为企业、为将来的社会担当，贡献我自身微小的力量。

曾德军：扎根基层，脱贫攻坚

我叫曾德军，1986 年出生的，今年 33 岁。我老家在赤水市长溪镇。我在湖南邵阳读的大学，毕业以后在外面务工了几年。后来也是响应国家的政策，从 2010 年开始回来考公务员。我 2012 年参加工作，当时在习水县桃林镇政府上班。2016 年 8 月份，根据镇里面的工作安排，到永胜村任党支部书记，开展脱贫攻坚工作，至今马上就满 3 年了。

我刚参加工作时，是在党政办。党政办干了一年，然后是在沙溪村开展驻村工作。一年后的 2015 年，回镇里面负责信访维稳综治工作。2016 年 8 月开始下村。我在农村长大，参加工作至今，一直在基层。

永胜村属于贫困村，全村的基本结构（地形），属于丘陵地带。全村现在有 807 户 3441 人，有贫困户 231 户 1095 人，现在未脱贫的还有 20 户 82 人。按照省市的要求，2019 年全部都要清零脱贫。

我们永胜村村民的收入主要就靠两个，都是传统农业。一个是种植有机高粱，这是主导产业；第二个是种玉米。除开这个，我们老百姓的收入大部分来自外出务工。我们的产业结构、经济结构都比较单一，主要收入就是这两个。

我们全村在家的，就是"三八、六一、九九"部队，也就是妇女、小

桃林镇永胜村党支部书记曾德军

孩和老人。全村现有人口 3441 人，但是在家的有 2/3 的，1/3 都外出务工。我们这边外出务工的人，有在遵义、贵阳的，在成都、广东的比较多，他们主要都是做建筑方面的工作。

这个村贫困率比较高，致贫原因主要有两个。第一还是交通不便。因为永胜离（桃林）镇政府 5 公里，离（习水）县政府所在地九十几公里。桃林镇属于东南片区，是全县最老火（困难）的区域，主要还是交通制约发展。除开交通，就是经济结构比较单一。老百姓除了传统农业以外，就是务工。

但是现在，根据茅台集团，包括现在习酒公司，跟习水县政府的合作项目，从 2004 年 8 月起，要建成习水第二原料基地。也就是要在桐梓河、赤水河流域的官店镇、桃林乡等 16 个乡镇，严格按照有机生产标准，组织实施茅台酒有机原料基地建设。按照这个发展规划，有机红粮种植地块达 871 个，面积为 12 万亩，涉及 126 个村 42736 农户，并且要求在 2006 年正式通过有机认证。我们从 2012 年开始，就主推有机红粮的产业。现在，种植有机红粮已成为全镇的支柱产业，对老百姓的增收起到重要的推进作用。我们感到，过去村民的经济收入比较单一，这是制约着永胜村发展的主要因素，

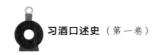

至于对因病、因学、因残致贫的，就按现有的政策逐一逐步地解决。

到目前为止，在全村未脱贫的家中有 3 户是因病、1 户是因残、2 户是因学致贫，其他还有缺劳力的，是贫中之贫、艰中之艰。根据县委、县政府和镇党委、镇政府的安排，我们现在采取了一村一方案、一户一策的做法，每一户农户都要给他制订符合自己的脱贫方案，我们准备大力发展种植业和养殖业，还有积极解决好医疗、教育、交通、住房等方面存在的实际困难。同时，还针对无劳动力户实行社会低保兜底政策，要让每一户都达到"两不愁"（吃不愁，穿不愁）、"三保障"（义务教育、基本医疗、住房安全有保障）的脱贫指标，确保在 2019 年底实现全村稳定脱贫。

脱贫攻坚工作开展的这几年以来，针对交通情况，全村硬化了小康路 12.5 公里，新开挖的毛路是 2.5 公里，解决了几个村民组的断头路问题。现在，全村实现了 15 户以上的自然村寨全部通小康路，交通瓶颈基本解决了，但还存在从小康路到农户之间的到户路有小部分没通的现象。根据县委、县政府的安排，我们正在统计上报，寻求解决。从整体上看，应该感谢县委、县政府的关心、帮助与支持，桃林至习水县城修了运煤大道，现在从桃林到县委、县政府所在地一个半小时车程就能解决。下一步，桃林还规划了一条从仁怀到金沙的高速公路。我们相信，桃林的交通瓶颈在未来两年之内能得到很大的改善。

现在实行企业包村，我们村属于茅台集团的帮扶对象。茅台集团和县委、县政府签订了合同种植有机红粮，桃林就是全县有机红粮种植的主产基地，全镇是 18000 亩。习酒公司作为茅台的全资子公司，也是根据社会帮扶的要求、作为国有企业尽到的社会责任，又根据市委、市政府的安排，从 2016 年以来一直在帮扶永胜村开展脱贫攻坚（工作）。

有机红粮种植从 2012 年就开始了，现在已经十年了。现在这个产业见效比较好、产业稳定，是老百姓最满意的产业。我们根据茅台集团的安排，全部种有机红粮，全部按有机标准来种植。每年，习酒公司、茅台集团都要请南京的专家来做有机认证。跟自家农户，还有周边其他县种植的红粮相比，这边的价格，一斤就要高个一块到两块。

桃林镇永胜村全景

红粮收割后，集团公司按订单保底价统一收购。近几年，保底价逐年上升，去年的收购价是四块钱一斤，今年就是四块六。亩产我们按五百斤来算，四块六就是两千三百块钱。和传统种植的玉米比起来，老百姓的增收效果就比较好，老百姓也比较满意。

猕猴桃产业示范基地，我们引进的是贵阳修文的猕猴桃。修文在贵州来说，猕猴桃品种算是好的。下一步，也就是 2019 年下半年，我们需要技术指导、培训，就请他们支持我们。现在才十多亩，量小，暂时还不需要。下半年我们在开班的时候，还要去修文学习。

这个猕猴桃苗是十块钱一株，是一年苗，已经栽了有一年了，加上我们还要竖竿子——这个水泥竿子每棵是三十五块左右，还要来安装，一亩的成本三四千块钱，第三年开始挂果，所以前面两年都是亏起干的。他们说三四年盛产，亩产挂果最少都是两千斤，如果到八年、十年，有四千斤。按修文猕猴桃的价格，每斤是八块到十块。我们也是打的有机品牌，就像红粮，到时候我们的销售，习酒公司会帮助我们。我们到时候打有机品牌，卖五块到六块一斤是没有问题的。现在讲旅游，我们卖这么多，如果到时候有人来旅

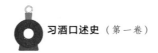

游，会来采摘。我们到修文去学习的时候，他们说，那边就是十块左右一斤，就是每年都有人到园里来采摘。

在"路灯亮化"工程以前，除了村办公室，其他地方都没有路灯，到了晚上，没有月亮的时候到处一摸黑。我们跟习酒公司汇报了，公司批给我们 98 盏路灯，主要解决主公路沿线、农户集中聚居地和急弯危险路段的照明。当然，如果是按标准隔 20 米或 50 米一盏，那再有 200 盏都不够。所以，我们是先急后难，先把最急的解决了。从给领导汇报，到签协议，到采购、安装，2 个月（4 月 1 日至 6 月 1 日）就完成了。六一儿童节，习酒公司组织党支部到永胜小学搞捐赠活动，"路灯亮化"工程已经全部验收完成。这个路灯，实实在在，是我们给老百姓干的一件实事。

习酒公司从 2016 年以来开始帮扶永胜村，我们是感谢的。习酒公司作为一个大型国有企业，也是习水县的龙头企业，它的帮扶工作也是"举全厂之力，助脱贫攻坚"。习酒公司派了第一书记赵鸿飞同志来。从 2016 年 4 月始，他吃住在村，全脱产驻村，每个月在村工作 20 天以上。一桩桩的实事，都落地生根。按我们群众的愿望和公司的要求，全部都完成了，所以老百姓对习酒公司的帮扶都很感谢，确实给我们永胜村的脱贫攻坚带来了比较大的改变。

本书采编小组于 2019 年 8 月 9 日采访赵鸿飞、曾德军

侯世安 | **把好质量，用命来保护它**

　　把贵州酒引进到河南，对我最大的支持就是河南的市场，老百姓认！一看"贵州"两字，他就喝，他就要！我跟习酒的感情是替代不了的，用金钱是买不来的。所以，我期待习水酒厂、习水人能更敬业，对于我们的民族品牌，要增强责任心，把质量视为自己的生命，这才能保证习水人的光彩，生存之"道"也会越走越宽广。我坚信，有习酒人的努力，民族品牌——习酒，一定能覆盖全国，走向世界。习酒人，必胜！

河南省政府参事工作研究会副会长、终身荣誉参事侯世安

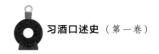

人物小传

侯世安 男，汉族，1945 年 12 月生，河南省宜阳县人。1964 年参军，1973 年转业落户郑州，大专学历，高级经济师，曾任河南省人民政府参事，现任河南省政府参事工作研究会副会长、终身荣誉参事，河南省助残济困总会常务理事、副主席，河南豫商文化交流协会副会长，河南万客来实业有限公司、郑州鸿盛商贸有限公司董事长；曾荣获河南省爱心企业家、中原商业地产领军人物、中国十大时代领军企业家等荣誉称号。

1983 年，下海从商，组建郑州市二七糖业烟酒总公司，主要经营贵州白酒；1984 年，与贵州省副食品公司、贵州省轻工厅副食品工业公司及贵州各地市糖酒公司全部建立了供货关系，经营贵州酒品种达 300 余种，使贵州白酒从此在中原大地迅速崛起，销量剧增，年销量突破亿元大关；1986 年，被贵州日报评为"贵州酒大量引入长江以北的创始人"，并成为贵州习水酒厂、安酒厂、董酒厂、鸭溪窖酒厂、贵阳酒厂等多家酒厂的河南总代理；1995 年 8 月，《郑州晚报》发表侯世安撰文《我的一封公开信——给父老乡亲说点心里话》，揭露酒业市场的不良现象，维护了消费者权益，引起社会强烈反响。

侯世安建议，为满足全国白酒市场各层次消费的需求，习水酒厂应以年份、质量、包装、价格来多样化生产体系，建立"一星"到"七星"习酒的产品体系。这解决了白酒单一品种的困惑，满足了市场需求，由此开创了白酒市场星级、年份管理的新模式。

我的名字是老父亲给我起的，在家谱上我是"世"字辈，我们弟兄几个都是以"世"字取名。

我 1983 年就开始卖酒了。当时正处于计划经济向市场经济转型期间，酿酒厂家不能直接供货，我们只能通过贵州省糖酒公司、省副食，遵义糖酒、安顺糖酒等公司拿到酒。这种情况一直持续到 1984 年。

最开始，我们是在贵州省副食公司那里求一点茅台酒和习酒，到1986年，我拿茅台酒就到贵州省轻工厅食品工业公司了。因为茅台酒厂归省轻工厅管，茅台酒厂给省轻工厅下面的公司供货量相对比较大，我从那拿到的量还比较大。

我们中原地区的人基本都有喝酒的嗜好，白酒的下量很大，特别是在豫东、豫南一带，还有周边的山东、安徽、山西，下酒量都特别大，而本省的酒品种少，就那几个酒。当时，对贵州酒，像安酒、夜郎村，我们根本就没听说过。我当时想着贵州山好水也好，这个地方有酿酒最好的天然环境。贵州有茅台，但是我们光知道茅台、董酒，还有个习水大曲。那时，就知道这三个酒。

那时候，我去贵州，不想给酒厂添麻烦，自己租个车来回跑。后来，出入也不方便嘛，所以我就自己带车去。贵州到郑州一千多公里。那时候开车去，一般都得走两三天，三天或者四天，晚上要睡觉就开四天。那个路，特别是湖南到贵州交界处的路况很差，到处都是断头路、大石头垫的路。这一垫就是十来公里长，根本不能跑，所以跑得很费劲。一过玉屏县，到贵阳这一段，路虽然不宽，但路平。小路、山区跑得还舒服，但速度上不去，不能跑快。

有一次，我在贵州出差，赶上贵阳酒厂的领导要去石家庄参加全国糖酒会，在那我先送几个酒厂领导在贵阳上火车。我说，争取在郑州火车站接你们。然后，我一个人开车出发回郑州，最后我还是提前到了。他们当时过来参加石家庄的糖酒会，先在郑州下车，在我这停留，住一天，我们一块儿去参加会议。那个也是很惊险的！我一个人开车，从贵阳就开始下中雨，一直下过长沙才停。一路上，我和火车速度基本是平衡的。反正是到了郑州火车站，我就站在他们下站门口等他们。我两天两夜没停，一直跑，渴了拿个橘子咬一口，吸点水，就行了。我回来，过了两天，嘴上都起了一层皮。橘子是热性的嘛！

每一次去贵州，我都带车去，带车方便。一般从郑州带车，都是司机开呀！我那次在贵阳，是特殊情况。酒厂要给我一台车，我说"好"，就开走

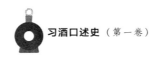

了。我们去贵州，第一站都是贵阳，然后再到遵义、习水。偶尔我不带车，都是贵阳酒厂派车。

贵阳酒厂当时就在甲秀楼边上，他们除了黔春酒、贵阳大曲，还有一个甲秀大曲。贵阳酒厂的浓香型大曲还是不错的，而黔春酒是酱香型，口感不错。贵阳大曲进入我这个经营网络也是第一批，最早的一批。

1984 年下半年，我带了公司两个人又到贵州，目的是将业务延伸到生产厂家。大概在贵州住了半个月，还是没有买到酒，到哪个厂都是没酒，我很不理解。当时，像贵阳酒厂、习水酒厂，包括董酒，这些酒厂的产量都不是很高，一般就产几百吨酒。我调查了贵州酒的市场行情，当时酒厂都急于想扩大生产，但是他们需要钢材和资金支持。得到了这个信息，我就在贵阳八角岩饭店，分别给几十个酒厂发了个电报。我说我是河南来的采购酒的采购员，想引进贵州酒到中原地区，酒厂如果需要建设的钢材和资金支持，我可以提供一些，方便来的，有意愿的，在哪个酒店，哪一天在一块儿聚一聚。结果，通知的几十家酒厂，大家都来了，而且各家酒厂还都带了自己的样品酒。在我印象里，那天是摆了十桌。

几十个酒厂全到了，我感觉很有希望。这个宴会一开，酒杯一举，我说实话了，我说："我来半个月了，没买到贵州酒；贵州产好酒，我希望全国人民都应该能够享受到你们好的产品，我诚心实意地来买酒，可到哪个地方都是闭门羹啊！"我还说："我调查、了解酒厂需要扩建，需要增加产量；你们需要钢材，需要资金，我们卖酒的可以提供方便。愿意跟我合作签订供货合同的，咱把这第一杯酒喝掉！不愿意跟我玩呢，这杯酒就不喝。"大家都喝了。这杯酒一下去，哈哈一笑，都愿意跟我玩了！那一次，来的厂家都跟我签订了供货合同。一开始都是集装箱发，全是现款发货。我那时候带了五百万，一下把钱全扔那儿了。

把贵州酒引进到河南了，对我最大的支持就是河南的市场上，老百姓认它！一看"贵州"两字，他就喝，他就要！因为贵州有茅台、习水、董酒这些名酒，之前大家的印象是贵州的酒都是好酒，只要有"贵州"两个字，买方就会踊跃地去试试。所以，一开始，我很轻松地进入了酒行业。经营中，我就发展了几家酒厂。后来，贵州只要产酒的厂，它们的酒都到我的公司销售过。然后，我们从中再筛选品质好的、包装好看的和市场效益不错的。经过逐渐淘汰，只剩下十来家酒厂。一直持续下来，我经营了二十年吧！这二十多年，光卖酒！

后来，淘汰了三十多家。铜仁的酒、玉屏的酒，原来在我这儿销售，品种很多的。但是，在市场上，慢慢地老百姓接触后，认同哪个品牌了，它就留下来。当时，老百姓最认的是安酒。习水的量上不来，安酒量上得快。安酒在河南、在整个中原地区红火了五年。我当时一直是安酒的河南代理商。我是每月十八个车皮发货，每月十八个车皮的酒都不够卖。安酒和夜郎村酒在中原地区，包括后期市场扩展到全国各地，大家都认安酒。

安顺地区糖酒公司老总叫邹国柱，我跟他私交很好。实际上，我从他那里拿酒的量还是比较大的。当时我拿酒，酒厂还不允许直接对外销售，必须通过地区糖酒公司，糖酒公司批发出来的酒比厂家稍微加点钱。它通过一级经销，肯定要加点钱。安酒，我都是从安顺地区糖酒公司拿。

安酒的问题，我和厂长多次提了很多建设性意见，当时他的思路和我的想法不对应。他没有参考我的意见去抓产品质量和包装质量。我当时的话说得很重。安酒酒厂是万吨产量，一点都不能疏忽。我说，发一车皮六十吨酒到了郑州，因为外包装箱的强度不够，铁路运输一摞九层酒箱，稍微一晃，底下箱子瓶颈全断。一瓶烂了，底下印一片，湿了。湿了以后，包装箱的强度失去了，就倒了，造成严重破损，每车皮都要破损二三百箱，太可惜了！我说，一定要加固那个包装。虽然有保险公司给我们赔偿，但这个酒，从粮食到酒，真的是不容易啊！全浪费了！

后来，市场反映安酒口感、质量不稳定，造成市场明显滑坡。我们也多次给厂家反映酒的质量亟待加强稳定，建议酒厂出一个拳头酒，就是高档酒，要从质量上把好关，从效益上提高它的收益，得要走高质量、高包装、高价格，才能取得高回报。酒厂这么大的量，光靠数量取效益，太难了，这样慢慢就变成搬运工了，效益从哪儿来？对不对？这么庞大的体系。在当时，这是贵州所有酒厂都存在的一个问题，就是从质量到包装，做高端和定

417

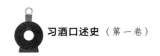

位，都晚了一步。所以，从 1987 年下半年开始，一直到 1991 年，这期间贵州白酒真的是走了一段非常艰苦的道路。

从 1993 年以后，贵州酒包装逐渐改善，才出样。因为这个商品流通啊，你看洋货，过来的洋酒、化妆品，它的包装是非常讲究的。第一是吸引消费者的眼球。要打造购买欲望，商品的外形不能忽视啊！第二就是产品内在的质量。酒的内在质量是命，外包装仍然是魂，两个都是很重要的。外包装的形象打好了，质量保证了，产品就会长久不衰啊！是不是？再根据市场的需求逐步增加量，才能获得良好的经济效益，是不是？所以，当时我给多家酒厂也提了关于质量和包装的一些建议。

但是，有些酒厂成功了，有些酒厂没成功。像董酒这个产品，当时，我跟陈锡初厂长提建议，我说："董酒是其他香型，全国唯一的其他香型。这个口感在全国市场，消费者接受能力达不到，只适合发展礼品酒，作为馈赠礼品。而作为礼品送过来，送过去，都不开瓶，达不到最终消费，转化不成财富啊！能不能再做一个其他香型，或浓香、酱香的混合香型，做一个更适合消费者口感的产品？"他非常欣赏这个提议，但是一直也没实现。听说后来好像做了一个，但是已经晚了。当时，在九几年到 2000 年期间，赶快找一个感觉，那就了不得了！

根据中国整个区域板块划分，贵州、四川是酿酒自然环境、资源条件最好的地方，山好水好，空气中的微量元素、微生物啊，都适应酒益生菌的生长，这就是特色，有特色才能出特色产品。酒的口感是第一要素，入口的口感和饮后的感觉是它的命。酿酒业是贵州财政的支柱，是给贵州经济发展做了最大贡献的一个产业，不把好口感和内在质量就不行。现在有高科技手段，这应该都没有问题，什么指标，里面有害物质去除，都可以通过高科技手段做到。但是口感，高科技达不到啊！还要由人来制作、来感觉。那么由人来制作，加上高科技，能做不出人最喜欢饮的东西吗？这些，我们都要研究。包括习水，这几年发展确实不错，但是从口感和内在质量的稳定上，绝对需要加固，还要加强，这样才能达到"质量为天，品种求发展"的目标。质量就是命，（只有保证质量）品种才能取得更大的发展。习酒"酱香·

1988"现在在酒店、宴会桌上使用，用一斤包装很合适。这个酒在包装设计方面也很气派。但是，如果我在餐桌上，两个人拿一斤喝不完，怎么办？有没有四两的？就是说，这酒市场已经接受了，有希望了，就要考虑细化它的种类，包括容量，包括内在质量，都属于品种发展。所以，搞一个四两包装的，或者搞一个五两、六两，或者二两的，销路又宽了。这在无形中增加了市场份额。这是酒厂高层管理在营销问题上要重点考虑的问题。

那次几十家酒厂里就有习水酒厂，那时候，我和习酒还是交朋友，还没敢拿它的货。那时候，习水俏得很，给一百箱两百箱都是很给我面子了。那时候，习酒都买不到。那时候还是习水大曲，圆柱瓶，最后发展到异形瓶。我们两家开始对接发货，应该是在 1986 年。习水酒厂在 1986 年下半年，双节（元旦和春节）期间给我了第一批货，从厂里面发货。

我应该是 1986 年底第一次去习水酒厂。1986 年底，我第一次到习水酒厂，那一次我提了五辆汽车。因为当时我考虑那边交通不太方便，厂里面的领导都坐北京吉普。我当时就买了五台车，董酒、鸭溪、习水酒厂各送一辆桑塔纳，安顺地区糖酒公司是一辆桑塔纳、一辆日本丰田客货车。一家一辆，我送桑塔纳，没有要一瓶酒，完全是为了领导出行方便，尽点情谊。将来它们的产量逐步提高，可以给我分流一点。我从市场流通差价里逐步把差价补回来。当时送车，我就和大家签了贸易条款，该给什么价还是什么价，给我的价和我市场流通的价有一个差价，我从差价里边把车款抵掉了。

第一次到习水酒厂，星国带我去看了最原始的那个瓦房，那个老作坊，然后到生产厂区里走了走。当时习酒的浓香、酱香的酒库还正在扩展，正在扩大，产厂只有习水宾馆下面的半山坡那边有两排生产车间，就是那么一个环境。2000 年以后，生产厂区又扩展好大了，楼也好点了。

八几年的时候，我们从贵阳到习水最少要走 12 个小时，过了仁怀到习水，这几十公里要走几个小时。在路上跑，还要瞄着看前面有没有车，如果对头有车来了，还得赶快找个地方停下来，因为它是单道，就那么宽，两三公里有一个平台可以错车。那时，去一次很不容易。

1986 年，习水酒厂才开始给我直接供货。1984 年到 1985 年期间，都是

侯世安（左）与陈星国（右）

从贵州省糖酒公司拿，给的酒肯定不是车皮，是集装箱啊，最多给五个集装箱，已经不错了。

贵州、四川是中国两大酿酒基地，我重点抓的是贵州酒。我们大量引进贵州酒就是从 1985 年开始，当时量都上来了，整车整车都过来了。引进到河南对贵州酿酒行业、对贵州经济的发展，肯定也是一种积极作用。那反过来，对我们当地经济也是一个非常好的增收行业。因为它的商品流通在这儿，通过它，我把千千万万老百姓兜里面的钱收集起来参加大流通，就是贡献。经营贵州酒最高峰的时候，在一亿八千万到两个亿，这就是上了一定量。

在我还没有真正与习水酒厂做业务的前两年，跟陈星国都很熟了，每次到贵州，一般都会请行业老板和酒厂的厂长聚一起聊一聊。因为习水大曲很紧俏，生产出来就按计划给调走了，是拿不出来酒的，当时我也没强求非要多少酒，这是根据国家的政策规定。我只有求助糖酒公司，从那儿分了一点过来。

习酒对我们公司来讲，是一个效益产品。当时习水大曲给我是三块七毛多钱一瓶，我们回来卖六块多七块，还带着其他的副产品往外发。一般一汽车拉三四百箱，习水一般给十箱，少的五箱，最多给二十箱，配一点就能装一大车，就能走了。所以说，习水大曲本来跟茅台就不是一个香型，但在消费市场上有"习水就是二茅台"的说法。作为经销的中间流通环节，我要拿有带动性的产品，做起来就轻松嘛！我这么大的销量，有一定的带动性的酒，我能招引更多的代理商。

现在酒的业务我早就不做了，现在的接班人是李总（李二玉，河南壹叁商贸有限公司董事长），他们在做习酒。我现在做的是市场"万客来"。当年通过流通，我就发展到全国七百多个销售网点。大家都愿意在郑州设个点，做副食品批发市场，这样大家都可以聚在这儿。我们一起做了二十一年了。

我的网点覆盖全国各地。当时，"习水大曲"提升成"习水特曲"，我跟陈星国厂长商量，要他给我一个总代理权。这是绝对总代理，包装由我来设计，他提参考意见，然后我来做包装，发往厂里面装酒。装了酒，发郑州，我来向全国疏散。那习水县每年发酒，陈厂长都要发电报，让我签个字。这说明，我们两个对约定是很严格地执行的。就是怕当开辟出来一片市场，那么卖酒的人会到酒厂，他们带着现金去买酒。因为市场做出来了，有钱赚了，他们不从我这要酒了，到厂里面去拿酒。假如我卖八块，他卖七块五，他比你低五毛，你跟他降到七块五，他马上变成六块五了，没法弄，市场就乱了，市场一乱，都没有利润了，也没市场了。所以，当时为了控制市场价格的稳定，市场价格绝对是我在控制。我的价格就是铁定价格，谁都不能碰。我给批发商留了足够的差价。因为各个地区市场流通的差价，这个信息，我们有业务情报人员，摸得很准。

有一年，酒厂一下给我发四个车皮，大概是 1987 年还是 1988 年，过来了四个车皮，是二十四瓶装的"习水大曲"。它体积很小，是柱形嘛！一车就是四千五百箱啊！石家庄糖酒公司老总来求我要货，他到酒厂，拿着星国的条来找我。他说厂里没有货，叫从我这儿调整一部分酒。当时，我答应给他调走两千箱，结果他非要四千箱，他说给陈厂长打了电话，最后我还是答

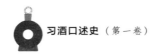

应给他了四千箱。

当时"习水大曲"都是九块多一瓶，我这边的市场价是十多块，石家庄更高。当时，我给他是八块多，他要给我按十二块钱结算。我说："你有病啊，我给你差价留够了，我给你多少就是多少。"然后，他按他的价格把钱全部给我打过来了，打过来之后，我就把差价给他变成现金一麻袋，给他带走了。我说："多出的差价我不要，你拿回去给你公司员工双节期间发福利吧。"他感动了！他这一车酒回去，库存基本就带空了。

习水大曲那时候在河北省、河南省俏得很，非常走俏！习水酒，我们最看到希望的就是我们创立的"三星习水特曲"。那时，"三星习水特曲"在河南市场已经有了很大的销售氛围了。我们做市场调查，在酒店里销售的，当时只有两个酒销得比较好，第一是"三星习水"，第二是河南出的"赊店"。这两个酒都是大众消费品，销量好时，在同一个酒店，"三星习水"一个礼拜销十七箱，"赊店"的酒才销到五箱！习酒超过了两倍，势头非常好。

河南市场上习酒促销活动

在二七广场做的推销活动，习酒雕塑试与二七纪念塔比高

当时市场氛围在郑州市场已经都认了，然后出现什么问题了呢？就是贵州省委、省政府决定将茅台和习水酒厂兼并，出现在这个时间段。在这期间，茅台和省里派工作组进入习水酒厂，销售全部停止，生产全部停止，双停！市场正需要冲的时间，没货了！货源枯竭了，跟不上了！这是最可惜的一个机会。我做贵州酒，最有希望的就是习水，也看到曙光、看到希望了。在这个环节我认为，合作也好，兼并也好，不应该停产，市场不该失去！如果那一次产品没有断货，一鼓作气，那习水酒厂的钱像水一样就流进去了，那厉害了！这也是给星国同志造成的最大压力，市场失去了！

我认为，星国在贵州酿酒行业是一颗星，他提出的"百里酒城"完全是正确的。就是走得超前了一点，下面的整个发展环境和个人的思维、潜意识中的感觉，距离远了，所以没有达到目标，没有得到满意的回报。

当时我就讲了，酱香型一定要把它做好。酱香型酒，当时在没有普及到

423

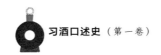

全国各地大市场时，只是贵州省喝酱香酒。那时候，虽然我不太饮酒，但我能感觉到，茅台酒两周喝三次，其他浓香型酒就咽不下去了，有这个特点，太厉害了！在八几年，我到的贵阳，大多数酒店都是喝酱香型酒。茅台酒只要连续喝上几次，其他酒都不想喝了。这叫"瘾"，了不得啊！酱香型酒很独特，连续喝上三次，浓香型酒就咽不下去了。这跟工艺肯定有关系。这里面的微妙我没有探讨过，反正就是很真实的。所以，只要产品一控制市场，谁也抓不走。所以说，一定要抓好酱香型酒的发展，当时陈厂长重点抓的就是酱香。

当茅台兼并习酒的时候，我是道听途说的，当时习水酒厂酱香酒的库存已经将近达到四万吨了，四万吨的库存酒啊！那是一大笔财富。我认为，贵州省委省政府的决策是正确的，不让外来户拿走这一桶金啊！叫本省的企业跟习酒合作，这才是正确的。

当时，星国可能听到的都是负面信息，压力超过极限。人到了极限，他认为生不如死了，就不想活了，"啪叽"就走了，太可惜了！

陈星国走，我大概是早晨六点半接到的信息。我接到信息的头一天晚上他出的事。我一接到电话，就知道是一个非常不好的信号。我说保护现场，当时还没说已经死了，我说："今天一定赶到。"我就知道一定出大事了！当天，我飞广州又转飞贵阳，习酒厂派车在机场接我。下午将近四点钟，我到了遵义，直接到了医院太平间看了星国。听说（不知是真是假），他活到了第二天，凌晨四五点钟才断气。他身体棒得很，从这边进，那边出，又活了七八个小时。

我住下以后，当天晚上，厂里面母厂长（母泽华）领着几个年轻高管到宾馆找我，凌晨两点钟敲我的门，说有急事。他说："接省政府通知，陈厂长属意外死亡，不允许举行追悼会，怎么办？"我说："听从政府意见，我们改为亲友告别仪式，我来主持。"我又说："现在你们不要休息了，给你们一个任务，通知遵义所有做花圈的店，统统起床开始制作花圈，明天亲戚好友买不完的花圈，我包，全买。"给他们安排走，我就开始写追悼词了。后来听说，追悼词在厂区每天早晨播一次，连续播放了一个礼拜。

陈星国，他的一生真的是光辉的一生。他实实在在是很勤奋的一个人，是习水人的骄傲。不光是酿酒的技术，他的市场意识都是很超前的。真的是了不得！陈星国的逝去，是一大损失！特别在贵州酿酒行业，失去了一位非常优秀的人才。从习水酒厂的发展史，我认为陈厂长从习水酒厂十几人的作坊做起，一直把习酒发展壮大到那么大的规模，他真的是大功臣，这个成绩谁也不能否认。

陈星国同志虽然走了，但是他后继有人，他率领的团队是一支能拼能干的队伍。

星国在职期间，在市场开拓上有段时间走得不是很顺畅，所以资金回笼不是那么理想。那时候酒厂在银行有一些贷款，贷款是为了发展、扩大规模。当时产品大多是在找感觉、找定位，所以在这个调整市场运作阶段，厂里资金是有些衔接不上。

当时用"星级管理"也是我的建议。记得当时是在石家庄参加全国糖酒会时，和星国一起研讨产品的时候，我说："你这个酒老是叫大曲、特曲、老窖的，我们对的是六七个消费层，总不能搞一窖、二窖、三窖啊！不如我们弄个星级管理吧！""五星级宾馆"的那个星级管理，从一星到七星，七个消费层，最高的是"七星"。最后，就确定了"习水特曲"按星级管理模式推向市场。后来，产品出到"五星"时，我建议说："不敢再高了，高了出洋相。"参照"星级宾馆"文化，达到"五星"最好了，超五星只能加个"超"，不能说是"六星""七星"，怕人家笑话我们。

当时，整个白酒行业处于发展期啊！贵州酒，酒厂不搞一个高档酒，不走高效益、高质量的路，就走不出困境。要走高端产品！真正的财富，在竞争中就要盯着有钱人的腰包，才能把大量的钱汇集起来。

刚才我都讲了，这一步走得慢了。当时浓香型酒，特别是五粮液，销量绝对占优势，五粮液当时牛啊！它产量多高啊！贵州酒那段时间一直跳不出来，就是我刚才说的那两个因素，一个包装，一个品味，所以造成了短时间的一个危机。

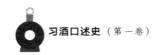

因为在八几年、九几年时，产品直观立体广告效应比较吸眼球嘛！一看是"贵州"两字，包装好看一点，都要试试。一试，如果质量确实不错，就试出了一个稳定的市场。大家一喝，还有比它口感好的，就慢慢地把它甩掉了。真正能生存的产品，还是要靠质量、靠口感！

作为一个商人，立足于赚钱，要考虑效益。我是一个总代理，在全国代理商中来讲，我的量还算是大的。一般代理商在我这儿进货，比去酒厂要方便，一下就可以拿多个品种，而且我给的价格基本都是到厂里拿不到的价格。他乐意，他就跑不了啊！这样他就成为我的基础销售点了。在我一旦库存出现压力时，双节一过，看有多少库存，一统计，我报上一个单子，通知就发下去，召集大家过来。一个饭局，大家分别看看，一家要多少，把这库存给我销了。最后，大家一报，一般都是不够，分不过来，全部给我拿走了。我做了二十年，做得很轻松。我有我全国的网点，他们会去帮我开辟市场。我放在每一个网点的产品，都有我的业务员下去各个地方了解市场情况，如果哪一个品种在这不对路了，就调走。这也叫帮助销售啊！把它变成钱，不要形成压力，他们永远不会舍弃你的！在市场上，有一个口头禅叫作"东方不亮西方亮"。"你河北不好销，山东愿意喝"，河北人不愿意喝，就调山东愿意喝的市场去。它不就变成钱了嘛！这个靠什么？一个是信息，一个是网络。

习酒销售，我停下来以后，现在河南分了好多家了吧。2000年以前，基本就算是外边有几家，最多有三五家。习水酒厂那我去的多了，每年最少得去两次吧！一般就是"五一"前后去走访，各个厂家看一看，每年8月份再去一次，每年年底去订第二年的计划。

我对习水酒厂的感情是最深的。在我们这个公司所有经营的白酒里面，对习水酒厂的酒可以说都把它视为了我们自己的产品，用我安慰自己的说法："我比陈星国厂长没少操心啊！"

茅台兼并习酒以后，它发展得很好，这是必然的。因为市场的氛围，习水酒厂的习酒人自身努力是一个因素。接着在市场上，酱香型酒逐步被市场接纳，这也是一个因素。

酱香型酒中，茅台是代表。近几年在全国市场上，各家是争先恐后都在做酱香酒，最接近它的就是酱香型习酒，特别是内在质量，都要去跟茅台靠拢。所以，我建议其他的酱香型，像北京的天安门酒，北派酱香，我就不主张走茅台的路。我跟他们说："你是北派酱香！你走自己的路！你跟它挂，挂不上嘛！你就打你的'北派酱香'就行了！"但习酒不一样！习酒跟茅台现在是一个集团了，又同在一个山沟里，像是邻居，用的同一个水系，你不靠近它，你靠近谁啊？你必须得贴住它！

但是，习酒要把真正的量做上来，第一是口感，第二是质量。质量它是按照国家指标来定的标准，而口感是无形的，口感好了才有市场，一定要记住这个！"衣、食、住、行"，人不穿衣服，没人时可以在屋里裸体，谁也不管。为什么叫"衣食住行"呢？三天不吃饭，到大街上没人理你。今天裸体到大街上，就有一大群人关注你。所以说，穿是第一啊！遮羞布是第一，接着才是吃。研究吃，在中国市场上永远都是对的。只要涉及吃的，都是消费品。今天喝了，明天再喝，还得买；烟抽了，明天还得买。这就是高消费。

那我们酒业也是"三农"，五谷杂粮增收增富的一个主要产业。它把一块多钱的粮食，通过酿造变成液体，增加附加值。它也是给老百姓带来财富，给国家经济发展带来积极助推的一大产业。从国家层面讲，从市场需求讲，它都是非常好的一个产业。

有酒量的不光是中原人。这没法比，我们前一段时间发现一个能喝十三斤的人，那是特异功能了。我们河南下酒量是非常大的，像开封、信阳，都是很厉害的。两个人，一人举一瓶酒，马路边蹲着就喝完了。现在有这样一个说法，叫"N+1"，如果是十个人就十一瓶酒。贵州人也有很能喝的，也有喝三斤、四斤的，我碰到的多了，但也有酒厂老板一滴酒不喝的。

饮酒的量，最佳量是二两。按照人体的接受量，二两是百利无一害，超过二两就有点多了，就可能有副作用了，再多就是酗酒了，那就可能会伤肝了。人家说适量饮酒有利于健康，我给他加了一句："抽烟才能长寿！"

现在的市场意识高，产品的品种、质量方面都在与时俱进，都有提高。

季克良（左）与侯世安（中）

贵州酒业的未来市场，我一直都是看好的。目前最重要的还是口感！现在的口感不是二十年前的，不能完全靠这个感觉去品尝。现在有高科技了，用自己的第六感觉，加上高科技的技术，综合利用好，把口感提升，达到韵味就行了。

所以说，一定要从口感上下大功夫。这就要考验酒厂培养的勾兑师了。勾兑师绝对是神，一定要把他们养好。我曾经看着勾兑师在那来回倒着勾兑，马上就出味了。我照着那个程序过来弄，它就不出味。这就是技术，这就是完全凭感觉、经验做的。它没有科技含量，完全是按经验和感觉做的。现在有高科技了，要把高科技的含量加进来，达到最好嘛！

当年，我写的那一封公开信，也是市场被逼出来的，我急！因为当时"习水特曲"制作出来，大量上市，市场接受速度和我们的计划，以及我心中设定的数量不匹配。这么好的酒，老百姓不认！他们不接受，反而喝酒精勾兑酒，酒精兑水的酒。那时候，某府宴酒占领了整个河南市场。这个酒每天都有大酒罐车从郑州经过，大家都看到了。大酒罐都是自四川过来经过郑州运往酒厂的，都是酒精加水一调就上生产线装瓶了，都是这样的酒畅销，覆盖全河南市场，那多急呀！

我还专门到某府宴酒厂去考察过。它当时的市场氛围非常好，我还想代理它。作为中间流通商，我的队伍要生存，也得有钱挣。我去他们厂里考察，厂长知道河南糖酒公司的侯总来了，很重视我，派厂领导、销售部门、生产部门的厂长陪我。

吃完饭，我要求，第一看生产车间，第二去拜访销售队伍。他们就带我先看了生产车间，厂长亲自陪的。经过实地考察，年生产规模几百吨的酒厂，却号称年销售量突破万吨，完全不成比例。那是什么，基酒大流通，可以异地勾兑酒罐装呀，虽然当时国家提倡，但是得瞅价格，你给我的价格，高于酒品质太多了。

回来后，我跟公司高层在一起讨论，我说："这个酒我们不能代理。我给他算账，他两块七毛钱的成本，卖给我们郑州（出厂价）是九块多，你算，他加了多少倍？"大家就讲："现在这个市场认可怎么办？"确实，我也很纳闷，就想通过报纸发发牢骚！

我经过思考，就决定以"公开信"的形式公告天下，叫老百姓都知道我给老百姓推荐的习水是实实在在的好酒，我也不提哪一家的酒不好，我提了没有烟囱的酒厂是酒精兑的酒，这是国家提倡的，但是要抑制定价。不能质量、投资成本低，价格却非常高，那就赚了昧心钱了。我绝对不敢点是哪一家。我把习水实实在在的酿酒过程在文字里边也点了点。作为一个河南的采购员，我要当一个称职的采购员，给河南百姓采购货真价实的粮食酿造酒。

这封公开信通过《郑州晚报》（1995 年 8 月 16 日，第 4 版）发表《我的一封公开信——给父老乡亲说点心里话》以后，产生了非常大的反响（全文如下）：

> 我是河南人，黄河在我身旁滔滔流过。既是河南人，就想为故乡办点实实在在的事，这是我多年来的心愿。苦心经营，在商海里干了十几年，我唯一的想法就是要为父老乡亲推荐和提供货真价实的产品。

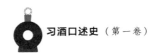

哎！这两年酒业竞争可谓日趋激烈。各类酒业广告蜂拥而来，翻着花样，变着点儿横冲直撞。

酒厂老板绞尽脑汁，把动人的言辞推上大街小巷的条幅；把诱人的画面推上中央、省市电视台。常年广告、隔日广告、足月广告……奇招、怪招、绝招层出不穷，搅得你们大家眼花缭乱。也许你们不知，不少厂家每年不惜投入百万、千万，甚至数千万广告费，为的就是多一些、快一些推销自己的产品，占领一方市场。那白花花的广告钱从何而来？它是我们父老乡亲的血汗钱，是消费者掏腰包买酒的钱！这正是某些企业"低质量、高价格、大投入"的必然产物。这正常吗？

眼见一批批伴着广告旋风般而来，一瞬间又随着广告消失而迅疾退去的产品，心中不由地升起了大问号：这些产品货真价实吗?! 生在黄河畔，喝着黄河水，伴着黄土长大的我心急了。不能让那些冠以美名的产品糊弄我的父老乡亲了！我深恨自己没有尽到责任，内疚刺痛了我的心。

这两年，为了寻觅一种好酒，我弃家舍口，下四川、跑山东、进贵州、上陕西，全国几十家闻名酒厂都留下了我的足迹。我亲眼目睹了年产几千吨，甚至上万吨的大酒场，竟然看不到一个烟囱，却一瓶一瓶的生产着，每瓶能产生八、九元乃至十几元的高利润，可怜那些消费者，不知其内情，盲目消费，白花花的血汗钱流进了别人的腰包，维持了这些低劣产品微弱的生命力。在这种盲目消费中，白酒市场陷入了一种恶性循环之中。

面对川流不息、络绎不绝走进我办公室，想利用我公司在社会上良好信誉和庞大销售网，经销他们所谓这奖、那奖的产品，我的良心迫使一一回绝。当然这也等于拒绝了高额利润。我很坦然，因为我对得起河南的父老乡亲。

功夫不负有心人，终于，我在川贵两省交界的赤水河畔发现了酒的世界，走访了"郎酒"，考察了"习酒"。在这里我真正体会到了酒类专家科学论断的准确：这里无论是水源、海拔高度、温度、湿度、空气中的酒分子都是适合酿酒的天然环境。在这秀丽的山谷中，我看到了传统工艺和高科技珠联璧合酿造习水特曲的全过程，我亲自品尝了贮藏7年之久才能装瓶出厂的38度习水特曲，啊，一股醇香沁入我的心脾！这正是我寻觅多年的低而不淡，酒体丰满，不辣喉、不上头，饮后不存酒精异味的好酒呀！我满怀喜悦，把习酒特曲带回河南，献给父老乡亲。

然而，尽管我亲自驾车沿着街道一家酒店一家酒店送货，登门推荐、免费品尝、奉献礼品等等，千方百计想使河南父老尽快认识这纯粮食蒸馏酒，前后费时半年时间，几乎耗尽了我的全部精力和财力，市场依然没有被部分消费者所认识。我不禁扪心自问，是父老乡亲习惯了狂轰烂炸的广告刺激？还是我的想法太不入流，太傻？

广大的河南父老，做人难，做好人更难！做个好商人更是难上加难啊！

《郑州晚报》曾经四天办不了公，所有电话变热线电话，一放就响，一放就响。报社社长亲自到公司找我，他说："侯老总，你这封公开信一发，我报社全部都沸腾了。电话不敢放，一放就响，一放就响。都是群众来访，没法挡。"我说："这好办，赶快组织一次发布会，把这几天群众的意见和疑问集中，我们用答记者问的形式回复一下，我估计就压住了。"就这样，组织了一次发布会。报社从里边选了几十个问题，我针对这些问题来回答。这样的答记者问发了以后，这个电话稳住了，不响了。

这个报纸发布了以后，最敏感的是某府宴酒厂。他们带着律师团队来我办公室，想打官司，说我一封信给杀死了一个品牌。我说："我问你，某府宴酒的制作成本价不超过三块，包括生产工艺、流程费用全部加起来不到三块钱。如果我说的价格确实是低了，我负一切法律责任。如果我猜定这个价格在三块钱以内能够做出来，你卖给我河南市场九块多，这价格定位就太高了！你酒精兑制的酒，就卖酒精兑制的酒价！这就是实实在在给老百姓办好事。"我说："你这价格有点太高，就凭这一点，你打官司能打赢吗？"对方

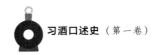

说："那好吧！你等着我们法庭见。"我说："欢迎！欢迎！我等你们通知我，法庭见。"结果，他们也没再来找我。

接着这封公开信就引发了全国的反响。全国多家媒体、报社都转发了，又引起北京文艺界一些老艺术家们的关注，他们自发组织了李光羲、耿莲凤等十几个著名艺术家过来支持我的这个公开信，声援上面有他们的签字，十几名艺术家联合向社会发出倡议书。那个在《红楼梦》里出演"进大观园"的刘姥姥，看到公开信都感动得哭了。接着就是引起《人民日报》记者的关注，记者专程来郑州找到我进行采访。《人民日报》给我发了一个大版，标题叫《春风拂面》。"春风拂面"这四个字是人民日报社的一把手点的题。全文如下：

改革开放以来，商品经济大潮汹涌澎湃，在中央号令打击伪劣产品、创造公平竞争环境的重要时刻，一位中州大地的弄潮儿振臂高呼，公开呼吁全国同行一道参加这个斗争，仲夏时节，《郑州晚报》一连四次以通栏标题发表了他的题为《我的一封公开信》的文章，犹如春风拂面，令人荡气回肠。这位"弄潮儿"就是郑州市二七糖业烟酒总公司总经理侯世安。

这是商业战线乃至整个流通领域的一件大事。《公开信》发表后，激起各方强烈反应。

他呼吁打击不法酒商，纠正酒业中掺假、造假、危害同行和消费者的恶劣行为。

他谈的是酒，我不得不首先对酒略说几句，他指的是白酒而非色酒。我的酒话自然限于白酒——这是具有中国特色的传统产品之一。白酒品种繁多，主要有五种类型：酱香型、浓香型、清香型、米香型和混合香型，都是用"糇糙"酿就，不同之处，主要取决于生产工艺、发酵、设备等条件。白酒内的乙酸、乳酸、乙酸乙酯、丁酸乙酯、己酸乙酯、乳酸乙酯、异戊醇等物质都是人体所必须。专家认定，饮酒过量有碍健康，但每天适量，却可受益。

"中州，中州"，这个名字说明了河南郑州一带在中国大陆特殊的商业价值，多年的"白酒大战"也表明：中国白酒市场以河南市场为"晴雨表"，中原腹地，东中西经济大融合的衔接地带，欧亚大陆桥上的"桥头堡"。而且，河南从来是兵家必争之地，"得中原者得天下"。

现今的商家也都在争夺中原，"得河南者得市场"，尤其是近几年，河南市场已构建成全国统一、开放流通体系中的重要市场，以省会郑州为典型的商贸城建设，批发市场、零售市场功能齐全，辐射力强，流通网络延伸至省内外、国内外，信息集中，促销手段新，价格波动快，市场灵敏度高，再加上全国糖酒会多次在郑州召开，河南的白酒市场随着知名度的提高便被"炒"的沸沸扬扬。同时也很混乱，侯世安的"公开信"，做的就是治乱的文章。

侯世安原本是农家子弟，从小失父，15岁上辍学，18岁当兵。苦难的生活铸造了他勤劳朴实和忠厚正直的品格。其后7年的军旅生涯培养了勇往直前的进取精神。至1983年下海从商以来，经过12年的奋斗，如今已成为拥有1800万元的固定资产，年营业额4700万元的名商大贾。特别在经营上技高一筹，德美一方，在全国建起了760多个网点。因此，在全国水酒行业，无不戏推侯世安为"水酒酒主"。

侯世安为何打假？他说："是假给我逼出来的！"

全国有眼光的白酒厂家和酒商，无不把郑州看做白酒市场的制高点，把侯世安看做神通广大的孙大圣，拉住侯世安，占领中原，成了全国白酒厂家的共识。于是，不少厂家把总经销、总代理的桂冠戴在他头上，每年将数以千计的白酒运往郑州。先是"川军"挺进河南，继之是"黔军"来争霸主，再则是"陕军""晋军""鲁军"争占山头，为了占领中原，一些厂家老板使尽浑身解数，先是千方百计捞取一块什么省优、部优，博览会的金奖、银奖。继之是绞尽脑汁，把"感人肺腑"的言词变成条幅、横幅、路牌，挂满大街小巷，把诱人的画面推上报刊、电视。然后再搞各类"品尝""品喝""展销""大赠送""大酬宾""买一送一""摸奖销售"等绝招、怪招……一些投机商也跑来混水摸鱼，不管产品质量高低，一味摇旗呐喊，误导消费，弄得白酒市场妖雾弥漫，真假难辨，使消费者一次次上当受骗。面对白酒市场竞争中出现的种种丑恶现象，侯世安心急如焚，他为中国白酒工业的前程担忧，也为中原白酒市场的丑恶现象而内疚。再不能让质次价高的伪劣产品充斥市场，蒙骗河南父老乡亲了。然而，怎样才能防止这种现象呢？他想，我们一不是商管部门，二非执法单位，不好直接出面打假。可我们作为商人，却可以不进假，不销假，严防假冒伪劣产品进入流通渠道。他在职工大会上大声疾呼："我们是社会主义市场经济条件下的商人，是社会的特殊角色，要不断的自我反省自身的企业行为和消费行为，是否真正把消费者当成'上帝'，不坑、不蒙、不拐、不骗，真诚的服务，合法的发展，赚钱是一时的事，做人是一辈子的事，要做好生意，必先做好人。"为了防假，他制订了各种规定，写在纸上，挂在墙上，落实到每个职工的行动上，严把进货渠道，采取直接与厂家挂钩，从厂里进货。为防止中途调货换箱，他们箱箱加封，亲自押车运货。侯世安为此邀请社会各界监督，凡发现二七公司销售假酒者 1 瓶赔偿 1 万元。

1993 年冬的一天，侯世安正在和一家客商谈判生意，忽然进来几个工商管理人员，说："我们是尉氏县工商局的，你是不是二七公司的侯世安？""是！""你看这发票是不是你的？"侯世安仔细看了看说："是！""经商检部门化验，这批茅台酒是假酒，并喝坏了人，你应负法律责任。请跟我们走一趟。"这事突如其来，并没有吓倒侯世安，是不是假酒，他自己心里最清楚，因为那是他亲自到贵州茅台酒厂订货，押运，直到装卸，一刻不离、层层把关运回的酒，怎么可能是假的呢？他拿过发票仔细审视，发现尉氏县 XX 公司购买的数量只有两箱，而尉氏县工商人员却说"这批茅台酒"。他眼睛亮了一下，是不是这家公司拿我们的酒做幌子，亮真卖假呢？侯世安不慌不忙地把发票递过去说："请您先回去查一查，'那批茅台酒'是多少箱？如果数量超过了两箱，假酒肯定不是我们的，这是偷梁换柱。"说着又拿出这批茅台样品让他们去化验，翻开进账记录和发票给他们查看，工商人员只得返回落实情况。事隔两天，尉氏县工商局打来电话："这批茅台酒共销出 24 箱，这家公司也承认从你们公司进的两箱是真的，其余全是他们自己造的。"

事情虽然过去了，侯世安心里很不平静。他想，要保持公司的良好信誉，不销售假酒，光防假是不行的，还必须打假。于是，侯世安除了继续巩固防假防线，又开始了打假活动。他一方面教育职工提高打假意识，一方面举办学习班，从技术上培养职工辨别真假的能力。还组建打假队伍，在推销真品的同时，跟踪打假。今年 7 月 3 日，营销员到一家商店推销 XX 矿泉水时，发现一种近似 XX，又比 XX 商标粗糙的 XX 矿泉水。侯世安立即派两名精干的营销员配合有关部门，跟踪查找。终于在市郊的一个厂房狭小设备简陋的小厂里，发现几个不法分子利用回收旧瓶，装进自来水，贴上冒充商标，坑害消费者。案发后，执法部门依法收审了不法分子。

就这样，该防的他防了，该打的他打了，但是事情绝非那么简单。凭着侯世安打假的信誉和欧亚大陆桥"桥头堡"的地理位置，一家全国颇有名气的万吨大酒厂，派人找上门来，请他担任该厂在郑州的总经销。除负担广告费外，每瓶让利若干元。侯世安屈指一算，一年就是千万元的利润。对于一个商人，这确是千载难逢的好事。一些职工也十分眼热，催促他拍板成交。可是，侯世安想的不是的巨额利润，而是这家酒厂该生产多少酒以多大的利润才能换回这高额广告费和让利数字。他摇头说："你先回去，我马上到贵厂考察一下再定，只要酒好，我马上订货。"侯世安脚跟脚来到这家酒厂一看，发现这家酒厂酿造车间小，装成车间大，生产数量小，销售数量大。一了解生产工艺，原来是一所大学某教授新发明的"兑制"酒，侯世安随即拜见了那位教授，了解到每瓶 3.25 元的成本和让利出厂价 9 元的"奥秘"，侯世安痛心疾首，拍着心口说："这种昧心钱再多，我也不要！"

归来之后，他翻来覆去睡不着觉，想，尉氏的假冒茅台，郊区的制假窝点，虽很恶劣，实际好防，这种打着"大厂""名牌"，采用"新工艺""兑制"出来的低质高价广告产品，危害最大，又不好查，下一步，必须选真鉴真。为寻觅低度好酒，他弃家舍口，下四川，跑山东，进贵州，到川、陕，品习水、尝茅台、喝老窖、饮"五粮"，在全国几十家闻名遐迩的大酒厂调查访问。终于在川贵交界的赤水河畔，发现了真正的纯粮食酿造的低度好酒。赤水河畔山水秀丽，空气清新，阳光充足，气候温和，温度、湿度、水质都十分适宜酿酒，是我国乃至世界最大的酱香型白酒生产基地。在习酒股份有限公司，他看到了传统工艺和高科技融合酿造的全过程；品尝的储存 7 年之久的 38 度习水特曲，确实醇香爽口，幽雅细腻，酒体醇厚，回味悠长，低而不淡，酒体丰满，不辣喉，不上头，饮后不存酒精异味的纯粮食蒸馏酒，且货真价实，薄利广销。侯世安首先选定了习水特曲，推荐给河南父老。与此同时，他还于 8 月 15 日在《郑州晚报》上以显著位置发表了《我的一封公开信》，深刻揭露了在流通领域中，"低成本、高销出、捞取高利润、支撑高额广告费"的不良现象，一针见血地指出这种社会现象的必然结果是蒙骗广大消费者。他站在消费者立场上告诉大家："这两年酒业竞争可谓日趋激烈，各类酒类广告蜂拥而来，翻着花样变着点子横冲直撞，酒厂老板们绞尽脑汁把动人的言辞推上大街小巷的条幅，搅得你们眼花缭乱。你可知道，这些厂家不惜投入百万千万，甚至数千万广告费，为了就是多一些，快一些推销自己的产品，占领一方市场？！那白花花的广告钱从何而来？它是我们父老乡亲的血汗钱呀！"

　　本文编者按："公开信"仿佛一声霹雳，在郑州市场上，那些在低质高价捞取巨额利润上大做文章的劣质酒顿时失去了市场，侯世安开初感到意外，细想也在情理之中。

　　上面讲的这篇《春风拂面》，作者是吴功勋，《人民日报》于 1995 年 10 月 31 日第 12 版刊发。

为了推进习酒在河南市场的销售，我们真费了不少心血，最后快看到蓝天了，突然一块乌云盖上来（因兼并过程停产）。那啥感觉？大水财源马上来了，它给我煞了，水源断了。当时我们公司最少有一千多万没有收回来，水源断了。我们铺市场，当时可不是现金销售，都是先垫钱铺货。不要钱，卖完才给钱。

我们新品牌，都是担负很大风险往下面铺货。铺货是在酒店和商店，一般都是我们老客户。就一家三箱、五箱，六瓶酒一箱，卖完了，电话过来再给送，把前面的账结了，滚动式的送货，不用先拿钱。一个品牌先进入市场，不采取点激励措施不行。要是先拿钱，不了解这个酒，他们摆都不让你摆。因为我们很清楚产品往哪陈列摆放，它就是一个实物广告，活广告，就是一个立体模特的广告效果。看看产品整体包装很干净、很亮眼，一般都能勾起购买欲望。所以产品得到位，如果在其他地方见过这个酒，或者品尝过，在酒店吃饭，顾客会提起："你这里有没有习水呀？习水特曲有没有？"酒店服务员说："没有！"没有咋办？就喝其他的吧！你就失去了一次销售机会。那他们想喝这个酒，我这都有，这就不会丢掉销售机会呀！这是一个措施。

另外，我们还在酒盒里边塞奖金，这在当时也算是个创新吧！数额有多有少，多少都是意思。对酒店的领班和餐厅的服务员，也各有各的奖励办法。"你一天推销多少瓶酒，我奖励多少钱。"我给他奖励的，超过酒店老板给的工资待遇！他卖命地给你推！酒店的姑娘如果管两个餐台，她一天生意好点，至少有三桌吧！三桌，起码得有二十多个人就餐。二十多个人就餐，她一个嘴巴就宣传三个台，二十多个人，都推荐这个酒。他们来推销，效果是最现实的。她们会说："最近我们酒店来了什么领导，都点这个酒，您尝尝吧！"听服务员建议，也不贵，拿一瓶尝尝？她就成功了。当时那个年代，酒店的服务员是我们的抓手，是我们的第二销售队伍。他们跟群众直接对接，口对口、面对面地去宣传，所以这个队伍我们抓得是很牢固了。再一个是大众。酒盒里边的奖励，我们在核定价格的时候，已把这个钱核定进去了，开瓶就又反哺给消费者，还给大家了。所以用这种促销办法，当时效

果都是很不错的。这一直延续到现在，有些酒，包括化妆品，都还采取这种模式在做，都还在延续这种促销手段。星级管理，现在已经普及到高端商品了。

"习水特曲"中的繁体"習"字，当年是我给组合成的。"習"字的上半部我是用的贵州书法家陈恒安的字，底部的"白"是用另外一个书法家的字，切换后，用电脑合成的。现在仍然还在用着这个"習"字。当时主要是看着陈恒安写的"習"字上半部很浑厚，底下的"白"字写得瘦了、小了点，感觉不稳。最后，我就用了另外一个书法家（记不清名字了）写的"習"酒字的下半部，他底部写得好。我说，综合一下吧。结合起来，两个对上了，怪好看的！用了几十年，谁也没改。

"习水"当时有大曲、特曲。我发表公开信推的是特曲。我们推的"习水特曲"，价格提上来了。特曲是习水的第二代酒，现在存的老酒很值钱了。

酒文化非常悠久，酒是人类交往的一种媒介，是一个添加剂，是一种乐趣。酒在人们生活当中是不可缺少的组成部分，它是很重要的！比如说"无酒不成宴"，干巴巴坐着光吃饭就没有乐趣了，一上酒就好玩了！这就是人性。由于这个基础，引来它长久不衰，所以市场需求量很大。从几十年前到现在，酒市场的转化也是与时俱进的，是根据经济发展、社会潮流来转化的。中国是礼仪之邦，孔子讲"来而不往非礼也"，多种因素集成了这个产品。它一定是经久不衰的。

酒一直是处于高消费、高潮流这种状态，无论经济怎么波动，它都不会受到大的影响。这是生命力非常强的一个物质产品，它是人们追求生活美的一个组成元素。就像我的比喻：它像添加剂一样，生活里少不了它。另一个方面，酒行业对中国的农业而言，是一个拉动农业增收的主体行业。这个计算，很好算呀！一般来说，两斤半粮食，用一般制作工艺都可以生产出一斤酒，两斤半粮食才几个钱呐！通过深加工一转化，把附加值拉起来了，给农民增收了，国家税利也增加了，它是一个多赢的行业。茅台酒，还有习酒，要五个原粮才能产出一斤基酒，即使如此，它转化成酒产生的经济价值也是非常可观啊！因为它有"根"嘛！在高级动物的生存乐趣中，酒的历史文化最长。是先有陶瓷，还是先有酒啊？实际是先有酒。野果子落到山沟里边，经过自然发酵，流出来水，我们先人一尝，怪好喝，就想法把它存起来。没什么容器，就开始用泥巴捏坛子，用火再烧烧，慢慢就成了陶，这才有了陶嘛！所以说，酒的历史文化比陶还远。几千年来，谁也没把酒给湮灭了，是不是？

做市场，用的所有手段，第一个根基就是产品质量。"质量为天"，"质量保生存，品种求发展"，这个提法再过一百年也不过时。把"质量"这个根基抓好，产品的生命力才会有，市场不是谁发行政命令就可以掌控得了的。老百姓适应的口感，这叫天意！百姓的口感，谁也改变不了。比如说，一个产品得到了领导的关注，一定要大量上市，领导站在马路边说："大家都要喝这个酒！"那老百姓看，领导都说了，那我们喝吧。等领导走了，老百姓又不喝了，他还喝原来想喝的酒，这就叫市场！这不是行政命令可以干预的，谁也阻挡不了群众的口感。

把质量、口感把好，用命来保护它。让口味更加舒适，让人感觉喝酒是一种享受，市场就牢固了。现在，有人说习酒跟茅台有差异。实际上，茅台是茅台，习酒是习酒。正如世界上没有两片完全相同的树叶一样。"差异"，从一定意义上讲，就是"个性"。有"个性"，才正常，要找到差异，这就是我们的奋斗目标。

我认为，其他品牌白酒也不要嫉妒习酒的销量逐步增大，市场是大家共有的，要共赢。茅台、习酒把赤水河扎住，全部做成这样的酒，全国人民也给你消费了。这销量太大了！中国有多少酒厂啊?! 一年总产量是多大的吨数呀？不要害怕别人跑你前面。跑你前面，你也不要害怕。这叫正当竞争啊！靠你的质量赢得市场，赢得百姓的认可，这才叫好产品呀！

当然了，现在也有广告产品，广告产品都是短命的。因为，现在老百姓的消费心理还有一些不很成熟，盲目消费。广告产品机会还有。根据现在的发展速度，国家经济越来越好，民族的素质越来越高，品味慢慢提高，境界越来越高，也就不盲目消费了。

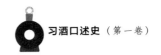

消费越来越理性了，所以要研究这个心态。理性，到最后的结果是什么？产品实实在在是好东西，老百姓才认。认了，才真正是你的市场。作为生产厂家，生产和销售都是连体的。要考虑企业的兴旺，怎样让它长期兴旺不衰呀？那就是产品要多样化，包装要多样化。再一个，主打产品以外，要有很多的副产品来填补所有消费对象的需求心态。这就要研究消费者接受的商品和无形的东西，销量才能稳定，产值才能逐步上升。不要因为今天产品销量好了，就忘乎所以，就高枕无忧，就不去研究市场了。可能有同类的市场产品出来，超过你的水平，马上就会挤掉你了。当你还没记住这个产品呢，他的新产品又打出去了，这就叫"以质量求得生存"，以创新赢得发展。

我跟习酒的感情是谁也替代不了的，也是用金钱买不来的。我期待习酒厂、习酒人能更敬业，对我们的民族品牌增强责任心，把质量视为自己的生命，这才能保证习水人的光彩，生存之"道"也会越走越宽广。把产品做好，为全国老百姓提供更优质的产品，和经济发展速度相匹配。生活水平要求提高了，我提供的饮品也在提升，要和消费心理匹配，这样就会永远保持健康发展的态势。我坚信，有习酒人的努力，民族品牌——习酒，一定能覆盖全国，走向世界。习酒人，必胜！

我的下一个项目是大物流、大农业项目，其中有一个板块计划把酒城设置进去，接纳全国市场的品牌厂家，或者是办事处，直接来设点，等项目落地了，我会邀请贵州的厂家优先入驻。

我没有什么嗜好！就是老水牛，干活。现在，基本上我的工作和生活是两点一线，一个是办公室，一个是家。有应酬，那是没办法，社会应酬是必须的。

平时，有空闲了，我就是养个草。植物也是有生命的，有生命的东西就有灵气。呵护它，它就给你表现！要养好兰草，起码要知道该植物的生存习性，这是根本，也叫作定位。这和我们平时讲的要先学会做人才会做成事，是一个道理。什么事看懂了，就好玩了。养好兰草掌握三点，保持通风、通水、通气就好。没有经验的，就懒养，少浇水。

本书采编小组于 2019 年 9 月 17 日采访侯世安

吕良维 | 习酒大道我的路

　　回想这些年来自己所走过的路，感受颇多。我认为大道是由很多小路组成的，我一直在路上。在我的生命里、血液中，流淌着习酒的基因。我在习酒的经历，文化影响也好，工作实践也罢，留在生命里的，都是"图腾"。

贵阳三点贸易有限公司董事长吕良维

人物小传

吕良维 1966 年生，习水县习酒镇人，大专学历。1990 年自回龙中学调到习酒子弟学校，此后先后担任宣传部采编、厂长办公室秘书、名酒基地建设指挥部秘书、北京公司营销员、经贸部市场科科长、武汉公司经理、市场部经理。1999 年创建贵阳三点贸易有限公司。

习酒从 60 多年前在赤水河畔二郎滩黄金坪创办的一个酿酒小作坊起步，历经千难万阻，即将实现"圆梦百亿"的辉煌发展成就，的确是一个奇迹！作为一个曾经在习酒工作的习酒人，与习酒有着千丝万缕、不可分割关系的我，为习酒从小到大、由弱变强感到万分自豪！

我是一个土生土长的习水人，出生于 1966 年，老家在习水县习水镇的大湾村，距离习酒厂大约五到六公里。我的父亲是教师，母亲务农，家中几个兄弟姊妹的职业多是教师。

我从习水县师范毕业后，起初是在当地的郎庙小学做教师，一年过后，再进贵州电大遵义分校读书，学的是中文专业。1990 年，申请调到习酒厂子弟学校当老师。

习酒厂子弟学校是习酒厂的厂办学校，谁能够进入酒厂子弟学校工作，实际上等于成为习酒厂的正式职工了。我在习酒厂子弟学校做教师也就半年左右，就被调离学校到厂里的其他部门工作，而且岗位变动很频繁。先是在宣传部做《习酒报》和电视台的新闻采编，这项工作主要是做一些企业内部的新闻采访，并将采访到的材料整理、编辑后出报纸。习酒厂那时有电视台，每天固定时间以电视节目的形式在企业内部播报新闻，表彰企业员工的先进事迹。一年过后，我的工作岗位换成了厂长办公室秘书。秘书这个行当，其实就是办公室的文员。我在厂办当秘书的时间也不长，大概一年多点吧。

习酒厂在 1992 年至 1993 年期间开始搞技改。那时候，习酒厂的规模很

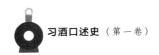

小，所以就在"大地生产区"那一带做技改，搞扩建工程。我在厂办当秘书时，就曾跟随项目主要领导做一些专属范围的工作。后来，随着习酒开展大规模的技改工程，我又从厂办调到"名酒基地建设指挥部"当秘书，负责一些办公室的日常工作。那个年代，企业搞技改项目，从立项、审批到征地等方面，需要上上下下来回跑，我就做些"跑腿"的活路。

从 1993 年末到 1999 年，我从事市场营销工作。1993 年进入市场，在北京分公司干了半年多，然后被调回公司经贸部市场科，在那里干了一年左右，又被调进武汉分公司。1996 年，我被任命为武汉分公司的经理。1999年初，公司调我回到总部担任市场部经理。

20 世纪 80 年代到 90 年代初期，习酒很有知名度，品牌影响力很大，在北方市场，消费者大多喜欢喝"习水大曲"。客观地说，20 世纪 90 年代中期前，商业资源更多的是属于国有企业性质的以糖业烟酒公司为主体的一些商业机构。我们通过他们来做市场，确实有很多局限。他们的运作路径与现在习酒市场建设方式相比，显然走的是两条完全不同的"跑道"。可以说，我做市场营销的那个时期，习酒市场销售已开始出现逐渐下滑的状态，是习酒市场营销最艰难的时段，我们的工作很艰辛。尽管如此，我们还是尽心尽力地去做市场。我们在整个中南地区（武汉、湖南这一块），那是真正地渗入了市场之中。我们积极主动地与商业组织、消费 C 端（消费者就是 C端）做对接和服务，所思所行，都围绕着以消费者为中心。

我在 2005 年就是因一个"偶然"出现的机会，开始了自己迄今仍然在做的习酒经销商业务。当时，已经走进茅台集团的习酒正处于谋求市场发展的阶段，习酒按照茅台集团提出的"一年打基础，二年有起色，三年上台阶，四年大发展"的战略，在倾力建设茅台集团浓香白酒生产基地、打造贵州浓香白酒第一品牌的同时，也在挖掘自身的基础潜能做酱香型系列习酒，开发有以"金质习酒""银质习酒"为品牌的酱香型产品。其实，习酒早在 20 世纪 90 年代实施规模扩张建设"十里酒城"后，就已经具备了生产 5000 吨浓香型白酒和 5000 吨酱香型白酒的基础实力。后来，随着习酒品牌的不断开发，随后也在这一块区域内做起习酒"窖藏·1988"这个品牌产品的代理经销业务。

我深深体会到，一个人的进步与成长，总是与他从业和生活的环境有很密切的关系。在一定意义上讲，我个人走的路，是受到习酒成长与发展的"大道"深刻影响的。这种影响是潜移默化的，是一种企业文化的熏陶。这对于我来说，终生受用。

我记得，1990年我进习酒的时候，习酒真是供不应求。每当临近春节前的五六天，我陪外地人在厂区拉酒，一看，不得了啊！车水马龙，络绎不绝，多时有上百辆车，少时也有二、三十辆。习酒为了满足市场需求，全面启动，全体动员，二十四小时上班，几班倒，热火朝天，加班加点干，特别是包装车间那个忙碌的场景，很是壮观。

我还在青少年的时候就很关注习酒。我从自己看过的一些资料中了解到，在当时的白酒主流消费市场上，买一瓶白酒才要几块钱，"习水大曲"市场价格相对高一点，也才要七八块钱。即使是在20世纪80年代习酒很红火的时候，一瓶习酒的市场价格顶多也就十几、二十块钱。就是在这样一个市场情景之下，习酒在最高峰阶段，每年的销售额竟然能够做到两个多亿！时代的变迁和变化，必然会引发中国白酒业界的企业家们多层面、多维度的思考，自然会对企业自身的发展方向、发展道路和发展战略作出新的定位。我猜想，时任贵州习酒总公司董事长、总经理的陈星国提出建立一个整合赤水河资源，集酿酒、种植、养殖、旅游为一体的"百里酒城"，体现了他作为一个有理想、有抱负的企业家所特有的超前意识和创新思维。

与中国白酒产业界的众多知名企业相比，习酒的历史并不算太长，就那么不到七十年的时间。当年许多各方面条件都比习酒强得多的企业，历经市场的洗礼，如今有的"名落孙山"，有的"一蹶不振"；而习酒却能够冲破当初濒临"市场基本丢失、生产基本停顿"的绝境，获得"凤凰涅槃"般的再生与崛起。我现在慢慢回味，习酒能够有今天的发展格局，原因纵然很多，但是依我看来，最根本的一条，就是习酒始终如一地恪守了做人、做事、做企业的"底线"。这个"底线"可以概括为一句话，那就是习酒始终不渝地坚持了"自强不息"的奋斗精神和"厚德载物"的人文品格。

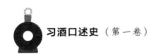

　　看习酒成长与发展的历史，习酒这个最初的酿酒作坊几经生死磨难，从计划经济时代，走到改革开放的年代，习酒人抓住了历史给予的发展契机，在原来偏远的赤水河畔二郎滩上实施规模扩张，建起了闻名遐迩的"十里酒城"，那时候，习酒为什么说要建设"百里酒城"？这是习酒作出的一个宏伟发展规划，因为从现在的习酒厂沿赤水河逆流而上至茅台镇，恰好是50公里左右，也就是从现在生产酱香型白酒的"大地厂区"这一块算起，要与贵州茅台酒厂连接成一个长达百里的白酒生产区域。虽然当时信息比较闭塞，但是我们看到"习酒城"拔地而起，内心不由得感到振奋，很自豪，很骄傲！因为自己的家乡有这样一个宏伟的大企业在兴起啊！的确，在20世纪80年代到90年代初期，习酒很红火，整个习酒、习水大曲的知名度很高，市场影响力很大。我那时为什么要选择进习酒厂？一个原因是对习酒很敬佩，另一个原因是习酒员工的工资待遇比其他企业高啊！

　　经过这么多年，习酒的企业文化建设经过不断地总结、提炼和升华，如今已经形成了一个完整的"君品文化"体系。习酒在文化建设和品牌塑造上如何将文化融入其中，转化为品牌的"灵魂"，并且在市场营销领域促进习酒品牌价值的提升，不断提升消费者对习酒品牌的文化认同感和归属感，这是有目共睹的。

　　"品牌的背后是文化"。习酒应该是已经深刻地意识到了这一市场经济发展的大趋势，特别注重用文化来引导企业的行为规范和品牌塑造。

　　习酒在论证着这样一个事实：习酒在企业文化建设和品牌塑造上，是对中国优秀传统文化的传承与弘扬，是把企业的物质文化、精神文化和行为文化融入了习酒品牌，确实有很多独到之处，"君品习酒"品牌的开发与塑造，也许将来还可能成为一个经典案例。我举个实例来说吧。习酒在走进茅台集团之后不久，曾经提出了一个很响亮的客服理念，叫做"无情不商"。习酒如此旗帜鲜明地倡导和践行这个经营理念，已经坚持了二十多年，已经是固化了的习酒"客服文化"。

　　习酒肩负着重大的社会责任，始终不渝地坚持用企业发展经济的成果来回报社会。我们今天讲习酒"君品文化"的社会价值，很重要的一个方面，就是它在社会责任方面的担当。特别是走进茅台集团以来，习酒竭尽所能捐献资金救助遭受严重自然灾害地区的民众。2008 年汶川大地震，习酒向灾区捐献 100 万元。2010 年春，云南遭受百年一遇的严重旱灾，正在昆明召开全国经销商大会的习酒当即决定，向云南受灾地区捐献 100 万元。在习酒的感召下，参加大会的经销商们也慷慨解囊，向灾区捐赠了 50 万元救助款。

习酒履行企业社会责任的作为，成为在社会上引起强烈反响的典型范例，当数和贵州团省委携手创办的"习酒·我的大学"助学公益活动。这项公益事业，在常人眼里，无非是"哎呀！捐点钱嘛，关爱一下贫困孩子，应该！"到今年，这个公益项目已经坚持十多年了，"习酒·我的大学"已经成为一个成功的公益品牌。尤其是今年，习酒把这项公益事业活动放在"知行合一"的贵阳市修文县的"王学（王阳明）基地"做启动仪式，这比以往更加具有文化韵味，视角更宽了，格局更大了，境界更高了。可以说，它产生的社会影响、引起的社会关注，已超越了帮助家境贫寒子弟"圆大学梦"的原本意义，更体现习酒"厚德载物"的人文关怀精神和勇于承担企业社会责任的公益精神。

很多企业的文化做得很好，但是没有融入品牌中，没有融入品牌社会的消费场景之中。习酒对于文化的运用，对文化产生的贡献，也许未来可能还是个文化经典。其实，提出"君品文化"，是在创造"君品习酒"文化品牌和企业品牌。"君品文化"的社会传递，是融入品牌建设中的，是植入产品体系中的。通过品牌传播，传递"君品文化"。通过产品载体，传递"君品文化"。习酒公司开发君品习酒，利用君品习酒传递其文化于社会生活场景之中，真是得意之笔，为此点赞。所以我说，习酒的企业文化，不是用来装饰"门面"的。习酒企业，的确是"居善地，心善渊，动善时"，并持之以恒地践行。

习酒能够成为一个有六十多年历史的企业，发展到今天，我们看到它的快速发展，劲头还这么旺，和其他酒企确有不同。我做过认真的检索，这与习酒的市场营销体系建立分不开。今天，在中国酒企中，习酒的市场营销体

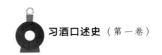

系建立是很优秀的。习酒在 20 世纪 90 年代就形成了自己的营销体系雏形，所以，大概在 1992 年，习酒销售额就能够达到两个多亿，并在全国酒类市场、全国酒类企业中产生了这么大的影响力，在 20 世纪 90 年代中期以前，营销体系主要表现在企业形象的建设和品牌故事的演绎。

回过头去看，习酒当年开展的一些公关活动，从文化氛围和资源组织方面说，虽然和当下比较有很大区别，但时隔这么久了仍然令人记忆犹新，就是因为习酒在当时的历史背景下组织开展的这些公关活动把握了时代精神的脉搏。所以，影响很广泛、很深远。例如：西藏自治区成立 40 周年，习酒就把握住政府组织庆典活动的时间节点，搞了一个"美酒献西藏"的公关活动，将习酒企业、习酒品牌与这个社会新闻事件联结起来，使习酒在社会民众的心目中留下了深刻的印象。习酒的这个公关策划在当年来讲，是很了不起的，因为这是由国家层面组织的活动，是时代热点，也是大众瞩目的焦点，一下就把习酒企业宣传出去了，把习酒品牌宣传出去了。

习酒从 20 世纪 90 年代末期开始，不断丰富市场营销体系，重点在于品牌建设领域。"习酒五星，液体黄金""金质习酒，品质生活""君子之品，东方习酒""窖藏习酒，经典酱香""岁月窖藏，历久弥香""君品习酒，高端酱香"，一个个品牌诉求，在撬动着消费者的心智。通过不断的进化，在新世纪，习酒在企业形象、品牌定位、体验营销、社会化营销、传统营销、客户服务等不同的层面形成了完整的营销体系。习酒，不仅仅是在做销售，更是在做营销，更是在做品牌，是依靠庞大的营销体系在支撑习酒的市场发展。

谈到白酒行业的"工匠精神"，如今每一个企业都很重视产品，除非是十足的短视者。几乎有规模的企业都很重视产品的质量。

习酒的"工匠精神"不只是生产一个好产品，如果按照好产品的标准来讲，习酒的产品质量确实是没的讲了，有口皆碑。习酒真正为消费者提供一个好产品，还在于为消费者的精神需求去服务。从表象谈，是包装，是设计；深层次思考，是尊重人性化，符合消费行为。针对产品的研发和生产，习酒的"工匠精神"是一种精益求精的精神。

近几年，我知道习酒公司不断地去研发，通过市场的调研，在保证产品优秀品质的基础上，即使是简单的包装设计，也会遵循"体验至上"的理念。

我曾经和习酒的包装设计人员作过一次简短的电话沟通，是关于瓶盖设计的讨论。有一个产品的包装，瓶盖扭开后，扭断的地方会有塑料碎渣，塑料碎渣又很容易掉到酒杯里面，影响消费者的体验。那么，他们怎么去改进呢？在瓶盖里面加了一圈红色的软塑料，包装改进后，从细节上提升了消费者的体验感。这个小案例就是习酒对产品设计细节的严格要求，也是精益求精追求消费者体验的精神。

我个人理解这种"工匠精神"还体现在敬业上。谈敬业，习酒很了不起，习酒人是非常敬业的。一般认识上的商业服务，做市场营销服务，都是来做指导。但是习酒人不仅是做指导，他们的市场服务，是真正地参与市场具体工作。

习酒的"工匠精神"，不仅是做个好产品和敬业，还在于坚持和专注。正如我们看到欧洲有很多优秀的品牌，到今天还只做那个东西，比如说瑞士军刀。

习酒是有六十多年历史的企业了，今天已经是中国前十名内的白酒企业。中国知名的酒企，也许很多已经涉足其他行业或者其他领域。而习酒六十多年来就只专注于酒。如果不专注，想入非非，何谈"工匠精神"？这是我对习酒"工匠精神"的敬重。

一个企业和一个人一样，无论你再有本事、再厉害，都要有精神之道、行进之道。习酒六十多年的发展，无论是处于何种困境、遭遇何种挑战，都坚持自强不息、厚德载物、追求卓越、励精图治，这些使得习酒在企业发展和品牌创造的大道上，不断探索突破，书写着中国白酒发展史的传奇故事。

回想这些年来自己所走过的路，感受颇多。我认为大道是由很多小路组成的，我一直在路上。在我的生命里、血液中，流淌着习酒的基因。我在习酒的经历，文化影响也好，工作实践也罢，留在生命里的，都是"图腾"。

本书采编小组于 2019 年 10 月 9 日采访吕良维

孔 磊 | 习酒大有可为

　　很困难的时候，赔钱的时候，我没有想过放弃习酒。因为，一方面我对习酒这个产品的酒质很认可，另一方面我对习酒人的务实精神和诚心很认同。所以，我没有想过放弃。

　　我们就是对习酒的酒质有信心，对习酒人有信心。所以，我们不计成本地在投入，就是要把习酒做成一个事！郑州一定要做贵州以外的第一个样板市场。样板市场就是重点市场，这样习酒品牌就能在全国打开局面，从一个区域品牌变成一个全国品牌。

河南华磊商贸有限公司董事长孔磊

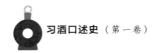

人物小传

孔　磊　河南华磊商贸有限公司董事长，1996 年投身白酒行业，靠着
"以诚为本"的商业理念，从一家小烟酒店开始了他的创业生涯。20 多年
来，孔磊始终坚持两点：一是严控货源，坚持卖真酒；二是物美价廉，坚持
卖好酒。因此，深得消费者信赖，并多次受到地方政府和权威行业单位及上
游酒类厂家的表彰。他所经营的企业，被中国酒类流通协会授予"中国酒
类流通诚信企业"的称号。

从 2003 年成为茅台的经销商开始，他所经营的茅台酒专卖店得到厂家
领导的认可，公司曾荣获"贵州茅台酒先进经销商""贵州茅台酒优秀专卖
店""贵州茅台仪狄巨匠""贵州茅台酒优秀经销商""风雨同舟"等奖项。
2018 年，在贵州茅台 2018 年度经销商联谊会上，荣获"贵州茅台酒先进经
销商"奖和"文化传播贡献"奖。2019 年，在贵州茅台 2019 年度全国经销
商联谊会上，他所经营的茅台专卖店又荣获了"贵州茅台酒优秀经销商"
奖。这些奖项的取得均是厂家领导对华磊实业经营成绩的认可。

2012 年，孔磊便开始接触并销售习酒。为了推广习酒，他和自己的团
队采取"扫楼"发单页等"笨"方法在郑州推广习酒。进入 2013 年，国家
开始调整相关政策，"三公"消费锐减，整个白酒市场开始急转直下。也正
是这一年，习酒公司决定将郑州市场交给华磊实业。经过长达 5 年的耕耘，
他终于靠奉献和诚信经营，于 2017 年使习酒在郑州市场再次焕发了生机，
一举扭转了颓势，成为习酒的全国销量冠军，成为厂商合作共赢的榜样。尤
其是在 2018 年底，习酒全国经销商大会在郑州举行，会上资料显示，孔磊
和他的华磊商贸集团当年销售习酒突破了 2 亿元大关，成为全国第一大商
家，得到了出席会议的茅台集团和习酒公司高层的最高礼遇，荣获贵州习酒
2018 年度"杰出经销商"奖。

20 多年来，华磊公司销售出去的产品，没有一例假酒，"找华磊买放心
酒"，成了省会客户们的共识。

我 1977 年出生，从农村出来，没有上过大学，来郑州之后就开始做酒。那时，我才 16 岁。

我做茅台酒营销做得早，2003 年我就是茅台酒经销商了。我们是先做的茅台，然后才做的习酒。我从 2013 年开始做习酒。2013 年，不光是习酒品牌，整个白酒行业的大环境都不行，处于整个酒类行业的转型期，酒水销售和品牌推广面临很多压力。当时，郑州做习酒的一家代理商不做了，说是不做，其实他们是做不下去了，因为欠了很多费用，就让我们做了郑州市场。我们做了之后，2013 年、2014 年、2015 年、2016 年这几年，连续在郑州赔了 4 年。

因为当时的习酒还不是知名品牌，要推广这种产品，前期投入很大，所以当时赔了 4 年，直到 2017 年才开始赢利。刚开始，很多人不认习酒品牌，如果要认习酒品牌的话，那家经销商也不可能不做了。当时，习酒厂家代表找到我，说让我们把郑州市场踏踏实实做下去，并表示能提供多大支持就提供多大支持。当时，虽然整个白酒大环境很差，但是我也义不容辞地接下了郑州市场。当年，兑付完之前的经销商欠客户的费用，到年底算账，我们赔了大概有 600 多万吧。

我们公司代理了习酒厂的主打产品，金质及窖藏全系列都有，从便宜的 80 块钱一瓶、100 块钱一瓶，到 800 块钱一瓶的习酒都有，这样产品结构就丰富了。

然而，这样做市场就需要很多人员。我们公司总共有 300 个工作人员，仅习酒销售团队就有 200 多号人。现在的人力成本是每年都在增长的，费用很大。在整个郑州市场范围的 6 个郊县，我们成立了 6 个分公司。在郑州市设有 5000 家网点，此外还有卖场、连锁店，这都需要大量的人员去做客情维护，去做习酒品牌的推广。

我们从 2017 年开始盈利。说是盈利，其实是一年干到头没有赔钱，但是也没挣到钱。准确来说，盈利是从 2018 年开始的。

2018 年，我们有两个亿的销售。2017 年，才 7000 多万。突然就有这么大的转变，一方面是因为习酒的酒质非常好。在没有代理习酒品牌之前，我

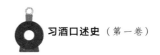
就知道习酒品牌。从我喝过习酒，到我们代理习酒品牌开始，我们就坚决相信习酒的酒质，同时也坚信只要消费者喝过习酒、消费过习酒，消费者是会再来的。另一方面，喝习惯了习酒，口味就不好改。还有一方面，习酒的领导们都很务实，能听进去我们一线业务人员的建议，包括我们的方案，都是与厂商一起共同坐下来商量做的。比如中秋节该搞什么活动，春节该搞什么活动，"五一"该搞什么活动，我们都是有针对性地提出方案，领导们也都能听得进和采纳我们的建议，而且很支持。

在刚开始的时候，我们只有七八十家销售网点。而到了 2019 年，除了我们拥有的核心终端店，再加上连锁店，光习酒的销售网点，现在在郑州市，我们就有 5000 多家。

从 4 年的赔钱，到一年就销售到两个亿，它是每年在累积，也是从一点点做起来的，是一个从量变到质变的飞跃。第一年，我们做了 800 万，第二年增长到 2000 万，到了第三年……每年都是这样递增的。

河南是人口大省，加上整个郑州市这几年发展得也很快，郑州市的一个郑东新区就带动了上百万的人口。郑州市原来是 900 多万人口，现在增加到 1000 多万。一个郑东新区拉动了整个郑州经济的发展，而且外来人口也多；再加上也是中国的交通枢纽，国家中心城市的确立、自贸区的开展，招商引资来的企业特别多，消费等各方面就上去了。再加上物价每年都在递增，同时习酒的酒质很好、很稳定，所以说，这几年公司的销售额基本上是翻倍。我们原计划 2022 年要达到 8 个亿至 10 个亿，但是看目前的发展情况，我有信心提前完成计划。每年，我们自己定的目标就是要翻一番。这个销售量可能在全国而言，我们都是习酒最大的经销商。昨天我看报表的数据，目前，我们在全国的销量还是第一。

当时很困难的时候，赔钱的时候，我没有想过放弃。一方面，我对习酒这个产品的酒质很认可；另一方面我对习酒人的务实精神和诚心很认同。因此，我没有想过放弃。

每年，我们都有很多新开发客户和新网点。我们要提高市场占有率，让消费者进店就能看到习酒的产品，这就要求我们要持续开发新网点来提高产品的覆盖率和占有率。但是，对于一些额外的费用，厂里是没法报销的。因为我们申请的方案是已经批过了的。比如说，这次活动厂里给我们批了多少箱酒，而我们的活动是针对终端客户的。在客户中间，每个客户的想法是不一样的。遇到一些特殊情况，我们就需要对部分客户采取自己贴钱的方式进行补贴。就拿品鉴会来说，厂里规定每桌只给报销 3 瓶酒，而且品鉴会用的品鉴酒都是 375 毫升的。你想，河南人一喝酒都是论箱！一桌 10 个人，最少都要喝 6 到 8 瓶，都是一箱一箱地喝！所以，那多出来的费用都是我们公司在贴补。针对有效客户或者有实力的客户，为了让活动更有效，或者说这个预算方案和具体实施方案有误差，而多开销的这笔费用，我再申请，肯定来不及。所以说，每次到最后，都是公司来垫付。习酒是国营单位，也不可能额外再批费用。这样，我们为了增加与客户之间的粘连性，就多投了很多费用。

我们始终对习酒的酒质有信心，对习酒人有信心，所以我们不计成本地在投入，就是要把习酒在郑州做成一个事！当时钟方达董事长来我们公司调研时，提出"郑州一定要做贵州以外的第一个样板市场"。样板市场就是重点市场，这样习酒品牌就能在全国打开局面，从一个区域品牌变成一个全国品牌。在郑州市场做到这点，就是要"破冰"，要有一个亮点出来，要把郑州市场做成一个除贵州外的"贵州市场"，并引向全国。因为，整个白酒行业都看中了河南市场，所有的白酒厂家想走全国路线，河南是第一站。打好了，就从区域品牌变成全国品牌；如果在河南都打不好，就永远成不了全国性的品牌。目前，全国有这么多酒厂，这么多酒类品牌，只有在河南把市场基础打扎实了，做好了，才有机会成为全国性的知名品牌。

白酒市场要看中原，要看郑州，这个是有传统的。我们河南人都有一种说法，就是河南省很大，是全国人口第一大省，河南消费喝酒方面包容性也比较强，所有酒在河南都能销售，都有消费者接受。这里很有包容性！很多白酒品牌，尤其是地产酒强势的其他省份，不管投入多少，当地都包容不了，导致白酒厂家也不敢再投了。但是，河南不一样，如果真的是踏踏实实地做事，真正地为消费者着想，让他们感觉到物超所值，只要酒质好了，在

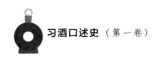

河南就会出很多成绩、很多亮点。

如果在河南卖得好，这个产品在全国就会成为一个知名品牌。

河南不仅人口很多，喜欢喝酒的人也多。我看其他省或者去外地，一般喝酒都是带一两瓶，但是在河南不一样。我们河南人喝酒，完全是两个概念，整上一桌8个人，一上去就是一箱，基本上是每人一瓶，基本上每人都是喝半斤到6两以上，酒量再好点的要喝8两到1斤。你没办法，既然请客，不让喝好又不行。

再加上，酱香酒有什么特点呢？喝习惯了，就不好改，很难改。当时所有的酒厂都是针对河南（做市场）。有的是做得不好了，就变成区域品牌。"洋河"（洋河大曲）是重点打河南，"泸州"（泸州老窖）是重点打河南，现在它们都变成了全国知名品牌，这就是典型的例子。现在是大流通时代，信息流通快，物流发达，竞争很厉害。以前，贵州的白酒品牌鸭溪窖，前几年在河南市场几乎是看不到的。但是这几年因为习酒酱香酒在郑州市场份额越来越大了，让贵州很多酱香酒酒厂都有机会进入郑州，进入河南。鸭溪窖、金沙酱香酒以前是市场上看不到的，现在郑州市场都有了。今年一下子就有了贵州很多小酒厂的酒，品牌非常之多。以前珍酒在河南就很少，这两年看得到在进入。这个市场有风向标，一个河南，真的是带动了整个中国白酒的走向。

我是从2012年接触的习酒人和习酒产品。我对习酒这个品牌从小印象就很深，我第一次去习酒厂是2017年。我以前喝过习酒，它的酒质我知道。从接触习酒品牌开始到认识厂家领导，从张德芹董事长到钟方达董事长、涂华彬总经理，除了是集团领导，他们三个人都在生产车间工作过，拥有传统酿酒技术的丰富经验，他们对产品的质量把关绝对是很严的。除此之外，钟董事长还是全国知名白酒品评大师。这三个人也比较低调务实，所以跟他们合作是不会有疑问的。

2018年，我们公司的习酒销售额有两个多亿。2019年，预计销售三个多亿，现在销售额已经完成两个多亿了，市场上走势最好的是"窖藏·1988"。我们去年的"红盒习酒"（习酒作为培育潜在习酒消费群体、拉动低端市场的一款产品）的销售额，都是以每年 10 万箱到 20 万箱的销量在递增。"窖藏·1988"的销量提升也很大，这得益于前两年我们主推窖藏系列产品，同时也跟厂里面的大政策、大方向一致。"窖藏·1988"这款产品在我们公司占到全年习酒销量的 70%，一半以上都是"窖藏"。

除了习酒，我们经销的酒还有茅台酒。但是，茅台是茅台，习酒是习酒。我们分的销售队伍就不一样，是两个团队，运营方式也不能一样。茅台打造的是国家名片、民族品牌，习酒则打的是高端酱酒品牌。茅台的消费群体和习酒的消费群体，也不是一个消费群体。喝茅台的消费群体属于高端的，是高端商务消费，因为党的十八大以后政府不允许采购了，我们只能主攻企业高端商务这个消费群体。习酒的消费群体是习酒的消费群体，不能做成一样的模式。一样的话，没法做！我们经销的酒，主要就是这两个品种，都是贵州的酒。

我每年会到习酒厂一到两次。每年开会时，去习酒厂，还有也带客户去习酒厂，主要是大客户想去习酒参观，或者体验封坛酒。有大客户去，我肯定会陪着去。

每天，我和核心管理层开会，定策略、定方案，还要时不时抽查一下，看执行到位没有。我们公司有督察部和审计部。有的商贸公司，正常地设置一个部门就行了。而我们每个月在每个方案的投入都很大，需要确定落实执行到位没有、有没有偏差。这就需要我们督察部和审计部再去跟踪落实，才能做到心中有数，让方案真正落地。

在郑州做经销商，一般对客户进行推销或者谈生意，采取的方式多了。跑店也好、扫楼也好、最基本的我都干过。你想想，党的十八大以后，2013 年、2014 年、2015 年，整个白酒市场连续好几年走入了一个低谷。扫店、扫楼是最基本的，还有很多宴请、品鉴啊，这些都是日常工作的一部分。

我们每年，每个季节，每个节气，所有的方案都不同。"窖藏·1988"产品准备的是窖藏的方案，"窖藏"是针对"窖藏"的消费群体、客户群体，我们要为他们做服务，怎么让客户接受、怎么更好地推广"窖藏"产品，针对这一块，有这一块的方案。"金质"是"金质"的客户，红盒习酒

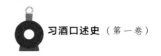

是红盒习酒的客户，消费群体不一样。

我以红盒习酒这个产品跟领导做过汇报。我说："红盒习酒，在习酒要有这个产品。有的人现在喝不起'窖藏'，但是三五年以后，他们收入增加了，他们只有往'金质''窖藏'方向发展。如果这个消费群体没有了，就会失去很多习酒消费者。"那么，他们再有钱了，就去喝其他的高端产品了。如果把低端产品放弃了，就把这种低收入群体放弃了。不能保证这种低收入群体三五年之后没有发展好，他们发展好了，就喝80块钱的习酒。再过个三五年，随着国家的发展越来越好，国富民强，工资、待遇好了，收入增加了，他们肯定喝个金质习酒，200块的！再增加，就喝"窖藏"。所以说，当时整个红盒习酒在郑州市，一年都卖20多万箱！那个时候，一瓶卖100多。因为这种营销方式，我们培养了很多习酒消费群体。"窖藏"这几年发展得这么快，它的很多消费者刚开始也是从喝红盒习酒开始接触的。他们一喝，就喝习惯了。

所以，这都是靠一箱一箱地卖出去的！一箱卖出去，就培养了一箱的消费者。打比方，今天晚上喝习酒，我请你们喝酒，一喝，习惯习酒了，你明天再请朋友，也会需要喝习酒。口头传播的效益非常大！

这几年企业的成长，我们一直在研究我们的销售额为什么能翻一番，甚至两倍地在翻。我们一直在做分析、在研究，我们是哪一块做得不足或者是哪一块我们做得有优势。有优势的，明年再做这个方案，就把这个方案保留了。如果觉得哪些方案不太合理，跟我们预想的销售有误差，就肯定要再做方案上的调整，就不能再照搬沿用。再加上，我们的员工几百人，每天都看着方案制订的销售策略是不是贴近市场、贴近消费者。我们会想：客户能不能接受，这是不是最好的方案？客户能接受，厂家能接受，经销商有利润，就是好的方案。制订再好，落实不到位，再好的方案都是废纸一张。客户不接受，就没用了。方案再好，执行不了，有什么用？完全没用处！制订方案，也不能是盲目地定，不根据实情去做方案是没有效果的。现在的消费者越来越务实、越来越实在。怎么样让他们得到实惠？怎么样让他们感觉物超所值？他们怎么样才都能接受？现在很多花哨的、虚的，都没用。要贴近消费者，贴近市场，尊重消费者，实实在在为消费者着想，要去研究怎么才能让消费者得到实惠，不要计较眼前的得失，要看长期的收益。

我们现在在郑州市区有五千多家分销商，郊县有将近四千家，加在一块，连卖场连锁店一起，共有一万家。光习酒，我们计划三年内能够达到十个亿。2020 年，我们的计划是达到四到五个亿。按照 2020 年 1 月份的执行计划量，1 月份已向厂里回款一亿六千多万。按照现在的销售业绩，完成我们今年的计划，应该没有问题。

经济发展不是那么高速了，白酒的销售还这么好，有几个关键因素。有时候我个人感觉，公司代理的习酒产品，从一百多的到八百多的价格，整个是渗入了各种消费群体：一种是消费六百到八百这种中高端产品的群体，一种是"金质""银质"的消费群体，再一种是红盒习酒的消费群体，还有两三百一瓶的一般消费群体。

现在经济是暂缓形态，实际上，这个时候在商务阶段是活跃的时候。打个比方，客户谈业务，在经济好的时候可能感受不出来，经济稍微有点波动的时候，需要的沟通交流和宴请就增加了。如果比（较今年和）去年的营业额增加（情况），不低于去年，就会更加奋斗了，更加奋斗了，沟通也就需要一部分的烟酒。所以，经济下滑对酒的影响不算太大。这经济一下滑，压力大，抽烟的人往往就多。但是喝酒，它不一样。我们从一百块钱到八百块钱的习酒都有，经济再有波动，喝酒频率还更高了。每个国家都需要发展，都需要做业务，都需要沟通。平常可能一个月宴请三回到四回，现在可能五回六回，这不是酒就多销了吗？

还有个最大的问题，所有白酒的市场容量为什么只减少？不会增加？现在消费群体越来越年轻化，特别是 90 后、00 后，他们的消费都是以啤酒为主，要么就是以低度酒为主。

酱香酒氛围占的比例，是浓香酒的市场，这可不是整个白酒销量都好，不是这样的。关键是质量！质量好了，消费者群体才多。打个比方，今天整个市场只卖一百瓶酒，"窖藏"习酒品种占两瓶了、三瓶了，其他的酒就少卖两三瓶。现在，不是说整个白酒产业被大面积开发了，不是这样！实际

459

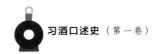

上，整个白酒市场消费量是在减少，但是会更聚焦产品、聚焦品牌。

现在喝酒，都提倡健康饮酒。年龄大了，喝酒的频率就没以前高了，每次喝得也没以前多了。以前可能是喝半斤，现在最多喝 3 两了，是不是少了 2 两酒的销量？这是一个泛举。喝酒群体年轻化了。你看江小白一夜之间卖几十个亿！凭什么？这酒厂，以前谁听说过？一夜之间走红，靠的是新营销，它被年轻的消费群体光顾。它的营销抓得很好，并且产品的度数很低，而且定价完全符合新的年轻消费者群体。要 500 块一瓶，那种群体喝不起！刚毕业或者在上学时，只能喝低度白酒。

高度酒占的市场不是在竞价市场，而是在占领竞品的市场。竞品，就是竞争对手的产品。所以，每天我们都要不断地想方案，想怎么让消费者能接受。因为现在竞争太厉害了！你看，现在整个郑州市场，光贵州酱香型的酒，有统计的就有几十家，以前就两三家。竞争很厉害了！你多卖一瓶，竞品就少卖一瓶。你的开瓶率高了，他的开瓶率就下降了。

主要是它的品质占优。营销做得再好，酒质不行也无用。这是习酒的历史决定的。习酒这一届的几个领导人多是从酿酒车间上来的，很懂生产、酿酒工艺，并且他们对品质的质量要求大于营销，他们很注重酒的品质和质量，能做到真正让消费者喝好酒，令产品物超所值。贵州的酱酒有很多，但是产品的用料和酿造工艺都不一样，各种产品之间根本没法比。

习酒的几个领导全都是从生产车间提上来的。他们全都懂技术，干技术几十年了，这是任何酒厂目前都没有达到的。一对比，就对比出来了。一对比，所有酒厂，哪有几代领导全都是从技术岗位上过来的！这样，习酒对质量的把关更严、更好，产品质量是够保障的。现在消费者喝得最刁了，知道什么酒好喝。不是以前广告"标王"时代了。我们都经历过产品一夜之间卖到全国，最后酒质不行，死得都很惨！这是一个典型例子。一夜之间（爆火的事例），找不到了！我认为，还是质量是第一位的，就跟做人一样，诚心是第一位。做产品，还是要质量第一位。

现在真是到"好酒不怕巷子深"的时候了，再大的广告，吹得再凶，质量不行，也不行。肯定还是要质量第一！现在的消费者也比较理性。竞争太厉害！同一类香型的酒，最少都有好几十个产品同在一个城市销售。那浓香型白酒就更不用说了，有上百个产品在郑州市场上卖，有十几个二十个生产酱香酒的厂家在市场上销售。

喝浓香还是喝酱香？这几年统计过，喝酱香酒的从 0.1% 上升到 5% 左右，已经开始每年增加了。酱香酒市场在未来大有可为！

我们做习酒销售的时候，就坚定了信念。我们开始做时，酱香酒有 3% 左右的白酒市场份额，这是酱香酒在整个全国的销售数据。除了茅台酒——因为茅台太厉害了！河南本来也是茅台的重点市场，整个河南现在是 2000 多吨。河南这边包容性比较强，就看你的产品质量了。喝酒的人是有的，就看你的产品质量好不好。河南能喝酒的人很多，只要酒的质量不错，喝酒的人大有人在。在所有中档酒里面，跟浓香对比，（酱香）有百分之几？恐怕还不到 10%。看来，酱香酒未来大有市场！但质量要好，质量不好，不行。

为什么习酒在郑州卖得好？一是因为质量，二是因为前期消费者的培育。每个烟酒店终端都陈列有十几个到二十个酱香酒品牌的产品，消费者今天喝了其他家的酱香酒，明天喝了习酒，一对比就不想再喝那个酒了。因为，习酒的酒质和质量在那里摆着呢！

我是非常放心的。我们开会还聊到客户体验。烟酒店里存有很多酱香酒竞品的，都是免费打开的，但是得让客户写评语。免费让他们喝三杯，然后就写下对这个酒的评价。我可以给你品鉴酒，让他和竞品酒对着喝，让消费者说话。你说再好没有用啊！得让客户来说。客户喝了这个产品，再喝其他酱香酒产品，最后想买哪一种就买哪一种。因为，每一个价位都有竞品，每个酒厂都有高端产品、中端产品和低端产品，你可以对比。这最有效了！那有的客户喝了都直摇头，再贵点都不要了。整个郑州，喝酒的就那么多群体。整个河南市场就 400 多个亿。搞个产品出来，全是竞品！酒质好了，服务好了，客户喝你的酒多了，那你就销得多，其他的就少。今天喝这个酒了，那个酒可能就不喝了。

酱香酒从 2001 年在郑州就有了，但是当时喝酱香型的群体更少。这几年，通过对酱香酒产品的消费者培育，大家对酒的质量认知变得越来越

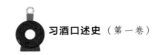

高。加之，现在提倡健康饮酒，少喝酒、喝好酒，喝酱香酒的人就越来越多了。以前是啥酒都喝，什么品牌的酒都喝。但喝了以后，感觉什么酒好、对身体损害最少？还是酱香酒！喝了，不打头，醒酒快，早上起来也不难受，还不影响第二天工作。要喝浓香酒吧，稍微过点量，醉一天，很难受。所以我个人感觉，酱香酒也是靠酒质、质量，口碑慢慢传开的。虽然现在喝酱香酒的消费群体还没有浓香型酒多，但是酱香酒的市场是大有发展前景的。

对于公司的销售团队，我们的定位是：每年，第一要确保增长不能低于50到100个点，这样就是正常的。但我的要求是，每年要翻一番，增长肯定是100%以上。现在正常是50%，应该没太大问题。习酒公司的奖励是荣誉，也是压力。这是酒厂对我们公司的认可，也是对我们这么多年的辛苦付出的回报。厂家对我们的认可，对我们来说，拿这个奖确实也是一个压力。企业给颁奖，只能代表过去的成绩，与明年没有一点儿关系。明年还要继续努力！所以，荣誉也是压力。

我很看重我们公司经营的产品，很看重它在郑州市场整个占有率和消费者的口碑。我很看重这个。我从来不看重荣誉！我们很多活动都是公司总经理去参加，我不去参加。我的主要工作是研究方案，去市场，跑郊县，去客户、品鉴基地。

我们公司自己还有零售店。现在郑州有七八家零售店，都是我们自己公司的零售店。我们还有品鉴中心。我们在品鉴中心就是天天陪客户吃饭，请他们过来喝习酒。有些大客户，肯定是我陪嘛！一般的客户就多了。我们每年有几千场品鉴会，我们还得分工，核心客户肯定还得是管理层去陪，一般的客户由我们区域经理去陪。我们一年几千场品鉴会，每个月都会有品鉴会，压力很大。客户喝到这个酒，还不能让他喝醉，一喝醉了，明天就不喝这个酒了。还要让他喝好、喝高兴："咦！这个酒喝了不错，我第二天没得事，还想喝这个酒。"他就有购买欲了，就动心消费了。

当时习酒"窖藏·1988"刚进入郑州市场，动销不了。一方面是价格贵，是这个价格很多人不认可。但通过这几年开的品鉴会，包括这几年厂里面对"窖藏"品牌的树立传播，这几年喝"窖藏"的人每一年都在翻番、都在动销。这是我们的根本。没有实际的东西，我不去参加。我是这个公司的第一责任人，我做好做不好，肯定首先是问我的责，从我的压力开始找。如果我都没有正能量带领他们做好，工作怎么能够做好呢？我不是说以身作则，最起码要让下面的人看见你在做什么。他们要干什么，就一清二楚了。

带队伍，对他们的要求就多了。我们的要求太多了！因为我个人的学历比较低，进来才慢慢学习，因此我要给队伍每年几十万的培训费。我们专门请一个培训机构，每个季度、每个月来公司进行培训。每年的训练全是封闭式的。让我们的管理团队，包括营销、零售、团购、市场运营等岗位，按级别报班去学习，但是他们回来得给我讲课。不讲课是不行的。学了什么东西，不能去照搬，要学以致用，得适合我们公司的发展需要。我们招聘过学历比较高的员工，但是不适合公司发展，水土不服。所以，我就研究，学的东西不能照搬，学的东西有什么适合公司发展的，要给我亮出来。

今天看天气预报是大雨，我就通知员工晚半个小时上班，下雨拥堵，就错开高峰期，但中午不休息就开始培训。我们是早上八点钟上班，我调成九点；中午吃饭，我们自己有餐厅，几百个人，每人拿一个盘，米饭加两个菜。吃了，接着培训一天，不影响正常的工作。下雨天没法外出工作，销售人员在下雨天不能正常去拜访客户，要让他们在思维上接受正能量的东西。"不是说我来这个公司给你打工，或者挣多少钱。"现在一般年轻人，挣钱首先是没错的，在公司能不能学到东西也占主导。如果公司对他们的未来发展没有帮助，光拿这个工资，他们也不愿意给你干。现在很多年轻人都是80后、90后，他们家里的条件都不差了，不在乎多发的那几千块钱。他们在乎的是，在公司能不能学到东西、未来有没有发展。他们在考虑这个方向。我们考虑的是，怎么样留住优秀人才。一是让他们活得充实，每天都有事干，知道这个月该干嘛、下个月该干嘛。二是有位置，我们定的位置是梯队形的。我们的业务主管，连续三个月销量第一，升为副经理；副经理三个月销量第一，升为经理；经理连续三个月销量第

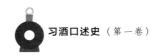

一，升为总经理助理；总经理助理再往副总升。反过来，如果连续三个月完不成业务指标，就降一级。

我们所有区域经理都有在职股，这是我们公司独创的。你在这个位置，年底给你股份，可以参与整个公司运营分红。这个股份在公司干一天都有，离开公司就没有了。这主要是要让他们有主人翁感。这个股份也是按级别的，根据你的业绩、你的能力、你对公司的发展有没有帮助来定，股份也不一样，包括我们下面的总经理，一年拿几百万的都有，他们的贡献大，你不能说让他们没有发展的目标。你得让他有一定的发展目标，他才给你干。他们这些年轻人，第一是从小没受过苦，对奋斗，你只能从别的地方刺激他，他才会给公司好好干。要不然的话，不行的。

我喝酒，现在谈不上喜欢了。现在每天都是被动在喝酒，不是主动地喝酒。主动喝酒的人才是真喜欢，被动是因为有品鉴会。以前是喜欢主动地喝，尽量找几个关系不错的朋友，约一块儿喝酒、吃个饭。河南有很多这种饭局。或者朋友们好长时间没见了，一两个礼拜没见了，在一块儿找个小馆子聚一聚，那个是叫喜欢喝酒。我也想有以前这种机会，但现在没有了，现在每天都处在被动之中。

我们是在党的十八大以后才做的习酒。从业务往来方面看，感觉和习酒的人关系很紧密，感觉像一家人一样。做习酒这几年，感觉习酒人比较朴实，包括习酒领导人跟我们谈的时候，第一是要保持亲情关系，只要踏踏实实做好市场了，我们需要什么，习酒会支持什么。如果真的为习酒做事儿了，让习酒在郑州市场多卖了，要怎么支持都可以，但是必须保持亲情关系，不能送礼，不能有任何违规的行为。以目前的习酒市场来说，郑州就是一个点，就是引向全国的一个爆发点。但是对习酒的任何人，包括领导人和所有的区域的人员都保持亲情关系，这样才能持久、长久。他们知道我的性格，我是直来直去的，只做事，不恭维，不拍马屁，有啥说啥，不和任何人有不正当的个人经济往来。

我们把习酒在郑州市场做好，踏实做事，为习酒百亿市场贡献自己的力量。

中国贵州茅台酒厂（集团）有限责任公司原董事长、
党委书记李保芳到孔磊公司考察

贵州茅台酒厂（集团）习酒有限责任公司董事长、
党委书记钟方达到孔磊公司考察

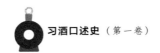

在习酒全国的经销商里面，我们的销量连续多年排名第一。我不太注重这些。昨天酒厂来人说，我们又排第一了。我不要排第一！我们要实实在在把市场做好。这个第一不第一的，我们不看重这个。我们只看"第一"的动销情况。真正的销售就叫动销，没有动销，做得再好也是短期的，不行的。

习酒除了酒质好以外，它的所有的信息化（程度）也在提升，包括品牌的拉动。中央电视台一直都在上习酒的广告，新闻整点报时从前年就开始了。这对把习酒做成全国的一个品牌而言，也是一个大幅度的提升。

现在，我感觉习酒传统工艺开始发力了。你看习酒，酒质这么好，再加上习酒人的工作作风这么务实。现在，酱香酒里，除了茅台酒以外，习酒的酒质最好，在消费者的心里已经很成功。如果不用茅台酒，就只能用酱香习酒——这个是消费者，特别是郑州消费者的一个很中肯的选择。消费群体是不一样的，收入不平均，喝酒的档次就不平均。这也正常。

我们公司明年的计划，开总结会的时候就定了，不能低于50%的增长。除了这几款公司代理产品以外，我们又做了几款产品，光设计费就投了几百万。我们研究郑州市场，发现我们公司经营的产品有价格盲区——就是哪种价格带中间有空档的产品，我们公司就跟厂里合作来开发。这也是为什么明年增长不低于50%的一个核心点。打个比方，现在"窖藏·1988"是800多一瓶，现在"金质""银质"习酒又卖不到400多，相当于300多、400多的产品是一个断档。公司每年这么高速地发展，我们需要补充目前我们公司所代理的习酒产品里面缺乏的300到500元这个价格带的产品，这样才能做到产品中高低端全部覆盖，也能更精准地营销，培育习酒核心消费群体。

剑南春有一款酒的成交价就是300多块一瓶。现在我们零售价300多的，还差一款产品。为此我们专门定制了300多、400多价格带的两款产品。这样能有效补充客户，以及在渠道上包括公司面临的客户方面断档的产品。价格带消费是很大的。剑南春在郑州卖得非常好，它就站稳300多的价格带，很少有人撼动它。浓香型产品目前没有一个产品三四百块钱能够干过剑南春的，没有！但是酱香酒是有机会的，因为酱香酒这个群体越来越大了，三四百块钱的酒也是商务接待最流行的价格带。我们研究就发现一两百的用于自己聚会可以，商务接待稍微有点便宜了，再贵的又太贵了。因此，我们准备投入 5000 万到 1 个亿，把这几款产品做好。

茅台镇有很多同品质的酱香酒产品，我们没想过要代理，我们公司认品牌。我个人认为，习酒的市场，未来很大。本来酱香酒市场在整个白酒市场，氛围都正在提升中，还有很大的发展空间。我们在尽所有能尽的力，把公司代理的几款产品在郑州做好。相比其他大的公司，我们还有很大差距，不能够贪太多，贪太多容易决策错误，造成很大影响。我们只需把习酒做好就行了。我们做经销商这么多年了，觉得习酒有很大的拓展空间，再加上酱香酒氛围越来越大了，只要踏踏实实地把市场做好、真正为消费者考虑了，这个产品的销量增长是没有问题的。

公司从成立之初便积极投身于社会慈善公益活动捐助，并在公司内部设立"公益慈善基金"用于慈善公益捐助，包括非典、汶川地震、吉林洪水、新疆脑瘫儿童医院捐助、希望工程等，目前累计捐款达 600 多万元，以习酒的名义也好，以茅台的名义也好，都捐助给了低收入群体。今年我们汲取以往搞捐助的经验，捐款给学校后，不能像以前一样跟踪管理少了。打算捐了之后，在公司里给这些孩子们提供勤工俭学的机会，在暑假、寒假提供营销、财务、后勤岗位，让大学生挣点钱。暑假 2 个月，能够挣下半年的学费。毕业以后，如果没有更好的工作，我们可以安排工作。我们跟郑州市团委合作的这次活动是很成功的。以往是把钱捐出去之后就不管了，这次我们专门签订了一个协议，明确赞助家庭贫困的大学生，以及每年我们可以提供多少岗位。这样，他们毕业后就可以来我们这工作，他们的工资收入也就有保障了。

有习酒这么好的品牌，有习酒这么好的酒质，还有这么多务实的习酒人，我们会在习酒公司的带领下，风雨同舟，携手共赢，一直走下去，把郑州习酒市场做得更精、更细。同时，我也坚信，业绩是干出来的、能力是学出来的、市场是精耕出来的、团队是打造出来的，我们将把郑州习酒市场建设成除贵州市场外的"贵州市场"，为百亿习酒贡献自己的力量！

本书采编小组于 2019 年 9 月 17 日采访孔磊

潘　宸｜习酒是我人生最大的一个单！

习酒的酿酒工艺一直都在坚持传统酿酒工艺。守艺精神，我觉得习酒公司一直都做得非常好。

因为习酒具有独特的文化，我的母亲也放心让我进入这个行业，继续经营这个品牌，这也算是另外一种认可。还有很多经销商都在把习酒传承给下一代继续经营。习酒的发展会越来越好！

我最大的一个单子，人生最大的一个单子，就是习酒了！是习酒公司给了我这个订单啊！

贵州兴盛智宸商贸总经理潘宸

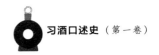

人物小传

　　潘　宸　1990 年出生，六盘水人。母亲张爱菊，1963 年出生在都匀，最早在国有企业上班，1995 年下海经商，1998 年与习酒结缘，至今 22 年了，现在是贵州兴盛智宸商贸董事长。

　　潘宸在习酒销售的环境中长大，习酒伴随他成长。大学毕业后，凭着对习酒的热爱，他投身到习酒销售的队伍中。他从最基层的业务员做起，不怕苦、不怕累，走街串巷，从农村到城市街道，都留下了坚实的脚步。他凭自己的实力进入公司管理层，用新的管理理念把公司的销售提升到了一个新台阶。他心疼母亲的辛苦，主动为母亲分担公司重担，顺利接管公司，成为公司总经理，成为名副其实的"习酒二代"。他用自己在大学里学到的新理念和管理知识，在实践中不断摸索，用自己勤奋和努力，让习酒在六盘水白酒市场居领先地位。习酒见证了潘宸成长，潘宸也参与了习酒在六盘水市场的辛勤耕耘，习酒已经成为他密不可分的事业"伴侣"，融入他的生命，他对习酒的热爱已经浸入骨子里了，他热爱家人、热爱人生、更爱习酒。

　　我家在贵州六盘水钟山区，我是土生土长的六盘水人，但是籍贯是四川的。我父亲是四川的，我母亲是河南籍贯。我是独生子女。2008 年，我在湖南长沙中南林业科技大学读书，学广告学。2012 年毕业后，我在长沙待了一年半实习，也是做白酒销售，2015 年回到六盘水，然后开始进入六盘水钟山区智盛酒业工作。我最开始从一名送货员做起，到乡镇业务员，最后才逐步进入管理岗位。从 2015 年到现在，我进入我母亲的公司已经四年，进入管理岗位两年时间。

　　我 2014 年结的婚，爱人是湖南的，她和我是大学同学。我回六盘水以后，她就跟我一起过来了，我们家还办有个幼儿园，她就在幼儿园里面当园长，我家两个宝贝都在我们自己的幼儿园里面就读。

　　我接触习酒，是因为我母亲，她 1998 年开始做习酒经销商，她是六盘水最早的一批习酒经销商。我是 1990 年出生的，那个时候才 8 岁。

我母亲是在都匀出生的，我外公是河南人，当时他从部队调防南下，在遵义军分区工作了 6 年，然后又调到都匀军分区工作有 16 年。1973 年，他又调到了六盘水军分区，我妈妈就跟着一起过来了。

我记得我读小学的时候，我们还在经营习酒的浓香型产品，习酒那个时候只有浓香型。应该是 1999 年的时候，我们做活动，有一款产品酒盒盖上面有刮刮奖，可以刮 5 块、刮 3 块、刮 6 块。他们做完活动以后，就喝的那款酒。很多盒盖没有人捡，我就到各个桌子底下去翻，去找盒子。因为盒盖上面有钱嘛，拿来以后就刮刮刮。刮了以后，拿到我母亲的店里面去兑了钱，就和小伙伴就到处去买吃的。

母亲参加工作时，开始在六盘水市供销社上班，是统计员。1995 年国有体制改革，就让一部分人下海经商了。我母亲也被单位派下海，让她去经商。我们就在当地的一个批发市场租了个小门面，最早做兴义"贵州醇"总代理，做海南椰树牌椰汁总代理，做兴义"三翁青"饮料总代理，到 1998 年才开始做习酒总代理。

习酒在六盘水的经销商分 3 个地方：水城、六枝和盘州。我们是水城的经销商。我母亲开始做习酒经销，应该是（与）我们的那个片区第一任经理王为（有关）。他去了六盘水以后，了解到我母亲经销的"贵州醇"卖得很好，就与我母亲达成合作协议。我记得，母亲当时给我说过，她那时经常要坐很长时间的车去其他地方进货，而且那时习酒的市场环境氛围不是很好，我们一年只能卖 100 多万元，整个习酒在水城市场的知名度也不是很高。

习酒市场做得早，耕耘得早，酒质和品质从来没有变过。从我小时候到现在，在我记忆中，没有听说过消费者或者说我的客户对习酒的酒质有任何不好或负面的评说，而且习酒品质这么多年来一直都是不断地在提高。说到酒质上面，一提到习酒，人家都说非常好。

不过，像郎酒、珍酒也红火过。那个时候，习酒还很不好卖的时候，六盘水好卖的就是珍酒，然后就是郎酒。它们都比习酒卖得好，销售量都比习酒多。但是，慢慢慢慢地，习酒就全部反超它们了。包括像金沙、回沙也卖

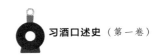
得很好，但是它们都是在两到三年时间内，慢慢地因为各种原因，被习酒比下去了。

我觉得，价位倒不是关键！可能与习酒这几年对品牌的塑造有很大的关系，让消费者愿意选择习酒、喝习酒。习酒品牌发展后，有品牌文化，还有，其实喝习酒觉得还是有一定面子和身份。慢慢地，习酒品牌发展到现在，大家都觉得用习酒请客是很有面子的。习酒品牌文化的影响在不断扩大，消费者不停地在购买。

经销习酒这么多年，从母亲到我，最大的感受是，习酒公司对人，有一个叫"敬商爱人，无情不商"（的说法），这个文化我觉得非常好，包括对经销商和对经销商的下一代有感染力，不光是厂商和经销商的关系，甚至有时候超过了厂商和经销商的关系。习酒公司的历任片区经理和职工、同事对各个方面都进行关心，我觉得这也是"工匠精神"。习酒公司的人，我觉得这方面做的文化，"敬商爱人，无情不商"这一块，非常不错。

2017 年那个时候，六盘水假酒特别多，我们片区经理就和习酒公司的打假办联系到经销商，连续一个星期就专门去蹲点，每天都到凌晨三点钟，就在窝点蹲守，看这个酒到底往哪里送，就在后面跟踪查，甚至在他们的车上放跟踪器，就是想看那些网点、窝点在什么地方。一个星期查到以后，我们就联系了经侦打掉了这个窝点。

这个事，我还是挺感动的。因为打假，每个厂家都在打，郎酒、茅台都在打，但是习酒的打假，我印象深刻。其他品牌在打假力度上，顶多就和当地工商排查一下，但是我们是由作为厂家的片区经理带头，亲自和我们经销商还有习酒公司打假办，一起深入打假的窝点。我觉得这个力度在其他品牌和厂商里面是很少见的。经过这次打假活动以后，六盘水的假酒少了很多。现在好多了，我们搭成线了，就直接和工商、经侦开展活动就行了。

只要是消费者举报在哪一家店买了假酒，我们就开始找，我们经销商就去处理、去辨别。由消费者举报到工商，工商就让我们去协助辨别，出一个鉴定证明。去了以后，我们就把线索留住，然后就关注这家店，如果觉得这家店经常有假酒销售，我们就关注这个店的假酒从哪里来的。从这家店开始摸，发现经常有人骑电摩托送货，我们就以消费者名义去店里面买酒，就说我们要买习酒"酱香·1988"。我们一看它的酒从哪里来，就知道这家店一定是卖假酒的。如果有个人骑着电摩托送货过来，我们就跟着那个电摩托，摸出了很多家在共同销售假酒的店。通过这，又摸到他们出酒的点在哪里。从消费者举报到工商查处这条线，是我们摸开的。

现在的白酒行业，我觉得处于一个向好的增长期，特别是高端消费这一块。虽然现在各地都说经济环境不好，但是我们的中高端产品还在上升。现在就中国酒行业来说，酱香酒的市场份额会逐渐逐渐扩大，目前酱香酒只占5%左右，所以，酱香酒分量还有很大的发展空间。这肯定也会给我们带来很多的销售，而且酱香酒在全国各地都在被接受。

习酒坚持它的工艺，坚持它的品质。我觉得品质是它的关键。再一个，在不同的价位段上，可能打造不同的大单品，以单品、大单品形式来结合销售，可能会覆盖更多的消费者。还有生肖酒、年份酒，这也是提高品牌附加值的一种办法，而且是限量发售的。现在习酒的生肖酒，消费者都愿意买来收藏。习酒厂我去过很多次。他们的酿酒工艺一直是坚持传统酿酒工艺。说守艺精神，我觉得习酒公司一直都做得非常好。

习酒公司上到董事长，下到我们片区经理和同事，和我们就像一家人一样的，没有说厂商之间分得非常清晰。反正人的身上有一股精气神在，就是大家都是为习酒，就是一家人，没有在什么问题上产生大的分歧或者说什么冲突。我觉得就是在人上面，习酒"敬商爱人"。习酒一直在坚守，都挺好。

我大学未毕业（时）就应聘到湖南一个做水井坊的经销商那里去跑业务，跑了有一年半时间。那是在湖南浏阳区的湖南新鸿基贸易有限公司，水井坊的总代理，那个企业应该一年有3个多亿的销售额。其实我当时也是想提前了解一下、学习一下。

那时，我还没有完全决定要回来，我母亲的想法还是尽量让我留在省外发展，只是我自己对酒还是比较感兴趣，因为从小我母亲就在做酒，我一直在这种氛围里面长大。我就在湖南选了一个酒行业里面做得最好的水井坊的总代理，就去应聘当业务员。

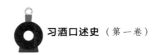

收获最多的就是他们的管理方法和模式，还有经验。因为他们公司那时有 3 个多亿的销售额，也还做红酒。我当时是最基层的业务员，就感受得到他们整个团队的管理、公司的运作，让我有非常大的收获。那也算是我人生中的第一份工作，遇到很多同事，还有我的领导。我的领导，也相当于从另外一个角度上，把我带进了酒行业，也让我更能够体会得到酒行业是什么样的。

我觉得做销售，对我最有触动的就是，他们的心态都特别好。因为那时，我是去跑业务，经常都是没有什么业绩。但是，我的领导，他们业绩都非常好。他们和客户的关系非常好，就像亲戚一样，进去以后就是像朋友亲戚那种感觉。所以一谈销售，说有活动，要进多少货，很简单地、轻松地就达成了。

他们平常跟客户之间的沟通和相处，能站在客户的角度上给客户解决一些问题、能够争取更多的一些利益，真心地站在他的角度着想，而不是一味地就是把东西卖给他。所以，他们之间有种信任感，客户也很信任你，很容易就达成了合作。但是，如果我去就不行。我去，不光说我的价格比他们再低，或者说我说得再多，都不会成交，信任感很重要！

他们也有压力很大的时候，但是他们的心态都特别好。我刚去，没什么业绩，领导就对我说："小潘，你要自己调整好自己的心态。你现在刚刚来，没有什么业绩，可能经常会有点灰心，但是你要自己调整好你的心态，万事开头难。"他就给我做了工作。做销售其实门槛非常低，任何人都可以来做，但是最主要是看谁能够调整好自己的心态，谁能够坚持下来，谁就能够成功。

我接的第一个单是 4 瓶酒，是水井坊旗下的一个品牌。当时，我连续去了一个星期。我每天都要从那里过，我就在他那里停留了一下，随便吹两句。有一天，他主动就说："你上次给我说的这个活动，不行你给我签一个！"我都很意外，记忆非常深刻！当时就是进 4 瓶酒，然后每个月我再送一瓶。非常开心！那个时候，觉得自己有非常大的成就感。

被别人拒绝的时候，被打击的时候，不会影响精神和斗志，依然可以像和平常一样，用平常心来对待。我觉得，这个心态非常好。

　　我最大的一个单子，现在最大的一个单子，就是习酒了。习酒公司的订单。

　　其实，当时我也没有说要回贵州来。有一次，母亲给我打电话，当时也是她心情不太好，然后我们就打电话就聊天。因为之前，我母亲一直想叫我留在省外，或者让我考公务员，因为我父亲是公务员。我母亲一直经商，她觉得经商太累了。她说："你如果可以的话，你去考公务员。"意思不要让我经商，或者说就留在省外发展。她给我打电话，后来我知道其实她还是想让我回去。后来我想，家里面没有其他兄弟姐妹，就我一个人，母亲年龄大了，没有人回去把这个业务接下来，觉得可惜。她年龄大了，有时候也很疲惫。所以我就和媳妇商量，我们就回六盘水。回六盘水，也是把这个担子给她接下来。

　　对我母亲，我最大的触动，是她做经销商的业绩。那个时候，我没有进入，不太有感受。那个时候习酒反正都非常好卖，就从1998年、1999年开始，习酒就非常好卖了。

　　我觉得，第一就是我要传承，要从母亲那里传承的，就是吃苦耐劳、讲诚信。那个时候，市场上有很多卖假酒的，但是母亲从来没卖过一瓶假酒。我听到行业内也在说母亲不卖假酒。我是非常痛恨卖假酒的。君子爱财，取之有道，有些做假酒的，就赚昧良心的钱啊！对这些人，我是很瞧不上的。这么多年来，不管是我母亲，到我现在管理公司，也是一样的："我们公司不管卖再便宜的酒，都不会卖一瓶假酒。"这是我们一直坚守的。

　　我是2015年回来的。回来以后，我就先跑了一趟业务。我回来时，公司一直在正常运营，正好有一个负责乡镇的业务员辞职了，我回来以后就接替他，跑乡镇的业务。我跑六盘水、水城县、钟山区周边的乡镇，因为乡镇上有很多客户。我们就是跑乡镇的那些小卖店、超市、餐馆，全渠道覆盖。一个业务员负责整个乡镇。市区就划区域，比如说以贵阳为片区，南明区有一个业务员，观山湖区有个业务员，乌当区有个业务员。

　　我一个人开一台面包车，每天开着车下乡去跑业务。客户那个时候都不知道我的真实身份。我印象非常深的是，我跑了有快一年的时间，还有客户

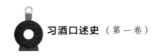

给我介绍女朋友，经常问："哎，小潘，你有没有女朋友啊？我们给你介绍个女朋友。"到现在，很多乡镇的客户和我的关系都非常好。到后面他们才知道："原来你是老板的儿子哦！"

做了一段时间，送了一段时间的货，就是当司机。真正进入管理职位应该是从 2017 年开始，我就开始做总经理，接手公司全部的业务、运作和管理公司到现在。我现在是公司总经理，妈妈是董事长，所有公司的业务全部由我来负责，我母亲主要负责财务。

我觉得，我运气还比较好。我从 2015 年回来以后都比较顺利，包括我接手公司、进入管理岗位也都比较顺利。我觉得在湖南打工的这一年多时间对我帮助很大。回来后，我已经有一定的基础了，对酒行业的业务已经有一定了解了，所以，我上手也比较快。那个公司的管理方法和模式，也给我进入我们公司的管理层很多的帮助和借鉴。

习酒从 2015 年就开始调整，每年都在增长，它的业绩、品牌影响力每年都在增长。我回来以后，随着习酒的增长，我们公司的销量也在增长。在这个过程中，我也得到了一些收获和成长。我们现在的销售额应该在 5000 万左右。我们每年都有增长。我们（主要经营）习酒的高端系列"酱香·1988"系列，另外还有两款，一款是方瓶习酒，一款是老习酒。

我去过习酒厂 10 多次。每年要去两三次，要带客户去习酒厂参观。

我自己现在注册了一个品牌叫"智德酒酷"，现在已经开了有两家店了，就是专业的酒类直营店，里面包含白酒、葡萄酒、啤酒等各个国家的酒类。我准备做成酒类连锁，在我们当地或者周边慢慢地覆盖。它的销售模式是综合性的，线上线下同城配送，也可以品鉴。就是现在只开了两家店，打算在水城开三家店，然后再慢慢辐射到周围。

习酒有防窜系统，习酒查窜货是区域保护，就是六盘水的不能把酒卖到贵阳，贵阳不能卖到六盘水。原来就是在物流上查，或者说是在烟酒店里面查。现在这些方式也在用。现在还有一种方式，消费者扫描二维码，都可以得到微信里的红包奖励。这个二维码是和习酒公司后台相连的。就算我的酒物流查不到，但是我的酒在贵阳扫码，公司的后台是看得见的。比如说，这

潘宸（右）与钟方达（中）
合影

瓶"1988"是在六盘水买的，但是在贵阳扫的码，就看得出来酒是哪个经销商的、什么时候发的货。然后，消费者是什么时间段扫的、在什么地方扫的都查得到。如果我的酒在贵阳扫码率太高，那就说明我有窜货的风险。窜货会处罚，经销合同上面都签的有，窜货量数量达到多少金额、多少数量，会定性。一般违约，严重还是恶意，对经销商进行处罚。严重的，可能会把经销商取消掉。这也是维护一个市场良性发展的规矩。

习酒，我真的从小就开始喝，那个时候就喝着玩。真的开始喝酒的话，应该是进入大学。开始频繁地喝习酒，是回到六盘水以后。现在可能一个星期，我们要喝3天。我母亲，她就一滴酒都不喝。我最多能喝半斤。我也不能喝多少，只是喝酒的频率比较高。

（母亲）她们那个时候真的是很苦。她的管理，在当时在整个六盘水的

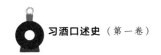

白酒行业，还是走在前面的，都是公司化的运作，正规化的管理，不像很多品牌的代理商，就只有个经营部。我来接手公司之后，都是很正规的。我是属于站在巨人的肩膀上。这几年，我接手了以后，（刚好）习酒发展得非常快。大家对我有很多鼓励，也是一种表扬，我还是比较忐忑不安的。

喝酒，我觉得要适量，不过量不会影响健康。酒嘛，它讲情感氛围，人的心情好了，自然身体会好。像我能喝半斤的话，我就不要超过这个量，会喝得很开心。我觉得，人只要保持心情舒畅的话，他的身心就会健康。

喝酒虽然不算是任务，但是有时候我倒是会，太频繁了以后，我也会自己调节。现在消费者饮酒的方法，包括现在喝酒都主要是 70 后、80 后饮酒的方法，和我父辈饮酒的方式都不一样了，他们更理性了。我不会去喝太多，不会去酗酒。父亲经常说我："像你这么年轻的时候，我能喝多少多少，你才能喝半斤。"我说："现在年代不一样了！"

他们很多人都觉得习酒口碑好，酒质好，性价比高。现在特别是习酒"窖藏·1988"，大家都觉得可能光这个单品，都能有超过 30 个亿的销量。目前它不是最贵的，是在中高端品牌里面卖得最好的一款，也是习酒卖得最好的一款。

现在竞争也大，在六盘水市场，郎酒、珍酒的市场份额倒是赶不上我们，但是在全国的市场份额，整个还是比我们大，大家都在拼命抢更多的市场份额。

酱香酒消费者就是喝少了。现在我们习酒公司有一个活动叫"我是品酒师，醉爱酱香酒"，就是让更多的人了解酒文化、了解酱酒文化。

酒文化，是情感的抒发。对一个人情感的抒发，这是一个非常好的方法。对我自己也是一样的。有时候，我去应酬或者做品鉴会，我没有太大的压力，因为我觉得我热爱这个行业。所以对于喝酒，我也觉得不是太大的负担。我这个人也是这样，我认为在一起能喝一两杯酒，在喝酒的过程中大家聊天，或者说从客户变成了朋友，或者通过酒我们认识了，我觉得这是对我非常大的收获，我都是非常开心的。

我们一家人都非常感谢习酒，对习酒的感情也非常深。对于我来说，习酒不仅仅是生意，更是一份事业。我母亲从 1998 年开始一直在做习酒，到我，现在我们公司也随习酒的发展在壮大，我们的收入随着习酒的发展也在增多。我们这一家，对这个品牌的感情非常深厚。和习酒公司的同事、员工、职工，很多都是处得像一家人一样的。习酒全国的经销商有一千多个，省内可能有几百个，只要是习酒的文化活动，我们都会参加。习酒对经销商，真的就是"敬商爱人"，服务各方面都做得非常非常好。

因为习酒独特的文化，还有它的风格，还有这种人与人之间的和谐相处，我的母亲也放心让我进入这个行业，继续经营这个品牌，这也算是另外一种认可。还有很多经销商都在把习酒传承给下一代继续经营，习酒的发展会越来越好！我母亲对习酒感情非常深厚！非常认可！

这次来酒博会参观，就想来了解一下行情。每次酒博会，还有成都的糖酒会，我都会去，就想了解一下信息。巴拿马酒会还没有去过，是下一步的目标。在整个酒的行业里面，我还是要专研，不管是白酒，还是葡萄酒、啤酒，我想在酒行业里面做得更专业一点。专业很重要，给消费者就要提供一些非常专业、能够解决他们需求的问题。

做体验店我自己很感兴趣。我想在这个行业里面长久发展，能够做一些跳出传统经销商的思维模式，做一些新的创新。用我自己的分析和学习来看，这也是一个趋势，也是直接面对终端，直接面对消费者。作为传统经销商，我们不能就是只面对烟酒店客户，还必须要直接面对消费者，这样才能够更多地掌握消费者的需求和变化，依靠我现在这个平台，有很多资源可以利用。习酒品牌的发展对我起到很好的帮助，于是我就做了这样的自营店尝试。

我还做了葡萄酒和啤酒，这和我做白酒是相互带动的。我原来做白酒，但是我接触不到专门喝葡萄酒的用户。其实喝葡萄酒的用户，他的身边也有喝白酒的用户，也可能给我带来很多新的客源，给我带来很多新的、我原来接触不到的客户。我也可以慢慢地把他们变成习酒的消费者，那习酒的消费者也就慢慢变成我葡萄酒的消费者、啤酒的消费者。我觉得碰撞以后，会散发出很多很多的可能性。所以我开两个店，这对我客户的客源和自己身边的客源，还是有很多帮助。自营店的带动还蛮大的，而且我作为经销商，能更直接接触到消费者，对消费者传递的信息把握得会更精准。对于像宣传账单，

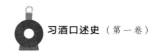

宣传买习酒、去介绍习酒，和我的客户去介绍习酒，是不一样的表达。我这样去表达习酒，可能我的感觉会让人家更信服。让人家觉得更专业，体验会更好。

其实做酒的风险和其他行业比起来还是比较低的。酒，它不怕放。比如说，这个酒不好卖，我把它存着，存几年，五年、十年，再拿出来卖，它依然可以卖。它有生产日期，但它不会过期。白酒存得越久，时间越长越值钱。

"八项规定"还有贵州省的"禁酒令"出来以后，大家都说对酒会有影响。白酒的消费早就已经逐渐转化在大众还有商务这些个体的消费上。原来白酒的发展主要是在政务这一块。其实，习酒在这方面做得比较早，就是在开发消费者方面，已经大部分是老百姓，还有个体工商业主。对政务这块，各单位现在采购的量很少很少，基本上没有。

所以，它还是和经济活动有关。经济活动越频繁，我们的销售就会越好。

潘宸领取"习酒·我的大学"捐赠爱心企业授牌

国家不可能不发展，经济要发展，白酒是消费品，各方面的消费品就会增加。

我母亲从 2007 年开始做公益，每年她都会资助三到五个大学生，每年给他们学费、生活费。现在，我们更多的是和习酒一起做。习酒每年有"习酒·我的大学"奖学金，我们每年都参与这个活动。助学金就是给资助，一次性资助五千块钱。

每个受资助的学生在开学前都给五千。现在，每年我也资助两到三个学生，我们会和习酒公司一起去考察。我们是资助贫困的、品学兼优的学生。我们要到学生家里面去看，去考察了解家里面是不是真实的贫困，然后又在贫困里面选更贫困的，因为名额也有限，每年六盘水有五十个名额，而报名的可能有一百到两百。我们和共青团一起合作，一起把名单筛选出来，在里面又再去挑选贫困里面更贫困的学生来资助。

我们公司有时候会自己组织去慰问，比如重阳节慰问老人，有时候，我们会去资助一些小学生。搞脱贫攻坚，我们公司也参与了。赠人玫瑰，手留余香嘛！

本书采编小组于 2019 年 9 月 10 日采访潘宸

高文娟 ｜ 我的生命跟习酒分不开

　　我们公司领导跟我开玩笑："那到时候，你就嫁到贵州去了！"我的小儿子就是 2000 年生的，到现在为止，他每年的暑假都会跟我去贵州，而且他对贵州也有特别深的感情。我想这可能也是在我的生命当中的一种缘分吧！作为一个女性来讲，我因为事业来到贵州，然后在这里又孕育了一个新的生命。

无锡市文大印刷包装有限公司执行董事高文娟

人物小传

高文娟　1968 年出生于江苏无锡荡口镇，20 世纪 90 年代初进入彩印行业，2000 年创立无锡市文大印刷包装有限公司。

1996 年，在全国春季糖烟酒会议上，高文娟和当时的习酒公司张明海副总经理和新品开发部左智泓经理进行了初次洽谈，自此高文娟与习酒正式结缘。

在习酒进入市场低迷时期，高文娟和文大公司坚持务实、认真的工作作风，把控好质量及酒厂包装材料所需。虽然期间文大还在服务于其他大型酒企，如郎酒、泸州老窖、诗仙太白等，但是高文娟还是把习酒作为自己的首要客户，竭尽所能地服务好习酒公司。

2009 年至 2017 年，为了解决仓储及运输问题，更快捷地服务习酒公司，文大公司 6 次搬迁。在合作的 23 年间，她不惧困难，全力保障习酒的供货和市场急需。2018 年，文大被习酒公司评为"杰出供应商"。在习酒 60 周年厂庆时获得"习酒 60·感恩同行"荣誉。2019 年，文大荣获茅台集团授予的"优秀供应商"称号。

1996 年至今，文大与习酒已合作 20 余年。高文娟女士已经把习酒作为她的第二故乡，一直因以半个"习酒人"自居而倍感骄傲。在她的生命里已经融入了习酒，与习酒休戚与共、共谋发展。

我叫高文娟，江苏无锡人。说起我和习酒的缘分，要追溯到 1996 年。

实际上，1992 年全国已进入了一个比较好的发展阶段。那个时候，因为上海离我们无锡比较近，我们也听到了"习水大曲"这个品牌。而且，因为我们一直做酒包装的，通过同行也对习酒这个品牌有所了解。再者，我一直觉得有一句话说得很好："酒香不怕巷子深！"我觉得越是在深山里的产品，它肯定有与众不同的地方，这是让我觉得需要去探索的。另外，我也知道当时的茅台、郎酒就在习酒的周边，我很想去了解一下，也是因为我的

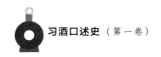

好奇心吧，促使我来贵州看一看。

可能我骨子里有很多江南女子的情怀。我当时对习酒赤水河畔的一个传说非常向往。传说当时习酒厂这里是古习国，古习国的国王有一个非常美丽的公主叫习妹，她爱上了一个二郎滩的放牛娃。国王肯定是不会允许她嫁给一个放牛娃的。公主和放牛娃最后双双殉情于赤水河，就化成了对面的二郎峰和习酒。从此，郎哥和习妹二人隔着赤水河遥遥相望。每一次，我们江苏的客人去习酒厂，我都会跟他们讲这个传说。习酒是一个有美丽传说的地方。我想，跟我的家乡荡口（无锡市荡口镇，国家级历史文化名镇）一样，也有很深的文化底蕴。荡口有许多关于江南四大才子之一唐伯虎的典故，"唐伯虎点秋香"的故事就发生在荡口，她也是一个有着美丽传说的地方。冥冥当中注定我要跟习酒结缘。

1996 年，也就是在成都糖烟酒会议上，我第一次跟习酒相识，那也是非常有缘分的。我记得很清楚，张明海副总是负责供应这一块的，市场新品开发这一块是左智弘负责。在全国糖烟酒会上，我认识了这两位习酒人。

我们无锡文大印刷包装有限公司是专门生产酒包装的，就是做一些配套的、专业的包装印刷业务。关于习酒公司，在业界我们一直是有所耳闻的。所以，在 1996 年的那一次全国糖烟酒会上，我们就非常想认识习酒的负责同志，很想跟习酒进行合作。

张副总在糖酒会议上认识我们后，他也想测试一下我们企业的生产能力，就让我去习酒公司先去做一下前期的了解，然后再拿上样品回无锡去打样。

糖烟酒会结束以后不久，我一个人拖着一个帆布的箱子，从无锡辗转几千公里到了贵州的习酒厂。当时我的同事都说："你一个女同志，去贵州是很危险的，那边很贫穷！"但是，我想既然我已经选择了这一个目标，那不管前面有多少的困难，我都应该去尝试一下。

我从四川的合江坐中巴到习水县城，对我来讲，那段经历真的是印象深刻，值得一生回忆。那是我第一次到大山里面，中巴车一路过去，我只看到了一线天，两边都是高山；车上的很多乘客一看我就是个外乡人，拖着个大箱子，就说："小姑娘，你这么晚了，你再要去习酒厂很危险的，你就在我们县城住下来吧！"我说："我也不认识路啊，我住哪里呢？"那个中巴车司机就很热心地把我送到了一个旅馆，说："你今天晚上就住在这边，明天早上你再坐习水到酒厂的班车。"一路上碰到了这么多热心的贵州老乡，我很感激。今天，我在事业上小有成就，我很感谢他们。

我出生在全国有名的彩印之乡——无锡荡口，可以说，我从小就对印刷耳濡目染，而且荡口也是中国非常有名的铜活字印刷之乡，也就是说铜活字印刷工艺的发明就是在荡口。整个荡口到处都是彩印厂。

我是家里的独生女儿，我父母当时只生了我一个。因为从小一直看到的、听到的都是印刷方面的东西，以至于后来学校毕业以后，我的第一份工作就是到彩印厂去打工。当时我父亲从国企退休的时候，本来我可以"接班"的，但我没有去，我非常喜欢印刷这个行业。我觉得在这个行业当中，我会有更多的发展空间。我从小就不喜欢去一些国营单位按部就班地上班，这可能是我从小的个性。所以，当时从学校毕业以后，我就自己到彩印厂做了学徒工——我本身也就是从一个基层员工做起的。

当时，无锡很多的工厂都是乡镇企业。1997年的时候，大环境发生了一些变化，也就是企业"转制"了。当时，公司就跟我们说："现在企业转制了，企业不可能再来养你们，除非你认为在生产技术管理这一块自己有很高发展空间。不然，你们就出去跑销售。"我觉得，就自己的性格和喜好而言，很想去外面看一看，我就选择了"下海"去跑销售。这对一个20多岁的女青年来讲，是要承受很大的压力和责任的。

由于前几年在工厂有一定的工作经验，加上对这个行业的了解，我对自己未来还是有一份信心的，也愿意到商场上去尝试一下。我第一步是跑销售，给一些企业的老板去跑销售。当时我跑销售的一个主要方向是给国内的大型酒企做配套，像北京牛栏山、河北的衡水老白干，还有四川的郎酒。习酒也是我在1996年选定的一个目标。既然有机会在全国糖烟酒会议上认识习酒公司负责这方面业务的同志，我就抱着试一试的态度，想进入习酒，想给习酒做包装。

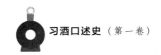

当时，我对习酒的了解还不是很多。当我第一次来到贵州，我才感觉不是我想象的那么美好。贵州很贫穷，道路从无锡一路颠簸到贵州，我整个就变成了一个"白毛女"，连鼻子里都是灰尘。接待我的同志说："你是第一个从江苏来到习酒厂跑销售的女同志。"听到这个话的时候，我真的很感动，我觉得好像我就真的有这份信心和勇气，做了很多女人可能不敢去做的事。

我清晰地记得，我当时做的第一款包装是一款老习酒的灰色竖纹的包装。这个工艺的要求非常高，我们也是通过多次打样，在无锡和贵州之间来回跑了多次。这款包装是习酒公司通过设计公司设计好的，我们只是去把它复制。因为当时习酒公司正处在困难阶段，很多供应商都要现款现货，才肯去做包装。当时，习酒公司供应部的领导也跟我讲了这个事情。因此，当时合作的一个前提就是，要全力去支持习酒——这个包装款不是现款现付，可能要压一个时段，或者在习酒销售比较好的时候才能付款给我们。为此，习酒公司欠了我们很多货款。我们在整个合作过程当中，走得都是非常艰辛，我们也很希望习酒在公司领导的带领下，能够真正地走向市场。

我通过销售公司了解到，习酒在江苏的苏北市场，只一个单品"三星习酒"就做到了2000万元的销售额。所以，我一直对习酒这个品牌非常有信心！虽然，我当时知道习酒所处的是贵州这个环境，交通非常的困难，它的宣传途径也是比较闭塞。当时在江苏，除了一些老年人知道习酒这个品牌，一说习酒多数人都说不知道，（都会问）"哪里的？"但是在上海，习酒有一个品牌叫"习水大曲"，上了一点年纪的消费者都非常认可它，而且觉得这个酒的酒质非常好，价格也可以接受。通过这些市场信息，我捕捉到了未来习酒在白酒这个行业肯定会有自己的一席之地。在后来的20多年当中，虽然我们公司也给郎酒做一些配套包装，而且当时在郎酒的供应商当中我们也是名列前茅，但是我们始终没有放弃习酒，即便当时是在习酒非常困难的情况下，有一些供应商因欠款都拒绝给习酒做包装的时候。

当时，习酒公司有一位主要领导给我打了电话，他说："小高，你能不能为我们习酒再做一点包装？我们现在比较困难，还不能马上付给你们资金，而且我们这个包装又要得很急。"在这样的情况下，我感觉我跟习酒已经有这么多年的情感基础，我也慢慢融入半个习酒人的这种情感当中。我觉得在这一个时期，我有这个责任、我有这个义务助习酒一臂之力，我就答应了。我说："放心吧，领导！不管我们多难，我们都会全力地配合好这个供应。"后来，我们把习酒所需的几款比较急的包装都在习酒公司规定的时间内完成了。

当时，有很多人放弃了，很多人都跑了。习酒公司也欠了我公司几百万元的货款。在 20 年前，几百万真的是压力很大的。但是，我跟我们公司的领导立下了军令状："如果我不能把这个钱拿回来，我就不回无锡！"

我就一个人在习水待着，我们公司领导还跟我开玩笑："那到时候，你就嫁到贵州去了！"我的小儿子就是 2000 年生的，到现在为止，他每年的暑假都会跟我去贵州，他对贵州也有特别深的感情。我想这可能也是在我的生命当中的一种缘分吧！作为一个女性来讲，我因为事业来到贵州，然后在这里又孕育了一个新的生命。

说实话，这么多年坚持给习酒做包装也蛮艰难的。当时我在北京的业务都做得很好，特别是河北衡水老白干的业务做得非常好。然后，我放弃与北京、河北的合作，来到了赤水河畔。

到目前为止，我们替习酒公司做的包装，合起来产值大概也有好几亿了，毕竟我们跟习酒的合作 20 多年了。在跟习酒的合作当中，我也得到了习酒公司几任领导的大力支持，我们也多次被评为习酒的优秀供应商、杰出供应商，获得了"感恩习酒二十年·风雨同舟"的杰出奖。我想，这也是习酒公司这么多员工对无锡文大印刷的一个认可。在这样的支持下，我觉得我们文大也更有信心。我们相信，在今后的合作中，习酒在钟方达董事长的带领下会做得更好。

在去年，也就是在 2018 年，我们的销售量在整个供应商中排第二名。目前，我们公司也是全力在提升管理水平和生产管理技术。我们给习酒做的产品，也一定要做到百分百的投入，这个也是我们未来对习酒的态度。

我们在习酒镇租了两套房子，就在习酒公司的宿舍区里，我已经把习酒

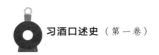

当成我的半个家。租这两套房子主要是方便办公，我基本上是一个月或者两个月要过来一趟。为了更好地服务好习酒，解决目前习酒的仓储、产能等方面的难题，我们在泸州也开设了一个分公司，以便更好地配合习酒产能需求。我们在无锡印刷，然后把半成品发到泸州的分厂来成型。这样首要的是解决了仓储的压力，我们知道现在习酒的仓储压力非常大，我们的分厂设在泸州的话，在产能上可以更快捷、更好地服务习酒。这个是我们的一个态度。

当然，在跟习酒 20 多年的合作中，实际上文大也经历了很多的困难。特别是 2011 年我们在邻近习酒厂的马临镇开办了分厂，到目前为止，由于地方政府和开发商方面的原因，我们面临了 5 年的合同租赁纠纷案件，给我们公司造成了重大的经济损失。即使在面对这样压力的情况下，我们也没有放弃跟习酒的合作。习酒公司从领导到下面的员工，都非常理解我们文大印刷这 20 多年在服务习酒过程当中的一个态度——真诚和信任。

目前，文大公司在无锡有 100 多号员工，在泸州的分厂也有将近 100 名员工。前两年，我们每年的产值是七八千万，那今年我们文大公司设定的一

高文娟检查习酒包装印制情况

个目标是 1.2 个亿。现在，我们的业务主要是在四川和贵州两省。当然，我们现在也在华东发展有一些其他的配套印刷服务项目。

总结这么多年和习酒的合作。我想，一个企业的发展不外乎于它的务实、坚持和创新。务实是第一基础，坚持去做一件事情。我相信，经过时间的沉淀，这个坚持一定会让个人和企业有所收获。在创新这个理念中，我认为，在市场竞争越来越激烈这么一个严峻的大环境下，唯有创新才能在这个行业里脱颖而出。我想，这也是未来我们文大要去做的事情。我们也相信，通过对习酒这个品牌的服务和宣传，也会为我们文大去树立一个非常良好的企业形象，赢得一个很好的口碑。在华东乃至在全国，我想会有更多的客户来选择文大印刷。这也是习酒带给我们的一个非常美好的形象。

从我第一次到贵州，已经过去 20 多年了。以前到贵州的时候，我觉得贵州人很淳朴。通过这么多年整个国家经济的发展，特别是习酒上下员工在茅台集团的带领下，他们对市场经济有了更深刻的理解。一个好的产品，也需要一个品牌的树立和宣传，才能赢得消费者，也才可能更好地去为社会服务，才能创造更辉煌的企业发展业绩，更好地推动地方经济的发展。我相信，习酒这个企业也能尽到它的一份社会责任，不光创造税收、就业，甚至担当了更多的社会责任。我也一直听说习酒在开展社会公益方面做得很好，我对习酒更有一种崇敬之心。因为，习酒在做好自己的同时，它还担当起了社会的一份公德责任，帮助更多贵州的乃至全国的学子上大学。

习酒的这个公益活动（"习酒·我的大学"助学项目），虽然我们没有参与，但是我们在无锡也在做一些公益活动。在未来，真的有一天，我的企业能够做大做强，我想我会回到贵州，用我的一点微薄之力回报贵州人民，去做一点有意义的事情。我想这也是 20 多年，我能够回报贵州的一份拳拳之心。今天，公司领导把我推到这个平台，让我更好地去诉说跟贵州、跟习酒这么 20 多年的情感，不管是从情感上的交往，还是从事业上的一个配合，我更多的也是融入了一个外乡人对贵州的了解、对习酒的

无锡市文大印刷包装有限公司楼顶竖着"贵州习酒"字样

了解。我认为，这是一个非常好的纽带。我一直说的，无锡跟习酒有着很深厚的渊源。

可能大家都知道无锡有个太湖，在我们美丽的习酒，有我们的赤水河，这河水是一个流淌着的感情的纽带。我很想尽我的微薄之力，把习酒的酒文化跟江南的文化去融合，我也希望能够尽我的力量把习酒这个品牌更多、更快地介绍给我们江南的消费者。所以，我们在文大公司的办公楼上面，就树立起"贵州习酒"这几个大字（广告牌），这已经打了 10 年了。任何一个人只要来到我们无锡荡口，只要找"贵州习酒"这个厂，一下就能找到了。这个公司的主体大楼上是"文大印刷"，但在我们的办公大楼上面就是"贵州习酒"。我想，我的事业、我的生命，跟习酒都分不开！分不开！我想我对习酒，永远是一种不离不弃。

2009 年的时候，我还创建了文大酒业，专门卖习酒。后来由于经营问题，加上我的精力、能力有限，几年以后，就没有去坚持。但是不管怎么样，既然我在给习酒做配套，我还是会把这个产品介绍给我身边所有的朋友。

　　这么多年和习酒的合作，我见证了习酒包装的变化过程。习酒的包装，从它简单纸质的包装，到现在的一些木盒、精裱礼盒，都是对这个品牌的提升。对于我们印刷厂家来说，我感觉习酒的包装，目前也是整个中国白酒行业中非常好的一款包装，不管是它的文化底蕴，还是对我们黔酒文化的一个宣传推广，都是非常好的。在这方面，它把黔北文化融入酒中做品牌的宣传和推广。我觉得这是一个非常有意义的事情。

　　作为包装厂家，在工艺的创新方面，我们在不断配合整个习酒产品的需求做一些调整和创新。在这个方面，我们也投入大量的资金和人力，包括对设备管理方面都会做一些创新。我感觉，20 年前的习酒包装，跟 20 年后的习酒包装相比，可以用 4 个字来概括：翻天覆地！它现在也进入了中国白酒包装行业佼佼者的行列。我相信，未来我们的习酒，不光有它内在产品质量，在外包装方面也会更加注重健康环保与消费者的理性消费的结合，把我们的"习酒"包装做得更加完美、更加亮丽！

2018 年，无锡市文大印刷包装有限公司获习酒"杰出合作商"称号

　　具体来讲，在环保方面，我们所有的包装材料都经过国家的严格检测，包括纸张、油墨。生产的工艺也会跟国家的环保相配合。特别是，像我们的酒包装印刷为了避免使用快干油墨造成的空气污染，我们在印

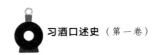

刷机的上面就会专门配备处理整个油墨印刷过程当中可能产生的有害气体的设备。经过这个环保设备再散发的气体，对人体各方面就没任何影响了。

至于印刷用的油墨，需要有专门资质的厂家才能生产，而且国家也会定期地对油墨进行检测，看有没有达到国家的标准。一旦油墨不达标，国家就会取缔这个油墨生产厂家。作为包装生产厂家，我们对所有原材料都会严控，包括我们以前用的一些泡沫垫。由于泡沫垫是不易消化（分解）的塑料制品，今后我们就会祛除，转而采用一些珍珠棉的垫子。因为珍珠棉是一个快速消化的材料，不会对环境造成污染。作为企业来讲，在生存和发展的环节当中，我们会更愿意承担起一份社会责任，在挣钱的同时，不能造成不管是环境的污染，还是其他方面的不良影响。这是我们作为做企业的职业标准和道德。

说到"习酒精神"，我认为习酒一直秉行着一个务实、发展、创新的宗旨。我感觉习酒在发展当中，它会做一个长远的规划，这是我所看到的。在与钟方达董事长的交往过程中，我看到，他都会找我们这些老的供应商、经销商去了解习酒这个品牌，外界有什么样的反映。然后，秉持保证质量、务实、创新的宗旨，去做好企业的品牌，让消费者真正从内在品质去认可这个产品。这一点是我非常欣赏的。因为一个好的产品，如果不能从这点去发展，而只靠一些广告去炒作的话，那么它是经不起时间考验的。只有当这个产品真正地靠品质赢得消费者的认可，那它才是一个长久的品牌，这也是我们作为供应商愿意与习酒长期合作的根本动因。我们也愿意跟这样的企业去建立一个长久的合作关系。所以，这也就是我今天讲的一个真心话。

作为一个与习酒有20多年交往历史的半个习酒人，我一直对自己有一个评价：可能我跟习酒终生都有这个习酒情，我对习酒的文化、习酒的品质、习酒的明天都充满无限的希望。我会带领我的团队服务好习酒，永远地祝福习酒、相信习酒！我相信，我们文大印刷和习酒都有一个更好的未来。

本书采编小组于 2019 年 9 月 26 日采访高文娟

述　评 ｜ **文明以止　化成天下**

——习酒创新发展历史逻辑浅见

郭孝谋

作者简介

郭孝谋　1948 年 10 月出生于贵州省独山县，布依族，毕业于贵州大学中文系。1964 年 9 月参加中国人民解放军，退役后曾在新华社贵州分社、贵州日报社从事新闻记者（编辑）工作；1982 年冬奉调中共黔南州委，先后在黔南日报社、州委政策研究室、州委督察督办室、州委办公室等工作岗位担任领导职务；1999 年末，根据贵州省委有关文件精神主动申请提前退休，获准后，在 2003 年至 2012 年的 10 年里，受邀参与茅台集团和习酒公司的企业文化建设、企业形象塑造、品牌文化宣传。本文为作者自喻是"用心思考、用情体蕴、用神宣传"茅台文化和习酒文化的感悟心得。

习酒"昨天"从哪里走来？"明天"将走向何处？这不仅是当今习酒人长久以来始终萦系于怀的意念，也是许多关注习酒的有识之士的深切寄望。

令人欣慰的是，在习酒公司的精心策划与指导下，经由王小梅、李隆忠、罗梅、罗奇波组织的写作团队悉心采访编著的《习酒口述史》，通过参与创建习酒的亲历者怀着"血浓于水"的深厚情感，以自己在过去或当下的所作所为、所见所闻的翔实史料，从不同的视域、不同的角度，原汁原味、酣畅淋漓地再现了习酒从无到有、从小到大、由弱变强的成长发展史，圆满地了却了人们的一番心愿。

相比较于中国著名的白酒品牌大型企业，茅台旗下的习酒堪称中国白酒业界的"后起之秀"。或许，在人们还不十分了解习酒发展历史的时候，它不过只是其心目中的一幅"图腾"，而一旦人们真正地认知了习酒人禀赋的那种"自强不息""厚德载物"的人文品格，及其不畏艰难、奋发图强、励精图治、追求卓越的创新精神，相信会对习酒产生一种由衷的钦佩与景仰。

作为习酒走进茅台之后创新发展这段历史进程的见证者，在认真通读了这部《习酒口述史》之后，我情不自禁地从心灵深处引发出一种震撼。这种震撼，绝非仅仅是对习酒在市场经济博弈中赢得辉煌发展成就的赞赏，而是对习酒这个具有悠久酿造历史和厚重文化积淀的中国民族工业优秀品牌在改革开放大潮中实现"文明型崛起"的文化认同。

一

回眸习酒自 1952 年开基立业以来走过的曲折发展历程，特别是在 1998 年 10 月融入茅台集团之后赢得的显著发展成就，不由得让我们在思想上生发出对历史与未来之间有何种关联性意义的思考。面对过去很多梦想如今已变成色彩缤纷现实的景象，为什么还有那么多昨天的东西，迄今仍那么顽强地嵌入当下的社会生活，并且继续深刻地影响和导向着人的思想观念和言行举止的价值取向？对于思考这个问题的意义所在，借法国著名年鉴学派史学家吕西安·费弗尔的语境来解读，即是"在动荡不定的当今世界，唯有历史能使我们面对生活而不感到胆战心惊"。

尊重历史、牢记历史的"寻根""守根"意识，原本就是有着 5000 多年悠久历史的中华文明的内涵要义之一。哲理深奥的典籍《老子》有言："夫物芸芸，各复归其根。"《淮南子·原道》也说："万物有所生，而独守其根。"中国先哲所强调的这种"本根意识"，深刻地体现了中国传统文化的思想精髓。

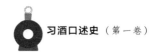

按照历史唯物主义的观点，人类社会发生的任何演变与进步，大至一个国家、一个民族，小到微观层面的经济细胞（企业），都不是没有历史轨迹的前行。而在这一前行的历史轨迹中，可以清晰地看到，无一不是一种文化过程——是文化，不断地影响和改变人的思想观念与思维方式，不断地淬炼和升华着人的道德、情操、品格，不断地推进经济社会物质文明和精神文明的进步。因此，人们没有任何理由和借口，因为自己走得太快太远而忽视或忘却自己出发时的"初心"。所以，很有必要沉下心来，认真系统地整理自己的思想和行为的渊源与脉络，理性地求索自己未来的走向和命运。

"路漫漫其修远兮，吾将上下而求索。"习酒公司党委书记、董事长钟方达在《习酒口述史》序言中说得非常好："一个没有历史的企业是没有未来的，同样一个没有文化的品牌也是没有未来的。"在他看来，当习酒在市场经济的大海中穿越了一波又一波的惊涛骇浪，特别是习酒融入茅台之后，以"凤凰涅槃"的崭新风貌，昂首挺胸，自立于中国白酒之林的当下，腾出精力来认真地追问和反思习酒的根和魂到底是什么？又是什么支撑着一代又一代习酒人不离不弃？这是一个能让历史之光照亮习酒未来发展道路的重要命题。

从这个意义上讲，习酒精心策划组织编著这部《习酒口述史》的宗旨和目的，不仅仅是习酒对个人成长史与企业发展史荣辱与共的追问，更深层的含义还体现于：这是习酒对自身发展历史所持有的尊重态度，是习酒对自身如何更好地实现人与自然和谐发展的探索，是习酒对自身怎样才能够更准确地把握和驾驭社会主义市场经济发展规律的思考，是习酒对自身乃至整个白酒行业过往成败得失经验教训的梳理，是习酒对自身弘扬"自强不息、厚德载物"人文精神的回顾，是习酒对自身面向未来如何推动企业走上高质量发展新阶段的畅想。

在习酒决策层的心目中，那些在习酒初创期及其处于艰难困苦岁月间以无怨无悔、一往无前的奋斗精神做出过无私奉献的习酒人，就是习酒的"根"和"魂"。唯有把这个"根"和"魂"留住了，才能使习酒企业文化内涵更加丰富多彩、更加富有高品位的文化价值，为习酒未来发展汲取和释放出更加巨大的物质文明和精神文明的当量，推动习酒朝着更远大的发展目标坚定不移地奋进。

如是说来，《习酒口述史》体现的"奋斗有我"，既是指曾亲历参与创建习酒和仍在为习酒发展殚精竭虑奋斗的个人，也是意指数以千计默默无闻地为习酒发展大业竭尽自身绵薄之力的群体，其中还包括习酒走进茅台之初为了谋求生存与发展，而不得不"壮士断腕"的那3000多名被辞退的老习酒人。

品读《习酒口述史》，让人深切地感悟到了一代又一代习酒人为推进企业成长发展的雄心壮志，及其在习酒企业文化潜移默化熏陶之中修炼涵养的"艰苦奋斗、奋发图强，励精图治、追求卓越"的高尚品格和人文精神。对于那些虽然没有在史册上留下姓名，但是为了习酒的美好未来甘愿牺牲个人利益的习酒人，相信人们会和当今的习酒人一样感同身受，心怀这样一种感恩之心："无论今后习酒长成怎样的参天大树，也不能忘记那些曾经开荒掘井的人，因为没有他们就没有习酒的今天！"

可以这样评说：这部在贵州乃至中国白酒业界鲜见的《习酒口述史》展现了习酒人的崇高精神境界——不沉溺于过往的辉煌，也不纠结在过往的得失，而是站在新时代的高起点上，放眼于为了更好地面向未来、更能动地把握规律、更准确地定位发展战略、更深入地树立创新精神、更快速地步入高质量发展的新阶段。它的文化价值，就在于它从多维度、多层面上揭示了这样一个历史逻辑：古往今来，中国经济社会的物质文明、精神文明、政治文明的演化与进步，无不依循着"止物不以威武，而以礼乐教化"的文化路径渐行渐近，从而到达"文明以止，化成天下"的至高完美境界。按照这一历史逻辑演绎，习酒68年来创新发展的历史进程，归根结底，也是一个文化过程。正是习酒的这个文化过程，鲜明地印证了西方人类学家玛格丽特·米德做出的著名论断："一小群有思想并且有献身精神的公民可以改变世界。不要怀疑这种说法，事实上，世界正是这样改变的。"

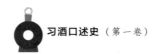

二

《习酒口述史》勾勒的习酒成长、壮大、发展的历史轨迹，给了我们这样一个启示：如果说要对习酒"凤凰涅槃"的历程得出一个符合历史逻辑的判断，进而回答"习酒是不是一个稳健的、成熟的、充满生命活力、具有无限可持续发展前景的企业"这个命题的话，那么，似应依循历史唯物主义和辩证唯物主义的立场和观点，将之置于历史给定的环境条件下，站在历史的大纵深处，运用经济逻辑、文化逻辑的演绎去进行深入的观察、分析与思考。

简而言之：一，要看习酒在起步创业期的历史环境条件下，如何突破计划经济体制的"桎梏"而不停下奋进的步伐；二，要看习酒在站到茅台旗下之后如何克服重重困难，从复苏走向崛起；三，要看习酒在取得市场竞争话语权的快步奋进阶段，如何应对和化解因经济社会大环境发生重大变革带来的挑战与危机；四，要看习酒在上述各个历史发展阶段中，如何依循继承创新的思维范式，正确地抉择企业的发展道路和发展战略。以上四个命题，作为对习酒创新发展过程的历史追问与反思的起点，交代问题的背景和思考的框架，是求得文化认同的思维路径。

毋庸讳言，诞生于1952年的习酒在起步创业的初期阶段，充其量只能算是一个"酿酒作坊"，根本不具备作为社会经济微观层面的组织（企业）必须具备的基础规模实力。因此，它是难以突破计划经济体制给定的历史制约性而长期地挣扎在生存与死亡的边缘线上。然而，令世人刮目相看的是，习酒却以极其顽强的生命力，不屈不挠地在赤水河畔的二郎滩上站起来了！这不得不归功于以曾前德、陈星国为代表的习酒企业家群体的承前启后，带领习酒人以一股子不畏艰难、矢志创业、艰苦奋斗、勇于奉献的自强不息精神，在穷乡僻壤为后人开拓了一片福祉社会的新天地。似可谓："长风破浪会有时，直挂云帆济沧海。"

如今，我们以历史的眼光、辩证的思维看问题，习酒从20世纪中期跌跌撞撞地走来，到 80 年代奠定基业，90 年代"脱胎换骨"，继之为谋求企业做大做强抉择"规模扩张"的发展路径，以至于不幸坠入"增长陷阱"的困境。习酒走过的这段路程，从微观角度看来，是一个"偶然"现象，但从宏观层面分析，是一种历史演进的"必然"结果。所谓"偶然"，是指它不是一种普遍规律；所谓"必然"，是指它属于经济社会发展进程中难以预测、无可规避的历史逻辑。对于酿成这种"必然"结果的原因，国内曾有学者给过这样的解读。在 20 世纪八九十年代，中国经济社会正处于一个充满改革开放激情和追求梦想的剧烈转型之中。当时的情景，如同哈佛大学商业史教授理查德·泰德罗所描绘的那样："一群没有任何资本背景、没有受过任何商业训练的人们，创造了一个又一个的商业神话。"此种从一出生就具有"失败基因"的商业神话，它灰飞烟灭的历史必然性，亦如国内一位财经学家所指出："在任何一个商业社会中，成功永远是偶然和幸运的，失败则无所不在。"我们迄今仍记忆犹新，当年曾以"标王"自诩，纵横捭阖于国内白酒市场的"秦池"，一朝覆灭，就是这个特定时代的悲剧性大败局的典型案例。

　　但是，可以肯定地说，习酒当年在发展路径上出现抉择失误而酿成的这杯"苦酒"，与当时国内白酒行业中不少企业（品牌）基于追求实现利润最大化，盲目"跟风逐浪"落得的沉沦，显然有着本质的区别。对于习酒昔日遭遇的那场劫难，国内文化学者却持有一种另样的解读——这是一个在特定历史环境条件下发生的主观愿望与客观实际相割裂的后果。

　　从主观上看，习酒当年在抉择企业发展方式、发展路径上出现的失误，属于在国内白酒行业尚无先例验证，且与企业决策者未能准确地把握市场经济规律，以及对经济社会大环境充满不确定性的潜在性风险，审时度势不足导致的"事与愿违"的效应。从客观上说，则不得不归咎于其时突如其来的宏观调控趋势给企业造成的极大负面效应。此外，还有一个"知"与"行"比较难于"合一"的客观因素，那就是中国企业与西方企业在发展进程中需要关注的焦点完全不同。西方企业需要关注的焦点是如何预测和应对市场需求的变幻和化解来自市场竞争的挑战，而中国企业需要高度关注的焦

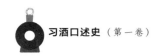

点除了市场因素之外，还有必须耗费大量精力去应对的来自宏观层面的诸多不确定性。在这种环境条件下，像习酒这样仍处于成长期的新兴企业，在抉择企业发展道路、确立企业发展战略、配置企业资源要素、构建企业市场体系等方面，很难规避主观愿望与客观实际相脱节带来的种种弊端及严重后果。

虽然客观事实如此，但任何企业无论处于什么样的历史环境条件下，谋求经济增长，都需要审慎地掂量自身的肩负能力是否能够承受得起预定发展目标带来的种种压力。对此，美国著名学院派经济学家迈克尔·波特就给企业提出过这样的警示："增长，是把事情做对的顺带结果，本身不能作为刻意追求的目标。强烈的增长欲望，往往是导致企业做出无可挽回错误的祸根。"

任何事物发展变化都具有"两面性"。一方面，习酒当年因为决策失误不幸陷入资金链断裂、生产停顿、市场丢失的困境，举步维艰，濒临破产的边缘；另一方面，又恰恰是习酒当年的"规模扩张"，使自己得以奠定和夯实了能够兼具年产 5000 吨优质酱香型白酒、10000 吨优质浓香型白酒的雄厚基础实力。习酒具有的这种比较经济优势，到现在为止，在国内白酒行业中仍然是不可比肩的存在。"有心栽花花不发，无心插柳柳成荫"——此种"利弊并存"的两面性，其实就是一种历史逻辑使然。

实际上，习酒正是凭借着上述雄厚的基础实力当量，为自己走进茅台之后能够实现历史性的"华丽蜕变"，提供了不可多得的先决条件。可以这样认为：当初，习酒之所以能够赢得"陈年酱香老习酒，百姓心中二茅台"的美誉，"长袖善舞"于大江南北市场的格局；融入茅台之后，之所以能够如期达到茅台集团提出的"倾力打造贵州浓香白酒生产基地"的发展目标，进而以"习酒五星，液体黄金"的品牌文化价值转化效应，收获"一年打基础，二年有起色，三年上台阶，四年大发展"的预期复苏效果；之所以能够比较准确地把握市场经济规律，正确抉择"浓酱并举"的发展战略，及至最终确立酱香发展战略，以习酒"窖藏·1988"和"君品习酒"作为载体，成功实现文化价值转化为物质财富，开辟出习酒剑指高端的发展坦途……这一切，正是习酒"自强不息""艰苦奋斗"得到的丰厚回报。

据之而言，习酒今天获得的前所未有的辉煌发展成就，理应归功于一代又一代习酒人发挥的历史作用。而今天，当他们回过头去追问与反思企业过往的成败得失时，能够依循历史逻辑来做分析判断，这种实事求是的科学精神，难能可贵。

三

翻开习酒融入茅台之后的断代史，无数的事实证明：习酒创新发展能量的积蓄，以及在当下日益广泛地赢得包括经销商和消费者在内的社会大众的文化认同，绝非仅仅是凭着企业自我发展意识的外在张扬，或是在得到宏观层面给予某种特殊政策优惠的"呵护框架"下，得以达到预先设计的理想发展目标。通过运用经济逻辑与文化逻辑并行演绎的思维方式，对习酒自1999年以来的创新发展历程进行分析思考，我们得出了这样一个具有普遍意义的判断：一个企业，如果能够像习酒这样，当它在物质生产、文化建设、精神培育、资源配置、制度创新、科技攻关、人才培育、市场运营、经营管理等领域，真正地纳入了企业文化导向的发展轨道，并将企业文化成功地转化为企业员工的文化自觉与行为自觉，才有可能使企业获得能量巨大的组织力、管理力、决策力、创新力、精神力、营销力、扩张力和现实的企业核心竞争力。

我们从《习酒口述史》中清晰地感觉到：习酒融入茅台后的创新发展进程一直都是依循着"顺天法地，行稳致远"的道路稳步前进——从一个起点走向另一个新的起点，而每一个新的起点又必然地推进着习酒登上更高的发展阶段。

在这里，我们以习酒走进茅台集团20余年的两个时段呈现出的"几何裂变"式的经济增长数据为例，即可将之视为习酒改写自身发展历史的两座具有标志性意义的"里程碑"。第一个时段是1999年至2008年的10年。

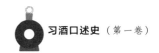

1998 年 10 月，原贵州习酒总公司被茅台集团兼并，此前由于企业处于生产基本停顿、营销市场基本丢失的困境，习酒 1997 年的销售收入总额仅为6641.05 万元，习酒走进茅台集团后，经过十年磨一剑的艰苦努力，时至2008 年，习酒销售收入已增长到 8.3099 亿元，净增长 7.6458 亿元。第二个时段是 2016 年至 2020 年的 5 年。2020 年，习酒的基酒产量达到 4.47 万吨，实现销售额 102.71 亿元，实现利润 32.99 亿元，上缴税金 28.93 亿元。过去 5 年发展成果累计——完成包装成品酒 14.79 万吨，实现销售量 13.73 万吨，实现销售额 287.73 亿元，上缴税金 78.31 亿元，实现利润 74.58 亿元；以上 5 项经济发展指标与"十二五"末年的 2015 年相比，分别增长了95.46%、81.26%、184 46%、162.93%、491.84%。

据《习酒公司 2021 年工作报告》透露：2021 年，习酒将要以"产曲5.4 万吨、产酒 4.9 万吨、包装成品酒 3.5 万吨、实现销售额 120 亿元、省外销售市场占比达到 73%、高端产品销售占比达到 64%、实现利润总额达到 37.5 亿元"为预期目标，步入高质量、高速度发展的历史新时期。

对于习酒创造的这种历史性发展新格局，应当怎样来解读？看来，如下已为国内外经济学家比较认同的两个理论观点，可以作为我们"破题"的思维路径。一是美国历史学家戴维·兰德斯在《国家的穷与富》一书中对经济发展现象给出的判断："如果经济发展给了我们什么启示，那就是文化乃举足轻重的因素"。二是西方古典经济学理论创始人亚当·斯密就经济力与文化力两者之间关系做出的论断："市场经济有两只'无形之手'，一只是供求关系和价值规律，另一只是隐含于其后的文化力。"

按照亚当·斯密的理论观点，市场经济的两只"无形之手"，其功能是有所区别的。前者主要体现于自发地调节企业生产资料在各部位的分配及至在宏观层面上发生作用；后者则反映在经济的微观层面，对企业的生产、经营、管理、市场和绩效直接地产生文化价值转化的潜在性影响和推进作用。由此可见，经济逻辑虽然是分析认识市场经济发展规律以及企业经济基础实力的基本考量点，但隐含在经济逻辑背后的文化力，则是不可或缺、不可轻视的历史动力。习酒融入茅台 22 年来的深刻嬗变，已用确凿的事实回答了这个问题。

在《习酒口述史》中，曾参与习酒开基立业、亲眼见证习酒创新发展进程的老习酒人，或远或近、或多或少、或深或浅，都谈到了一个影响和推动习酒创新发展的话题：习酒在走进茅台之后的每一个决定企业发展走向及未来发展前景的关键当口，习酒决策层都能够做到以高度的历史自觉，审时度势，依循规律，果敢抉择，做出顺应市场经济规律和社会意识变迁时势的企业发展战略定位，使企业得以以创新的思维、稳健的心态、得当的策略、有力的举措，不断推进着习酒又好又快地发展。所谓的"历史自觉"，是指一种能够准确地把握市场经济发展规律，并且主动地营造顺应历史变革环境的"前瞻性思维"。

习酒之所以能够在融入茅台之后的不同历史阶段，战胜艰难困苦，制胜竞争挑战，度过经济社会变革突如其来的金融危机，一切过程及其结果概括起来表述，即企业发展范式变革靠文化导向，企业发展战略确立靠文化定位，企业价值观体系构造靠文化支撑，企业品牌价值提升靠文化推进，企业核心竞争力形成靠文化整合，企业工艺技术创新靠文化指引，企业营销市场开拓靠文化深耕，企业人力资源开发靠文化培育。换言之，习酒企业文化已转化成推动习酒历史性创新发展的"精神撑杆"和动力强劲的"助推器"。

四

品读《习酒口述史》，还使我们深切地感受和触摸到了它熔铸的中华文化特有的民族精神和文化力量。整个史册，无不洋溢着口述者对习酒无比深沉执着、无比热爱敬业的情感，无论叙事状物还是评说历史人物，都折射出习酒人虚怀若谷、理性思考、实事求是的品格，散发出芳香浓郁的习酒文化魅力。

那么，习酒企业文化又是如何构建形成与创新发展，以及如何产生巨大的文化力作用于习酒的经济发展进程的？水有源、树有根。从习酒文化的起源点看，当数习酒人在1998年之前经历曲折复杂、艰难困苦的砥砺，并已

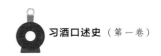
浸入骨髓和心灵深处的"自强不息"精神。也正是因习酒具有了这种与生俱来的"文化基因"，从而为习酒走进茅台之后得以创新构建出内容丰富、观念新颖、内涵深邃、体系完整的企业文化，奠定了坚实的思想基础，搭建了"未雨绸缪"、敢为人先的创新发展平台。

沿着习酒人的思想轨迹，对在习酒创新发展进程中产生深刻影响及巨大推动作用的习酒企业文化，可以梳理出以下几条能够基本反映其形成、创新、完善、提升的脉络。这就是：战略思维的前瞻性；文化内容的丰富性；思想内涵的深邃性；构成体系的完整性；实践操作的连贯性；文化价值的转化性。

众所周知，企业文化在社会大文化范畴中，是一种与企业经济活动休戚相关、相辅相成、互为作用的经济文化。它的形成与其他社会经济领域的文化一样，其创立、创新、提炼、完善、升华的全过程，需要得到一种前瞻性、系统性战略思维的导向，方可得以实现"范式变革"。习酒企业文化的这种"范式变革"，按照国内外经济学家的理论观点，其实就是一个包含着规律、理论、标准、方法、规范和一整套信念在内的概念的框架，或者说是企业文化创新的一种"发展模式"。

在国际上享有"管理大师"美誉的美国著名经济学家彼得·德鲁克说过：创新精神是一种以实践性为鲜明特征的企业家精神，其本质不在于"知"而在于"行"，其验证不在于逻辑而在于成果，其唯一的权威就是发展。认识习酒企业文化创新，此理亦然。

言及至此，需要明晰这样一个思想观点：习酒企业文化的"范式变革"，是习酒人以严谨的科学精神，经历了"在实践中创新，在创新中完善，在完善中提升"而构建的一种企业文化，是一种实实在在"干"出来的实践性企业精神文化。它不是凭着某位企业家或文化秀才拍拍脑袋凭空想象的"哗众取宠"噱头，也不是停留在案牍文本上"坐而论道"的漂亮口号。将习酒企业文化与过往所见的许多司空见惯的捏造历史的"贴牌文化"相论较，在本质上有着泾渭分明的区别。这就是：习酒企业文化，无论是从思想内涵方面看，还是从体现于对企业运营活动产生的"精神撑杆"和

"助推器"作用来说，"实践性"是它的本质，持续连贯性是它的特征，价值转化性是它的鲜明特色。

习酒基于自身发展观念的更新和新旧理念的更替，以及根据企业内外系统创新的需要，在各个不同的发展阶段，深入、持续、连贯地对原有企业文化进行创新、完善、提炼与升华，使习酒企业文化形成了一个与企业运营活动紧密相扣的文化体系。这主要体现在，紧扣"百年习酒，世界一流""弘扬君品文化，酿造生活之美"企业愿景和企业使命的历史命题，在企业运营活动的各个领域、各个层面、各个环节上，确立了与之相对应的文化理念。这包括明确了"塑习酒品牌，建和谐酒城，为习酒争光，担社会责任"的企业使命，提出了"崇道、务本、敬商、爱人"的核心价值观，倡导了"爱我习酒、苦乐与共、兴我习酒、奉献社会"的企业精神，坚持了"以诚取信、以质取胜、锐意创新、追求卓越"的质量方针，树立了"无情不商，服务至上"的营销理念，强化了"相才、育才、护才、用才"的人才理念，构建了以"员工、质量、文化、资源、品牌、技术"为内核的竞争力。

必须充分肯定，习酒在这一系列企业文化创新中，最初唱响的以"尊商、亲商、扶商、富商、安商、乐商"为内涵的"无情不商，诚信为本"的和谐旋律，堪称引起社会强烈反响的"神来之笔"。它所弘扬的时代精神，可以毫不夸张地说，是对国内白酒行业和营销市场存在的种种不正风气的一种"正本清源"，也可以视为对中国传统商业文化的创新性"扬弃"。

习酒决策层深谙这样一个哲理与规律：在经济社会中，任何一种思想观念、文化理念、行为信条，以及价值观的形成与延续，必然是源自一定文化的浸染与熏陶。例如，在中国传统商业文化理念中，从古代及至近现代，"重利轻义""无商不奸""多通奢靡，以淫耳目"等轻视商业和商人的思想观念和道德观念，始终占据着社会伦理道德的统治地位，使商业活动及经商者不仅在政治上没有地位，在道德上亦无依托，而且始终处于社会当政者与道德家的双重压迫之下。有鉴于此种生存环境，经商者为了维护自身利益，摆脱社会根深蒂固地对商业活动及经商者的道德歧视，也曾努力寻求一种符合社会伦理道德观念及礼法体系的生存之道，提出过类似"以义取利，

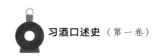

利从义生""以威欺为训，贾法兼平""信义秋霜"等立世经商信条。但是，由于历史时代的局限性，这些在一定程度上具有传统商业文明意义的文化理念，在中国已处于空前开放的市场经济的历史环境条件下，必然会暴露出它建立在古代乡土宗法社会伦理基础之上的传统商业道德观念的异常脆弱性。因此，习酒开创先河倡导的"无情不商，诚信为本"文化理念，鲜明地体现了习酒的企业价值观取向，无疑是给当时浮躁的国内白酒行业和市场注入了一股清新的时代精神空气，同时也为习酒后来得以成功构建"君品文化"体系奠定了思想观点和文化理念的基础。

总而言之，习酒在企业文化创新方面付诸的努力，其目标指向，概括起来就是：要以企业文化力为精神支撑，在企业经营活动的各个领域、各个层面、各个环节上，寻求一种软性文化力与精神力的最佳参与方式和释放方式，使习酒企业文化力成为推动企业经济可持续发展的强劲动力。

五

习近平总书记指出，"一个国家一定要有正确的战略选择"，"做企业、做事业，不是仅仅赚几个钱的问题。做实体经济，实实在在、心无旁骛地做一个主业，这是本分"。

《习酒口述史》演绎的文化逻辑表明：习酒的企业文化建设，实质上是在践行一种文化战略。从经济理论上讲，任何一种企业发展战略的确立与实施，都必须建立在与企业运营活动紧密相连的基础之上。对此，迈克尔·波特就明确地指出："战略有赖于独特的活动。战略的本质存在于活动之中，选择以不同的方式来执行活动，或执行与竞争者不同的活动。否则，战略不过是一句营销口号，禁不起竞争的考验。"他还特别强调："战略就是创造企业活动的整合。战略是否成功，有赖于把许多事情做好，并让这些事情之间有良好的整合。"

回望习酒以企业文化创新为"抓手"，实施文化战略所采取的一系列活动，都明显地展示着在前瞻性战略思维导向下行进的轨迹。这个判断，可从习酒企业文化创新不断丰富的内容中得到鲜明的印证。

第一，深入强化"大品牌要有大担当"的社会责任意识，用习酒的发展成果回馈社会民众。例如：积极参加地方政府开展的建设文明乡村的"四在农家"活动，首创以资助贫困家庭子弟圆大学梦为内容的"习酒·我的大学"社会公益活动，捐资救助遭受不可抗力自然灾害的灾区民众，等等。

第二，积极倡导"一生一事"的工匠精神，精益求精地打造以"五星习酒"为主导品牌的浓香型习酒品牌，架构剑指高端的"窖藏·1988"和"君品习酒"为核心的品牌体系；运用高品位的习酒产品体验来吸引更为广泛的消费群体，以达到持续提升习酒的品牌价值、争取获得更大经济效益的奋斗目标。

第三，大力弘扬"自强不息，厚德载物"的人文精神，认真修炼企业员工个人的道德、情操、品格，并为之搭建放飞理想的平台，以激发和凝聚企业的团队意识，蔚成习酒"敬业、爱厂、向上、奉献"的企业良好风气氛围。

第四，严格恪守"产量服从质量、成本服从质量、速度服从质量、效益服从质量"的铁律，倡导以"工匠精神"来精心打造习酒产品，义无反顾地走"以质取胜，以质兴企"的发展道路。

第五，一以贯之践行"无情不商，诚信为本"和服务社会的文化理念，采取对外评选习酒"荣誉员工"、定期召开习酒经销商大会、积极参与社会大事件活动等生动活泼的形式，不断加强习酒与社会、经销商和消费者的情感沟通和文化理念交流互动，以提升社会大众及习酒消费者对习酒企业文化的认同感和对习酒品牌的向心力。

第六，深耕优化习酒的营销市场，以"不把竞争看成是争夺第一的竞争，而是通过竞争使自己变得更独特、更与众不同"的良好竞争意识，致力构建"资源共享，市场共建，服务社会，和谐共赢"的习酒利益共同体。

第七，始终保持"走得快，不如走得稳、走得远"的稳健心态，切实把控好企业的发展目标、发展质量、发展速度，深度积蓄习酒可持续发展的

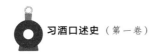

强力后劲。

第八，严格坚守"纯粮固态发酵传统酿造工艺"的底线，遵循"顺天法地"的自然法则，认真地做好企业生态环境保护，科学合理提高资源配置率，不断优化产品结构，努力增强习酒应对社会意识变迁和消费者审美价值变化的市场适应能力，以满足社会生活日益增长的物质需求、文化需求和精神需求。

第九，努力秉持实事求是的科学精神，以虚怀若谷的态度，认真地学习和汲取业界同行的成功经验，特别是做好对茅台酿造工艺技术的融会贯通，不断地深化习酒的科技创新活动，把历史上原始的、传统的、片段的、偶然的经验提升到完整的、系统的、科学的平台上来，促进习酒的酿造工艺技术步入更高级、更完美的境界。

第十，积极推进实施"人才强企，人企共进"的人力资源发展战略，在不断地吸引和培育生产、技术、市场、管理等各个领域专业人才的同时，以产、学、研相结合的方式深入开展企业的基础性研究和前沿技术攻关，最大限度地激发和调动推进企业创新发展的"取之不竭，用之不尽"的人力资源。

综上所述，习酒通过在上述各个领域、各个方面、各个环节上的"内外兼修"，使企业文化体现出具有习酒特色的系统性、实践性、持续性、连贯性和价值转化性。随之而来，也使习酒获得了不能以资本付出来估量收获硕果的良好社会效应。

——在履行"大品牌要有大担当"的企业社会责任方面，仅看习酒持续13年开展的"习酒·我的大学"社会公益活动，其社会影响力之深远，已大大地超越了活动本身的初衷意义，成为鲜明彰显习酒"君子之德、君子之品、君子之风"的一种时代人文精神，一种勇于担当、福祉社会的企业价值观。

——在架构习酒营销市场的层面上，通过持之以恒地践行"无情不商，诚信为本"的现代商业文明理念，习酒在社会上的企业形象和品牌形象越来越突出鲜明。"跟着习酒走，不会栽跟斗。"随之而来的是，习酒营销市场"众星捧月"、日新月异。据国内媒体披露：早在 2019 年底，习酒云分销平台实现 PC 端与移动端销售业务全网费覆盖，架构了习酒产品从厂家到经销商，经销商到终端渠道，终端渠道到消费者的桥梁；云分销全国累计注册门店已突破 10 万多家，通过系统下单的门店达到 69350 家，累计扫码出库金额多达 48.95 亿元。

——习酒的品牌价值持续攀高。在 2019 年举行的中国酒类品牌价值 200 强"华樽杯"评选中，习酒品牌价值达到 486.29 亿元，排名中国白酒品牌第八位。其中，习酒"窖藏·1988"以 366.56 亿元的品牌价值，跻身全国酱香型白酒品牌的第二位。

——通过坚持实施"人才强企战略"，习酒现今已培养出国家级评酒员 9 名、省级评酒员 31 名、各类专业人才 1000 多名。随着企业人力资源的深度开发利用，习酒建立了贵州省技术认定中心，提高了科技攻关水平，在科技创新领域先后多次获得省级和国家级的多类别荣誉奖项。与此同时，习酒还通过实施"借脑工程"，引入企业外部科技力量，建立健全了具有国内外先进水准的"质量、健康、安全、环境"检验考量体系，为习酒在贵州及至中国白酒行业树立了又一个品牌企业的标杆。

凡此种种，不一而足。习酒最终是以强劲企业文化力和精神力，持续稳定地推进了习酒企业经济的高速增长，令人耳目一新地改写了习酒创新发展的历史。

六

翻开中国企业发展断代史，其中不乏同行业或跨行业之间的"强强联手""资产重组"的案例。然而，却很少见到能像茅台兼并习酒这样获得成功的典型范例。

运用经济逻辑演绎来分析、思考、判断习酒步入 21 世纪以来取得的辉煌发展成就，发展方向、发展战略无疑是正确，而运用文化逻辑来演绎隐含在那一串串经济增长数据背后的另一只"无形之手"折射出习酒企业文化

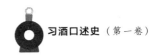

力对于习酒创新发展的强力推动作用。如是说来，习酒引入和融会贯通茅台企业文化的过程，也是一个能给予人在精神层面极大兴奋、极大鼓舞的"闪光点"。

站在这个角度来审视习酒的企业文化创新活动，可以认为，习酒融入茅台之后与时俱进实施的"文化战略"，是推进习酒实施经济战略的一个成功之"道"。这个"道"，是习酒的纲举目张之"道"。习酒为践行此"道"采取的一系列举措，则可谓之为"术"，是趋势而为的策略。由之而言，但凡重"术"轻"道"之举，乃是权宜应变、行之不远；而如果能像习酒这样以"道"统"术"，必然会有登高望远、智达贯通之大作为。这正是习酒高度重视学习与汲取茅台企业文化精髓，并致力于融会贯通的根本原因。

客观地说，习酒对茅台企业文化的引入与融会贯通，也并非"一蹴而就"。它历经了一个"尊重历史，求同存异"的不断深化认知的转化过程。这一过程及其结果，正如习酒企业文化部吕良典部长所思考的那样：习酒在兼并后有一个重要的课题，那就是两种文化如何融合。两个企业的文化不同（或者说存在差异），一开始自然会有矛盾，也会发生某种冲突。但是习酒的领导班子对这个问题解决得非常好：第一，在思想观念上明确了，习酒人既有享受以前所获荣誉的权利，同时也要有为弥补以前所犯错误做出相应的努力和承担一定责任的思想意识；第二，既不要否认过去做出的努力和贡献，也不要妄议前面发生的过失，对一些尚有疑义的问题，可以交给历史去评说；第三，从茅台过来的领导人能够以身作则，主动融入习酒群体，这很大程度上有效地缩小了在文化和情感上的不同见解差异。说到习酒融入茅台带来的深刻变化，这位老习酒人深有感触地说：习酒融入茅台带来的根本改变是卸掉了过去的那些思想包袱，把习酒人过去经受艰苦磨炼养成的"自力更生，艰苦奋斗"精神的积极"基因"唤醒了，树立了文化自信和发展自信，激发了再创习酒新辉煌的斗志。所以说，习酒文化与茅台文化的融合是和谐的、成功的。

毫无疑问，论及茅台企业文化对习酒人在精神层面产生的深刻影响，应当充分地肯定：无论是看茅台企业文化体系的完整性，还是看茅台企业文化在国内外形成的文化认同感以及所产生的巨大社会影响，茅台企业文化释放的软实力当量在中国白酒行业中，堪称首屈一指、无可比拟。这在一定程度上给予习酒厚重的企业文化和品牌文化的"背书力"。但是，这也并非意味着习酒过去在企业文化范畴内存在着"历史空白"，或者说存在习酒文化与茅台文化难以融合的本质性矛盾。因为，从历史的角度看问题，茅台文化和习酒文化两者之间本来就具有不可割裂的历史渊源。这就是：酿造历史的同源性、环境资源的共享性、酿造工艺的融通性、企业人才的交流性、价值观念的同向性。

所谓"酿造历史的同源性"，是指习酒与茅台在酿造历史上享有的"同源性"。《史记·西南夷列传》记载，曾被汉武帝赞赏"甘美之"的酱香型白酒的前身"蒟酱"，原生地即系战国时期古称"习部"地区的今仁怀市茅台镇和习水县境内的赤水河流域。清代诗人郑珍在《贵阳秋感》中吟咏的"蒟酱乃从习部来""酒冠黔人国，盐登赤虺河"（今称赤水河）的佳句，表明了当今香飘世界的贵州茅台酒与已赢得广大消费者喜爱的酱香型习酒，都是由 2000 多年前的"蒟酱"演化发展而来。因此，习酒与茅台对酿造历史的"同源性"，具有高度的文化认同感。

所谓"环境资源的共享性"，是指习酒现今产地与茅台酒产地同处于赤水河中游地段，两家企业厂址相距不过 50 公里，其酿造环境的地质结构、自然气候、水源利用、酿酒微生物群资源，从根本上看，具有一种"共享性"。这就决定着习酒在自然资源环境保护、酿造资源合理开发等方面，都与茅台一样具有文化认同感和操作举措的基本一致性。

所谓"酿造工艺的融通性"，是指在漫长的历史演进过程中，习酒和茅台两地的民间酿造活动总是有着千丝万缕的往来关系。茅台成熟的一整套酿造工艺技术必然会对习水县民间酿造活动，产生"融通性"的影响和带动、提升、促进的作用。习酒融入茅台之后，更是"近水楼台先得月"，为习酒搭建了融会贯通茅台酿造工艺技术的继承创新的科技平台。

所谓"企业人才的交流性"，是指习酒和茅台在管理人才、技术人才层面的交流互补，早在习酒初创期就存在。特别是习酒走进茅台之后，这种人

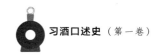

才交流更是成了名正言顺的"一家人"之间你来我往的紧密关系。这不仅给习酒带来了经验丰富的经营管理人才和酿造工艺技术人才，而且更重要的是带来了茅台精神文化体现在物质文化层面的成熟思想理念与价值观取向。

所谓"价值观念的同向性"，是指习酒和茅台在企业发展观念、企业经营理念、企业价值观取向等方面，都具有基于文化认同感的"同向性"。习酒在企业文化建设过程中创新、完善、提炼、升华的企业愿景、企业使命、企业宗旨和企业梦想，从内容、内涵到形式，都可以说是具有"异曲同工"之妙。

这样说，并非否认习酒与茅台在兼并过程中没有思想观念、文化理念方面的矛盾或冲突，但这些都不是本质上的矛盾冲突，而是一种思想认识上的问题。比如说在企业兼并之初，习酒要"瘦身"裁员，那些被辞退的员工失去工作岗位，难免不心存"怨气"；而有的员工则认为习酒被茅台兼并，"背靠大树好乘凉"，一度滋生盲目乐观情绪；还有的员工对企业兼并抱有不理解的疑虑等。

其实，当时省内外理论界的一些学者和白酒业界的专家对于贵州省政府做出茅台兼并习酒的决策，在不同程度上也有这样或那样的看法。因为，纵观当时发生在中国企业之间的互相兼并或资产重组，大都因为兼并双方在企业历史、企业文化以及经营思想、价值观取向等层面上存在着诸多的差异性矛盾，并由于不能妥善地加以解决而导致矛盾冲突的扩大化，最后不得不一拍两散。这就给很多人的思想上形成了一种既定的概念性观点——似乎考量两个不同企业的兼并或资产重组能否成功，主要是看兼并方的经济实力是否强势过被兼并方，而忽视或轻视了事物发展过程存在着可以相互转化的规律。于是，就出现了兼并方对被兼并方在思想观念、文化理念和价值观取向上存在的差异性矛盾，往往采取"强加式"或"注入式"来解决问题的思维路径和方法。结果，不但没有缩小企业之间原有的矛盾或冲突，反而导致了矛盾冲突的扩大及至不可调和的境地。

茅台兼并习酒的个案之所以获得成功，最根本的一条经验，就在于习酒与茅台的决策者在对待两种不同文化的融合上，因势利导地采取了"相互尊重历史文化，求大同存小异"的思维路径及疏导方法。

因为，他们始终认为：茅台与习酒在兼并之初存在的矛盾，是出于企业不同文化带来的思想认识的"差异性"。这种"差异性"，是事物发展过程中客观存在的"个性"。这正如一代伟人毛泽东在《矛盾论》中所指出的那样：一切"共性"都包含于"个性"之中，无"个性"即无"共性"。矛盾的各各特殊，造成了"个性"；而一切"个性"都是有条件地暂时存在的，所以是相对的。就茅台与习酒在历史文化、自然环境资源、酿造工艺技术等方面客观存在的"同一性"来讲，本身就具有可以互相渗透、互相贯通、互相依赖（依存）、互相联结、互相合作的前提条件。只要本着"尊重历史，求同存异"原则，只要在耐心细致地做好思想疏导工作的同时，认真地解决好企业兼并后被辞退员工的安置问题、企业领导班子成员的配备问题，以及恢复生产所要提供的必备条件等问题，就可以使习酒迅速摆脱困境走上复苏和发展的道路。

习酒的领导班子正是基于上述认识，很好地化解了企业兼并过程中已出现的问题，规避了可能发生的矛盾，促进了习酒文化与茅台文化的和谐融合，并转化成为推进习酒创新发展的历史动力。茅台集团原董事长季克良就曾笑称：习酒品质具有的高品位风格，是由于"习酒把茅台的'因子'带进来了"，还说"习酒是茅台的嫡传"。在这两句话背后隐含的意思，诠释了习酒对茅台文化"兼收并蓄，融会贯通"所产生的文化认同效应。

七

德国学者马克斯·韦伯在著名的《新教伦理与资本主义精神》一书中说过："一个社会的伦理道德是既定的。任何一种类型的经济，如果要求人们形成一种与该伦理道德相悖的民族精神，那么这种经济将不会发展；反之，如果一种经济与这种伦理道德相互促进，那么它必然兴盛起来。"

习酒融入茅台创新发展的历史进程说明：一种基于中国传统文化修炼、涵养形成的道德与精神，其本质就是人格的力量。这种力量十分重要，它是

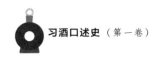

对社会经济活动的市场调节和政府调节之外的第三种调节力量。因为，市场调节与政府调节都有其局限性，两种调节之后仍会留下一部分"空白"，这个"空白"只能依靠道德的、人格的力量调节来发挥作用。

在《习酒口述史》中，有位老习酒人对习酒朝着"文明以止，化成天下"方向行进所带来的深刻变化，是这样归纳的——习酒"君品文化"，是一种培养人的道德素质和人格力量的文化载体和精神载体，是一种健康、积极、向上、有益的精神财富，它的精深思想、精湛理念，体现了中国传统优秀文化蕴含的"能行五者于天下者为仁"（即恭敬、宽厚、诚信、勤敏、普惠）的共同价值观。

他说的这番话，用比较论理的现代语境来解释，就是习酒的企业文化建设始终不渝地践行了中国传统文化蕴含的自强不息、厚德载物的人文精神，这才使得习酒人的道德素质、品格情操得到了极为显著的提升，同时也使习酒企业文化借由品牌文化的传播，能够和时代的节拍结合在一起，能够与经济社会的大事件同步行进，从而在社会大众的心智中缔结出一种深层次的、持久的文化认同，凝聚起强劲的核心竞争力，开创了习酒前所未有的历史性跨越式发展，彰显了一种充满新时代精神的历史逻辑力量。

附录一 | 习酒口述史，探源守望者文化根脉

　　去年，蓝花叙事生活小馆迎来了两位好朋友，他们分别是《贵州日报·美酒视界》专刊主编、高级记者罗梅和贵州云上风帆传媒公司总经理罗奇波。他们因为工作关系，对习酒发展有着比较全面的了解，这对于推动习酒口述史项目实施起到了积极的作用。特别需要强调的是，习酒公司高层领导和习酒公司文化部习酒口述史项目给予了高度重视与大力支持，离开了这一点，编写《习酒口述史》不可能取得圆满的成功。

　　还有，对 26 位习酒人的采访（包括习酒经销商和供应商），让我们对习酒近 70 年来的历史发展进程有了更加深切的了解与认知，使我们深刻地认识到：习酒所代表的贵州白酒业始终不渝坚守的"工匠精神"，所折射出的自强不息、厚德载物的人文精神，体现了中国传统优秀文化的精髓；习酒的历史演进及其在这一过程中架构的企业文化体系，在中国白酒发展史上具有一种标本性的重要意义。下面记叙的罗梅与王小梅、罗奇波的座谈对话内容，在一定程度上体现了上述有关观点。

时　　间：2019 年 7 月 10 日
地　　点：蓝花叙事生活小馆（贵阳市观山湖区）

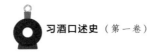

对　谈：

罗　梅　《贵州日报·美酒视界》专刊主编，高级记者

王小梅　《贵州日报》高级记者，贵州省人类学学会常务副会长、秘书长

参　与：罗奇波　贵州云上风帆传媒公司总经理

文字整理：葛春培

王小梅：习酒文化比较独特，在酒行业中有比较独特的一个历史。

罗　梅：就我对习酒的认识和理解来说，在整个行业内是一个非常独特的样本。它经历了白酒大起大落的过程，特别是 20 世纪 90 年代跌入低谷的那一段。当时正值亚洲金融危机，资金链就断了，习酒几乎濒临破产。在这个过程中发生很多感人的故事，比如像现在的董事长钟方达就没有离开这个企业，有一些员工因为工资都发不起了，就拿自己的积蓄去买粮食来生产，选择不离开这个厂。当然，有很多人离开了，也有很多人留下了。

王小梅：这些人为什么留下来，这就可以去挖一些有意思的故事了。

罗　梅：一方面有各种各样的客观原因，另一方面可能也是对这个企业的感情。因为每个人的具体情况不一样，有的是因为家里面有老小不能离开，有些人可能是对这个企业的眷恋不愿意离开，有很多这种故事。像钟方达等，还有很多技术骨干，很多其他酒厂用高薪来挖他们，他们也不走。当然有部分人走了，有一部分就留下来了。不为所动留下来的人，都过着很清贫的日子。很长一段时间，厂里甚至连工资都发不起，直到茅台兼并了习酒厂，工资才开始补发。

王小梅：这一段时间经历了多久？

罗　梅：我也讲不清楚，大概的时间，可能有一两年？

罗奇波：还是有好几年。

罗　梅：到最后是什么情况？所有的窖池都要停产了，只能维持一到两个车间生产。因为他们没有钱，账上一点资金都没有。这个厂的前董事长陈星国是很传奇的！他们在资金链断裂之前是很辉煌的，发展的势头很猛，甚至一度成为贵州领军的白酒企业。现在沿着赤水河公路往习酒走，有一段摩崖石刻，上面刻有很长的一条龙，就是陈星国留下的杰作，还有一个停机坪，就在红军四渡赤水观景台旁边，用于放他的私人直升机，当时来讲他是很拉风的。

王小梅：还是有些奇人哈？

罗　梅：还是很拉风的！整个贵州省第一架私人飞机好像就是他的。不知道飞机是私人的还是厂里面的？为此还专门开通了一条航线。在那个年代，他们做了很多大型活动，比如围绕赤水河展开的调查。在西藏和平解放多少周年时，习酒还举行了很盛大的游行。

王小梅：习酒有一种独立的文化脉络和根脉。习酒文化有自己的系统和属性。我们总是会看到习酒。在茅台镇，许多酒厂的名字和酒名是被湮没的，你看不到。而且感觉都是在模仿、仿造，感觉要贴一个"茅台"的牌子才好卖。习酒文化感觉是独立于外的，有特立独行的一些东西。

罗　梅：起码在消费视野里面，习酒是一个很独立的品牌，他虽然是茅台集团的子公司，但是人家一说，不会说茅台习酒，会直接说习酒。但是其他品牌就会说茅台迎宾酒、茅台汉酱、茅台王子酒。

王小梅：一开始就很有意思，这一群人为什么坚守习酒？最早的文化根源肯定有。文化自信，让这群人还是有点不太一样。

罗　梅：他们非常自信，因为20世纪90年代他们招才纳贤时，招进厂里的人到现在看来都是一批高才生。当时都是大学本科生。都能写一手漂亮的毛笔字、能写诗，甚至有些能写赋。进去之后，这帮人的才华得到充分发挥。

王小梅：还是文化人！

罗　梅：对！我觉得他们身上的那种文人的特征还是比较明显的。

王小梅："习酒"这个名字是怎么来的啊？

罗奇波：习酒在的那个地方叫习水，以前产的叫习水大曲，习酒就是根据习水这个地名来的。

王小梅：如果它和习水有关，名字就叫习酒的话，两条水就是一条美酒

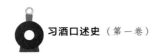

河。原来讲茅台这一条是美酒河，那么习水肯定是有历史渊源的。为哪样起这个名字？

罗　梅： 因为"习"字其实与当地的地名有关，取名为习酒，就像茅台镇和茅台酒这种概念。

王小梅： 是地理标识。

罗　梅： 地理标识。但是它和赤水河是同一条河，是属于不同的段。

王小梅： 还是有它的地理标识和属性的。

罗　梅： 对。有一首民谚就是这样说的："上游是茅台，下游望泸州，船过二郎滩，又该喝习酒！"这首民谣不仅反映了习水和赤水河的地理关系，也反映出习酒的历史是非常悠久的。就从新中国成立以来这个阶段考证，习酒从 20 世纪 50 年代就建厂了。它的历史渊源是很长的！这首民谣就反映了它是老字号的酒业品牌。所以在习酒的文化根源和历史方面，它与茅台是并足而立的。习酒人就很自信，在这一点上，要历史有历史，要文化有文化。

王小梅： 是有独立的文化脉络的，所以这种文化脉络就引领了发展方向，所以习酒一直都是被看见的。就是因为它有这种文化的坚守，还有它最早的根基做支撑。

罗　梅： 还有一个让人惊喜的点是，在并入茅台集团以后，习酒依然没有让自己的品牌湮没在茅台这个大集团下，而是巧妙地运用茅台这个大品牌来复兴自己。在复兴的过程中，前期可能还是借势于茅台，后面做起来之后就尽量彰显自己的品牌，它从来都是习酒。

王小梅： 习酒一直在张扬自己的文化品牌。

罗　梅： 我刚开始和习酒人打交道时，就一直在提茅台兼并的事。我觉得这应该是企业发展史上比较光辉的事。结果恰好相反，好似他们并不认同我的这个观点。从企业大起大落的脉络来梳理它的个性，习酒骨子里有很不一样的东西和个性的存在。

王小梅： 所以我们要去把这些不一样的东西挖出来。从它的地理、历史渊源，以及他们后面的坚守。有很了解这一块的人能谈出很有意思的东西，可以把这一块东西系统地梳理出来。

罗　梅：把整个习酒的发展史都经历了的人都在的，他们就讲得出来。我觉得，习酒是贵州省白酒产业的独立样本。是一个个性存在的案例。把它放在中国白酒产业这样一个大的发展历程里面来看，它又与大多数白酒企业的发展历程有重叠和契合，两者必然是有共性的。

王小梅：现在这企业有好多人啊？

罗　梅：6000 人。

王小梅：哇，也还是大国企了。

罗　梅：比较大。

王小梅：年产值达到多少？

罗　梅：去年他们的销售额是 60 多个亿。为什么也想讲一下共性呢？应该上升到更高的层面去思考这个问题。从习酒发展跌宕起伏的命运反映出中国白酒行业跌宕起伏的命运。像习酒这种酒业的发展波峰和波谷起伏都很大，为什么？这中间我们探讨一些深层的原因，最重要的就是白酒这个产业的特殊性。这种特殊性有几点，第一，它是作为一种快速消费品存在，但又是高利润的行业。这个产品有一个很特殊的点，在经济发展很艰难的年代，它是作为政府的钱袋子来使用的。20 世纪六七十年代各地经济萧条，需要刺激消费。当社会发展需要钱的时候，就会鼓励烟酒发展，因为能迅速带来利税。2017 年整个中国白酒产业上缴的利税超过 1 万亿元。习酒并入茅台的 20 年间，销售总额为 250.99 亿元，利润 32.70 亿元，上缴税金 68.83 亿元，上缴税金占整体销售额的 27.4%，是企业利润的 2.1 倍。但当地方经济发展起来之后，整个社会经济积累进入良性循环，白酒产业的发展又会受到一定限制。从新中国成立到现在，有几轮禁酒令，20 世纪 80 年代末期至 90 年代初期，那一段时间有一轮禁酒令，整个白酒产业迅速跌入冰谷，被称为"酒殇"。就是这一轮禁酒令，加上亚洲金融危机，直接导致整个习酒厂资金链断裂。当时习酒厂是发展得非常好的，但是因为资金跟不上，梦想就灰飞烟灭了！陈星国也在茅台兼并习酒之后选择自杀了，成为当年轰动一时的大新闻。

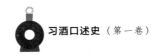

王小梅：这么刚毅地选择了自杀？

罗　梅：陈星国在习酒的历史上是一个非常传奇的人，直到目前，在习酒厂的员工眼里也是神一样的存在。他们认为陈星国是奇人。

王小梅：可能还是因为有这些奇人，这个企业才在这么多年的坚守中走到今天，走出一种自己独立的、不太一样的东西出来。

罗　梅：所以我理解，是习酒人身上的一种风骨存在。

王小梅：口述史就能把这种风骨和传承的东西找出来。

罗　梅：即使处于发展低谷时期，习酒也一直给人比较强势的感觉，也从来不觉得比别人差，就是这样一种心态。

王小梅：他们这样的心态，你觉得从哪里来的？好像贵州也没有哪家白酒有这样的心思？

罗　梅：对啊，其他的都是抱大腿嘛。

王小梅：陈星国的这一段功绩有人能谈不？可以找一个人来代述这段历史。

罗　梅：有啊，找得到人来谈。甚至前任习酒董事长张德芹曾经想把陈星国这一段功绩给提出来，然后昭之于世，相当于是给他一个承认。

王小梅：有人出过他的书没有？

罗　梅：没有。因为他一直还是比较敏感的一个存在。但他的故事非常有趣，有一些细节，我可以摆。当时的社会经济条件都很落后，老百姓都很穷苦。有一次在厂区里面，他看到一个当地的农村妇女来背酒糟拿去喂猪。他就给旁边的员工讲："我总有一天要让当地的老百姓都穿金戴银！"当然这个话很朴实，因为他的文化程度可能也不是特别高。他就是有这种情怀，就是想带动当地的老百姓致富！所以这一点可能也是他能够感召习酒后来人的很重要的原因。因为他是习水人！习水的土地是很贫瘠的，当地老百姓的生存条件其实并不好，这样一个酒厂的存在能解决当地就业。有可能一家人有一两个人进入习酒厂工作，他们家就脱贫了，就能往小康路上走了。

这一点就扯远了，我们又回到主题来讲共性这一点。习酒的大起大落，到后面我思考下来，揭示了中国白酒产业的命运，习酒是一个微缩版。白酒产业为什么在政府需要钱的时候就大力发展，当富足之后就要限制，我觉得其实根源还是在于中国白酒文化定位不清的一个问题。对比酒文化和茶文化来讲，很多人的认知是酒文化俗，茶文化雅。没得任何人会去限制茶的发展。同样作为食品来讲，喝酒喝多了会出事，会酒驾，会发疯，会出现社会治安问题，甚至会影响政务。但是喝茶喝多了也会影响身体健康，有的人胃不好，喝茶喝多了也会出现胃病，还有醉茶。都是一个度的问题。从一开始，酒文化的立意就让人感觉不健康的因素多一些，只是因为我们崇尚酒的过度消费，没有提出理性和自省的这一面。

王小梅：在这个行业，一直有很多限制。在这个限制的环境里，找到发展和生存的空间，其实还蛮难的。

罗　梅：这也和我们自身有关系。这个行业来钱来得太快了，有时让大家不免急功近利了。就是想如何把酒卖出去，如何卖得更多。这是所有酒厂的终极目标。但是在文化的自省、立意方面就没有做些更深层的探讨和思考。现在新一轮的禁酒令就摆在眼前，整个消费又在升级，大家都在提倡一种健康的生活方式。其实适当地饮用酒非但不会带来坏处，还有益身体健康。我们身边的例子比比皆是。比如一些百岁老人每天睡觉前要喝一杯。包括像西方的红酒文化，也不提倡多饮，更加注重浪漫而愉悦的感受。情人之间喝一杯，拿个杯子一直摇，一杯酒就可以喝一个晚上。

王小梅：这是一种情感的连接。

罗　梅：对。还有一种理性和克制在里面。中国酒文化宣传里面，没有这一块的东西存在。

王小梅：从来都是回避这个事情。

罗　梅：反正就是要多喝，好像没有把你喝醉，我们就没有成为朋友，你也就看不起我。一直是这种文化的宣扬和倡导。

王小梅：像这种文化倡导，现在这个时代肯定会排斥。政府不接纳你，市民消费层面也不会接纳你。因为现在喝酒越来越趋于理性了。

罗　梅：对。但是现在酒厂没有意识到这一点。我觉得整个酒行业需要一个文化的引导和转型。

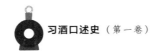

王小梅：你讲的文化转型，真的太重要了！现在的消费理性，导致企业要主导行业的转型。现在贵州这种意识要加强。我们蓝花叙事酒商标被仁怀文中酒业恶意抢注了，有个茅台镇的酒厂来找我，他就想树立酒企业的文化形象，就是自发的、积极地挖掘当地匠人或者当地人的文化口述史，慢慢地建立一种文化形态。他也是觉得贵州的白酒厂还停留在产品的意识上，对文化完全没有价值判断和认可，甚至没得概念。

罗　梅：他们想做，但是不知道怎么做。

王小梅：包括人怎么建立在各种时代中和酒的关系，都需要深思。

罗　梅：其实你讲的就回到我想讲的核心观点上，就是酒文化最终的落脚点是人和酒是怎么样的关系。酒并不是完全破坏性的，把握好一个度，同样是美好的。我们要重新构建一个酒和人的美好关系，才是以后酒文化转型的落脚点所在。一旦这种连接点建立起来，被社会大众广泛认知以后，我相信白酒产业非但不会减弱，还会上升。因为我们都知道怎样健康地去饮酒，怎样让合适的饮酒带来身体的愉悦，不至于产生破坏，这个是很重要的。尤其是对于酱酒来讲更是如此。贵州的酱酒本来就是有文化承载性的，因为它本身有健康属性，是纯粮食酿造，是匠人精神的体现，是世界上工艺最复杂的酒，而不仅仅只是一款烈酒。

王小梅：就像你讲的，贵州酱香型酒就是用时间和纯粮食酿造出来的，还有当地的水和地理环境酿造出来的，确实属性就是不一样的。

罗　梅：对。所以从这一点，我们可以以酱酒作为开辟点，试着做一下白酒的新文化，倡导一种转型。

王小梅：对。白酒新文化的转型，可以做这么一个活动。你讲的这些点我觉得都特别棒！我们先梳理一个线索和框架，根据这个线索去发掘，会非常有意思。

罗　梅：我们沿着这个思路往下走。其实《习酒口述史》相当于一个起点而已，我们可以做很多很多事情。不仅是出书，还可以做活动，还可以做体验，包括文创和动漫产品。这其实也是一种情怀，我觉得我是站在整个行业发展的角度来考虑。如何创建一种新型的白酒文化，推动这个产业可持续发展，而不至于被一轮一轮的禁酒令搞得生不如死、痛苦不堪。

王小梅：其实这个点很重要。我一直在关注不同行业的文化属性，很多行业是卖产品本身，但是产品本身还不是很重要，而对它的价值判断、文化定位是很重要的。这个会让你走得很远，会一直走下去。如果是卖产品本身可能有一天就断了，因为他没有精神支柱在，每个团队还是要成为一个精神共同体，白酒企业也不例外。

罗　梅：做品牌最后还是要做文化。任何一个大品牌后面都是文化在支撑，很多百年品牌的历史故事说出来，其实就像你讲的，是有脉络、有根可寻的。我们现在讲故事讲得最好的是茅台，但是茅台的故事还可以讲得更好，还可以讲得更完整。

王小梅：系统和完整性都非常重要，宏大叙事与微小叙事要完美结合。

罗　梅：茅台应该成立一个公益文化基金，每年资助跟酒文化相关的各种公益文化事业。

王小梅：茅台一直在推进企业社会责任这一块。国际化的真正的"企业社会责任"的做法是成立一个基金，由基金来做，这是全世界一个通用的做法。现在多数的企业社会责任是为了完成税收，捐一笔钱给政府完成量，其实不是真正的企业社会责任。真正的企业社会责任是真的把这个钱用于建立一个基金，拿出来推动社会公益文化的发展。我看到每年贵州省发布的贵州企业社会责任的排行榜，茅台都是捐得最多的。

罗　梅：你讲得也是很深刻了。像花旗银行捐助你们做的乡村文化研究，这就是企业社会责任，扶持一些小众的、艰难的文化行动，就是反哺社会。

王小梅：对。总要有这么一群人持续地做这种公益性的推动。直接成立一个基金会，甚至可以在全中国、全世界做，不仅仅是关注贵州本身，只要是向这个方向推进公益文化事业的东西都可以资助。

罗　梅：但是需要支持，特别是这种大项目，需要大企业长期的资金支持。

罗奇波：茅台就用 1000 万元成立了一个基金，这个基金就专门用来研究"茅台喝出健康来"方面的。

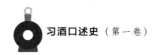

罗　梅：其实我就觉得白酒这么好好的一个产业怎么就做成了现在这个样子，处处腹背受敌的感觉。

王小梅：现在就往这个方向推动，把这个基金建起来。我觉得是非常有社会公德的事情，而且又可以把好的产品和作品做起来。

附录二｜《习酒口述史》（第一卷）人物
简介及名词解释

(依书中涉及顺序排列)

一　人物简介

1. 朱宝镛： 1906~1995 年，浙江海盐县人。中国发酵科学的著名教育家、科学家，著名酿酒专家。1936 年学成回国，曾在烟台张裕公司任工程师、厂长，后在国内著名的西北联大、四川大学、同济大学等高校任教。早年留学日本、法国、比利时，在法国著名的巴斯德学院学习，后转比利时发酵工业学院学习，毕业后获得生物化学工程师学位。

2. 顾国贤： 1938 年出生。无锡轻工大学教授，中国酿造工程与酶工程专家，学科带头人；兼任高等院校轻工类发酵专业教材编审委员会主任，中国啤酒学会副会长，江苏省啤酒学会副会长。长期从事酿造科学与工程的教学和科研，主持完成了多项科研项目。在酿酒微生物育种技术方面，他主持的国家"七五"攻关项目"大容积发酵罐凝聚性酵母选育"和"啤酒酵母国内优良菌株选育"，分别在国内首次采用有性杂交技术选育啤酒酵母和完成了优良啤酒酵母评估体系，被鉴定达到国际和国内先进水平，均获得了轻工业部优秀课题奖、个人奖，研究成果已在国内几十家啤酒厂推广应用，并多次获奖，如"商啤一号"获 1994 年河南省星火计划一等奖。在酿酒用酶

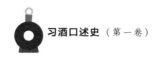

制剂的方面，他负责的"啤酒酿造复合酶研究"项目填补了国内空白，产品达到 80 年代国际同类产品水平。在酒类新品种开发方面，他主持研制的产品多次获得省级科技成果奖。1987 年以来，顾国贤教授发表论文 50 多篇，主编或参编教材 2 部，至今已培养硕士研究生 6 人。他建立了国内高校中的第一个啤酒研究室，并为我国许多省市的 300 余家啤酒厂培养了啤酒技术专门人才 1000 多人。

3. 曾前德：1937 ~ 1997 年，贵州省遵义市习水县人，原习水酒厂副厂长。1957 年参加工作，从事教育事业，任教五年，担任过小学校长，1962 年，国家实施最后一批精兵简政时被下放。1962 年 5 月，回龙供销社派曾前德和蔡世昌、肖明清三人在郎庙乡黄金坪利用原酒厂空房办起酒厂，指定曾前德为负责人。1966 年，主持研发浓香型"习水曲酒"（1971 年更名为"红卫大曲"）获得巨大成功，实现了三人小作坊的完美转型升级。1976 年又主持开发酱香型"习酒"，1983 年通过省级专家鉴定，并多次被评为"省优""部优""国优""国际金奖"等。

4. 陈星国：1950 ~ 1998 年，习水县回龙镇人。1969 年，到习水县习水酒厂上班；1982 年，任习酒厂长；1994 年，任贵州习酒股份有限公司董事长、总经理，县人大副主任、高级经济师。被授予贵州省有突出贡献的中青年专家称号，享受国务院特殊津贴，"全国五一劳动奖章"获得者。

5. 邹开良：1933 年 9 月出生，贵州省仁怀市人。茅台酒厂原厂长、党委书记。

6. 梁明德：1934 ~ 2017 年，贵州赤水人。1951 年 7 月参加革命工作，1952 年 11 月加入中国共产党。先后担任桐梓县委书记、遵义地委书记、贵州省委副书记、省人大常委会副主任、党组副书记。

7. 张德芹：1973 年出生，贵州省仁怀市人。1995 年 7 月，毕业于贵州工业大学发酵工程专业；1995 年 7 月至 2004 年 4 月，进入贵州茅台酒股份公司从事生产管理工作；2004 年 4 月至 2010 年 5 月，任贵州茅台酒股份公司总经理助理兼酒库车间主任；2010 年 5 月，任中国贵州茅台酒厂（集团）有限责任公司总经理助理，贵州茅台酒厂（集团）习酒有限责任公司董事长（法定代表人）、总经理、党委副书记；2012 年 1 月，任中国贵州茅台酒厂（集团）有限责任公司党委委员、副总经理，贵州茅台酒厂（集团）习酒有限责任公司党委书记、董事长（法定代表人），全国青年委员，贵州青联商会会长；2018 年 5 月 22 日，获"中国酒业四十年功勋人物"殊荣；2018 年 8 月，习酒公司召开干部大会，茅台集团党委书记、董事长、总经理李保芳出席并做重要讲话，会上宣读了习酒公司干部人事调整决定，张德芹不再任公司党委书记、董事长（法定代表人）职务。

8. 吕相芬：女，汉族，1953 年 3 月出生，贵州习水县人。中共党员。北京轻工业学院白酒酿造与发酵专业毕业，大专学历，高级工程师，酿酒高级品酒师。1968 年 10 月至 1970 年 10 月，进入习水酒厂，从事酿造、包装、制曲工作；1970 年 10 月至 1972 年 1 月，参加修建湘黔铁路；1972 年 1 月至 1998 年 8 月，加入习酒总公司，主要从事白酒技术工作，负责勾储、质量工作，任总经理助理、工程师；1998 年 8 月至 2012 年 3 月，任贵州茅台酒厂（集团）习酒有限责任公司副总经理、总工程师。退休后担任贵州茅台酒厂（集团）习酒有限责任公司技术顾问。曾任贵州省第五、六届评酒委员，2000 届和 2005 届国家白酒评酒委员；2000 年 6 月获"贵州省劳动模范"称号；2003 年被中国食品工业协会评为优秀科技专家；2004 年 12 月参与创造的"酿酒企业生产与营销中的诚信管理"获十一届全国企业管理现代化创新成果二等奖。

9. 邹定谦：男，汉族，贵州省仁怀县沙滩乡人，中共党员。曾担任贵州茅台酒厂副厂长。习水酒厂创建人之一。1956 年，为发展酿酒业，邹定谦受仁怀县工业局委派，到回龙区郎庙乡黄金坪村购买民房，经修缮后作为厂房，创建"仁怀县郎酒厂"（即后来的贵州省习水酒厂）。招募工人 50 多人，生产上采用茅台酒生产工艺，产品名"贵州回沙郎酒"。由于酒质较好，在当地市场畅销。1959 年因粮食减产，酿酒缺乏原料，仁怀县郎酒厂停产，邹定谦调任茅台机械厂厂长。1984 年退休。

10. 黄树强：男，汉族，1965 年 1 月出生，习水县回龙区周家乡人。中共党员，大专文化程度，食品安全工程师。1982 年至 1985 年，在习水师范

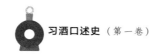

学校读书。1985年9月至1987年8月，在习水酒厂子弟学校任教。1987年9月至1990年7月，任习水酒厂厂长办公室秘书。1990年7月至1991年11月，任习水酒厂全面质量管理办公室副主任，负责组织申报贵州省质量管理奖和国家优质酒的基础工作，负责全厂的质量教育、标准化工作、计量工作、QC小组活动。1991年11月至1992年6月，任习水酒厂质管处处长。1992年6月至1994年9月，任习水酒厂厂长助理，先后分管质管处、科研所、质检中心、大曲生产区（浓香型）、大曲勾储中心，组织建立公司质量管理体系并同时通过国内国际质量认证，获1994年度"先进个人"称号。1994年9月至1998年12月，任贵州习酒股份有限公司董事、副总经理，其间，取得贵州大学行政管理专业自学考试毕业证书，曾多次获习酒公司"先进工作者""质量标兵""青年突击手"等称号和遵义地区"先进科技工作者"称号。1998年12月至2001年6月，任贵州茅台酒厂（集团）习酒有限责任公司质量管理部经理。2001年6月，停薪留职（2014年办理辞职手续），任小豹子公司总经理。2010年，任贵州省遵义市中尔实业有限公司副总经理。

11. 陈长文：男，汉族，1964年8月出生于习水县回龙区周家乡，中共党员，研究生学历，高级职业经理人，中国作家协会会员，遵义市作家协会副主席，贵州大学硕士生导师。1982年，参加工作。1991年，从习水教育局调至习水酒厂，先后任习水酒厂公安科科长、习酒公司武汉公司经理。1996年，任习酒销售公司副经理及南方市场组组长。1997年，任习酒公司副总经理，分管销售。1998年，企业重组后任总经理助理，被轻工厅抽调到贵州珍酒厂、贵州酒业发展公司任副总经理，其间在习酒开发"小豹子""东方之子"等系列产品并组织销售，这些产品在习酒公司艰难起步时期起到很大的支撑作用，高峰时期销量占习酒产量过半。2001年，任习酒公司副总经理，分管销售工作，对习酒品牌建设、市场建设、销售团队建设、销售管理做了大量的艰难的创造性的工作。2011年4月，离开习酒。现为贵州中尔实业集团、贵州湄窖酒业董事长。陈长文爱好文学，勤于笔耕，有诗集《夸父的悲哀》《黄河入海流》，散文集《酒城汉子》，理论文集《文学力新论》等多部作品面世，曾获国家创新成果奖。

12. 母泽华： 1943～2013 年，男，汉族，习水县良村镇人，初中学历，经济师，中共党员。1960 年应征入伍，在贵阳某炮兵团，从士兵升到排长、连长、营长。1982 年转业到习水酒厂，任副厂长。母泽华在工作期间，多次获得厂优秀共产党员、先进工作者荣誉和习水县、贵州省先进个人称号。2004 年退休。2013 年病逝。

13. 王章松： 男，汉族，1961 年 10 月出生于习水县东皇镇，高中学历，助理工程师，中共党员。1980 年 11 月参军，在云南 35507 部队服役期间，受过营部、团部嘉奖，加入中国共产党。1984 年 11 月退伍，进入习水县向阳酒厂工作，任向阳酒厂办公室主任、副厂长。1991 年，随向阳酒厂并入习水酒厂工作，任科研所副所长、两河生产区主任。1994 年，任习酒总公司上海分公司经理，负责华东片区销售工作。2004 年，任茅台集团习酒公司重庆分公司经理。2010 年，任习酒销售公司办公室主任并兼任外贸公司经理。2015 年底，因病内退。王章松在习酒工作期间曾被评为销售标兵，1999 年被评为贵州省劳动模范。

14. 马应钊： 男，汉族，生于 1938 年 11 月，贵州省仁怀市人，初中学历，经济师，中共党员。1955 年，进茅台酒厂工作，任化验员。1958 年 10 月至 1960 年，任人保股干事。1961 年至 1973 年，任共青团茅台酒厂总支委员会委员，第三届、四届、五届工会委员。1974 年至 1981 年，任劳资科、基建科干事。1982 年至 1985 年，任制酒二车间副主任、主任。1986 年至 1990 年，任法规科科长。1990 年至 1993 年 8 月，任茅台酒厂劳动争议调解委员会副主任。1993 年 8 月至 1997 年 5 月，任企管质管处处长。1997 年 7 月至 1998 年 8 月，受集团公司指派，由习水县人民政府聘任到习酒公司任副总经理。1998 年 9 月，从茅台集团习酒公司退休。

15. 黄远高： 男，汉族，1953 年 10 月出生，贵州省习水县回龙镇安龙村人，大专文化程度，中共党员，政工师。1972 年入伍，历任班长、排长、指导员、连长、副营长、营长，先后获昆明军区后勤部通令嘉奖 1 次，荣立三等功 3 次，被评为成都军区前线指挥部优秀车勤干部。1992 年 10 月转

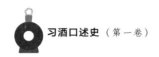

业，被安排到贵州习酒总公司工作，任公安科指导员，历任公司党委副书记兼纪委书记、副总经理。1998年10月，任贵州茅台酒厂（集团）习酒有限责任公司董事会董事、公司党委副书记。2001年4月任习酒公司党委书记至2013年底。2001年至2007年，获遵义市企业完成任务奖，被评为贵州茅台酒厂（集团）习酒有限责任公司优秀党务工作者。

16. 杨　云： 1976年出生，贵州省仁怀市人。1998年5月，进入茅台酒厂，历任副班长、班长、酒师、生产部技术员、主任助理、工艺科副科长。2012年5月，调任贵州茅台酒厂（集团）习酒有限责任公司生产技术部主任、总经理助理、贵州习酒销售有限责任公司总经理。

17. 王长松： 北京品乐高酒业有限公司董事长。北京品乐高酒业有限公司成立于2011年5月，是贵州省仁怀市茅台镇黔国酒业有限公司"黔国王酒"的全国总运营商。王长松凭借多年的燃气行业与家电行业经营管理经验，跨界涉足白酒业。

18. 李保芳： 1958年3月出生，贵州省六盘水市人。先后担任中国贵州茅台酒厂（集团）有限责任公司党委书记、副董事长、总经理，贵州茅台酒股份有限公司代行总经理，贵州茅台酒股份有限公司董事。中国共产党第十九次全国代表大会代表。2018年5月，任中国贵州茅台酒厂（集团）有限责任公司党委书记、董事长。

19. 宋书玉： 1962年出生，河北省邯郸市人，享受国务院特殊津贴。中国酿酒大师，江南大学特聘教授，博士生导师。现任中国酒业协会副理事长兼秘书长，兼市场专业委员会理事长，白酒酒庄联盟主席，白酒技术创新联盟副主席兼秘书长，白酒技术委员会、标准化技术委员会副主任，清香型、特香型、老白干香型、豉香型、米香型分技术委员会主任。

20. 吴亦侠： 1943～1998年，男，汉族，山东省莱阳市人，大学文化程度。1965年12月，加入中国共产党；1967年，毕业于吉林农业大学土化系。1996年6月至1998年9月，任贵州省第十一任省长。

21. 曾光尧： 1966年，郎庙酒厂成立了由曾前德主持的研制浓香型大曲酒课题小组，成员有曾光尧、蔡世昌、肖明清等4人。该课题小组经过多次反复试验，终于在当年 10 月获得成功，所酿出的浓香型大曲酒达到了香浓味正的突出风格，原粮出酒率达到 42.7%。

22. 魏　巍： 1920～2008 年，河南郑州人。当代诗人，著名散文作家、小说家，原名魏鸿杰，曾用笔名红杨树。1937 年参加八路军，1938 年到延安，同年 4 月入党，进入抗日军政大学，毕业后在晋察冀边区部队中做宣传工作。新中国成立后任《解放军文艺》副总编、解放军总政治部创作室副主任、总政治部文艺处副处长、北京军区宣传部副部长、《聂荣臻传》写作组组长、《中流》主编、北京军区政治部顾问、中国作家协会第四届理事，第一届、二届、三届全国人大代表等。1950 年至 1958 年，三次赴朝鲜，写下奠定其文学地位的朝鲜战场通讯《谁是最可爱的人》，在国内引起轰动，"最可爱的人"从此成为志愿军的代名词。1963 年，参加了大型音乐舞蹈史诗《东方红》的解说词编写工作。晚年创作的长篇小说《革命战争》三部曲于 1983 年获首届茅盾文学奖。2008 年 8 月逝世。魏巍在重访长征路时，来到习水酒厂参观，挥毫题词勉励："金牌在望"。

23. 肖登坤： 男，汉族，生于 1928 年 5 月，汉族，习水县习酒镇大湾村人，高小文化程度，高级政工师。1950 年，参加民兵自卫队。1952 年，参加土改工作，担任乡农协会文书。1953 年 3 月，当选为回龙区大湾乡副乡长，同年加入中国共产党。此后，历任乡党委书记、公社书记、回龙区委副书记。1981 年，调任习水县商业局副局长兼习水酒厂党委书记、厂长。1983 年至 1991 年，任习水酒厂党委书记。1992 年至 1995 年，为习酒总公司顾问。1995 年 8 月退休。肖登坤在 43 年的革命工作中，对党忠心耿耿，对工作兢兢业业，尽责尽力，任劳任怨，廉洁奉公，深受习水酒厂广大员工的敬重，在群众中有很好的口碑。

24. 罗明贵： 男，汉族，1930 年 10 月出生，贵州习水人，中共党员，大专文化程度。1951 年参加人民解放军并参加抗美援朝，1953 年回国。1976 年从部队（营级干部）转业到习水酒厂任党支部书记、厂革委会主任。在担任领导期间，团结员工同心同德努力奋斗，把长期亏损的企业扭亏为盈。1980 年调到习水县人民银行任副行长主持工作。1991 年退休。

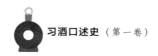

25. 习酒厂早期 7 人组：曾前德、肖明清、蔡世昌、方向凯、袁本安、江守怀、罗淮吉。

26. 习水县商业局派驻习酒厂的历届领导：陆德兴、王德才、王正定、杨德钦、罗明贵、任仕成。

27. 贝兆汉：1940 出生，广东省广州市人。曾任广州白云山制药厂厂长、党委书记；曾被评为国家、广东省和广州市优秀企业家。

28. 祝开成：1952 ~ 2002 年，籍贯不详。1960 年 8 月参加工作。1989 年至 1997 年，历任贵州大学代校长、校长。曾获全国科学大会奖和贵州省科技进步二等奖。

29. 涂华彬：1975 年 6 月出生，贵州遵义人，贵州工业大学发酵工程专业毕业，工学学士，云南大学软件工程领域软件工程专业毕业，工程硕士学位，酿酒工程师。1998 年 7 月参加工作。曾任茅台酒股份公司总经理助理、生产管理部主任、党支部书记，现任中国贵州茅台酒厂（集团）有限责任公司总经理助理，贵州茅台酒厂（集团）习酒有限责任公司党委副书记、副董事长、总经理。

30. 杨德钦：男，汉族，1924 年出生于习水县隆兴区临江公社，初中学历，中共党员。1951 年参加工作，先后在仁怀、鲁班、长岗、茅台、三合等地方工作，曾任仁怀县税务局秘书、副局长。1974 年初，调到习水酒厂担任党委书记、副厂长，1980 年退休，1997 年 7 月去世。杨德钦在习水酒厂工作期间，严于律己、忠于职守，为习水酒厂的发展做出贡献。

31. 徐怀中：1929 年出生，河北省邯郸市人，作家。1945 年参加八路军，次年加入中国共产党，曾任晋冀鲁豫军区政治部文工团团员、第二野战军政治部文工团美术组组长。作品《底色》荣获 2014 年第六届鲁迅文学奖报告文学奖。2019 年 8 月 16 日，作品《牵风记》获得第十届茅盾文学奖；2019 年 9 月 23 日，长篇小说《我们播种爱情》入选"新中国 70 年 70 部长篇小说典藏"。曾以 1979 年中越边境自卫反击战及两山轮战为题材，创作了《西线轶事》，文章中提到"习水大曲"是指战员的壮行酒和庆功酒。

32. 谭智勇：1955 年出生，贵州省习水县人，高级政工师，中国作家协会会员。曾任习水县委宣传部部长，仁怀县长，仁怀市委副书记、市长，习水酒厂党委副书记、副厂长。

33. 邓　萍：1908～1935 年，四川省富顺县（今自贡市）人。邓萍是红军的著名战将，1935 年 2 月 27 日在遵义战役前线指挥作战时英勇牺牲，是红军在长征中牺牲的军团级将领。

34. 王朝文：苗族，1930 年 10 月出生，贵州省黔东南苗族侗族自治州黄平县人，中专学历。1951 年 7 月，加入中国共产党，1949 年 12 月，参加工作。曾任中共贵州省委副书记，贵州省省长，贵州省人大常委会主任，中共中央纪律检查委员会委员，全国人民代表大会民族委员会主任。

35. 龙水维：2009 年，考上西南大学，受"习酒·我的大学"资助。2012 年，创立重庆西线科技有限公司。2017 年，受聘为"习酒·我的大学"公益助学首批爱心使者。

36. 陈锡初：1932～1995 年，贵州人，曾任董酒厂第一任厂长。

37. 陈恒安：1909～1986 年，原名德谦，字恒堪，号宝康，贵州省贵阳市人。陈恒安治学严谨，通古文字学，精研甲骨、金文、竹简、帛书等各体文字，书法诸体咸备，尤以大篆与行书见长，所作章法考究，结体精当，朴厚沉雄，雅俗共赏。有《邻树簃诗存》《春茗词》《殷契书法漫述》《陈恒安书法选》等留世。1943 年 10 月，贵州艺术馆成立，陈恒安被委任为首任馆长。生前为中国书法家协会名誉理事，贵州书法家协会名誉主席，省政府秘书，《新黔日报》主编、兼副刊主编，《贵州通志》编纂，贵州省博物馆名誉馆长，贵州省文史研究馆副馆长等。

38. 张明海：男，汉族，重庆江津人，1964 年 3 月出生，中共党员，中专学历，会计师。1981 年 9 月至 1983 年 7 月，在遵义财贸学校供销会计专业学习。1983 年 9 月，在习水县永恒酒厂任主办会计。1985 年 1 月至 1987 年 10 月，在向阳酒厂任主办会计。1987 年 10 月至 1994 年 4 月，在习水酒厂任财务科会计员、供应科副科长、财务审计科科长、财务部经理。1994 年 4 月至 1997 年 12 月，任习酒股份有限公司副总经理。1998 年 1 月至 2000 年 9 月，任习酒公司设备科科长。2000 年 9 月至今，先后任遵

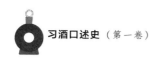

义市道路桥梁工程有限责任公司财务总监、公司董事、党委委员、党委副书记。

二　名词解释

[1] **华家**：贵阳大族，曾是贵州最大的盐商。清同治元年（1862），华家在茅台镇始创"成裕烧房"，后改名为"成义烧坊"，配制出驰名中外的"华茅"，即今茅台酒的前身。1951年，华家成义酒坊被收为国有，政府在此基础上联合其他酒厂建立了国营贵州茅台酒厂。

[2] **天地锅**：蒸酒的时候，含有酒精的气体被装满冷水的天锅冷却，凝成液体，顺着锅身一滴一滴聚集到锅底集酒沟。因冷却效果不好，所以需要不停加水。

[3] **公私合营**：新中国成立初期对民族资本主义工商业实行社会主义改造所采取的国家资本主义的高级形式。

[4] **搞三产**：指企业改制过程中，鼓励员工从事其他行业、积极创收的做法。

[5] **白酒国家评委**：指代表白酒行业参加中国评酒会的专家或专业技术人员，是通过层层选拔和考试获得的一种资格。

[6] **保乐力加**：指保乐力加集团，由法国两家最大的酒类公司保乐公司（成立于1805年）和力加公司（成立于1932年）于1975年合并而成，目前是世界三大烈酒和葡萄酒集团之一。

[7] **中酒协会**：中国酒业协会（China Alcoholic Drinks Association，缩写为CADA）是由应用生物工程技术和有关技术的酿酒企业及为其服务的相关单位自愿结成的行业性的全国性的非营利性的社会组织。

[8] **一盘棋思想**：2018年8月3日，茅台集团召开2018年第十一次党委会，会议强调，茅台集团领导班子要提高政治站位，在"大集团意识、大茅台观念、一盘棋思想"的引领下，站在集团公司层面，统筹研究重大决策部署，加强集团管控力度，促使各项工作抓得更紧、更深、更实、更有

成效。

[9] **精兵简政**：为扭转困难的经济形势，1962 年 2 月 22 日，中共中央下达《关于各级国家机关、党派、人民团体精简的建议》，提出全国国家机关原有职工 268 万余人，拟减为 174 万余人，精简 94 万余人。

后　记 |

　　2019年7月，我们承接了习酒公司精心策划的习酒口述史项目。这里的"我们"是一个不折不扣的团队。除了前期参与这一项目策划的罗梅，我们的项目组成员还包括主持人王小梅、李隆虎，负责摄影摄像的杨波、白文浩、吴蔚和高旋，负责录音的葛春培和田如萍，负责后期视频编辑的杨波，负责后期音频剪辑的赵朝亮，帮助沟通协调的罗奇波，以及协助整理录音的贵州师范大学国际旅游文化学院和贵州民族大学传媒学院的几名学生，他们是邓颖、刘春燕、伍安乐、潘丹丽、赵园园、陈芳芸和彭春菊。

　　更为重要的是，这个项目受到习酒公司领导层的高度重视。公司党委书记、董事长钟方达不仅亲自过问项目进展情况，而且作为主要受访者之一，于百忙中接受我们的采访。公司原党委副书记、副董事长、总经理涂华彬，如今升任茅台股份公司副总，他在习酒公司任上也极其关心项目情况。现任党委副书记、副董事长、总经理汪地强也时常关心项目推进情况。公司原党委委员、工会主席陈宗强，既是这个项目的主要受访者，也是项目立项的有力推动者之一，他虽然已调任贵州茅台酱香酒营销有限公司副总，却还一直心系项目，给予不少合理建议。公司原党委副书记、纪委书记陈应荣，反复与采集者进行沟通，校对修改稿件，对项目表示出了极大关注。公司现任党委副书记、董事、工会主席段红霞，党委委员、副总经理曾凡君、陈强、杨刚仁、杨炜炜，党委委员、总工程师、首席质量官胡峰，党委委员、纪委书记刘安勇，总会计师李明光，等等，都对项目给予极大关怀和支持。

536

　　项目得以顺利推进，还离不开习酒公司企业文化部部长吕良典，副部长王永松、穆羽，以及员工孟山禄、薛应翠、卿阳，和已调离员工杨雁玲在幕后默默地辛苦付出。

　　从执行角度来说，整个项目最为核心的工作是口述史的采集。在王小梅的主持下，为了更高效地采集口述史资料，整个团队分为两个小组，由一个主访人，搭配摄影摄像师、录音人员构成，两线并进。整个采集工作的开展最关键的并不是采集组，而是中间负责沟通协调的罗奇波，以及习酒公司企业文化部的有关人员。如果把采集团队和受访者看作两个点，他们就是两点之间的那条线。其中，最辛苦的要数罗奇波，他不仅要负责和习酒公司及采集团队沟通，安排访谈的对象、时间和地点，还兼职司机，负责采集团队的交通食宿。正是众人的辛勤付出，项目的整个采集、编写工作才得以顺利开展。

　　整个口述史项目的活水之源，是书中一个个鲜活的受访对象，他们的讲述撑起了这本《习酒口述史》的骨肉、精神与灵魂。这得益于习酒公司对项目的全力支持，精心挑选受访对象，更重要的是每个受访对象的无私贡献。我们想，这种无私背后凝结的正是众人对习酒的一份情怀，或者说，这正是"习酒精神"感召力的一种体现。在我们的访谈中，不管是公司领导、企业职工、媒体人，还是合作商，都对习酒有一种难以割舍的情愫。那么，到底是什么支撑了这样一份共同的情怀？

　　从本质上而言，"习酒"是一种白酒、一种食物。俗话说："无酒不成席。"几千年来，酒因其特殊的属性，成为建立、巩固关系和沟通情感的重要媒介。那么，这份共同的情怀是酒本身带来的吗？是，但也不是。说是，是因为大家都是因为酒而结缘的；说不是，是因为酒只是一个媒介，并不是这种关系的核心。如果要说人与人之间关系的本质还得落实到"人"本身，那么所谓的"习酒情怀"，实际上是人与人之间的关系。

　　一方面，酒是人酿的，酒的品质好坏取决于人：一是客观的酿造技艺水平，二是主观的质量控制。从形而上的角度来说，酒本身蕴含了酿造者的精神气质。另一方面，人与人之间关系的建立，在人不在物。关系的本质是人

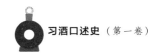

与人之间的连接。不同的访谈对象，各自经历差异极大，但他们都经由某种方式与习酒连接在一起。这种方式，就是人与人之间的关系，而不仅仅是酒本身。从他们叙述的故事中不难发现，他们与习酒的缘分都源自人与人之间的相互关联。这种关联或许是以现实的利益为基础的，但它之所以如此牢固，更多是因为人与人的情感连接。因而，我们可以说，这份"习酒情怀"的本质，是人与人之间的感情。

从习酒的发展历程来看，这两个方面始终是纠缠在一起的。到了今天，这种关联更为紧密。从某种意义上来说，通观《习酒口述史》，无论是言事状物，还是评说历史人物，正如国际著名管理学家彼得·德鲁克所说的："对人类本质的刻画不管是否真实，总能够反映出社会的本质。这是同为社会的本质能够映射出人的本质，两者是相通的。通过人类活动领域的展示，可以展现出社会的基本原则和信仰。"

无须否认的是，作为经济社会微观层面的经济细胞（企业）的习酒，其起源本身是逐利性的。其产品作为一种商品，质量问题始终是影响习酒发展的核心要素。这里的"质量"，在我们看来，至少包含两层含义：一是酒本身的品质，可以称之为"物品质量"；二是围绕酒的营销展开的包装、销售等方面的"服务质量"。前者的影响集中体现在"货架期沉淀"事件的负面影响上，后者的影响则广泛存在于不同时期的产品开发、市场拓展、广告宣传、社会责任等方面，并将在未来发挥更大的作用。两者之间，酒的品质是基础，各类营销手段是"锦上添花"。值得一提的是，不管是产品的前期生产，还是后期的营销，都离不开人与人情，而这都不是单纯的利益驱动所能解释的。从公司领导至新老两代员工的讲述中不难发现，"习酒"对他们而言，不只是一种养家糊口的营生，更是倾注了毕生心血和情感的事业。也正因如此，他们才会对习酒有如此深厚的感情。在经销商侯世安、孔磊以及合作商高文娟等人的讲述中，他们与习酒的关联实际上是建立在超越单纯经济利益的人际关系上的。具体而言，他们与习酒的关系本质上是与一个个具体的人的人际关系。这种关系之所以如此牢固，除了拥有情感共鸣，还基于人与人之间价值观取向的趋同性。正因如此，侯世安才会不远万里前来为习酒前领导人陈星国主持追悼会，并亲自撰写悼词。

　　站在更为宏观的角度看，习酒近 70 年的历史演进，也是中国白酒行业发展史的一个缩影，同时反映了新中国成立至今不同时期的社会经济概况。甚至可以说，习酒的历史沉浮是与国家的发展紧密相关的。当我们从口述史的视角出发来观看这段历史时，可以清晰地看到个人的命运、企业的发展与时代背景是如何生动而紧密地纠缠在一起的。

　　20 世纪 50 年代，得益于赤水河畔得天独厚的自然资源，习酒开始了它开基创业的征程。时间来到"三年困难时期"，受全国性粮荒的影响，习酒的早期历史——仁怀县郎庙酒厂告一段落。随着粮荒的结束，习酒又重新踏上征程。在早期习酒人的努力下，从人民公社时期的小作坊，发展壮大为一时比肩茅台的行业巨头。习酒在 20 世纪 80 年代及 90 年代初期的快速发展，实际上也是这一时期白酒行业乃至整个中国经济发展的一个缩影。然而，整个白酒行业的"规模扩张"随着国家宏观经济政策的大调整走向了"大萧条"，习酒也和同期其他的白酒企业一样，深陷持续数年的困难时期。也正是在这一时期，习酒从高层领导至基层员工，每个人的命运都深受影响。有人离职、转行，有人选择结束自己的生命。直至 1997 年的"兼并"事件后，习酒才又重新启航。时至今日，不管是开展"习酒·我的大学"社会公益活动，还是参与地方政府的"扶贫攻坚"，习酒的历史从未脱离整个经济社会的大环境。

　　在某种意义上，我们可以说，习酒的发展是一种历史的必然，也是一种历史的偶然。必然的是，它的发展源自它所处的地理位置与资源禀赋，同时一直未曾脱离宏观的社会经济环境；偶然的是，习酒的发展轨迹又是在特定的历史时期，在一些偶然的事件中，由偶然的个体去书写。

　　从习酒多位口述者的言说中不难看出，"企业文化"建设在当今市场经济中越发显现出隐含于经济力背后的文化力的重要作用。当然，作为《习酒口述史》的采编者，我们有更大的"野心"，就是试图通过习酒文化本身来观照个人命运与时代的关系。具体而言，通过习酒，我们试图展现的是在大的历史背景下，个体的"工匠精神"，抑或"企业家精神"是如何体

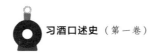

现的。

今天，习酒人将自己的企业精神归结提升为自强不息、厚德载物的"君品文化"。这种提法不失为一种恰当的表述。我们可以将"自强不息"理解为几代习酒人不断奋斗、精益求精、将企业做大做强的工匠精神，而"厚德载物"代表习酒人在产品生产中的为人恪守的道德情操与人文品格。习酒在走进茅台后不久即倡导的"无情不商"理念，实际上折射了习酒人在"做事"和"做人"上所追求的精神境界。

经过团队近半年的高密度工作，历经田野采集、文本写作和编辑，《习酒口述史》一书共计整理出文字50多万字，这都是习酒发展历史的第一手资料。我们认为，这批资料比较真实客观地记录了习酒小叙事中的"大历史"。我们相信，这些资料的收集整理、出版，将会融入习酒人书写建立的第一部习酒文化谱系记忆库，也让更多的读者通过这部《习酒口述史》，见证和分享习酒人用毕生心血谱写的新时代人文精神。

谨此，我们由衷地感谢习酒公司领导在《习酒口述史》采编过程中所给予的热忱关注与大力支持。同时，也对参与这个项目的习酒人，以及经销商、供应商和有识之士表示崇敬的谢意！

图书在版编目（CIP）数据

习酒口述史. 第一卷 / 贵州茅台酒厂（集团）习酒
有限责任公司编著；王小梅，李隆虎撰. -- 北京：社
会科学文献出版社，2021.11
　　ISBN 978 - 7 - 5201 - 8736 - 7

　　Ⅰ. ①习…　　Ⅱ. ①贵…　②王…　③李…　　Ⅲ. ①酱香型
白酒 - 酿酒工业 - 工业史 - 贵州　　Ⅳ. ①F426. 82

　　中国版本图书馆 CIP 数据核字（2021）第 153274 号

习酒口述史（第一卷）

编　　著／贵州茅台酒厂（集团）习酒有限责任公司
撰　　者／王小梅　李隆虎

出 版 人／王利民
责任编辑／赵　晨
文稿编辑／梁　赟
责任印制／王京美

出　　版／社会科学文献出版社·历史学分社（010）59367256
　　　　　地址：北京市北三环中路甲 29 号院华龙大厦　邮编：100029
　　　　　网址：www. ssap. com. cn
发　　行／市场营销中心（010）59367081　59367083
印　　装／三河市龙林印务有限公司

规　　格／开本：787mm × 1092mm　1/16
　　　　　印张：35.5　插页：0.5　字数：531 千字
版　　次／2021 年 11 月第 1 版　2021 年 11 月第 1 次印刷
书　　号／ISBN 978 - 7 - 5201 - 8736 - 7
定　　价／128. 00 元